JN138238

文字と音声の比較教育文化史研究

A Comparative-Historical Study of Educational Culture on Writing and Speaking in Classrooms

添田 晴雄

東信堂

はしがき

本書は、2017（平成29）年6月に大阪市立大学より博士（文学）の学位を授与された学位論文「文字言語・音声言語からみた学習・教育文化の比較研究」に、加筆および修正を行ったものである。

本書の結論を一言で言えば、〈文字を書きながら学ぶ学習〉や〈文字を書きながら展開する授業〉が日本の教育文化の特質であるということである。本書では、これらを「書字随伴型学習」「書字随伴型授業」と呼んでいる。

第I部では、日本、アメリカ、イタリア、スロベニアの授業を数量的に分析し、他国に比べると、日本の教師は黒板などに文字を書きながら授業を展開することが多いことを明らかにする。

第II部では、数百年前に遡っても、書字随伴型教育文化が日本の特質であったことを文字史料や図像史料を手がかりに論証する。また、書字随伴型の教育文化の特徴が日本語の文字依存性の強さに起因することを説明する。

さらに、明治初期における教育の「近代化」によって、音声優位型の教育文化を基盤とする教育方法や教育内容が西洋から大規模に「借用」され、日本の書字随伴型の教育文化が一時的に減衰しかけたことを示す。しかし、それにもかかわらず、書字随伴型の教育文化が、頑固なまでに永続的（persistent）に、打たれ強く生き残った（resilient）ことを論じる。その際、毛筆、和紙、石盤、石筆、練習帳、鉛筆といった学習具に着目し、書字随伴型の教育文化の持続過程に石盤が大きな役割を果たしたことを論究する。

本書の研究を進めるにあたって、とくに重視したのが次の3点である。

- 比較のある比較教育研究をする
- 文字史料だけではなくモノに着目した研究をする
- 教育実践に示唆を与える研究をする

比較のある比較教育研究は、恩師である石附実先生が、日本比較教育学会の内外で主張され続けたことである。詳細は序論で述べることになるが、このテーマは比較教育学のアイデンティティとは何かという大きな問題に関わる。比較教育学に限られたことではないが、ここ数十年の研究動向では、研究領域がますます細分化され、限られた対象を、限られた研究方法で、詳細に綿密に分析することこそが質の高い研究であるとして認識されるようになった。比較教育学の研究では、比較の対象となる複数の国や地域、たとえば、ドイツと日本の両国それぞれの教育事象を分析し、その分析結果に基づいて比較考察することになるが、その基盤を提供する研究として地域研究が必要不可欠となる。しかし、その地域研究も、一朝一夕に極めることは不可能であり、1国の中でも地域を限定したり、対象とする教育事象を精選したり、研究方法を絞り込んだりすることによって、精緻な研究成果が蓄積されるようになった。このことは比較教育学にとって非常に重要であり、このような綿密な研究の蓄積がなければ比較教育学は研究として成り立たない。

一方で、比較教育学の研究の中で比較考察の部分が常に先送りにされたり、等閑視されたりする傾向があり、それを放置していると、比較教育学が「比較」のアイデンティティを失うことが懸念される。もとより綿密な研究に基づいた完璧な比較研究が理想であるが、荒削りでもよいので、比較することを希求し続ける比較教育研究が少数でもあるべきではないか、そういう問題意識の中で書いたのが本書である。

本書をお読みになった方から、研究として禁欲的でない、強引な考察である、研究として認められない、といったご批判が出るであろうことが予想される。そういったことを覚悟の上で、それでも、比較のある比較教育研究を希求することを提案したいというのが筆者の思いである。本書を踏み石にして、本来の、もっと質の高い比較教育研究はこうあるべきだ、といった議論が少しでも出てくるようなら、筆者として光栄である。

次の、モノに着目した研究も、石附先生が提唱された研究手法である。教育における「モノ」とは、ノートや鉛筆などの学習具、黒板や掛図、OHPなどの教具、机や椅子、教室、校舎、運動場などやそれらの配置である。これらは三次元空間から見た教育と言ってもよい。教育における「コト」には、時間割、学期などの時間的な区切りや、卒業式、運動会などの行事が含まれる。これらは時間軸から見た教育と言ってもよい。そして、これらのモノやコトに着目して比較文化的研究を行おうとしたのが、石附先生を代表者とする科研総合研究(A)「『教育風俗』の比較文化的研究――日本の教育の特質を解明するために――」であった。筆者は当初大学院生としてこの研究会に関わらせていただいた。たまたま学生時代の留学先で言語学を少し学んだことがあったので、自分のテーマとして、教育メディアとしての音声言語と文字言語を選び、石盤に焦点をあてた研究を始めた。それをまとめたのが、「文字から見た学習文化の比較」および「筆記具の変遷と学習」(石附実編著『近代日本の学校文化誌』思文閣出版、115 ～ 147 頁、148 ～ 195 頁、1992 年)であり、それが本書の第 5 ～ 9 章の出発点になっている。

研究手法としての「モノ」「コト」研究については、拙稿「『モノ』『コト』による比較教育史の可能性――学習具の歴史を事例に――」(教育史学会 50 周年記念出版編集委員会編『教育史研究の最前線』日本図書センター、276 ～ 283 頁、2007 年)で論じており、また、本書の第 10 章でも触れているので、ここでは繰り返さないが、モノに着目することによる研究の可能性を実際の研究として提示するのが本書の狙いのひとつである。上記の〈比較のある比較研究〉と同様、本書の研究におけるモノ研究が批判に耐える域にまで達していないことは否めないが、このような研究手法も可能性としてはあり得るのだ、あとは質の問題だ、ということを少しでもご理解いただければありがたいと思っている。

最後の教育実践に示唆を与える研究についても諸説がある。若いころ、研究の知見を性急に現代の教育実践に結びつけてしまうと研究の姿勢がぶれることになると何度かご注意をいただいたことがある。その真意は、研究は研究として独立して質を担保していなければならないということであり、研究の質の評価を実践との結びつきの強さによってごまかしてはならないということであったと考える。それは今でも正しい指摘だと思っている。その上で、やはり、教育学研究の知見は、教育実践に何らかの還元をもたらせるものでなければならないと考える。それは研究倫理に関わる問題だと認識している。分野によって差があるものの、教育学の研究は教育実践の現場の理解と協力を得て成立する。教育行政も広い意味での実践現場である。現在から見れば純粋な歴史文献研究であっても、その史料が書き残された時代にあっては、当時の実践現場の理解と協力が前提となっている。また、われわれが研究活動を続けられるのは、科研のような外部資金はもとより、研究者の所属機関に少なからぬ税金が投入されているからである。われわれ研究者は、たとえ間接的であれ、教育現場に対して、あるいは、少なくとも社会全体に対して研究成果を還元しなければならないと考えている。もちろん、ここで念頭においているのは、短期的な視野にたつ成果主義ではなく、長期的で間接的な還元である。

本書による知見が、ただちに教育現場に示唆を与えるとは言えない。しかし、本書による研究が教育現場にとってどのような意義を持つかについて、常に頭の隅で考えながら研究を進めてきたのは事実である。また、筆者は、自分自身を大学で授業を教える教育実践者のひとりであると認識しているが、本書の知見である、文字を介したコミュニケーションの重要性を実感している。授業中に学生に発表をさせる際、発表の要旨を模造紙に書かせたり、パワーポイントを使わせたり、アンサーボードにキーワードを書かせたりしている。

本書を読むにあたって、まずは研究そのものとして批判をしていただきたい。しかし、その上で、本研究が何らかの形で社会に還元するものを持っているか否かという観点からも批判をしていただきたいと願っている。

以上、本書執筆に込めた筆者の思いをつらつらと述べてきた。どれも、研究の質の低さを覆い隠すための言い訳に聞こえるかもしれない。その指摘も間違いではない。そこで、言い訳ついでにもうひとつ書かせていただきたいことがある。筆者の若い時代の研究環境に関わることである。

筆者を学問の道に導いていただいたのは、神戸大学の大学院の指導教官であった鈴木正幸先生である。鈴木先生は大学院生を大人扱いし、学会などを含む公私の研究者の集まりに大学院生を積極的に連れて行かれた。そこで個人的な出会いをさせていただいたのが、後に大阪市立大学の指導教員となる石附実先生であり、江藤恭二先生、沖原豊先生、三好信浩先生、阿部洋先生、斎藤正二先生、加藤幸次先生などであった。今から考えても、研究者の巨人である。そして、どの先生もそれぞれにご自分の研究に対する大きなビジョンをお持ちであった。しかも、われわれの目の前で、研究はかくあるべしという熱い議論をされていたのである。大きな物語を持った研究であり、各学会に影響力を持つ刺激的な研究成果を次から次に発表されていたのである。とても幸せな研究環境であった。

筆者はその巨人の先生方の背中を追いかけようとした。それが大きな勘違いだったのである。筆者には力量も器もなく、壮大な研究の基盤となる豊潤な教養もなかった。それにもかかわらず、夢ばかりを追い求め、しかも努力を怠っていたのである。また、筆者の年齢よりも若い世代では研究の志向性が細分化した方向に向かっていたが、その波に乗ることもできなかった。

本来なら、筆者の研究は拡散することはあっても、論文として収束させることは筆者には不可能であった。ところがその背中を押していただいたのが、謝辞に書かせていただいた辻本雅史先生であり、詳細については割愛するが、上司であり同僚であった小田中章浩先生と柏木敦先生であった。

熱心にご指導いただいた先生方、学位請求論文の審査をしていただいた先生方には失礼にあたるかもしれないが、筆者は、ある意味で、開き直りをさせていただいた。精緻な研究を蓄積していくことは数多くの優秀な研究者の方々にお任せすればよい、筆者はそれを前提として、大きな物語を描く研究をしよう、ドンキホーテのような研究者がひとりぐらいはいてもいいのではないか、という気持ちになったのである。

そこで完成させたのが、提出した学位請求論文である。このような経緯から、本書を刊行するにあたっては大筋の内容を改変していない。読者の方々には、本書を批判することによって、研究はかくあるべしという議論の契機にしていただければ非常にありがたい。漬物石の代わりにしかならないかもしれないが、せめて議論の踏み石にしていただければ幸甚に思う。

平成31年1月　甲山の麓の仁川にて

添田　晴雄

目　次／文字と音声の比較教育文化史研究

■図表一覧

文字と音声の比較教育文化史研究

序　章

第1節　研究の趣旨と課題の設定

本研究の目的は、第1に、比較教育学の方法論のうち、定量的な国際併置比較によって、文字言語・音声言語の側面から授業分析を行い、書字随伴型授業が日本の学習・教育文化の特徴であることを明らかにすることである。そして、第2に、比較教育学の方法論のうち、定性的な歴史的文化的国際併置比較によって、文字言語・音声言語の学習・教育観を比較分析し、書字随伴型学習およびそれを支援する書字随伴型授業が日本の学習・教育文化の特徴であることを明らかにすることを目的とする。また、第3に、比較教育学の方法論のうち、関係比較の方法を用いることによって、石盤という「モノ」に着目して分析を行い、日本の明治以降の西洋からの大規模な教育借用にもかかわらず、書字随伴型の学習・教育文化が、根強く持続的に継承されたことを明らかにすることを目的としている。さらに、第4に、これらの比較教育学的研究の考察結果を、「より深層にある学習・教育文化の構造」から捉え直すことによって、現在の教育実践の在り方を書字随伴型の教育学習文化の側面から考える基盤を提示することを目的としている。

ここで、本論文で多用する「書字随伴型学習」「書字随伴型授業」について定義をしておく。まず、「書字随伴型学習」とは、文字を書きながら学ぶことが多い学習を指す。そして、「書字随伴型授業」とは教師が文字を書きながら進めることが多い授業である。これらの用語は本論文上の造語である。一般的には、書記言語、文字言語、音声言語、話し言葉などの用語が使われている。しかしながら、本章第3節で行う先行研究の整理の中で隣接研究領域に触れているように、これらの用語は、国語教育の一領域として使われることが多い。また、後 に 触れるオング,W・Jの「文字の文化」「声の文化」[1]といった表現もあるが、この分類だと、西洋であれ、日本であれ、近代に属する人々は、みな、「声の文化」ではなく、「文字の文化」に属してしまうことになり、本論文のひとつの目的である比較研究ができなくなってしまう。さらに、オングの「文字の文化」もそうであるが、「書記言語」「文字言語」という言葉を使ってしまうと、文字そのものに焦点があたってしまう。

本論文で重視するのは、文字を書いて学ぶ行為、文字を書いて教える行為である。そこで、「文字を書くことを伴う」という実態を直接的に表現する言葉として、「書字随伴」という造語を作った。さらに、学習行為の中で、文字を書きながら学ぶという場面が比較的多い学習を「書字随伴型学習」と呼び、授業の中で文字を書きながら教えたり、生徒が文字を書きながら学んだりする場面が比較的多い授業を「書字随伴型授業」と呼ぶことにしたのである。

さて、学校教育をめぐる改革の動きは、近年、ことにめまぐるしい。その中で、とくに強調されるようになっているのが言語活動である。そして注目を集めているのが、アクティブ・ラーニング、ディベート、ディスカッション、スピーチ、プレゼンテーション、といったカタカナで表現される学習活動やそれらを中心にしながら展開する授業である。

これらの傾向は、1989〔平成元〕年告示の学習指導要領の中にすでにその兆しが認められる。そして、1998〔平成10〕年告示の学習指導要領で、総合的な学習の時間が導入されたことを契機に拍車がかかり、2008、2009〔平成20、21〕年に告示された学習指導要領では、「言語活動の充実」として、すべての教科指導においてそれが目指されるようになった。さらに、2017、2018〔平成29、30〕年に告示された学習指導要領の準備段階では、「自主的・対話的で深い学び」を指す「アクティブ・ラーニング」という言葉が示された。

言語活動の重視そのものは歓迎すべきである。しかし、本論の結論を先取りして言えば、日本の、より深層にある学習・教育文化の構造を考慮せずに、単に、欧米で先行している「すぐれた」指導方法を模倣して日本に移入するようなことがあっては、明治初期の「教育借用」[2]による混乱の轍を踏むことになる。今日必要なことは、日本の教育文化を分析し、それを踏まえた教育方法の改善、より具体的には、より深層にある書字随伴型の学習・教育文化の構造を意識的に取り込んだ学習の指導方法の改善である。

冒頭に、書字随伴型学習およびそれを支援する書字随伴型授業が日本の教育文化の特徴である、という仮説を掲げたが、この点に着眼したのは、言語活動と学習には深い関係があり、授業も言語活動から成り立っているからである。

そもそも、学習とは、一般に個々の経験の結果として生ずる行動の再編成を意味する。この意味での学習は、多かれ少なかれあらゆる生物にみられる。そしてそれは、後天的に発達した外界への適応機能のひとつであり、言語を媒介とする人間の複雑な学習行動は、そのもっとも進化した形態にほかならない[3]。一方、社会は自らを維持し、発展させるために、今までの経験の蓄積、すなわち知識・技術・規範・信条・慣習などをその成員に伝達し、その社会に適応するように働きかける[4]。それが教育である。教育は、個人が社会に適応することのみならず、社会を変革していくことができるように個人に働きかける。これらの働きかけは、主に言語を媒介として行われる。

学校教育における授業や学習は、教師と児童生徒の間のコミュニケーション、そして、児童生徒どうしのコミュニケーションによって成立している。そのコミュニケーションは言語を媒介として行われる。教師による口頭説明や指示、発問、そして児童生徒の応答発言は、主に音声言語を媒介にして行われる。いわゆる話合い活動も主に音声言語を媒介として行われている。一方、教科書や板書、ノートを使った学習や指導は、主に文字言語を媒介として行われる。定期試験などの筆記試験は主に文字言語を媒介として実施されている。

学習活動や教育の営みは、言うまでもなく、世界中のいたるところで行われている。また、少なくとも学校制度が存在しているところでは、教師によって授業が展開され、それによって児童生徒の学習が促進されている。しかしながら、そこで使用されている言語は多様であり、音韻論、形態論、統語論、意味論、語用論などの、どの側面に着目してもそれぞれ固有の個性を持っている。そして、学習や教育が言語と密接な関係を持っていることから、それぞれの言語圏で営まれる学習や教育が、その対応する言語特有の個性に影響されないと考えるのは難しい。

かつて、サピア＝ウォーフの仮説が言語学や心理学の分野でさかんに議論されたことがあった。

> 人間は、物質界にのみ在るのではなく、普通考えられているように、社会的活動の世界にのみ在るのでもなく、その社会の表現手段となっている特定言語の大きな支配を受けている存在である。[5]

これは、ウォーフ，B・Lが引用したサピア，Eの一節である。現在、サピア＝ウォーフの仮説のうち、思想の在り方が言語の在り方によって予言できるといった決定論的な仮説は退けられている。しかしながら、言語の違いによって認知活動が何らかの影響を受けるとする点については全否定されているわけではない。

言語と学習･教育との関係はこれに酷似している。言語の違いによる学習･教育事象の影響を決定論的に説明することは不可能である。しかし、現実の教育実践を具体的に観察してみると、言語の差異による影響ではないかと思われる学習・教育文化の特質を垣間見ることができる。

たとえば、日本の授業で「あたりまえ」のように使われているのが黒板である。日本の授業では、教師が授業中に黒板に文字言語をたくさん書くのは日常的な光景である。45分なり50分なりの授業終了時に黒板に残っている板書がその時間のまとめになっているのが理想的とされる。教育実習の際には、教育実習生は、学習指導案の中で板書計画を立てることを指導される。文字を黒板に書きながら教えるという書字随伴型授業は、日本では「あたりまえ」のこととして実践されている。

また、そのことは児童生徒の側から見ても同様である。多くの場合、教師がチョークを持つと、児童生徒はいっせいにノートを取り出し、板書を写し始める。教師が白色チョークから黄色チョーク[6]に持ち替えると、教室中の児童生徒が赤色ボールペンをガサガサと取り出す。教師の基礎基本が板書であったように、学習の基礎基本は板書をきれいにしかも早く正確に各自のノートに書き込むことと言っても過言ではない。また、小中高を通じて、「日直」の重要な仕事のひとつは、黒板掃除である。休憩時間毎に前の時間の板書を黒板消しでぬぐい、その黒板消しに付着したチョークの粉を吸引式のクリーナーで清掃して、さらにその黒板消しで黒板を二度拭きして、日直は次の書字随伴型授業に備えて黒板をきれいするのである。これらの書字随伴型学習や書字随伴型授業は日本人が学校生活を通して繰り返し経験してきた光景である。

一方、アメリカの学校の授業風景はどのようになっているのであろうか。

イリノイ州のある高校を訪問したときのことである[7]。見学したのは、1時間目で、社会科の授業であった。たまたま定期試験1週間前の授業であったので、教師は授業の最初に定期試験を話題にし、その出題範囲を黒板に板書した。その後、通常の授業が始まった。日本の授業なら、定期試験の出題範囲のメモはしばらく後に消され、授業内容に即した板書が教師によってなされるところである。あるいは、日本の教師なら、そういったことを見越して、出題範囲のメモは黒板の端に書くか、最初から授業用とは別の黒板を利用したり、掲示板を利用したりしていたであろう。しかし、アメリカの授業の出題範囲のメモは、授業が終わるまで黒板の中央に書かれたままであった。教師による授業は、もっぱら音声言語のやりとりだけで進められた。板書の場面はいっさいなかった。

2時間目以降は別の授業を見学するためその教室を離れたが、5時間目に再び同じ教師の授業を見学した。1時間目と同じ学年であったが1時間目とは別のクラスへの授業であった。アメリカの高校では、原則として生徒はホームルームとは違う教室で授業を受ける。時間割に従って、生徒が教室を移動する。それに対して、授業をする教師は原則として同じ教室にとどまり、時間割に従って違うクラスの生徒を出迎えて授業をする。したがって、5時間目の授業は、1時間目と同じ教室で行われていた。筆者が同じ教室に再び入って驚いたのは、1時間目のメモがまだ消されずに残っていたことである。教師は、やはり授業の冒頭に定期試験について言及し、同じメモを使って出題範囲を生徒に告げた。その後、通常の授業が始まったが、ここでもやはり、

図０－１　掲示板のように使われるアメリカの教室の黒板

出典：1997 年 9 月 2 日付 *The Newsgazette* 紙

メモが消されることがなかった。授業は板書なしで淡々と進められた。この授業では文字言語を媒介とするコミュニケーションはなく、専ら音声言語によるコミュニケーションに終始していた。黒板はあたかも掲示板のような使われ方をしていた。

このような黒板の使用法がそれほど特殊でないことを裏付ける、ひとコマ漫画がある。**図０－１**である。これは、1997 年 9 月 2 日付の地方新聞 *The Newsgazette*（本社はイリノイ州シャンペーン市）に掲載されたものである。9 月と言えば、アメリカでは学年歴が始まる月である。長期にわたる夏期休暇から生徒たちが学校に戻ってくる季節の新聞である。左上の見出しには THE VETERAN OF ACADEMIA（熟練教師）と書いてある。教室前面に大きな黒板がある。黒板の左側に大きな世界地図が貼ってあり、その前に教師用の机がある。地図があることから社会科の教師であろうか。この教師は椅子に腰掛けて顔を前に向けている。居眠りをしているようにも見える。黒板には盤面いっぱいに、次のメッセージが書かれている。「学習計画」「9 月、10 月：夏休みにすっかり忘れてしまった前年度の学習内容を学び直しなさい」「11 月～4 月：新しい学習内容」「5 月：学年末試験」「6 月～8 月：上記をすべて忘却しなさい」。学習計画が結局は忘却の連鎖になっているところがこの漫画のおもしろいところであろう。しかし、ここで、注目したいのは、この黒板の使い方である。上記の高校の社会科教師と同じ使い方である。どうやら、アメリカの教師は、日本の教師ほど黒板を使わないようである。

このように、日本では、アメリカに比べて、書字随伴型学習およびそれを支援する書字随伴型授業が多いように考えられる。そして、それが日本の学習・教育文化の特質ではないかと思われる。

もし、書字随伴型学習や書字随伴型授業が日本の学習・教育文化の特質であるならば、冒頭でとりあげた、アクティブ･ラーニング、ディベート、ディスカッション、スピーチ、プレゼンテーションといったカタカナで表現される学習活動やそれらを中心にしながら展開する授業の普及において、欧米で培われた実践モデルをそのまま日本の教育に普及させても十分な成果が得られないことが懸念される。あるいは、ある程度の普及がみられたとしても大きな弊害を生じさせてしまうことも予想される。ここで主張しているのは、アクティブ・ラーニングなどの導入の中止ではない。アクティブ・ラーニングなどの外来の学習方法や教育方法を日本に導入する際には、日本の学習・教育文化を踏まえて、書字随伴型学習・教育文化に適合した、いわば日本型のアクティブ・ラーニングや日本型ディベートの方法を工夫していく必要があるということである。

ところが、これまでの中央教育審議会の教育課程部会における一連の審議を精査しても、書字随伴型学習の文化といった、欧米と日本との間に存在する学習・教育文化の差異に配慮した議論はまったくなされていない。

外国における先進的な教育制度や教育方法を自国に導入して普及させることを「教育借用」[8]と呼ぶが、この教育借用のための情報を提供する目的で発達してきたのが比較教育学である。教育の実践は行政レベルあれ、教室レベルであれ、その基盤となる政治的、歴史的、社会的、文化的背景およびその国の学習教育文化的背景と密接な関係の中で発達してきたものである。それゆえ、その背景的文脈から隔離された教育制度や教育方法を形式的に借用して別の国の中に移植したとしても、借用先の教育改革は十分な成果を上げることができなかったり、大きな弊害をもたらしたりしてしまう。

そこで、教育借用を成功させるためには、情報の借用元における、先進的な教育制度や教育方法と、その基盤となる政治的、歴史的、社会的、文化的背景およびその国の学習・教育文化的背景との関係を分析しておくことが必要となる。さらに、情報の借用元と借用先の2国の教育に関わる、政治的、歴史的、社会的、文化的背景および学習・教育文化的背景の相違点と共通点についての比較分析が必要となる。教育借用のための情報は、これらのふたつの分析を伴ってはじめて借用先にとって導入に値する情報となる。これらの情報と分析とを総合的に提供するのが比較教育学の重要な責務である。

教育課程部会などの議論で、アクティブ・ラーニングなどの借用情報自体が利用されたものの、借用元の諸外国と借用先の日本の学習・教育文化等の背景の差異に配慮がなされてこなかった大きな原因は、第1章であらためて示すように、学習や教育の場面における音声言語と文字言語の果たす役割を定量的に実証した比較研究が存在しなかったことによる。また、書字随伴型の学習・教育文化が日本の学習・教育文化の特徴であることを実証的に論じた研究がなかったことによる。

そこで本研究では、まず、書字随伴型学習およびそれを支援する書字随伴型授業が日本の授業で多いということを実証的に明らかにする。具体的には、日本の学校で行われている授業と他国の学校での授業とをそれぞれビデオ撮影し、教師や児童生徒の音声による発話と黒板を利用した板書の頻度を数値的に分析し、それを併置比較的に考察することにより、書字随伴型学習や書字随伴型授業が日本の学習・教育文化であることを論証する。

さて、このような書字随伴学習や書字随伴型授業にみられる日本の学習・教育文化の特徴は現在だけに限った一時的なものであろうか。もし、単に一時的なものであったとすれば、それは、一定の時間経過とともにその特徴は消滅していく道をたどることになる。グローバル化が急激に浸透し、しかもICTなどの技術の発展がめまぐるしい現在においては、一時的にすぎない学習・教育文化であるならば、それをあまり顧慮する必要がないかもしれない。

そこで、書字随伴型学習や書字随伴型授業の特徴が、現代に固有の一時的な特徴であるのか、それとも、100年、数百年の歴史を遡ったとしても、しぶとく永続的・再帰的に存在し続けている特徴であるのかを見極める必要がある。もし、後者であるとするならば、現在、教育借用として準備されようとしている、アクティブ・ラーニングなどの導入において、比較教育学研究の立場から、教育借用を成功させるための知見を提供する必要がある。

本研究の結論を先取りするならば、書字随伴型学習や書字随伴型授業の特徴は、100年、数百年の歴史を遡ったとしても、そのときから、現在まで永続的に存在し続けてきた特徴である。しかも、その特徴は表面的には一時的に弱まるように見えたとしても、しぶとく再帰的に再生されてきた。それを論証するのが本研究の目的のひとつである。

さて、幸いにして、江戸時代の手習塾の学習内容や学習方法については、乙竹岩造『日本庶民教育史』[9]、石川謙『日本庶民教育史』[10]などの先駆的研究以降、累々とした研究蓄積がある。江戸時代の手習塾では、文字を書くことが学習内容そのものであり、学習方法でもあったことが定説となっている。本研究では既存の研究成果を、書字随伴型学習という概念にあてはめて再解釈を試みる。

もっとも、近代化以前においても書字随伴型学習が日本の学習・教育文化であったと言えたとしても、それが日本の学習・教育文化の特徴であったとは限らない。そう結論づけるためには、近代化以前の時点における国際比較分析を経る必要がある。ところが、書字随伴型学習や書字随伴型授業の観点、あるいは、学習場面や授業場面で使用される音声言語や文字言語の果たす役割の観点から、近代化以前の学習実態を実証的に比較分析した研究の蓄積はほとんどない。

そこで、本研究では、書字随伴型学習や書字随伴型授業の観点から、日本および諸外国における近代化以前の学習実態を実証的に比較分析する。もっとも、現在の教育事象とは違って、直接授業を観察したり、それを対象にした定量的な計測を直接行ったりすることは不可能である。また、本来、教育史研究ならば研究対象とする国の教育事象の実態にせまる一次史料そのものを発掘したり解読したりするところから研究を始め、それを基盤として考察を行うべきである。しかし、その過程を踏むとすると本研究の目的とする比較考察にたどり着くことは、とうてい不可能である。そのため、比較を行うそれぞれの国の学習実態については、既存の文献史料や研究成果に依拠せざるを得ない。

近世以前の学習実態を比較分析する部分における本研究の独自性を指摘するならば、それぞれの国の中で行われてきた教育史研究の成果を、書字随伴型学習などの概念で再分析すること、その観点から文字史料のみならず図像史料の読み取りをすること、そして、それらの分析に基づいて比較考察を行うことにある。

さて、これらは、近世以前の学習実態の現象面的な比較考察にあたる。前述したように、教育借用を成功に導くためには、比較教育学は、借用元と借用先の教育現象とその背景についての分析を行わなければならない。そこで、本研究では、西洋と日本における言語観、文字観、文字学習観、学習場面で使用される言語の特質から、日本が西洋と比較して書字随伴型学習の特徴を持つにいたった理由を考察することにする。

ここまでの比較考察は、対象とする国々が没交渉的に独立して教育文化を発達させてきたことを前提とした「併置比較」による考察である。しかし、実際の教育事象の発展は外国からの影響を受けることによって実現してきた。それどころか、教育借用の行為そのものが国際的な相互作用の実態であり、付随する相互作用の引き金となっている。日本は明治初期の「学制」以降、西洋の「近代的な」教育思想、教育制度、教育内容、教育方法を精力的に日本に移植し、国内に普及していくことに力を注いだ。このような教育借用の過程で、借用元の教育事象の中で、どの部分が注目されて、どの部分が切り取られて借用されたか、どのような経緯で情報が伝わったか、どのようにして施策化され実施されたか、実施の結果は成功したのか失敗したのか、借用先の教育事象や教育文化にどのような影響をもたらしたのか、成功・失敗・影響の原因はなにかを考察するのが、比較教育学の「関係比較」である。

「関係比較」は、留学生や帰国生徒のように国境をまたいで移動した人物を対象にした研究と、教育思想、教育制度、教育内容、教育方法などの教育情報の国境を越えた借用・移植や教材・教具などの「モノ」の輸入・移植などを対象にした研究とが含まれる。「併置比較」が、ある時点における2か国以上の教育事象を没交渉的に捉えて静的に把握した上で比較分析するのに対して、「関係比較」は、人や教育情報・「モノ」が移動することを前提として比較分析を行う。それゆえ、「併置比較」は静的な比較分析、「関係比較」は動的な比較分析と言える。

さて、現在の時点における「併置比較」分析によって、日本には西洋に比べて書字随伴型学習・教育文化がより強く根づいていることが明らかになり、そして、近代化以前の時点における「併置比較」分析によって、日本には西洋に比べて書字随伴型の学習・教育文化がより強く根づいていることが明らかになったとする。この両者が明らかになれば、そのとたんに、矛盾が生じることになる。両者の比較時点の間に大規模な教育の近代化＝西洋化が行われたからである。第5章で詳述することになるが、西洋においては、相対的に音声言語が優位な学習・教育文化が形成されていた。その音声言語優位な学習・教育文化の中で培われてきた西洋的な教育方法が、「学制」以降、「近代的」な教育方法として日本に移植されたのである。単純に考えれば、近代化以前に日本にあった書字随伴型の学習・教育文化は西洋的な音声言語優位な学習・教育文化に駆逐されて当然である。そして、その結果、現在の時点で「併置比較」を行えば、西洋と日本の教育文化には差異がないはずである。しかし、実際には、現在においても、日本には書字随伴型の学習・教育文化が強く根づいている。この矛盾を説明するためには、日本の「学制」以降の教育改革において、西洋の教育方法や学習・教育文化がどのように日本に導入され、どのように影響したか、あるいは、影響しなかったかについて考察する「関係比較」の分析がどうしても必要である。

後述するように、日本の教育の近代化＝西洋化を対象とした「関係比較」の分野においてもおびただしい数の研究の蓄積があり、教育史研究のみならず教育学研究全体に対して意義ある貢献を果たした業績も少なくない。しかしながら、書字随伴型の学習・教育文化に着目した「関係比較」はなされてこなかった。本研究ではその分析を行うことにする。その際、学習具のひとつである石盤という「モノ」の普及と使用法の現地化の側面からも「関係比較」の分析を行うことにする。

このような比較考察にあたって注意を喚起しておきたい点がある。本研究で明らかにしようとしているのは、〈日本では文字を書く学習や文字を使う授業があるけれども西洋では文字を使わない〉、あるいは、〈西洋では音声言語中心の教育文化であるけれども日本では音声言語を使った学習や授業がない〉、といったことではない。そもそも、音声言語をいっさい使わない授業は成り立たない。また、文字をまったく使わない学習もあり得ない。そこで、本研究で比較考察を行うのは、あくまでも、それぞれの学習・教育文化の中で書字随伴型学習がどの程度大きな役割を果たしているか、あるいは影響を与えているかといったかということである。そして、それぞれの国の学習・教育文化における書字随伴型学習の意義を国際比較することによって、日本の教育文化の特質を書字随伴型学習の観点から考察しようとしているのである。

本研究では、局所的に「文字中心」「音声中心」といった表現を使うことがあっても、それらの表現を一人歩きさせることは極力避けたい。むしろ、それを、ある学習・教育文化の中で書字随伴型学習や書字随伴型授業が相対的に大きな役割を果たしているか否かといった議論に還元させるといったことに留意しながら日本の学習・教育文化の特質について議論していくことにしたい。

以上、第1節では、本研究を着想した経緯および本研究の意義と目的について述べた。第2節では、より根本的な次元から比較教育学研究の中における本研究の位置づけと先行研究の整理による本研究の位置づけについて論じることにする。

第2節　比較教育学の研究動向と本研究の位置づけ

本研究の中核をなすのが比較研究である。そこで、ここでは比較教育学の研究動向を整理し、本研究がとる方法論の位置づけを確認しておきたい。

そもそも、比較という方法は人類の認知方法のうち、もっとも古いもののひとつであり、この方法を教育に関わる記述に用いた例は、原初的なものまで含めば枚挙にいとまがない[11]。しかし、比較教育学の学問としての出発点は、1817年にジュリアン, Mが、その著[12]の表題に初めて比較教育学(l'éducation comparée)という言葉を用い、教育の科学的な比較のための枠組みや分析指標の必要性を提唱したことに求められる。残念ながら、この志の高い構想は第二次大戦後まで長く顧みられることなかった[13]。この時期の19世紀は、欧米諸国では国民教育制度の形成期にあたる。この時代は、モデルとしての外国教育という鮮明な観点に立ち、教育借用[14]ないし自国の教育改善を目的として諸外国の教育を調査することが新たに注目されるようになった[15]。これが、現実における比較教育学の黎明である。なお、機能としての教育借用は今日でも行われており、多かれ少なかれこういった宿命を比較教育学は持ち続けていると言える。

では、今日の比較教育学はどのように定義されているのであろうか。日本比較教育学会が編集した『比較教育学事典』によると、比較教育学は次のように記述されている。

> 比較教育学とは、世界のさまざまな国・地方や文化圏の教育について、空間的に異なる複数の点に着目し、比較の方法を用いて分析することにより、一定の法則性や独自の類型を見出すことを目的とする専門学問分野である。[16]

この定義にあるように、「比較の方法」を用いることが比較教育学の方法論的な特質であり、「一定の法則性や独自の類型」を見出すことが目的論的な特質であると言える。その際、複数の国の教育現象を記述し、それらを併置して比較することにより考察を行う。これを、後述する「関係比較」と対比して、「併置比較」と呼んでいる。

しかしながら、比較教育学会の紀要や研究大会における発表をメタ分析した研究者は、比較教育学会における研究活動でありながら「比較」がほとんどない研究が多いことを繰り返し指摘している。

たとえば、市川昭午は、1990年の『日本比較教育学会紀要』で、次のような手厳しい指摘をしている。

> 残念なことに多くの会員は専門とされる国の教育を研究されるのに忙しく、それとの比較に於いて日本教育の特質を究明するといった余裕はお持ちでないようである。研究大会での発表を見てどこかの国に関するものが圧倒的に多い。(中略：引用者)教育研究に限らないが、本格的な外国研究は対象国に惚れ込むくらいでなければ出来ないという面もある

し、どこまでやっても決してこれで充分ということにはならない性格のものである。そのように奥行きの深い仕事であるだけに、なかなか比較研究までには手が回らないというのは理解できる。しかし、問題は最初から比較の視点が明確でないものが少なくないように見受けられることである。[17]

比較分析の視点すらない地域研究[18]が「比較教育学」として研究されることが少なくなく、「比較教育学」が、比較によって「日本教育の特質を究明する」研究となっていないというのである。

また、石附実は日本比較教育学会創設25周年の節目に、次のように論考している。

これまでの日本における比較教育学研究の特徴は、私の見るところ、どちらかといえば、「比較」研究より「地域」研究の方が圧倒的に多く、換言すれば、「比較教育学」より「外国教育学」としての性格が強かったように思う。そのことは、本学会の毎年の発表内容や学会紀要の論文についてもいえるし、また。今まで著わされてきた何冊かの「比較教育学」の名を冠した書物の場合にも見られる。ともにいずれも、○○国の△△についてといった特定の国や地域を紹介したり分析、検討することに集中したものが多い。『比較教育学』という標題の概説的な書物にあっても、おおむねは、各国・地域の教育の併置的な説明と紹介つまり「地域」研究の結果をヨコに並べるかたちの構成であり、残念ながら、「比較」は必ずしも積極的、意図的に行なわれていない。[19]

「比較教育学」を冠する著書の中であっても、地域研究が単純に併置されているだけで、比較考察まではなされていないとの指摘である。同様の指摘は、杉村美紀[20]、小川佳万[21]らにもみられる。

一方、地域教育研究そのものを重視し、それ自体の方法論に焦点をあてた議論もなされてきた。たとえば、『比較教育学研究』第27号では、地域教育研究が特集されており、その中で、渋谷英章は、地域教育研究のあるべき姿を説き[22]、近田正博は、地域研究偏重にならざるを得ない事情や地域教育研究の理想を実現できない事情を考察した上で、新たな地域研究の在り方を提

言している[23]。そして、大塚豊は、

> フィールドに沈潜する研究者の頭の中は常に「比較」に満ち溢れ、調査の過程で絶えず比較的視点からの価値判断を迫られる。主体を形成する「方法としてのフィールド」の意味はここにある[24]

とし、地域研究の中にも「比較」の視点があると指摘している。また、小川佳万は、「比較をしない」「理論志向でない」というような否定的な指摘に対して、反論を提起し、地域研究に傾斜した研究を擁護する論考を発表している[25]。さらに、馬越徹は「日本の教育問題の解決を強く意識したり、比較を性急に行うことよりも『地域研究』に徹することが先決」[26]であるとしている。このように地域研究は比較教育学において非常に重要な位置を占めており、今後もそのさらなる精緻化が希求されることはあっても、地域研究が不要であるといった指摘はなされることはないと思われる。

一方、だからといって、比較研究がなくてもいいということにはならない。地域研究の成果を併置しただけでは、「一定の法則性や独自の類型を見出すこと」[27]はできない。また、「日本の教育改革にとって不可欠の前提条件であるだけでなく、世界的な教育改革にも寄与する」ことになる「日本の教育システムの特質」を明確にするには、比較が必要なのである[28]。

本研究は、今日の教育実践の在り方を考える基盤とすることを念頭に置き、書字随伴型学習や書字随伴型授業という概念を使って、日本の教育文化の特質を明らかにしようとしている。本研究が、真正面から教育の比較考察を行おうとしているのはそのためである。

一方、このような比較研究には、種々の困難が伴う。奇しくも、かつて、市川昭午は、次の指摘を行っている。

> 日本の問題解決に寄与しようとすれば、同じ外国を研究するにしても、対象国で議論されている問題とか、注目を浴びている理論の紹介では済まず、自国の問題解明に役立つ情報や理論を求めざるをえなくなる。その種のものはレディーメードの形で簡単に手に入らぬ場合が多いから、自分で実地調査をしたり、一次資料を捜したりする必要が生じてくる。[29]

これは本研究にもあてはまる。本研究においても、比較に必要な「レディーメードの形で簡単」に入手できる情報が存在しなかった。そのため、第1章で提示するような、比較のための分析指標の開発から着手する必要があった。そして、その分析指標を使って、論者が自ら複数の国の授業実践の情報を収集することになった。おそらく、個々の情報は、それぞれの国の地域研究者から見れば稚拙なものばかりであろう。しかし、比較教育学としての比較分析を行うためには、不十分であってもこのような情報を自ら収集する必要があったのである。

さて、ここまでは、地域教育研究の成果を併置して比較考察することにより日本の教育文化の特質を明らかにすることが比較教育学の重要な役割であることを説明してきた。しかしながら、今日、インターネットなどを通して海外の情報が入手しやすくなったこと、海外渡航も日常的になり現地調査が頻繁に行われるようになったことから、比較教育学会でなくとも、あらゆる教育関連学会において、海外の教育情報が詳細に、そして、大量に紹介され考察されるようになった。そこでは、併置比較による分析まで行われることも少なくない。

石附実は、比較教育学が、外国や世界の教育情報を提供すること、そして、比較と関係の観点から、自他の教育を相対的に見る視点をもたらすことに留まっている限り、比較教育学の存在意義は霞んでしまうと警告した。石附によれば、比較教育学のアイデンティティは、「教育の全体像に対する包括的な把握の仕方」[30]で比較考察を行うことであるとしている。その「包括的把握」にはふたつの側面があり、ひとつは、「対象とする国・地域の教育を部分的、細分的に狭く見るのではなく基底的な特性にもたえず目を向け」、「総体としての教育像に迫ろうとする」という全体性であり、もうひとつは、「検討しようとする事項なり問題が他のさまざまな要素なり問題などともかかわっているものであり、教育の各部分はあくまで全体として有機的なつながりがある」[31]という関係性であるとしている。

また、上述した比較教育学における「比較」の重要性を強調した市川昭午も、研究が表面的な比較による特質の究明に留まることを想定していない。市川は、「次に、そうした教育システムの日本的特質がどの様にして出来上がってきたかが問題となる」[32]とし、特質の原因の考察をも指摘している。

本研究では、現象としての書字随伴型学習や書字随伴型授業の実態の併置比較を行うことになるが、比較分析をそこに留めず、これらの現象を学習・教育文化と捉え、さらに、それらの背景にある、西洋と日本における文字観の相違や言語の特徴の比較分析を行うことにより、「全体性」や「関係性」から比較教育学的に考察を行う。

本研究では、現時点における「併置比較」の分析と、日本の教育の近代化以前の時点における「併置比較」の分析を行っているが、そのほかに、西洋由来の音声を中心とした教育方法・学習方法の日本への受容と変容を、学習具のひとつである石盤という具体的な「モノ」を通して考察する「関係比較」を行っている。

「関係比較」とは、「教育史のそれぞれの歴史的段階で、外国の教育、文化とどのような交渉があり、いかなる影響を受け、あるいは、与えたか、という教育の対外関係」を究明する「関係の視点からの比較」である[33]。つまり、「外国教育の受容と変容の跡の追求」や「教育の情報の受け入れについての検討」[34]を行うことが関係比較分析である。

本研究の「関係比較」分析と同時代の明治初期における「関係比較」を行っている研究には、1966年の尾形裕康「西洋教育移入の方途」[35]がある。尾形は、幕末から明治初期の海外派遣留学生や御雇教師、教育の理論・学説書・新聞雑誌の翻訳を分析し、西洋の精神文化の日本への移植と文化変容の大勢を概観した。しかしながら、林三平が指摘しているように、このような「変容――あるいは抽象化・ゆがみ・混乱――の質的性格がどうようなものであるかが、もっと個別的に、文化的諸条件との関連において綿密に検討される必要がある」[36]という課題が残されていた。

西洋の教授方法の日本への受容過程の分析については、1966年の稲垣忠彦『明治教授理論史研究――公教育教授定型の形成』[37]がある。稲垣は、ペスタロッチなどの「開発主義」教授理論や「ヘルバルト主義」教授理論の導入・変容・定着について分析し、西洋の教授実践が日本において定型化していく過程を考察している。また、教授方法の中の発問論に焦点化することにより、日本の教授方法受容史全体を考察しようとしたのが、1988 年の豊田久亀『明治期発問論の研究——授業成立の原点を探る』[38]である。豊田は、「理念としてはペスタロッチ主義の開発教授をとり、方法としてはそれと相対立する伝達的・教条的教授様式の問答法をとることになる」といった「ねじれ」が受容過程にあったことを指摘している[39]。

教育情報の受容史研究の中でも傑出しているのが、1998 年の橋本美保『明治初期におけるアメリカ教育情報受容の研究』[40]である。橋本は、発信元となる 19 世紀アメリカにおける教育情報の生成を詳細に分析し、アメリカ教育情報の受容において文部省が具体的にどの文献を利用・翻訳したのかを詳細に論証している。また、それに留まらず、受容した情報が官立師範学校や地方の教育行政にどのように伝播し、議論されたかを分析している。

さらに、一斉教授方法の受容過程に関しては、1962 年の佐藤秀夫「一斉教授方法の成立」[41]や 1982 年の仲新、稲垣忠彦、佐藤秀夫編『近代日本教科書教授法資料集成　第一巻　教授書 1』に所収されている稲垣忠彦「解説　総説」[42]がある。両著は、御雇外国人教師のスコット，M が師範学校（後の東京師範学校）で教育した一斉授業法に関わる教育情報が、同校の卒業生や教授法書によって全国に伝播していく過程を通史的に説明している。そして、通史的研究を越えて受容過程全体を描こうとしたのが、2010 年の杉村美佳『明治初期における一斉教授法受容過程の研究』[43]である。一方、一斉教授法の日本への受容過程で大きな役割を果たした人物を焦点化して研究したのが 1995 年の平田宗史『エム・エム・スコットの研究』[44]である。平田は、スコットを来日前、来日中、来日後の 3 期にわたって分析し、アメリカの教育情報がスコットを通じてどのように日本に伝播したかを詳細に分析している。

このように、西洋の教育情報の日本への受容過程を分析した「関係比較」研究が蓄積されてきているのであるが、そこには次の共通点が指摘される。それは、西洋の教育情報が暗黙のうちに理想的なもの、模倣すべきもの、と措定されていることである。そして、理想とすべき教育情報が、西洋の上流から日本国内の下流に向かってどのような経路をたどって流れたのか、あるいは、部分的にしか流れなかったのか、という分析がなされていることである。もちろん、「近代化」という意味では西洋の教育情報が当時の日本にとって貴重な指針であったことは否めない。しかしながら、上意下達的な「受容」観からの受容研究に留まっている限り、舶来追随型の教育改革から脱却することはできない。そこで、受容主体にとってその受容そのものがどのような意義を持つのかという観点からの研究が希求される。先に引用したように、林は、「変容――あるいは抽象化・ゆがみ・混乱――の質的性格がどうようなものであるかが、もっと個別的に、文化的諸条件との関連において綿密に検討される必要がある」[45]と述べている。本研究では、受容する側に視座を設け、西洋の教育方法が日本にどう受容されたかを、「文化的諸条件との関係」において分析することにする。

さて、最後に、比較研究における差異化と一般化についての考え方の観点から本研究の立場を位置づけることにする。

今井重孝は、比較教育学の創始者ジュリアンの方法論をはじめ、「歴史的比較教育学」、「社会学的比較教育学」、「民族誌的アプローチ」「ワールド・システム・アプローチ」「自立教育システム理論」の方法論の志向性を分析し、比較教育学には、「一般化」を志向する「一般化型比較教育学」と「差異化」を志向する「差異化型比較教育学」のふたつの類型があるとしている[46]。さらに、「一般化」を目指すからといって「差異性」をまったく無視しているわけでもなく、また、逆に、差異化を目指すからといって必ずしも「一般性」を完全に無視しているわけでもない点に留意すべきであるとしている[47]。一般化志向の比較教育学は、個別事象の差異性を前提にしながら、「個別事象の比較による一般法則の発見」をするという要素と、「発見された一般法則の個別事象への適用」という要素のふたつを持ちながらも、「一般法則の確認に比重を置いている研究」であるとしている。一方、差異化志向の比較教育学は、「出発点ないしは到達点のところに一般性志向が見られる」研究であるとしている。そして、「特殊→一般→特殊→一般……と無限に続く認識の連鎖をどこで区切って焦点化するかによって、ふたつの研究方向の違いが生まれるにすぎないのである」と結論づけている[48]。

本研究は、今井の言う「差異化志向型比較教育学」にあたる。そして、第

Ⅱ部で詳述するように、たとえば、日本の学習・教育文化においては、文字言語が重要な役割を占め、西洋の学習・教育文化では音声言語が重要な役割を示すといった表現を使うことになる。しかし、ここで確認しておきたいのは、今井が指摘したように「差異化志向型比較教育学」であっても、出発点ないしは到達点のところに一般性志向を内包していることである。

現代における比較哲学の流行の嚆矢[49]となったとされる『比較哲学』を著したウルセル，Mは、同書の中で「比較の方法について」を論考しているが、かれは「おおよそ比較とは、同一性を手がかりとして、その相の下に多様性を解釈することである」[50]としている。多様性を論じることはけっして同一性を否定することにはならず、ウルセルが指摘するように、同一性はむしろ多様性の解釈のための大前提となっているのである。比較とは、「同一性によって多様性を解釈し、また相違する他者のなかに相互の同一性を見るという同異の相互関係を明らかにすべき操作」[51]である。

日本であっても、アメリカであっても、文字言語をいっさい用いない授業や学習はあり得ないし、音声言語をまったく使わない授業や学習文化もあり得ない。なお、第8章においては、西洋では筆算の道具や幾何学の道具として使われていた傾向がある石盤が、日本では、書いて学ぶ学習文化を実現させるための、文字を書きつける道具として利用されたとの結論を提示する。しかしながら、石盤は単なる道具であるので、文字であれ、数字であれ、図形であれ、何でも書き込むことができる。したがって、アメリカであっても石盤には文字が書かれる場面は日常的に観察されうるし、日本であっても石盤を使って算数の学習がなされることは当然である。本研究は一般化の中から差異化を志向する研究であり、本研究で明らかにしようとしているのは、たとえば、日本と西洋を比較することによって見出せる日本の相対的な学習・教育文化の特質なのである。

第3節　先行研究の整理と本研究の位置づけ

さて、ここまでは、主に研究方法論としての先行研究の検討を行うことにより、本研究を位置づけてきた。以下では、本研究が研究対象としているテーマに関わる先行研究を検討していきたい。

まず、日本の教育の特質を解明することを目的とした研究として、天城勲編著『相互にみた日米教育の課題』(1987年)[52]、潮木守一・喜多村和之・市川昭午編『教育は「危機」か――日本とアメリカの対話』(1987年)[53]、市川昭午『教育システムの日本的特質――外国人がみた日本の教育』(1988年)[54]などがある。これらは、アメリカ人などの外国人が研究してきた日本の教育の分析結果をもとに、合わせ鏡のようにして日本の教育の特質を解明しようとしたものである。日本の教育の特質の解明という比較分析の目的が明確に示されており、かつ、それに成功している。しかしながら、分析対象としてとりあげている教育事象は、学校制度や教育改革、カリキュラム、学力、塾、高校生文化などであり、教室の中の学習文化の特質までは取り扱われていない。なお、その後も日本の教育を論じる著作は数多く出版されているが、本格的な比較分析に基づいて日本の教育の特質を考察しようとしているものはほとんどない[55]。

一方、外国の研究者が日本の教育をさかんに研究した時期がある。戦後の日本経済の高度経済成長の結果、日本がアメリカの経済に追いつくのではないかと世界から注目された1980年代の時期である。1979年に、ヴォーゲル, E・Fの*Japan As Number One: Lessons for America*[56]が出版され、高度経済成長の要因として日本的経営が高く評価された。そして、その基盤になっていたのが日本人の学習への意欲と読書習慣であるとされた。これが大きな契機となり、主にアメリカの政府関係者や研究者が日本の教育に注目するようになった。政府関係では、1983年に*A Nation at Risk: The Imperative for Educational Reform*[57]が公表された。日本の子どもの学力の高さがアメリカと比較して賞賛され、その背景に年間の子どもの登校日数やカリキュラム政策があるとした。研究者では、カミングス, W・Kが、小中学校における平等主義が日本の教育における特質であると論証し[58]、デューク, B・Cは、算数・数学や国語の習熟指導が徹底していて「がんばる」精神が涵養されていることが労働の基盤能力と企業への忠誠心につながっていることを考察し[59]、ローレン, Tは、思考を重視していない受験校の教育の特質を指摘している[60]。

また、1980年代後半から1990年代にかけて、多くの教育学研究者が日本に長期間滞在して参与観察を行い研究成果を残した。たとえば、ピーク,Lは、日本の幼児がアメリカに比較してのびのびと育てられているのに小学校に行くと規律を守って集団生活をすることができるのは、幼稚園に秘密があり、そこで自制心、自立心、集団内での行動の仕方の訓練を受けるからであると分析し、そこに日本の教育の特質があるとした[61]。また。ルイス，C・Cは、日本の教育が成功しているのは、幼稚園や小学校で全人教育を行っているからであるとし、特別活動の重要性に注目している[62]。また、ケイブ，Pは、日本の小学校の算数、国語の授業や学校給食、卒業式などを観察し、個性と社会性の両方がバランスよく教えられていること、子どもどうしが励まし合い、学び合うことが重視されていることが日本の教育の特質であると分析している[63]。

これらの研究は、いずれも日本の教育の特質を解明しているが、子どもたちの学び方そのものには言及していない。なお、日本の子どもの学び方の特質を比較分析から明らかにした研究としては、東洋らの1972年から約10年にわたって行われた心理学的日米異文化間比較研究がある。それによると、アメリカの母親は、具体的な指示を言葉で子どもに伝える教え込み型の教え方をするのに対し、日本の母親は、母親の願いを伝えたり自ら見本を見せたりするといった滲み込み型の教え方をするのが特徴である[64]。ここから、音声言語を使って論理的に説明する学習・教育文化の差異が読み取れるのであるが、東らは、文字言語や音声言語に立ち入っての考察を行っていない。一方、辻本雅史は、東らの「滲み込み型」の学習文化の特質を、「身体的な模倣と習熟の学習」と捉え、近世の手習塾や儒学の学習、貝原益軒の思想や教育論から論証し、その学習文化が現在にも受け継がれていることを示した[65]。文字言語を使った学習やテキストの身体化など、日本の教育文化の特質を考察する上で示唆するところが大きい。しかしながら、歴史的な考察がなされているものの、日本と他国の教育文化の比較考察から得られた結論ではない。

授業そのものを比較分析した研究としては、石井順治、稲垣忠彦、牛山栄世、河合隼雄、佐伯胖、佐藤学、竹内敏晴、谷川俊太郎、野村庄吾、前島正俊らの共同研究がある。かれらは、アメリカの進歩主義学校の系譜につながる「子ども中心」の原理を掲げたふたつの学校の授業を観察やビデオ撮影を含めた手法で分析し、それらとの比較において日本の授業の特徴や問題点を考察した[66]。その中で石井順治は、「日本の教師はまさしく日本文化という枠の中で、日々の授業を営んでいる」とし、「日本の教師は、やたら動き回るくせに子どもを見ていないことが多い」が、それは「一斉指導中心の教育方法の弊害」であると述べている[67]。しかし、やはり、考察の中心は、授業が子ども中心になっているか否か、一斉指導か否かであり、授業の中で使われている文字言語や音声言語については顧慮されていない。

授業を撮影したビデオを使った本格的な国際比較研究としては、TIMSSの一部としてのスティグラー，J・Wらによるビデオテープ授業研究[68]がある。TIMSSはTrends in International Mathematics and Science Study（国際数学・理科教育動向調査）の略称[69]であり、国際教育到達度評価学会（IEA）によって1995年以降4年ごとに実施されている調査である。各国の児童・生徒の算数・数学、理科の教育到達度を国際的な尺度で測定すること、その到達度と各国の教育制度、カリキュラム、指導法、教師の資質、児童・生徒の環境条件などの諸要因との関係を研究することが調査の目的であった。TIMSS（1995）には、全部で約50か国が参加し、1994～1995年に調査が実施された。その一環としてTIMSSビデオ授業研究が行われた。この研究プロジェクトには、ドイツ、日本、アメリカの3国が参加し、各国の中学校2年生にあたる学年の数学の授業（ドイツ100時、日本50時、アメリカ81時）をビデオ撮影したものが、数量的に分析された。第1章でも触れることになるが、この研究の一部として、黒板の使用法が考察されている。しかしながら、それは、授業の構造化の比較の一環として黒板に着目したものであり、書字随伴型学習の観点からの分析は行っていない。

また、前節で言及したように、明治期における教授方法の西洋からの受容については、佐藤秀夫[70]、稲垣忠彦[71]、豊田久亀[72]、橋本美保[73]、杉村美佳[74]

などの研究がある。これらの考察の中心は、教授方法、一斉指導、問答法などであり、橋本を除けば、音声言語や文字言語の観点からの考察を行っていない。なお、橋本は、Oral Teaching や Recitations などを含む教育情報が日本にどのように紹介され、それらが実際のカリキュラムにどう盛り込まれたかを詳細に分析し、西洋の音声優位の教授方法が日本に移植される過程を示している。とくに、「口授」科[75]の導入については、愛知県などの「第二大学区」における小学教則についての審議を分析し、「ペスタロッチ主義の直観教授の原理」に基づいて「口授の主旨が暗誦を否定し子どもの精神を開発するもの」であるといった議論を経てカリキュラムとして承認されたことを明らかにしている[76]。また、その際、これらの議論の中で提案者は、口授を「単なるレクチャー・メソッド（lecture method）としてではなく」「問答を包含するオーラル・ティーチング（oral teaching）と捉えていた」[77]ことを指摘している。しかし、なお、音声言語や文字言語といった言語の特質からの考察は見当たらない。

話し言葉教育の歴史研究の分野では、野地潤家が『話しことば教育史研究』[78]において、そして、増田信一が『音声言語教育実践史研究』[79]において、網羅的、体系的な整理をしている。また、安直哉『聞くことと話すことの教育学――国語教育基礎論』[80]、前田真証『話しことば教育実践学の構築』[81]などの研究も踏まえて、有働玲子が『話し言葉教育の実践に関する研究』[82]を出版している。さらに、イギリスの「聞くこと話すこと」の教育については、前述の安直哉『聞くことと話すことの教育学――国語教育基礎論』の三部構成中の第二部と第三部がイギリスの音声国語教育についての考察となっており、また、後に安直哉は、イギリスの音声国語教育に特化した『イギリス中等音声国語教育史研究』[83]を出版している。アメリカの話し言葉教育では、西本喜久子が『アメリカの話し言葉教育』[84]を著している。いずれも、書名に注目すれば、本研究の目指すところに近いと思えるが、これらはすべて、国語教育の範疇を出ておらず、音声言語を使ってほかの教科の学習をするというところに着目した研究ではない。それゆえ、音声言語や文字言語が学習の場面でどのような役割を果たすかについては考察していない。

また、中野和光は、「教育方法における文字言語（literacy）と音声言語（orality）の問題に関する一考察」と題する論文を発表している。「文字言語（literacy）」「音声言語（orality）」に着目している点および欧米にも目を向けている点において本研究と共通点を持つが、中野の関心事は、教育や学習の場面における文字言語や音声言語の果たす役割にはない。中野は、読むこと、書くこと、話すこと、聞くことの指導を国語といった特定の教科内の指導に留めるのではなく、カリキュラムを横断して読むこと、書くこと、話すこと、聞くことを指導すべきであるという考え方に基づいており、英国と米国における教科横断的な文字言語教育や音声言語教育の先行研究をまとめている[85]。やはり、教育や学習の場面における文字言語や音声言語の果たす役割については言及がない。

なお、本研究では、書字随伴型学習や書字随伴型教育を鍵概念として論考を展開し、その際、文字言語や音声言語にも注目する。その文字言語や音声言語に関わる研究分野としては、「文字の文化」と「声の文化」の研究、音読や黙読についての研究などがある。

「文字の文化」「声の文化」はオング，W・Jが着目した概念である。かれは、

> 一次的な声の文化 primary oral culture（つまり、まったく書くことを知らない文化）と、書くことによって深く影響されている文化とのあいだには、知識がどのように取り扱われ、またどのようなことばに表されているかという点で、ある基本的な違いがある[86]

ということを踏まえ、「声の文化においては思考と言語表現がどのようなものであったかを知ること」[87]と、「そうした声の文化から、文字に慣れた者の思考と表現がどのようにして生まれたかということ、そして、そうした思考と表現と声の文化との関係」[88]のふたつを主題として『声の文化と文字の文化』を論述している。

また、宮澤康人は、「『教育のメディア史』試論——近世の『文字社会』と出版文化」の中で、オング，W・Jに言及しつつ、プラトンの書き言葉批判の時代を「書物の曙」時代、デリダの「声の形而上学」批判の現代を「活字文化の黄昏」時代と名づけて、西洋の教育文化における音声言語と書記言語の葛

藤を考察している[89]。さらに、日本における音読と黙読の歴史や、音声言語と文字言語から分析する読書文化については、前田愛[90]、山本武利[91]、永嶺重敏[92]、柳沼重剛[93]、宮島達夫[94]、岩田一正[95]、山田俊治[96]、山梨あや[97]、土屋礼子[98]などの蓄積がある。大黒俊二は『声と文字』[99]の中で、エリートと民衆、教会と世俗といったヨーロッパ中世社会の特徴をなす二重性の中で、ラテン語から俗語が成立、発展、確立していった様子や、「声と文字の弁証法」を論考している。「声と文字の弁証法」とは、声と文字の2者を、対立でも反映でもなく、複雑な絡みあいとして捉え、声に文字の特徴を、文字に声の特徴を見出す[100]という研究方法である。そして、声の社会から文字の社会への移行は、単純な「声から文字」への移行ではなく、「声の文化が優勢な社会」から「文字の文化が優勢な社会への移行」とした上で、11世紀がその大分水嶺となったと述べている[101]。これらの研究が考察対象としている音読や黙読は教育活動に密接に関係している。それゆえ、これらを踏まえた学習文化や学校文化の考察は重要である。しかしながら、これらの研究は、教室の中の音声言語や文字言語の役割については触れておらず、また、本論文が考察できる枠をはるかに超えているので、本論文では扱わないことにする。

なお、辻本雅史は『思想と教育のメディア史――近世日本の知の伝達』の中で、近世に成立した文字と出版のメディアを土台に近代日本の学校が構築されたという問題意識のもとに、17世紀に出現した出版メディアを活用して読書して学ぶ近世の読者層を成立させた貝原益軒や、文字なかんずく漢文によって構成された近世の儒学や漢学に対抗して声のメディアに依拠した「学問」の正当性を鋭く説いた石田梅岩などの思想をメディア史の視点から考察している[102]。この知見が現在の日本の学習文化の特質の究明につながる可能性が高いと思われるものの、やはり本論文の枠を大きく超えることになるので、ここでは扱わず、今後の課題としたい。

また、近代における〈話しことば〉の文化と教育の関係については、中村哲也の一連の研究がある。中村は、「近代における〈話しことば〉の文化と教育」[103]および「〈話しことば〉教育の系譜――「演説」とその民衆文化的基盤――」[104]の中で、自由民権運動との関係において、学校を会場とする演説文化の盛衰について考察しており、さらに、「近代日本における朗読法の思想と変遷――演劇史との関連において――」[105]の中で、坪内逍遥の演劇改良の胎動とのかかわりを中心に朗読という「読み」の形態の変化について考察している。本研究と同様に「文化」に言及しているが、それは、自由民権運動との関係における演劇文化に焦点が置かれている。この点において本研究とは視点が違う。

一方、近世から近代はじめにかけて日本の初等教育の領域に存在していた〈書くこと〉による教育を「手学」と呼び、それが明治の時代にいかに解体したかを文化や思想の側面から考察したのが、中内敏夫の研究[106]である。中内は、明治の公教育制度成立以後に普通に広くみられるようになったのが、国家が定めた教科書を「〈読ませる〉〈書かせる〉等の形式での学習形態＝読書法」であるとし、それは、絶対主義国家とそのもとでの公教育の成立の過程において明治国家が教育実践の領域につくりあげた学習方法であるとしている[107]。それに対して、近世から近代はじめにかけて日本の初等教育の領域に存在していた〈書くこと〉による教育すなわち「手学」は、「自力的な『書くこと』本位の自己学習の方式」[108]であり、「子どもがみずから学習活動をおこなうことをもって教育の成立とみる立場である」[109]としている。そして、「手学」においては、子どもは「〈ひとりで〉自習」するのであって、「その自習者群が集まっているところが寺子屋だったのである」[110]としている。中内は、近世には、文字文化が前提になっていないインフォーマルな社会教育も存在していたが、「明治国家の成立過程は、とりもなおさず、この学校による教育方法の系列に属するものが他のそれを解体させ、駆逐して、一社会の教育の全機能をほとんど一手に吸収していった過程であったと」[111]としている。このような歴史観に基づき、「手学」がどのように解体して、明治の教科書を〈読ませる〉〈書かせる〉などの形式での学習形態＝読書法に転化するにいたったかの素描を試みる[112]のが、中内の研究であった。中内によると、「寺子屋の研究は、乙竹岩造著『日本庶民教育史』、石川謙『近世庶民教育史』等々数多いが、これを思想史の対象としてとりあげ、そのもっていた教育原理を論じたものはまだすくない」[113]として自らの研究を位置づけている。「手学」

に着目していること、それが明治期の教育の近代化でどう変化したかを扱っていること、「手学」を文化的側面で捉えていることなど、本研究と重なるところは少なくない。しかしながら、中内が近世の「手学」と対比させているのは、「教科書を〈読ませる〉〈書かせる〉」学習形態であり、西洋的な教育方法の特徴である音声言語の果たす役割については触れていない。また、研究の関心は、あくまでも、近代国家がその成立過程において子どもたちの学習内容をいかに統一し、制御していったかに焦点が置かれており、書字随伴型学習といった学習文化の側面が考察されていない点が、本研究と違っている。

本研究では、書字随伴型の学習・教育文化を分析対象としているが、教師の書字随伴型教授を可能とする道具のひとつが黒板である。その黒板の海外からの受容・定着の歴史の分析および、海外と日本の黒板の使用法についての比較考察については、1945 年に発表された吉田昇の「黒板史攷」[114] という傑出した研究がある。吉田は、学校の建物、休日の置き方、学年の区切り、時間割の構成、休み時間の使い方、制服などの具体的事象は、通常、教育史研究ではあまり注目されていないが、しかし、「それは今日の学校のあり方を規定し、根強い伝統を形成してゐる点で、教育理論に勝るとも劣らないものがある」とし、「学校の教具の中で最も普通な黒板を一例として採り上げて」[115] 分析している。吉田は、掲示板的な機能を持つ黒板状の道具は明治以前にも存在していたことを示した上で、「高く掲げて、同時にすべての生徒の注意を集めることを本質」とした黒板については、明治維新を待たなければならなかったとしている[116]。そして、この意味での黒板は、欧米では 18 世紀頃から普及し、アメリカでは「欧州より遅れて 1820 年以後に普及し初め」、アメリカにおける 50 年の歴史を経て日本にもたらされたとする[117]。明治初期、黒板の有用性は「翻訳によって知られ、小学教則の中にも示されるに至った」が、すぐには普及することはなかった[118]。しかし、(東京) 師範学校の卒業生が全国各地に新設された師範学校において黒板の使用法を教え、現職の教員を集めて講習を行った結果、明治 10 年頃までには「非常に辺鄙なところにも黒板のある学校が見られる」ようになったとしている[119]。

また、吉田は大正期における日米の黒板の使用法についても比較考察を行っている。吉田は、佐々木吉三郎編『実業之日本社派遣渡米小学校長団視察報告』[120]、デューイ，J ほか『明日の学校』[121] などを援用して、アメリカの教室は「三方に黒板のあるのが普通」であり、それが日本と大きく違っていると指摘している。三方面の黒板は、子どもにも黒板を使わせることを前提にしており、それは、「米国等のレシテイションを重視する考へ方」[122] であるとしている。そして、その考え方は、明治初期の若林虎三郎、白井毅『改正教授術』で紹介されていたものの、日本には根づかず、黒板は専ら教師が一斉教授のために使用する道具となってしまったとしている。ただし、吉田が「レシテイションを重視する考へ方」としているのは、レシテーションの特徴である音声言語を使って暗誦する側面を捉えてのことではない。吉田は、日米の差異が「学校を教授の場として見るのと、暗誦(レシテイション)の場所として見るのとの伝統的性格に由来してゐる」[123] と対比していることから、レシテーションの特徴のうちの、子どもが学んだことをひとりひとり発表する機会としての側面で捉えていることがわかる [124]。

吉田の研究は、関係比較と併置比較の両方の比較考察を行っており、しかも、「教育史に於いて非常に華やかに見える教育思想や教材と並んで、かゝる地味な具体的実際的なものゝ中にも、それらに劣らない教育の本当の歴史と、努力とがある」[125] との認識から黒板という「モノ」を対象にして考察を行っている点において、本研究の方向性と一致するところが少なくない。しかしながら、黒板を扱っているものの、学習・教育の場面における文字言語や音声言語の果たす役割から比較考察を行っていない。

なお、中内敏夫が 1978 年に指摘している [126] ように、黒板を含む教具の観点からの教育史研究は、城戸幡太郎が「教具史観」[127] を提案したことと、吉田昇が「黒板史攷」を発表したことを除くとほとんど蓄積がなされていない。また、中内の指摘以降も、教具としての黒板はあまり研究されてこなかった。数少ない例外が矢野裕俊である。矢野は、黒板の日本への移入と受容について分析し、大正自由教育運動のリーダーのひとりであった手塚岸衛が教授用黒板とは別に「児童学習板」や「児童発表板」と呼ばれる黒板を設けていたこと、それをかれの著書『自由教育真義』[128] の教室風景写真から確認できることを指摘している[129]。しかし、一方で、「黒板が息の長い教具となりえたのは、教室という空間の中で生徒の集団を一方向にすわらせて行う一斉教授に、黒板がうってつけの効果的な道具であったためである」[130]としており、黒板を教授用具のみとして位置づけるか、学習用具としても利用するのかは、「教育環境システム」を設計するデザイナーすなわち教師にかかっているとしている[131]。

また、小原俊樹が、「各教科の指導研究において、板書計画に注目した指導書などは多く見ることができますが、板書に関する専著としては昭和48年に続木湖山先生がまとめられました『板書の書き方』（日本習字普及協会）あたりしか見当たりません」[132]としているように、板書内容の研究はあるものの、板書そのものの研究書はあまり出版されてこなかった。そして、「ここに35年の時を超えて、教育界に敢えて一石を投じたい」[133]として、出版されたのが、福岡教育大学板書プロジェクト編『板書技法と手書き文字文化』[134]である。

しかしながら、吉田、矢野、小原などの一連の黒板研究の中でも、文字言語や音声言語の果たす役割については言及されていない。

以上、さまざまな分野の先行研究を検討してきた。本研究に隣接する研究は数多く存在するものの、音声言語や文字言語が学習や教育の場面で果たす役割について比較研究を行ったものはほとんどない。本研究では、それを書字随伴型学習、書字随伴型授業という概念を使って日本の教育文化の特質を解明していこうとしている。

第4節　本論文の構成

本論文は2部から構成される。

まず、第Ⅰ部の「文字言語・音声言語からみた授業分析併置比較研究」は、現在における日本、アメリカ、イタリア、スロベニアにおける授業文化を文字言語・音声言語の視点から数量的に比較分析を行う併置比較研究である。このことにより、書字随伴型学習や書字随伴型授業が日本の学習・教育文化の特質であることを明らかにする。

そこで、第1章「文字言語・音声言語からみた授業分析——分析指標と方法——」では、授業において文字言語と音声言語がどの程度使われているかを比較分析する指標を開発する。国際数学・理科教育調査（TIMSS）が公開した日本とアメリカの数学の授業ビデオを試行的な分析対象とし、フランダースの交互作用分析の手法を重層的に応用した分析方法を用いて試行的に分析する。そして、この、5秒ごとに5つの観点から教師と生徒が文字言語と音声言語をどの程度使っているかを数値化する指標が、書字随伴型授業の差異を定量的に明らかにすることができることを示す。

第2章「文字言語・音声言語からみた授業分析——アメリカ・イタリア・スロベニアの授業——」では、第1章で開発した分析指標を用い、アメリカの中学校の数学の計5つの授業、イタリアの中学校の数学の1つの授業、スロベニアの小学校の数学の1つの授業と中学校の数学の4つの授業を分析する。そして、これらの国の授業が、音声優位型の授業となっていることを明らかにする。

第3章「文字言語・音声言語からみた授業分析——日本の授業——」では、第1章で開発した分析指標を用い、日本の数学・算数の合計7つの授業を分析する。そして、日本の数学・算数の授業は、書字随伴型学習の特徴を持っていることを明らかにする。

第4章「文字言語・音声言語からみた授業の国際比較」では、第2章と第3章の数量的な分析結果を、アメリカ、イタリア、スロベニア、日本の国ごとに総合して国際比較を行う。その結果、日本の授業の特徴は、それが書字随伴型学習になっていることを明らかにする。

ここまでが、定量的な国際併置比較による分析と考察である。

続く第II部「文字言語・音声言語の学習・教育観の併置比較研究および文字言語・音声言語からみた西洋教育移入期の関係比較研究」は、文献研究を中心とした、歴史的文化的併置比較研究と西洋教育移入期における関係比較研究である。

まず、第5章「日本の近世における書字随伴型学習と西洋の中世・近代における音声優位型学習」では、第Ⅰ部の数量的併置比較研究で明らかになった日本と西洋の学習・授業文化の特徴が、数百年単位で歴史を遡ってみても存在していたことを、江戸時代の手習塾の学習風景を描いた図や西洋の17～19世紀の授業風景を描写した絵を手がかりにして考察する。

第6章「日本の文字教育観と西洋の文字教育観」では、第5章の実態分析を受けて、その背景にある文字教育観を考察する。すなわち、『和俗童子訓』を手がかりにして日本の教育文化において書字随伴型学習が重視されていたことを明らかにし、その背景にある理由について、日本語の文字依存性という概念を用いて説明を試みる。また、それに対して、西洋においては、どのような言語観、文字観、文字学習観があり、それがどう音声優位型の学習・教育文化に結びついているかを考察する。

ここまでが、定性的な歴史的文化的併置比較研究である。

第Ⅱ部の第7章から第9章が、文字言語・音声言語からみた西洋教育移入期の関係比較研究である。

まず、第7章「後退しかける書字随伴型学習」では、教育の「近代化」として西洋の教育方法や教育設備が借用された明治初期、文字言語を重視する学習・教育文化から、音声言語を重視する学習・教育文化への転換が起きようとしていたことを論証する。

第8章「石盤の導入と普及」では、西洋から導入された道具である石盤を、文字言語を重視する学習・教育文化に適合するように使うことにより、文字言語を重視する学習・教育文化が継承されたことを考察する。

第9章「石盤と練習帳（補論）」では、日本の教育の急激な近代化の過渡期において書字随伴型学習を可能とする学習具として重用された石盤が、同じく書字随伴型学習をさらに容易にする練習帳にとってかわられる過程を補論として考察する。

ここまでが、西洋教育移入期の関係比較研究である。

最後の第10章「学習・教育文化の比較研究における『モノ』と深層にある構造」では、改めて本研究全体の意義を考察することを目的とする。そのため、まず、学習・教育文化を比較研究対象とする際の「文化」とは何かについての再検討を行い、その上で、学習・教育文化の比較研究において、石盤といった「モノ」に着目する研究の意義についての考察を行う。そして、新たに「より深層にある学習・教育文化の構造」という概念を関係比較研究に用いることを提案し、本研究の全体で得られた知見を「より深層にある学習・教育文化の構造」という概念から意義づける。

そして、終章では、本論文を総括した後に、本研究の知見を現代の教育実践の改善への試行的な応用を試みる。まず、「主体的・対話的で深い学び」(アクティブ・ラーニング)を含め、現在の学習場面では、児童生徒が言語活動を活発に行うことが重視されていることを示し、その際に、音声言語だけによる言語活動ではなく、文字言語も伴った言語活動が展開されることの重要性を指摘する。そして、文字を介した話合い活動が、教科や特別活動の学習場面で広がっていく兆しがあることを示す。そして、最後に本研究の課題について論じる。

注

1 オング, W・J ／桜井直文、林正寛、糟谷啓介訳『声の文化と文字の文化』藤原書店、1991 年、5 頁。原著は、Ong, Walter J. , *Orality and Literacy, The Technologizing of the Word*, Methuen & Co. Ltd., 1982。

2 「教育借用」とは、「行政官による外国教育調査・視察に基づく教育諸現象の国際移植」であり、「主として 19 世紀、産業革命と国民国家の成立を背景とし、欧米各国政府が自国の教育の近代化、優秀化を目指して、外国に教育の先進性を求めて行政官を派遣し、視察を行い、その制度・プログラムなどを取捨選択・自国事情に合わせて修正したうえで移植が行われた。意図的で系統的な教育情報の収集・分析・著作活動という点で、これまでの偶発的な教育旅行記とは異なり、また政策的・功利的目的を持つ点で、その後の要因分析や仮説検証の時代における、学術的・価値中立的な比較教育学研究とも区別される」(杉本均「教育借用」、日本比較教育学会編『比較教育学事典』東信堂、2012 年、121 ～ 122 頁)。なお、本章第 2 節でも再び「教育借用」について論じる予定である。

3 五十嵐顕他編『岩波教育小辞典』岩波書店、1982 年、26 頁。

4 同上書、1982 年、57 頁。

5 ウォーフ，ベンジャミン・リー「習慣的思考・行動と言語との関係」、有馬道子訳『〔完訳〕言語・思考・実在』南雲堂、1978年、150頁に引用されているエドワード・サピアの一節。なお、ウォーフの原典は、Carroll, John B. (ed.). *Language, thought, and reality: selected writings of Benjamin Lee Whorf*(1966) に転載されている Spier, Leslie (ed.), *Language, culture, and personality, essays in memory of Edward Sapir* (Menasha, Wis.: Sapir Memorial Publication Fund, 1941) pp.75-93。

6 色覚障害の児童生徒に配慮して、緑色の黒板上では赤チョークを使わないことが多くなっている。

7 イリノイ州アーバナ市の公立アーバナ高校を1998年に見学したときの様子である。

8 基本的な考え方は本章の注2と同一である。ただし、注1の杉本の「教育借用」の記述は、比較教育学の発達史における、ある時期の名称として言及されている。その意味で、「教育借用」は過去の行為である。しかしながら、機能としての「教育借用」は現在も行われており、本研究ではその意味で「教育借用」という用語を用いている。

9 乙竹岩造『日本庶民教育史』目黒書店、1929年。

10 石川謙『日本庶民教育史』刀江書院、1929年。

11 大塚豊「比較教育学」、日本比較教育学会編『比較教育学事典』2012年、322頁。

12 Jullien, Marc-Antoine, *Esquisse d'un ouvrage sur l'éducation comparée*, 1817.

13 大塚豊、前掲書、322頁。

14 注2の意味の「教育借用」である。

15 大塚豊、前掲書、322頁。

16 同上書、321～322頁。

17 市川昭午「比較教育再考――日本的特質解明のための比較研究のすすめ――」、『日本比較教育学科紀要』第16号、1990年、8頁。

18 地域研究は「ディシプリンを縦断し、それらを包括するような学際的かつ総合的性質をもつ」(服部美奈「地域研究」、日本比較教育学会『比較教育学事典』2012年、266頁)が、ここでいう「地域研究」とは、このような地域研究の一環としての「教育の地域研究」を指す。そして、この「教育の地域研究」を基盤とすることによって比較教育学研究が可能となる。

19 石附実「比較教育学の新展開――その可能性と展望　教育学研究における比較・国際教育学の役割――」、『日本比較教育学会紀要』第25号、1999年、18～19頁。

20 杉村美紀「補論　日本における比較教育学研究の方法論をめぐる議論――日本比較教育学会の研究動向を中心に――」、ブレイ，マーク他編『比較教育研究――何をどう比較するか――』上智大学出版、2011年、265～267頁。

21 小川佳万「日本の比較教育学の特徴――教育学との関連から――」、日本比較

教育学会『比較教育学研究』50号、2015年、158～167頁。

22　渋谷英章「地域教育研究のフロンティア　地域教育研究の可能性――『地域教育事情』からの脱皮――」、日本比較教育学会『比較教育学研究』第27号、2001年、16～28頁。

23　近田正博「比較教育学研究のジレンマと可能性――地域研究再考――」、日本比較教育学会『比較教育学研究』第27号、2001年、111～123頁。

24　大塚豊「方法としてのフィールド――比較教育学の方法論検討の一視点」、日本比較教育学会『比較教育学研究』第16号、2005年、253～263頁。

25　小川佳万、前掲書。

26　馬越徹「『地域研究』と比較教育学――『地域（areas）』の教育的特質解明のための比較研究」、『名古屋大学教育学部紀要』39(2)、1993年、21～29頁。

27　大塚豊「比較教育学」、前掲書、322頁。

28　市川昭午、前掲書、7頁。

29　同上書、8頁。

30　石附実「教育学研究における比較・国際教育学の役割」、日本比較教育学会『比較教育学研究』第25号、1999年、24頁。

31　同上書、24頁。

32　市川昭午、前掲書、13頁。

33　石附実「比較教育史」、「講座日本教育史」編集委員会『講座日本教育史　第五巻　研究動向と問題点／方法と課題』第一法規出版、1984年、280頁。

34　同上書、280頁。

35　尾形裕康「西洋教育移入の方途」、野間教育研究所『野間教育研究所紀要』第19集、1961年、全242頁。なお、幕末から明治にかけての日本から海外への留学史を詳細に研究した石附実の『近代日本の海外留学史』（ミネルヴァ書房、1972年）は、その後の留学史研究の嚆矢となっている。

36　林三平「書評　尾形裕康『西洋教育移入の方途』」、日本教育学会『教育学研究』第28巻第3号、1961年、227～228頁。

37　稲垣忠彦『明治教授理論史研究――公教育教授定型の形成』評論社、1966年。

38　豊田久亀『明治期発問論の研究――授業成立の原点を探る』ミネルヴァ書房、1988年。

39　同上書、42頁。

40　橋本美保『明治初期におけるアメリカ教育情報受容の研究』風間書房、1998年。

41　佐藤秀夫「一斉教授方法の成立」、『岩波講座　現代教育学』第5巻、岩波書店、1962年、50～53頁。

42　稲垣忠彦「解説　総説」、仲新、稲垣忠彦、佐藤秀夫編『近代日本教科書教授法

資料集成　第一巻　教授書 1』東京書籍、1982 年、721 ～ 740 頁。

43 杉村美佳『明治初期における一斉教授法受容過程の研究』風間書房、2010 年。

44 平田宗史『エム・エム・スコットの研究』風間書房、1995 年。

45 林三平、前掲書。

46 今井重孝「比較教育学方法論に関する一考察――『一般化』志向と『差異化』志向を軸として――」、『日本比較教育学会紀要』第 16 号、1990 年、20 ～ 24 頁。

47 同上書、25 頁。

48 同上書、25 ～ 26 頁。

49 末木剛博「解説　マッソン・ウルセル『比較哲学』について」、ウルセル，マッソン／小林忠秀訳・末木剛博監修『比較哲学』法藏館、1997 年、201 頁。

50 ウルセル，マッソン／小林忠秀訳・末木剛博監修『比較哲学』法藏館、1997 年（Oursel, P. Masson, *La Philosophie Comparée*, Paris, Librairie Félix Alcan, 1923）、17 頁。

51 末木剛博、前掲書、207 頁。

52 天城勲編著『相互にみた日米教育の課題』第一法規、1987 年。

53 潮木守一・喜多村和之・市川昭午編『教育は「危機」か――日本とアメリカの対話』有信堂高文社、1987 年。

54 市川昭午『教育システムの日本的特質――外国人がみた日本の教育』教育開発研究所、1988 年。

55 日本の教育が研究されていないというわけではない。それどころか、日本の「研究授業」の手法や特別活動などは、借用の対象として世界各国から注目されている。しかしながら、その目的は日本からの教育借用にあり、日本の教育の特質を究明する志向性はほとんどない。数少ない例外を挙げるとすると、日本型のしつけと教育の特徴を分析し、「日本型」の光と影を論考した恒吉僚子『子どもたちの三つの「危機」――国際比較から見る日本の模索』勁草書房、2008 年がある。

56 Vogel, Ezra F., *Japan As Number One: Lessons for America*, Harvard University Press, 1979（ヴォーゲル，エズラ・F. ／広中 和歌子・木本 彰子訳『ジャパン・アズ・ナンバーワン――アメリカへの教訓』TBS ブリタニカ、1979 年）.

57 National Commission on Excellence in Education(The), *A Nation at Risk: The Imperative for Educational Reform* --A Report to the Nation and the Secretary of Education United States Department of Education, April 1983（橋爪貞雄『危機に立つ国家――日本教育への挑戦』黎明書房、1984 年）.

58 Cummings, William K., *Education and equality in Japan*, Princeton University Press, 1980（カミングス，ウィリアム・K. ／友田泰正訳『ニッポンの学校：観察してわかったその優秀性』サイマル出版会、1981 年）.

59 Duke, Benjamin, *The Japanese School : Lessons for Industrial America*, Praeger, 1986（デュー

ク，ベンジャミン・C／國弘正雄、平野勇夫訳『ジャパニーズ・スクール』講談社、1986年）.

60　Rohlen, Thomas P., *Japan's High Schools*, University of California Press, 1983.（ローレン，トーマス・P／友田泰正訳『日本の高校：成功と代償』サイマル出版会、1988年）.

61　Peak, Lois, *Learning to Go to School in Japan: The Transition from Home to Preschool Life*, University of California Press, 1991.

62　Lewis, Catherine C., *Educating Hearts and Minds: Reflections on Japanese Preschool and Elementary Education*, Cambridge University Press, 1995.

63　Cave, Peter, *Primary School in Japan: Self, Individuality and Learning in Elementary Education*, Routledge, 2007.

64　東洋、柏木惠子、R・D・ヘス『母親の態度・行動と子どもの知的発達――日米比較研究』東京大学出版会、1981年、および、東洋『日本人のしつけと教育――発達の日米比較にもとづいて――』東京大学出版会、1994年。

65　辻本雅史『「学び」の復権――模倣と習熟』角川書店、1999年、および、辻本雅史『思想と教育のメディア史――近世日本の知の伝達』ぺりかん社、2011年。

66　石井順治、稲垣忠彦、牛山栄世、河合隼雄、佐伯胖、佐藤学、竹内敏晴、谷川俊太郎、野村庄吾、前島正俊『授業の世界――アメリカの授業と比較して』シリーズ授業別巻、岩波書店、1993年。

67　石井順治「日本文化と教育のかかわりを見つめた体験」、石井順治、稲垣忠彦、牛山栄世、河合隼雄、佐伯胖、佐藤学、竹内敏晴、谷川俊太郎、野村庄吾、前島正俊『授業の世界――アメリカの授業と比較して』シリーズ授業別巻、岩波書店、1993年、154～156頁。

68　Stigler, J.W., Gonzales, P.A., Kawanka, T., Knoll, S., A. Serrano, *The TIMSS Videotape Classroom Study: Methods and Findings from an Exploratory Research Project on Eighth-Grade Mathematics Instruction in Germany, Japan, and the United States*, the National Center for Education Statistics U.S. Department of Education, 1999.

69　1995年当時は第3回国際数学・理科教育調査（Third International Mathematics and Science Study）という名称であり、TIMSSはその略称であった。その後、「第3回」などの回数名のかわりに実施年が付記されるようになったが、略称としては同じくTIMSSのままである。

70　佐藤秀夫「一斉教授方法の成立」、『岩波講座　現代教育学』第5巻、岩波書店、1962年、50～53頁。

71　稲垣忠彦『明治教授理論史研究――公教育教授定型の形成』評論社、1966年。

72　豊田久亀『明治期発問論の研究――授業成立の原点を探る』ミネルヴァ書房、1988年。

73　橋本美保『明治初期におけるアメリカ教育情報受容の研究』風間書房、1998年。
74　杉村美佳『明治初期における一斉教授法受容過程の研究』風間書房、2010年。
75　口授（くじゅ）とは、教師が知識や教訓などを口述によって授ける教授形式であり、その教授形式をとった科目が、修身口授、養生口授、国体学口授などとして小学教則に設けられた。
76　橋本美保、前掲書、295～304頁。
77　同上書、299～300頁。
78　野地潤家『話ことば教育史研究』共文社、1980年。
79　増田信一『音声言語教育実践史研究』学芸図書、1994年。
80　安直哉『聞くことと話すことの教育学――国語教育基礎論』東洋館出版社、1996年。
81　前田真証『話しことば教育実践学の構築』溪水社、2004年。
82　有働玲子『話し言葉教育の実践に関する研究』風間書房、2011年。
83　安直哉『イギリス中等音声国語教育史研究』東洋館出版社、2005年。
84　西本喜久子『アメリカの話し言葉教育』溪水社、2005年。
85　中野和光「教育方法における文字言語（literacy）と音声言語（orality）の問題に関する一考察」、『福岡教育大学紀要』第50号、第4分冊、2001年、31～38頁。
86　オング, W・J／桜井直文、林正寛、糟谷啓介訳『声の文化と文字の文化』藤原書店、1991年、5頁。原著は、Ong, Walter J. , *Orality and Literacy, The Technologizing of the Word*, Methuen & Co. Ltd., 1982。
87　同上書、6頁。
88　同上書、6頁。
89　宮澤康人「西洋の教育文化における音声言語と書記言語の葛藤――教育史認識の『メディア論的転回』によせて――」、辻本雅史編『知の伝達メディアの歴史研究――教育史像の再構築――』思文閣出版、2010年、26～53頁。初出は、同名論文、『教育史フォーラム』1号、2006年、3～19頁。
90　前田愛『近代読者の成立』岩波書店同時代ライブラリー、1993年（初出は、有精堂、1973年）。
91　山本武利『近代日本の新聞読者層』法政大学出版局、1981年。
92　永嶺重敏「黙読の〈制度化〉――明治の公共空間と音読慣習」、『図書館界』第45巻第4号、1993年、352～368頁。
93　柳沼重剛「音読と黙読――歴史上どこまで確認できるか」、『大妻女子大学紀要　社会情報系　社会情報学研究』1、1993年、1～16頁。
94　宮島達夫「黙読の一般化――言語生活史の対照」、『京都橘女子大学研究紀要』第23号、1996年、1～16頁。

95 岩田一正「明治後期における少年の書字文化の展開――『少年世界』の投稿文を中心に――」、『教育学研究』第64巻第4号、1997年、417～426頁。
96 山田俊治「音読と黙読の階層性――前田愛『音読から黙読へ 近代読者の成立』をめぐって」『立教大学日本文学』第77巻、1996年、55～77頁。
97 山梨あや『近代日本における読書と社会教育――図書館を中心とした教育活動の成立と展開』法政大学出版局、2011年。
98 土屋礼子『大衆紙の源流――明治期小新聞の研究』世界思想社、2002年。
99 大黒俊二『声と文字』ヨーロッパの中世6、岩波書店、2010年。
100 同上書、9頁。
101 同上書、107頁。
102 辻本雅史『思想と教育のメディア史――近世日本の知の伝達』ぺりかん社、2011年。
103 中村哲也「近代における〈話しことば〉の文化と教育」、日本教育学会『教育学研究』第60巻第2号、1993年、148～156頁。
104 中村哲也「〈話しことば〉教育の系譜――「演説」とその民衆文化的基盤」、『東洋大学文学部紀要 教育学科・教職課程編』第18号、1992年、85～105頁。
105 中村哲也「近代日本における朗読法の思想と変遷――演劇史との関連において」、『東洋大学文学部紀要 教育学科・教職課程編』第16号、1990年、135～160頁。
106 中内敏夫「『手学』からの離陸――書くことによる教育から読むことによる教育へ――」、中内敏夫『近代日本教育思想史』国土社、1973年、229～261頁。
107 同上書、230頁。
108 同上書、234頁。
109 同上書、236頁。
110 同上書、253頁。
111 同上書、230～231頁。
112 同上書、230頁。
113 同上書、237頁。
114 吉田昇「黒板史攷」、『日本教育史学会紀要』第1巻、1945年、227～244頁。
115 同上書、227頁。
116 同上書、229頁。
117 同上書、229頁。
118 同上書、231頁。
119 同上書、233頁。
120 佐々木吉三郎編『実業之日本社派遣渡米小学校長団視察報告』実業之日本社、1919年。

121　吉田は、「デュイの『明日の学校』」としている。吉田の論文が発表された1945年には、翻訳が出版されていないので、原著のDewey, John and Dewey, Evelyn, *Schools Of To-morrow*, E. P. Dutton & Company, 1915を直接参照したと思われる。吉田は「黒板史攷」の中で、*Schools Of To-morrow*の74頁と75頁の間にある写真〈Songs and games help arithmetic (Public School 45, Indianapolis.) 〉を「第四図」として引用している。ただし、出典の明記はない。また、原著の中には、教室に黒板が3面設置されていることを説明している箇所は見当たらなかった。吉田は、おそらく、『実業之日本社派遣渡米小学校長団視察報告』を元に、*Schools Of To-morrow*の写真からそれを読み取ったのだと考えられる。なお、同書では、佐々木兵四朗が「米国小学校の設備概略」の中で、「教室の三方は、黒板を以て囲まれてゐる」(『実業之日本社派遣渡米小学校長団視察報告』351頁）と伝えている。

122　吉田昇、前掲書、241頁。

123　同上書、243頁。

124　ホウトカー，Jらは、レシテーションを画一的な教授法であり、克服すべきものと捉えている（Hoetker, James and Ahlbrand, William P., Jr., The Persistence of the Recitation, *American Educational Research Journal*, Vol. 6, No. 2, March 1969, pp.145-167)。それに対し、S・ストドルスキーらは、一斉指導の授業にあってもレシテーションの活動をさせることにより、ひとりひとりの子どもの学習を保証できるとしてレシテーションの意義を積極的に認めている（Stodolsky, Susan S., Ferguson, Teresa L. and Wimpelberg, Karen の The Recitation Persists, but What Does It Look Like?, *Journal of Curriculum Studies*, v13 n2, April-June 1981, pp.121-130)。吉田のレシテーション観は後者に近く、さらに、デューイの児童中心主義と重ねてレシテーションを捉えている。

125　吉田昇、前掲書、244頁。

126　中内敏夫『教材と教具の理論』有斐閣、1978年、10頁および12頁。

127　城戸幡太郎『生活技術と教育文化』賢文堂、1939年。なお、中内は、城戸の「教具史観」の提案と吉田昇の「黒板史攷」を連続しているかのように説明しているが、両者には大きな隔たりがある。確かに、城戸が「教育史の研究法として特に注意すべきことは教育を可能ならしむる条件としての社会機構と教育設備に関する研究で、教育設備に関するものは主として学校の建築と教具の変遷である」(同書143頁）としている点は吉田と共通している。しかしながら、城戸自身が「教具史観といふ言葉は映画教育や放送教育の教育史的意義を考へた時にわたくしの思ひついた造語である」(同書143頁）と説明しているように、城戸の関心事は、映画教育や放送教育であった。実際、『生活技術と教育文化』の中の「教具史観」の章は第1節の「歴史と道具」で「教具史観」に触れたあと、第2節が「眼の文化史」、第 3 節が「眼の教育史」となっており、続く第 2 章が「映画教育」、第 3 章が「放送教育」となっている。

128 手塚岸衛『自由教育真義』東京宝文館、1922 年。

129 矢野裕俊「教室の道具立て」石附実編著『近代日本の学校文化誌』思文閣出版、1992 年、94 〜 100 頁。

130 同上書、103 頁。

131 同上書、113 頁。

132 福岡教育大学板書プロジェクト編『板書技法と手書き文字文化』木耳社、2008 年、119 頁。

133 同上書、119 頁。

134 同上書。

第Ⅰ部

文字言語・音声言語からみた授業分析併置比較研究

第Ⅰ部は、現在の日本、アメリカ、イタリア、スロベニアにおける授業文化を文字言語・音声言語の視点から数量的に比較分析を行う併置比較研究である。このことにより、書字随伴型学習や書字随伴型授業が日本の学習・教育文化の特質であることを明らかにする。

まず、第1章「文字言語・音声言語からみた授業分析――分析指標と方法――」では、授業において文字言語と音声言語がどの程度使われているかを比較分析する指標を開発する。国際数学・理科教育調査（TIMSS）が公開した日本とアメリカの数学の授業ビデオを試行的な分析対象とし、フランダースの交互作用分析の手法を重層的に応用した分析方法を用いて試行的に分析する。そして、この、5秒ごとに5つの観点から教師と生徒が文字言語と音声言語をどの程度使っているかを数値化する指標が、書字随伴型授業の国際的な差異を定量的に明らかにすることができることを示す。

第2章「文字言語・音声言語からみた授業分析――アメリカ・イタリア・スロベニアの授業――」では、第1章の分析方法を用いて、アメリカの中学校の数学の計5つの授業、イタリアの中学校の数学の1つの授業、スロベニアの小学校の数学の1つの授業、中学校の数学の4つの授業を分析する。複数の生徒が同時に答えること、生徒の発言を引き出すための呼び水的な発言が教師からなされること、文字言語よりも音声言語が多く用いられていることを指摘する。

第3章「文字言語・音声言語からみた授業分析――日本の授業――」では、第1章の分析方法を用いて、日本の中学校の数学の4つの授業、小学校算数の3つの授業を分析し、日本の教師が黒板を多用し、授業中に文字言語を多く使ってコミュニケーションをしていることを示す。

第4章「文字言語・音声言語からみた授業の国際比較」では、第2章から第3章の分析結果をもとに比較考察を行い、数量的に日本の授業が書字随伴型授業となっていることを示す。

第1章　文字言語・音声言語からみた授業分析
——分析指標と方法——

はじめに

第1章から第4章では、日本と欧米(アメリカ、イタリア、スロベニア)の小中学校における数学の授業を分析し、それぞれの授業がどの程度、書字随伴型となっているのかを比較することによって、書字随伴型学習や書字随伴型授業が日本の授業の特徴であることを明らかにする。

その中で、本章である第1章では、比較分析を行うための指標と方法論を提案し、その有効性を示すことを目的とする。

そのため、まず、第1節では、授業における書字随伴型要素を定量的に分析している先行研究、とくにフランダースの相互作用分析カテゴリーによる研究を検討し、その指標と方法論について考察する。次に、第2節で書字随伴型の授業を分析するための指標と方法論を提示し、第3節から第5節において、その指標を用いてTIMSSの授業ビデオを分析して考察することにする。

第1節　書字随伴型要素を分析する先行研究の検討

黒板の使用方法についての定量的国際比較研究としては、TIMSSの一部としてのスティグラー, J・Wらによるビデオテープ授業研究[1]がある。序章の注69でも触れたとおり、TIMSSはTrends in International Mathematics and Science Study(国際数学・理科教育動向調査)の略称であり、国際教育到達度評価学会(IEA)によって1995年以降4年後ごとに実施されている調査である。各国の児童・生徒の算数・数学、理科の教育到達度を国際的な尺度で測定すること、その到達度と各国の教育制度、カリキュラム、指導法、教師の資質、児童・生徒の環境条件などの諸要因との関係を研究することが調査の目的であった。TIMSS（1995）には、全部で約50か国が参加し、1994～1995年に調査が実施された。そして、その一環としてTIMSSビデオ授業研究が行われた。この研究プロジェクトには、ドイツ、日本、アメリカの3国が参加し、各国の中学校2年生にあたる学年の数学の授業（ドイツ100時、日本50時、アメリカ81時）をビデオ撮影したものが、数量的に分析された。

スティグラーらによるビデオテープ授業研究では、黒板の使用についてふたつの視点から分析がなされている。

ひとつめは、生徒がどの程度黒板を使っているかの比較である。かれらは、黒板が使われた授業だけを抽出し、それらの授業のうち、どの程度の割合で生徒が教室の前に出て行って黒板を使ったかを計算した。それによると、ドイツの授業では平均60％、日本では60％、アメリカでは47％の割合で、生徒が黒板を使っていた。しかしながら、スティグラーらは、これらは統計的に有意な差でないとしている[2]。

ふたつめは、授業終了時における板書の残存率である。かれらは、教師が授業中に一度黒板に書いた問題、定理、性質、定義などが、授業終了時にどの程度消されずに残っているかを計算した。結果は、アメリカが平均48.1％、ドイツが60.9％であったのに対して、日本は83.9％であった。日本の数学教師は、授業開始から板書計画を意識して授業を展開しており、その板書が構造化されているのに対し、アメリカの教師は書いては消すを繰り返す傾向にあり、板書に関する計画性が希薄であるとしている[3]。

このことから、少なくとも板書については、日本の授業の中でそれが重視されていること、日本の教師が板書技術の訓練をより受けていることがうかがわれる。しかし、教師が、どの程度、書字随伴型授業を行っているかについては明らかになっていない。

また、畠山佳子は、数学の熟練教師による板書の国際比較研究に取り組んでいるが、板書の構成と消去に焦点をあてているものの、書字随伴型授業については触れていない[4]。

一方、西之園晴夫が指摘しているように授業は、「その大部分がコミュニ

表1－1　フランダースの相互作用分析カテゴリー
（FIAC: Franders' Interaction Analysis Categories）

教師の発言	反応	1. 感情を受け入れる 2. 賞賛するまたは励ます 3. 生徒の意見を受け入れるまたは取り入れる
		4. 質問する
	始動	5. 講義する 6. 指示を与える 7. 権威を使って批判したり正当化したりする
生徒の発言	反応	8. 生徒の発言―反応
	始動	9. 生徒の発言―始動
沈黙		10. 沈黙または混乱

出典：Ned A. Flanders, *Analyzing Teaching Behavior*, Addison-Wesley Publishing Company, 1970, p.34.
より一部抜粋

ケーションによって成立して」おり、授業では、「教師と子どもとの間のコミュニケーションが、やはり中心的な役割」を果たしている[5]と言える。授業におけるコミュニケーションそのものに注目した研究のひとつが、相互作用分析カテゴリーによる分析である。日本における授業研究の系譜をまとめた三橋功一によると、日本の相互作用分析の研究は、フランダース，N、ベラック，A、ターバ，H、スミス，B・O、ガニェ，R、などのアメリカの授業研究の影響を受けた、坂本昴、木原健太郎、加藤幸次、水越敏行、小金井正己、成瀬正行などによって展開されたとされる[6]。

その中でも1970年代の日本の相互作用分析の基盤となっているのが、フランダース相互作用分析カテゴリー（FIAC: Flanders' Interaction Analysis Categories）である。フランダースは、授業中の教師と生徒のコミュニケーションを相互作用（interaction）と捉え、それを分析するために10のカテゴリーを提唱した。これが**表1－1**に一覧を示したFIACである[7]。

フランダースは、ひとつの授業の中でこのカテゴリーごとのコミュニケーションがどの程度の頻度で起きているかを分析した。最初にかれが用いたのが、タリー（tally）と呼ばれる手作業のカウント法である。タリーは、日本の「正」によるカウント法にあたる。「正」の場合は、投票数などを数える際に、

表１－２　タリーの手作業によるカテゴリー別頻度割合分析

Category Number		Completed Tally Marks Made by an Observer	Total Tallies	Percent
Teacher	1	|||	3	0.8
	2	卌 |	6	2.5
	3	卌 卌 ||	12	5.0
	4	卌 卌 卌 卌 ||	22	9.2
	5	卌 卌	130	54.2
	6	卌 卌 卌 |	16	6.7
	7	||||	4	1.6
Pupils	8	卌 卌 卌 卌 ||	22	9.2
	9	卌 卌 ||	12	5.0
Silence	10	卌 卌 ||||	14	5.8
		Total	240	100.0

出典：Ned A. Flanders, *Analyzing Teaching Behavior*, Addison-Wesley Publishing Company, 1970, p.38

漢字の「正」の５画を順に書いていく。タリーは「正」の各画の代わりに、短い縦線を引く。短い縦線が横に４本並んだら、その４本を串刺しするように横線（斜め線）を引く。これで合計５である。このタリーを使って、ある授業の一部（約12分）をカテゴリー毎に頻度を勘定し、総タリー数240に占める割合を計算したのが、**表１－２**の最右列の「percent」である[8]。

フランダースは、分析の際、約３秒毎に授業を区切り、それぞれの３秒内にコミュニケーションが、10のカテゴリーのどれにあたるかを瞬時に判断して、たとえば、ある３秒間が教師による質問の一部になっていたらカテゴリー４の欄に１本のタリーを引いた。それを約12分間で240回繰り返したのが上記の表１－２の真ん中の図である。もし、同じ３秒間の時間内に複数のカテゴリーに該当するコミュニケーションが含まれていた場合は、複数のカテゴリーを比べ、その３秒間でもっとも優勢なカテゴリーをその３秒間のカテゴリーとした。

フランダースは分析の単位を約３秒としているが、かれ自身、３秒にこだわる必要がないと述べている。大切なのは一貫して等間隔で区切ることで、それが2秒30になっても3秒30になってもよいとしている[9]。ここで注目しておきたいのは、フランダースが時計や時間カウンタを使っていないことである。リズムよくタリーを引いていくことが強調されている。これによって、分析対象としたそれぞれの授業ではどのカテゴリーの発話が多いかが数値的に把握できる。

次にフランダースは、コードを時系列的に6-5-3-3-8-3-8-9のように記録し、ひとつのカテゴリーと次のカテゴリーの結びつきに注目して、**図1－1**のようなペアリングを行った。

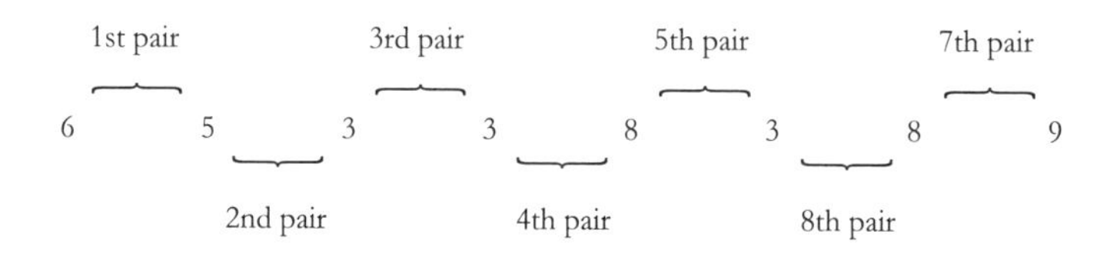

図1－1　カテゴリー間のペアリング

出典：Ned A. Flanders, *Analyzing Teaching Behavior*, Addison-Wesley Publishing Company, 1970, p.76.

表1－3　フランダースのマス目の番地

Second Number

Category	1	2	3	4	5	6	7	8	9	10	Row Totals
1	1-1	1-2	1-3	1-4	1-5	1-6	1-7	1-8	1-9	1-10	
2	2-1	2-2	2-3	2-4	2-5	2-6	2-7	2-8	2-9	2-10	
3	3-1	3-2	3-3	3-4	3-5	3-6	3-7	3-8	3-9	3-10	
4	4-1	4-2	4-3	4-4	4-5	4-6	4-7	4-8	4-9	4-10	
5	5-1	5-2	5-3	5-4	5-5	5-6	5-7	5-8	5-9	5-10	
6	6-1	6-2	6-3	6-4	6-5	6-6	6-7	6-8	6-9	6-10	
7	7-1	7-2	7-3	7-4	7-5	7-6	7-7	7-8	7-9	7-10	
8	8-1	8-2	8-3	8-4	8-5	8-6	8-7	8-8	8-9	8-10	
9	9-1	9-2	9-3	9-4	9-5	9-6	9-7	9-8	9-9	9-10	
10	10-1	10-2	10-3	10-4	10-5	10-6	10-7	10-8	10-9	10-10	
Column Totals											Matrix Total

出典：Ned A. Flanders, *Analyzing Teaching Behavior*, Addison-Wesley Publishing Company, 1970, p.78

そして、**表1－3**のようなマス目を作り、それぞれのマス目に番地をふった。図1－1の最初のペアは、6－5であるので、上から6行目、左から5列目のマスにタリーをひとつ打つ、2番目のペアは、5－3なので、上から5行目、左から3列目のマスにタリーを打つ、という作業を行った。そして、それぞれのマス目の割合を計算すれば、授業中の生徒や教師のコミュニケーションの相互作用を分析することができるのである。たとえば、「4－8」のマス目の割合が高ければ、その授業では、「4教師の質問→生徒の反応」のパターンが多いことを、「5－5」の割合が高ければ、教師が講義し続けるパターンが多いことを示す。これがフランダースの相互作用分析カテゴリーの方法論の骨子である。

フランダースの相互作用分析の方法は、音声言語によるコミュニケーションのやりとりを分析するツールとしてはすぐれている。もっとも、「教師の授業での技術的行動を分析対象としているが、教授法、授業形態、教材との関連、教師の言語活動のパターン、子どもの学習における進歩との関係が必ずしも明確でないのが問題である」[10]との批判もある。しかしながら、それは、次の段階の分析、あるいは別の視覚からの分析で必要なことであり、フランダースの相互作用分析にすべてを求めるのは適切ではない。

そこで、ここでは授業中に行われるコミュニケーションに焦点を絞って、分析ツールとしての是非を論じることにする。

結論を先に言えば、フランダースの相互作用分析の方法は、音声言語にのみに注目している点に限界があると考える。たとえば、教師や生徒が板書する場面がカテゴリーでは拾えないからである。カテゴリー10の「沈黙」には補足説明として「沈黙または混乱」というサブタイトルがあり、それを「中断、短時間の沈黙、観察者がコミュケーションを理解できないような混乱の時間」と説明している[11]。たとえば、板書している時間は、カテゴリー10の「沈黙」としてカウントされてしまう。

そもそも、「沈黙」と「混乱」を同列にカテゴリー化している点に、言語観を垣間見ることができる。フランダースは、「この相互作用分析カテゴリーシステムは、教師と生徒の間に口頭の言葉（verbal）のやりとりが存在する状況、ないしは、そのようなやりとりが今にも起きようとしているような状況を対象としている」[12]と述べているように、音声言語が途切れたり、生徒が文字を書いたりしている時間は視野に入っていない。音声言語によるコミュニケーションだけが意味あるコミュニケーションであるといった言語観である。

もっとも、フランダースは、後にカテゴリー10をふたつに分けて、

学習活動につながる沈黙または混乱

学習活動につながらない沈黙または混乱

として、13×13のマトリクスを提案している[13]。しかし、「沈黙」と「混乱」がセットになっている構造は変わらない。さらに、フランダースは、22×22のマトリクスも提案するが、そこに追加されたのは、「構造的な時間使用」と「非構造的な時間使用」、であり、やはり、書くことは分析の範疇から除外されている[14]。

このフランダースらの相互作用分析による授業分析をいち早く日本に紹介したのは、加藤幸次である[15]。加藤は、フランダースのオリジナルな手法を忠実に紹介している。一方、土井捷三は、1979年に、**表1－4**のような改変版のカテゴリーを提案している[16]。

表1－4　11カテゴリー

教師の誘発的発言
1. 教師の意見表明
2. 指示
3. 狭い質問
4. 広い質問
教師の応答
5. 受容
6. 拒否
子どもの応答発言
7. 教師への反応
8. 他の子供への反応
子どもの自発的発言
9. 教師への発言
10. 他の子供への発言
11. 沈黙

出典：土井捷三「授業研究へのマイクロティーチングの手法の導入」神戸大学教育学部『研究集録』第62集、1979年、176頁

表1－5　板書、ノートが入ったカテゴリー

教師の語り	1. 感情を受け入れる（うんうん、なるほど） 2. ほめる、はげます 3. 発想の受容（児童の発言を取り入れて話す） 4. 発問（氏名を含む） 5. 講義・説明（あいまいな語りも入れる） 6. 指示・方向づけ 7. 批判・修正
児童の語り	8. 単純応答（テキストを読むのも入れる） 9. 自主発言（自分の考えを述べたもの） 10. つけ加え（他の子の発言に対して） 11. 質問 12. 反対意見
その他	13. 沈黙、とまどい 14. 教師の作業（板書など） 15. 児童の作業（調べる、ノートに書く、など）

出典：大黒静治「修正フランダース方式による教授行動の分析（1）教師と教育実習生の比較（授業の分析と評価）」『日本教育心理学会総会発表論文集』(23)、1981年、86～87頁

フランダースのカテゴリー4の「質問」を、新しい3の「狭い質問」と新しい4の「広い質問」に細分化して分析しようとしている点に工夫がある。しかしながら、11の「沈黙」はフランダースと変わらない。

板書、ノートに書く場面をカテゴリーの一部に取り入れた日本人研究者もいる。**表1－5**を提案した大黒静治である[17]。

表1－5では、「その他」の中で、「14. 教師の作業（板書など）」と「15. 児童の作業（調べる、ノートに書く、など）」が「沈黙、とまどい」とは独立したカテゴリーとなっている。これでやっと、音声言語優位型でない日本の授業も分析できるようになったと考える。

しかしながら、それでも限界がある。大黒のカテゴリーも、フランダースと同様に、3秒ないしは5秒の間に起こる現象を一つだけに限定してカテゴリー化している点である。この方法だと、教師が文字を書きながら説明する場面や、児童生徒が音声で発表している最中に教師がそれを摘書する場面は無視されてしまう。これでは書字随伴型の要素を抽出できない。

序章で述べたように、市川昭午は、次の指摘を行っている。

> 日本の問題解決に寄与しようとすれば、同じ外国を研究するにしても、対象国で議論されている問題とか、注目を浴びている理論の紹介では済まず、自国の問題解明に役立つ情報や理論を求めざるをえなくなる。その種のものはレディーメードの形で簡単に手に入らぬ場合が多いから、自分で実地調査をしたり、一次資料を捜したりする必要が生じてくる。[18]

「レディーメード」であるフランダースらの相互作用分析は、授業におけるコミュニケーションのうち、音声言語で捉えられる側面、つまりverbalな側面の分析に限られていた。教師が板書をする行為は、分析の対象からはずされていた。また、教師が話しながら板書したり、生徒の発表を教師が摘書(板書)したりする行為も、すべて教師の発話ないしは生徒の発話としかカテゴリー化されていない。

書かれた記号および発声された記号がどのように利用されるかという観点から、日本と西洋の授業文化の差異を分析しようとする際、そして、書字随伴型学習や書字随伴型授業の観点から比較分析使用とする際、このようなレディーメードの音声言語に偏重した指標を用いていては、有効な結果が得られない。そこで、文字などの書かれた記号と音声などの発声された記号の両方を分析できるような授業コミュニケーションの分析指標の開発が求められる。こういった問題意識から、次節以下では、書字随伴型学習も分析可能な指標を提案する。そして、それを試行的に使ってみることで、その指標の有効性を確かめてみることにする。

第2節　書字随伴型授業の分析指標と方法論の提示

本節では、書字随伴型授業を分析するための指標を手順の形式で提案することにする。

まず、分析対象とする授業をビデオ録画する。その際、教師や児童生徒が板書しているか否かが判別できるようにアングルなどを工夫する。次にそれを視聴する。その際、映像と同時に時間カウンタが表示されるようにする。

そして、時間カウンタを利用して、授業シーンを5秒ごとに分割する。なお、この分割単位について、フランダースは、「3秒」に設定している。ただし、フランダースは「3秒」の根拠はとくにないとした上で、どれぐらい短い単位で分析を行うかよりも、分析に際して同じ長さの時間を正確に区切っていくことの方がずっと重要なことであると述べている[19]。本稿の分析で、「5秒」を分割単位で選んだのは、カウンタを読み取る際、「3秒」よりも「5秒」の方がずっと容易であり、その分、分割作業による誤差を最小限に留めることができると判断したからである。

分析には、次の「視点」を用いる。

①教師が音声を用いてコミュニケーションしているか否か

②教師が文字などの書かれた記号を用いてコミュニケーションしているか否か

③生徒が音声を用いてコミュニケーションしているか否か

④生徒の発言を補完するために、教師が文字などの書かれた記号を用いてコミュニケーションしているか否か

⑤生徒が文字などの書かれた記号を用いてコミュニケーションしているか否か

それぞれの「視点」におけるコード化の基準は次の通りである。

①では、教師が何かを話していれば「s」とした。その発言内容が発問であれ、説明であれ、とにかく教師の発話があれば、「s」とみなした。

②では、教師が黒板などに文字や図を書いていれば、「w」とした。また、すでに書かれている文字や図を、指さしなどで参照し、クラス全体に指し示した場合は、「r」とした。コンピュータやOHPを用いている場合は、それらの器具を使って新たに文字や図を提示していれば、「w」、すでに提示されている文字や図を、指さしなどで参照している場合は、「r」とした。

③では、生徒が何かを話していれば、「s」とした。①に準じて、発話の内容にかかわらず発話があればすべて「s」とした。

④では、生徒が何らかの発話をしている際、その発話行為を補うために、教師が黒板などに文字や図を書いた場合に「w」とした。いわゆる摘書と呼ば

れる板書がこれにあたる。また、同じ目的ですでに黒板などに書かれている文字や図を教師が指さしなどで参照した場合は、「r」とした。なお、同じ目的で教師がコンピュータやOHPを用いた場合は②に準じて、それぞれ「w」「r」とした。

⑤では、生徒自身が、黒板などに文字や図を書いた場合に、「w」とした。そして、すでに書かれた文字や図を指さしなどで参照した場合に「r」とした。なお、コンピュータやOHPを利用した場合は②に準じて、それぞれ「w」「r」とした。

このような基準を設けて、上記①〜⑤の「視点」を用いて、授業ビデオを時間区分（5秒）毎に分析する。なお、その際、それぞれの時間区分（5秒）について、その中で1回でも該当する行為があれば、それをコード化することにした。

フランダースなどのカテゴリー分析と本稿で行った分析は、次の点で大きく異なっている。

まず、フランダースらの分析方法では、たとえば、教師の発言について、それが「指示」の意味を持つ発言なのか、「説明」にあたるのか、「発問」の機能を持っているのか、さらには、「発問」の場合それが「広い発問」なのか「狭い発問」なのか、といった解釈を経てカテゴリー化がなされることになる。それゆえ、コード化を担当する調査員は、事前にカテゴリー化についての訓練を十分に受けておく必要があった。また、コード化された結果を数量的に分析するにあたっては、熟練・未熟の度合いによるコード化の「ぶれ」の吟味が必要となった[20]。しかしながら、本稿でのコード化には解釈の入る余地がなく、①〜⑤の行動が発現しているか否かだけがコード化の基準となる。したがって、調査者の訓練を行う必要はなく、また、熟練の度合いや調査者の主観が入り込むといった問題を考慮する必要がない。極めて再現性の高いコード化が保障されている。

また、ふたつめの相違点は、フランダースらのカテゴリー化が、分析単位に対して1対1対応していることである。すなわち、「3秒」に区切られた時間の内容は、必ずひとつのカテゴリーに意味づけさせられる。仮にある同一の「3秒」間に、教師の発言と生徒の発言の両方が混在した場合、コード化担当者は、その「3秒」のうち、どちらの発言がより優位であったかを判断し、どちらか一方のみのカテゴリーをあてがわなくてはならない。それに対し、今回用いたコード化では、同一時間区分内で複数の行動がなされることを許容しているし、また、それを前提ともしている。

コード化にあたっては、**表1－6**のような分析表を使う。

まず、①の「教師が音声を用いてコミュニケーションしているか否か」の視点から、5秒毎に区切られた場面ひとつひとつについてコード化を行い、その結果を分析表の「教―音」列に記録する。

次に再びスタート時点に戻って、同じ場面を②の「教師が文字などの書かれた記号を用いてコミュニケーションしているか否か」の視点に基づいて

表1－6　分析表

		教		生		
		音	字	音	字	字
分	秒				教	生
0	00					
0	05					
0	10					
0	15					
0	20					
0	25					
0	30					
0	35					
0	40					
0	45					
0	50					
0	55					
01	00					
01	05					
01	10					
01	15					
01	20					

コード化し、「教一字」の列に記録する。

さらに、もう一度最初に戻って……ということ繰り返し、5回のコード化を行う。

こうすることにより、たとえば、教師が話しながら板書をするといった場面では、①の「視点」からも②の「視点」からもコード化されることになる。また、④の「視点」のように、その定義上、単独のコード化があり得ないものもある。つまり、生徒の発言を受けて、それと同時に教師が板書（摘書）を行う場合は、同一の「5秒」間に対して③の「視点」と④の「視点」の両方からコード化がなされることになる。フランダースらの研究で、「カテゴリー」と呼ばれているものに対して、本稿では、「視点」という表現を使っているのは、このような理由からである。

第3節　試行分析の対象

授業文化の国際比較分析を行うには、それぞれの国における実際の授業を多数ビデオ撮影し、それを一定の指標でコード化して数量化を行うことが第一歩となる。本稿の目的は、その指標を準備することにあるので、ここでは、試行分析の対象として、既存の録画ビデオをコーパスに用いることにした。それは、ビデオ「卓越性を追求して：TIMSSビデオ授業研究」(Pursuing Excellence: Initial Findings from the Third International Mathematics and Science Study) である。このビデオ授業研究で得られた知見を、広くアメリカ国民、とくに数学教育関係者に周知するために編集され、連邦政府の教育統計局 (National Center for Education Statistics, OERI, United States Department of Education) から無料配布されたのが、「卓越性を追求して：TIMSSビデオ授業研究」である。

このビデオを用いるにあたっては、次の3つの限界を念頭に置かなければならない。

まず、ひとつは、このビデオに収録されている授業の、それぞれの国における代表性の問題である。筆者自身が別稿で指摘したように、このビデオに収録されている日本の授業は、平均よりもやや理想に近い授業である傾向にあり、一方、アメリカの授業はごく普通の授業である可能性が高い[21]。構造化された授業を理想とし、それを日本の数学授業実践から学ぶべきであるというメッセージを伝えるという使命を持つこのビデオは、それゆえ、このメッセージが伝わりやすいような授業がそれぞれの国から選ばれたように思える。したがって、このビデオに収録されている授業だけを比較し、そのことによってアメリカと日本の授業の特質を導き出そうとすることできない。

ふたつめに、もうひとつの代表性の側面として、教科の問題が挙げられる。一般に、英語と日本語といった言語の特質の差異がもっとも端的に授業コミュニケーションの在り方に影響すると予想されるのは、それぞれの国の国語科(英語科・ドイツ語科)の授業であろう。そしてもっとも言語的影響が少ないと思われるのが、数学の授業である。「卓越性を追求して:TIMSS ビデオ授業研究」には、その数学の授業のみ[22]が収録されており、2国比較の分析の結果、大きな差異がないといった結論が出るかもしれないが、さらに別の教科での授業分析の結果をまたなければならない。

3点めは、このビデオに収録されているのがそれぞれの授業の全体ではなく、それらの一部であるということである。授業の構造を効率よく表現するという目的のために、授業の内容が編集されており、構造的に繰り返しになる部分や、生徒が個々に練習問題に取り組んでいる場面などは省略されている。なお、時間にして全体の4分の1の長さに短縮されている。

これらの理由から、本ビデオの分析をもって、それぞれの国の授業文化の特質を議論することは難しい。授業文化の国際比較考察を行うためには、本稿で試行した分析指標を用いて、それぞれの国の実際の授業を再度分析する必要がある。

なお、「卓越性を追求して:TIMSS ビデオ授業研究」には、日本、アメリカ、ドイツにおける数学の授業が、それぞれふたつずつ収録されている。これらの画面には、教師や生徒の発言内容が英文の字幕スーパーで附記されている。しかしながら、日本とアメリカの授業場面を見る限り、その字幕スーパーの現れるタイミングが実際の発話とずれていたり、字幕スーパーの内容が省略されていたりすることが散見された。そこで、本稿では、字幕スーパーではなく、実際に収録されている音声を1語1語聞いてコード化することにした。その関係上、分析は英語あるいは日本語で行われている日米の授業の合計4つに限定することにした。

第4節　分析の結果

上述のような「視点」と基準に基づいて、日本とアメリカの、それぞれふたつの授業を分析した結果が**表1－7～表1－28**である。パート分けについては「卓越性を追求して：TIMSSビデオ授業研究」のパート分けに従った。各表は、それぞれのパートの分析表である。なお、各表中、左欄の「分」「秒」は、授業の各パートが始まってからの経過時間を表す。また、「教」欄すなわち教師欄の「音」「字」は、それぞれ、「視点」の①②を表し、「生」欄すなわち生徒欄の「音」「字教」「字生」は、それぞれ、「視点」の③④⑤を表す。また、各5秒間のコマに対応するマス目内の「s」「w」「r」の記号は、上記の基準の説明で述べたものと同一である。そして、最右欄には、授業中の教師および生徒の発話内容をできるだけ忠実に記述した。この欄中、「T」は教師の発話を、「S」は生徒の発話を表す。なお、各行に書かれている文の一部が実際には、その前（または後ろ）の時間区分にもまたがって発話されているケースもある。とくに英語から日本語に翻訳した部分は、やむを得ず記述文が複数の時間区分にまたがることがあった。しかしながら、この場合でも、左欄のコード化の作業においては、上述の基準に忠実に従って分析がなされている。

1. 日本の数学の授業　その1

等積変換の文章題の解法を考える授業である。教室には36人の生徒がおり、1列6人で6列で着席。教室の前には教卓があり、教室前面には大きな黒板がある。コンピュータが設置されており、大きなモニタで生徒全員から見えるようになっている。主に指導する教師のほかにもうひとりの教師が後ろに立っている。以下では、この授業のことを「日1」と呼ぶ。

表1－7　日1パート1　前日の授業を本日の授業に結びつける

		教		生			
		音	字	音	字	字	
分	秒				教	生	
0	00						
0	05			s			S: 起立。
0	10						
0	15			s			S: きょうつけ。
0	20			s			S: 礼。S: お願いします。S: お願いします。
0	25						
0	30	s					T: 前の時間なにやったか覚えてる？
0	35	s		s			T: 桜井くん、どんなことをやりましたか。S: ええ？
0	40			s			S: 待ってください。
0	45	s	r	s			S: 前の時間ですか？ T: はい。この勉強。
0	50			s			S: あれですか。平行線上の、三角形の面積が同じ。
0	55	s					T: そうですね。平行線
1	00	s	w				T: に同じ、
1	05	s	w				T: あるいは高さの三角形はこのように
1	10	s	w				T: すべて同じだよという勉強しました。たとえば、ここ、これ、
1	15		w				
1	20	s	w				T: これは、
1	25	s	w				T: すべて高さが同じになるから面積が等しくなる
1	30	s					T: という勉強をしたんですね。これをもとにして今日は勉強します。

表1－8　日1パート2　問題の提示

		教		生			
		音	字	音	字	字	
分	秒				教	生	
0	00		w				
0	05		w				
0	10		w				
0	15		w				
0	20	s					T: 今、ここに

0	25	s	w				T: 枝君の土地があります。
0	30	s	w				T: 枝君と書きます。
0	35	s	w				T: こっち、梓君の土地。
0	40	s					T: こういう土地があったとします。
0	45	s	r	s			T: で、梓君。S: はい。
0	50	s	r				T: このふたりの境界線がこう曲がっています。というふうにしています。
0	55	s	r				T: このへんでいいかな？
1	00	s	r	s			S: はい。T: いいですか。じゃあ、今日の勉強、終わります。
1	05	s	r	s			T: 梓君、このへんでいいか、S: えええ、T: だめ？
1	10	s	r	s			T: このへんでいいですか。S: いや。T: もっとこっち？
1	15	s	r				T: どのへんかな。
1	20	s	r	s			T: もっと。枝君このへんでいいですか？ S: だめ。
1	25	s	r				T: じゃあどのへんならいいですか。清水さん、どのへんならいいですか。
1	30	s	r	s			S: ええ？ T: だいたい、ちょっとやってみて。
1	35	s					T: だいたい。予想。
1	40	s		s		w	S: この線とこの線の間ぐらい。T: 間になればいいじゃないか
1	45	s					T: という予想です。よろしいですか。
1	50	s	r				T: ノートにこういう図を書いて。
1	55	s					T: 面積を変えずに、形を変える方法を
2	00	s	w				T: ちょっと考えてみます。
2	05	s					T: 各自考えてください。
2	10	s					T: 時間は3分ぐらい。まずひとりで3分ぐらい。

表1－9　日1パート3　問題演習

		教		生			
		音	字	音	字	字	
分	秒				教	生	
0	00						(机間指導)
0	05	s					T: 最初に図を書いて。
0	10	s					T: 前の時間にやった三角形の面積を利用した方法はなかったかな？
0	15						
0	20	s					T: いいですね。

0	25						
0	30	s					T: この三角形を右にすることができましたね。
0	35						
0	40	s					T: 同じ面積の三角形はどのようにして作りましたか？
0	45						
0	50						
0	55	s					T: これをどうしますか？これを底辺にしてみたら？
1	00						
1	05	s					T: 問題はどこかに平行線がある……。
1	10						
1	15	s					T: 前の時間似たようなことをしました……三角形が…。
1	20						
1	25	s					T:3 分たちましたので、
1	30	s					T: 考えついたという人は、石川先生のところに行って、
1	35	s					T: 友だちと相談したい人は討論して、ここにプリントが置いてありますから、
1	40	s					T: それを参考にしたいという人は各自する。
1	45	s					T:3 分ありますから、考えて、友だちと相談、
1	50	s					T: あるいは自分で考えてください。

表1－10 日1パート4 ウォームアップ問題の提示と答え合わせ

		教		生			
		音	字	音	字	字	
分	秒				教	生	
0	00	s					T: どうぞ。
0	05						
0	10			s		r	S: これはですね。三角形を作るんです。
0	15			s		r	S: 何言ってるの？ S: うるせいよ。
0	20			s		r	S: それで、それで、
0	25			s		r	S: 平行に線を引いて、
0	30			s		r	S: こっちは底辺の部分です。
0	35			s		r	S: で、高さにして、
0	40			s		r	S: この三角形と……どれだっけ？
0	45			s		r	S: この三角形……
0	50	s		s		r	T: 赤いの、赤いの。S: ああ、これですね。

0	55			s		r	S: 面積が……
1	00	s		s	w	r	T: ここ。S: こっちの三角形と
1	05			s		r	S: 面積が同じなわけです。辺と高さが同じだから。
1	10			s		r	S: だから、まずは、ここに線を引けます。
1	15			s		r	S: 何言っているかわかんないけど。
1	20	s		s		r	T: 意味がわかるよ。わかんない人いる？
1	25	s					T: わかんない？じゃあ、もういちど、こちら側で飯沼さん説明してくれる？いい説明でした。
1	30	s					T: 拍手。

表1－11　日1パート5　生徒の解答を再吟味して類題を提示する

		教		生			
分	秒	音	字	音	字 教	字 生	
0	00	s					T: 見にくいからきれいにします。
0	05	s	r				T: この三角形、こっちの赤い三角形、
0	10	s	r				T: この三角形、黄色い三角形の面積が同じですから、ここは、まっすぐなるようにしますね。
0	15	s	r				T: ここの角がなくなります。するとここは直線になります。
0	20	s	r				T: こうやってやった人？
0	25	s	r				T: こっちにしてた人？両方できた人？
0	30	s					T: ではですね。T: 次にこれをこれをもとにしてですね。
0	35	s	w				T: 四角形。
0	40	s	w				T: 名もない四角形。
0	45	s	w				T: この四角形を
0	50	s	w				T: 面積を変えずに三角形にします。
0	55	s	w				T: 四角形の
1	00	s	r				T: 面積を変えずに三角形にします。
1	05	s					T:3 分間自分なりにやってみてください。
1	10	s					T: はい。

表1－12　日1パート6　結果のまとめ

		教		生			
分	秒	音	字	音	字 教	字 生	
0	00	s	w				T: 説明の便宜上、記号をふります。

0	05	s	w				T: ふってやってた人もいますね。A、B、C、D と。
0	10	s	w				T: 今、はじめに AC に対角線を引いて、
0	15	s	r				T:AC に対角線を引いて三角形をふたつ作ります。
0	20	s	r				T:D を通る三角形を見つけた人、
0	25	s	r				T: これと、これ。
0	30	s	r				T: これは下側に、これは上の方に。
0	35	s	r				T: この三角形ともとの三角形は同じですから、
0	40	s	r				T: この四角形をこういう形したというわけですね。
0	45	s	r				T: 次は、同じように AC に引いたけど、今度は
0	50	s	r				T:B の方に平行線を引いたんですね。それが、これと、これですね。
0	55	s	r				T: じゃあ、聞きます。
1	00	s	r				T: これを見つけたという人？
1	05	s	r				T: これ、見つけられた人？
1	10	s	r				T: これはどうですか？これはどうですか？
1	15	s	r				T: こっちは？
1	20	s	r				T: 今度は BD の方に線を引く。すると、同じように、
1	25	s	r				T:BD について頂点 A に平行線を引いたのは、
1	30	s	r				T: これと、これですね。こっち側につくる三角形と、
1	35	s	r				T: 上の方につくる三角形。
1	40	s	r				T: あとは、BD について C の方向に線を引いたのが、
1	45	s	r				T: これと……、ない？
1	50	s	r				T: これですか。
1	55	s	r				T: じゃあ、時間がないので、
2	00	s					T: パソコンで説明しますね。
2	05	s					T: やったことです。
2	10	s	w				T: 今、ちょっと記号は違いますけど、
2	15	s	w				T:BD にかりに A を結びます。
2	20	s	w				T: 平行線が引けました。2 本の平行線です。すると、
2	25	s	w				T: この三角形と面積が同じものは、こういうふうに、いっぱいあるんですね。
2	30	s	w				T: いっぱいあるのですが、この中で、四角形を
2	35	s	w				T: 三角形にするということで、角が 1 個減ればよい、ここの角ですね。
2	40	s	w				T: 直線になったとき、それが三角形です。同じように、
2	45	s	w				T: こっち側でも、まっすぐになると三角形ができるんだよ。

分	秒	教・音	教・字	生・音	生・字教	生・字生	
2	50	s					T: 石崎君、次、何やりますか？
2	55	s		s			S:5。T:12 ないしは 6 ぐらいを。
3	00	s	r				T: じゃあ、5。五角形を三角形にします。
3	05	s		s			T: 五角形を、自分の好きな五角形を書いてみてください。S: そりゃ、無理だ。
3	10	s		s			T: むりじゃない。S: わかんない。T: 五角形を三角形に直してみます。
3	15	s		s			S: 今から？ T: これは宿題。
3	20	s					T: 興味のある人は 10 角形、20 角形を三角形にできます。

2. 日本の数学の授業　その 2

不等式を立てる意義を考える授業である。教室には 36 人の生徒がおり、6 列 6 行で着席。教師は教卓の前に立ち、前面には大きな黒板がある。以下では、この授業のことを「日 2」と呼ぶ。

表 1 − 13　日 2 パート 1　宿題の答え合わせ

		教		生			
		音	字	音	字	字	
分	秒				教	生	
0	00						
0	05			s			S: 起立。
0	10			s			S: お願いします。
0	15	s					T: お願いします。
0	20	s					T: 宿題の答え合わせをはじめますので、9 番の紙を出してください。
0	25	s					T: 黒板に書いてもらいます。ここの列。
0	30	s					T:1、2、3、4、5、6。はい。書いてください。

表 1 − 14　日 2 パート 2　問題の提示

		教		生			
		音	字	音	字	字	
分	秒				教	生	
0	00						
0	05	s					T: 今日は、言葉の問題の最後になりますので、

0	10	s					T: みんなに頭を使って考えてもらいます。
0	15	s					T: 今までは、計算の練習をやってきましたが、きょうは、頭を使ってもらいます。
0	20	s					T: 考え方、どうやって求めればいいのかをやってもらいます。
0	25	s					T: 単なる計算よりも少し難しいことをします。行きますよ。
0	30	s	w				T: 問題を見てください。
0	35	s	w	s			T: 蜂野君見える？ S: はい。T: 見える。
0	40						
0	45	s					T: 問題を英語で読んでください。
0	50	s					T: まこと、問題を読んでください。
0	55		r	s	r		S:1 個 230 円のケーキと 1 個 200 円のケーキをあわせて 10 個買い、
1	00		r	s	r		S: 代金を 2100 円以下になるようにしたい。
1	05	s					T: はい。問題の意味はわかりますか。
1	10	s	r				T: 阿部君、問題の意味はわかる？　230 円のケーキと 200 円のケーキがありますね。
1	15	s					T:230 円の方がちょっと高い。で、家族が 10 人いるので、
1	20	s	r				T: ひとりに 1 個ずつケーキを買いたい。しかし、私は 2100 円しか持っていない。
1	25	s	r				T: どっちのケーキが
1	30	s	r				T: おいしそう？　高い方がなんとくいいですね。
1	35	s	r				T: そこで高い方のケーキをできるだけいっぱい買いたいんだけど、
1	40	s	r				T: 何個まで買えますか、
1	45	s					T: という問題です。わかる？
1	50	s	r				T:230 円のケーキと 200 円のケーキがあって、
1	55	s	r				T: お金、2100 円しか持っていない。10 個買わなければならないだけどな。
2	00	s					T:230 円のケーキの方がおいしそうだなぁ、できるだけいっぱい買いたいなぁ。でも、
2	05	s					T: お金は 2100 円しか持っていない。じゃあ、いったい
2	10	s					T:230 円のケーキは何個買えるの？　そこで、
2	15	s					T: みなさんに、きょうは、どうやって答えを探したらいいのか、考えて

2	20	s					T: もらいますので、今から紙を渡すから、考えてみてください。
2	25	s					T: こうやればできるよ、こうやれば解けるんじゃない、こうやればわかるんじゃないの、
2	30	s					T: と考えてもらいます。

表1－15　日2パート3　生徒が解答方法を発表する

		教		生			
		音	字	音	字	字	
分	秒				教	生	
0	00						
0	05	s					T: あなたはどうかんがえますか。
0	10	s		s			T: はい、どうぞ。S: ぜんぜんわかんないんですけど、
0	15			s			S: 考えたのは、まず、
0	20		w	s	w		S:230 円ので何個買えるか
0	25		w	s	w		S: というのを計算しようと思って、
0	30		w	s	w		S: 最初、10 個でやったら、
0	35		w	s	w		S:2300 円になっちゃったから、
0	40		w	s	w		S: オーバーしちゃうからだめで、今度 9 個で
0	45		w	s	w		S:9 個でやったら、
0	50		w	s	w		S:2070 円で、よかったんだけど、
0	55		w	s	w		S:10 個買わなくてはならないから、200 円のケーキを 1 個買うように
1	00		w	s	w		S: 計算したら、
1	05		w	s	w		S:2070 円足す
1	10		w	s	w		S:200 円で 2270 円で
1	15	s	w	s	w		S: オーバーしちゃうから、T: オーバーしちゃうなぁ。
1	20	s		s			S: だから、減らしていって T:1 個減らして、こちらが 8 個、こちらが 2 個ってやってったら、
1	25	s		s			S: 時間なくなちゃって、T: 時間なくなちゃって、S: 最後までできなかった。T: 最後までできなかった。
1	30	s	r				T: はい、この考え方で、ぼくとよく似てるよ

表1－16　日2パート4　教師と生徒で別解を発表する

		教		生			
		音	字	音	字	字	
分	秒				教	生	
0	00						
0	05	s	r				T: 先生も考えましたので、こういう考え方はいいかな？
0	10	s	w				T: わかる？　230円のケーキを
0	15	s	w				T:10個買う。いっぱい買いなさいって場合、全部
0	20	s	w				T:230円のケーキにほんとうは、したいんですよ。でも、お金はいくら必要なの？
0	25	s	w				T:2300円ほんとうは必要なんだね。でも200円足りない。
0	30	s	w				T:200円は足りない。
0	35	s	w				T: 足りないから何を考えたかというと、230円よりも
0	40	s	w				T:30円安いケーキを買って、
0	45	s	r				T: この足りない200円を30円安いケーキで埋める
0	50	s	r				T:200円足りないよ。でも、230円じゃなくて、30円
0	55	s	r				T: 安いケーキを買ってってやるね。1個ごとに30円浮く。
1	00	s	r				T:210円足りないと、30円安いケーキ何個買える？
1	05	s	r				T: 埋めれる？足りない分。
1	10	s	r				T:30円安いケーキを何個買えば200円を埋めれますか。
1	15	s	r				T:6個買ったんじゃあ
1	20	s	r				T: ろくさん180円だから、20円は赤字だよね。
1	25	s	w				T: ところがこれを7個買うと、210円
1	30	s	r				T: 余ってくるね。この210円を200円にあてはめてみるとね。
1	35	s	r				T:30円安い200円のケーキを7個買えば、これはいくつですか。
1	40	s	r				T:3個だよ。こうやってやった人はいるか？いるだろうな。
1	45	s	r				T:200円足りないから足りない分を
1	50	s	r				T:30円安いケーキで埋めてしまおう、7個買えば埋めれるよな。そして3個。
1	55	s	r				T: はい、里香、どうやって考えるのですか。
2	00			s			S:230円のケーキを
2	05			s			S: 何個買うかで……、230円のケーキを
2	10		w	s	w		S: 何個買うかをxにして、
2	15		w	s	w		S:200円の方は、10個買わなければならないので、

2	20		w	s	w		S:10-x にして、代金は
2	25		w	s	w		S:230 円の方は、
2	30		w	s	w		S:230x で、
2	35		w	s	w		S:200 円の方は、
2	40		w	s	w		S:200(10-x) となって、
2	45		w	s	w		S:230x+
2	50		w	s	w		S:200(10-x)
2	55		w	s	w		S: ≦
3	00		w	s	w		S:2100 円で
3	05	s		s			S: 不等式ができます。T: はい、これが不等式になっている。
3	10	s	r				T: わかった？　意味？
3	15	s					T: 完璧。里香の説明、俺よりわかる。里香の説明分かった人、手を挙げて。
3	20	s					T: ひとり、神崎だけ？　はい、3 人、4 人、
3	25	s					T:4 人か？　5 人。　もう少しわかるように説明してください。
3	30	s	r				T: もうすこし多くの人がわかったよというように説明してください。
3	35	s	w				T: 説明の仕方はいいよ、これで。
3	40	s	w				T: はい、どうぞ。

表1－17　日2パート5　生徒の解法を教師が補足する

		教		生			
		音	字	音	字	字	
分	秒				教	生	
0	00	s					T:1 個ずつ勘定するのと、
0	05	s					T: 不等式を使うのと、どっちが簡単？　不等式の方が簡単だよね。
0	10	s					T: 今日やってほしいのは、考え方の中にありましたが、
0	15	s	w				T: 不等式を
0	20	s	w				T: 立てて
0	25	s	w				T: 解を
0	30	s	w				T: 求めるよさを
0	35	s	w				T: 知って欲しいので、
0	40	s	r				T: こういう問題で考えをしました。

0	45	s					T: 不等式を使わずに解くのだったら、1個ずつ調べなければならない。横掛さんは
0	50	s	r				T:10個だったから調べられたけど、もし、これ、ふたつのケーキを
0	55	s	r				T: あわせて100個買う場合だったら、まず最初に100で調べて、
1	00	s	r				T:99で調べて、98で調べて、97で調べて、
1	05	s					T: 全部調べなければならないよね。ところが、里香がやったやり方でやると
1	10	s	r				T: 答えがすぐ出てきます。1個ずつ
1	15	s	r				T: 調べなくてもいいから、1個ずつ数えるよりも、
1	20	s	r				T: ずいぶんいいところがあるよ。

表1－18　日2パート6　類題の提示と解答

		教		生			
分	秒	音	字	音	字 教	字 生	
0	00	s					T: そこで
0	05	s					T: こんなよさがあるんであれば、
0	10	s					T: 問題がふたつあります。今度はリンゴとミカンを合わせて20個買ってください。
0	15	s					T:1個ずつ数えたら、とんでもないたいへんなことになりますよ。
0	20	s					T: 今やったケーキの話と同じようにして、自分で不等式を立てて、
0	25	s					T: リンゴ何個まで買えますか、あるいは、下の問題だったら、ナシ何個買えますか、
0	30	s					T: という問題を不等式を立てて解を探してみてごらん。
0	35	s					T:1個ずつさがすんじゃたいへんだから、不等式を立てることのよさをいくらでもわかったかな。
0	40	s					T: 自分で不等式を立てて自分で解を探してみてごらん、ということなのね。
0	45	s					T: いいですか。じゃあ、
0	50	s					T: 書いてない人は書いて、問題の
0	55	s					T:1番、自分で不等式を立ててみて
1	00	s					T: はい、どうぞ。

表1－19　日2パート7　授業の目的のまとめ

分	秒	教 音	教 字	生 音	生 字 教	生 字 生	
0	00	s					T: やってきたのは
0	05	s					T: 不等式の解。問題解くときに、
0	10	s	r				T:1 個ずつ数えて解を探すよりも、不等式を立てて
0	15	s					T: 解を求めた方が、簡単なものが多いよ、だからめんどくさいかもしれないけど
0	20	s					T: 不等式の応用問題、日本語で書いてあるのを
0	25	s	r				T: 数学の言葉で翻訳することによって
0	30	s					T:1 個ずつ探すのではなくて、解を求めることができるよ。
0	35	s					T: そういうよさが不等式にはあるからね。ということの話をしました。
0	40	s					T: いいでしょうか。

3. アメリカの数学の授業　その1

対頂角、補角を利用して角の大きさを求め、多角形の内角の和を求める公式を理解する授業。26 人の生徒が 5 列に着席。ひとりの生徒は前の大きな机に座っている。前面には黒板がある。以下では、この授業のことを「米 1」と呼ぶ。

表1－20　米1パート1　ウォームアップ問題の提示と答え合わせ (1)

分	秒	教 音	教 字	生 音	生 字 教	生 字 生	
0	00	s	r				T:70 度の角の対頂角の角度は何度ですか。
0	05	s					T: 対頂角は何によって作られますか、ジュアン。
0	10			s			S: えっと、わかりません。のびをしていただけですから。
0	15	s					T: 緊張しないでね。のびをしていただけ。直線を交差させた時に対頂角ができます。いいですか。
0	20	s					T: みなさんのシートにある定義を見てください。配りましたね。持ってますよね。

0	25	s					T: 対頂角と補角があります。
0	30	s	r				T: 角 A はどの角の対頂角ですか？
0	35	s	r	s			T: 角 A はどの角の対頂角ですか？ S:70 度。T: だから角 A の大きさは？ S:70 度。
0	40	s					T:70 度です。これが基本です。次に補角がありますね。
0	45	s	r				T: 角 A についての補角はどの角ですか？
0	50	s	r	s			S:B。T:B もそうですし……。S:C。
0	55	s		s			T:C もそうです。補角を足すと何度ですか？ S:180 度。
1	00	s					T:180 度です。ですから、片方が 70 度なら、もうひとつは……。
1	05	s	r	s			S:110 度。T:110 度ですね。これが基本です。必要な情報はすべてあります。
1	10	s	w				T: すでにこれらの問題は解きました。角 A は 70 度。
1	15	s	w				T: 角 B は 110 度、角 C も 110 度。
1	20	s	w				T: これらがわかっています。第 2 問の角 D に関しては、どんな情報がわかっていますか。
1	25	s		s			S:** (不明)。T: ふたつのことがわかっています。
1	30	s					T: まず、53 度。あそこで示した角は何ですか、マイク。
1	35	s		s			S: 直角。T: 直角です。そしてその角度は……。S:90 度。T:90 度です。
1	40	s					T: 残りは？　誰かが答えを言いましたね。
1	45	s		s			S:37 度。T:37 度ですね。
1	50	s	w	s	w		T: なぜ 37 度ですか、ジェイミー。
1	55	s		s			T: キャリー。S: なぜならば、37 度たす 53 度は 90 度になるからです。
2	00	s					T:37 度たす 53 度が 90 度。真ん中の角が 90 度。では、どうして足したら 180 度になるのでしょうか。
2	05	s		s			S: なぜなら……。T: なぜなら？　ヴェロニカ。
2	10	s	r	s			T: ここの角はなんと呼ばれていますか。S: 平角。T: 平角です。
2	15	s		s			T: 平角の角度は？ S:180 度。T:180 度です。はい、それでは 2 〜 3 分の間、
2	20	s					T: 残りの解を求めてください。

表1－21　米1パート2　ウォームアップ問題の提示と答え合わせ(2)

分	秒	教 音	教 字	生 音	生 字 教	生 字 生	
0	00	s					T:OK.。
0	05	s					T:38度の補角は何度ですか、トレーシー。
0	10	s					T:万一、この宿題をしていなかったのなら、今、それを考えなさい。
0	15	s					T:互いに補角である2角の和は何度ですか、トレーシー。
0	20	s					T:あわてない。トレーシーにチャンスをあげましょう。一番上をみてください。
0	25	s		s			T:定義がそこにあるでしょう。互いに補角である角の和は……。S:90度。T:90度です。
0	30	s		s			T:そうしたら、もし、ひとつの角が38度だったとしたら……。S:**(不明)トレーシーありがとう。
0	35	s					T:もし、ひとつの角が38度だったとしたら……。90度ひく38度は……。
0	40	s		s			S:52。
0	45	s					T:52度。ですから、補角は52度になります。
0	50	s		s			T：では、7度の補角は、ホー。S:83度。
0	55	s		s			T:83度ですね。84度の補角は、リンゼイ。S:16度。
1	00	s		s			T:計算は確かかな。S:6度。T:6。
1	05	s		s			T:6度です。アルバート、4番の問題。S:79度。
1	10	s		s			T:5番、ジョーイ。S:33度
1	15	s		s			T:ほんとうですか、クローディア。S:23度。T:23度です。計算は慎重にする必要がありますね。
1	20	s					T:6番は、ジェィミー。

表1－22　米1パート3　宿題の提示

分	秒	教 音	教 字	生 音	生 字 教	生 字 生	
0	00	s					T:これから宿題シートを配ります。
0	05	s	r				T:これから宿題シートを配ります。それは、角に関するこれらの知識に基づいていて、
0	10	s					T:それをてがかりにして解くことができます。
0	15	s		s			S:分度器が必要ですか。T:分度器はいりません。

0	20	s					T: 頭で解くことができます。ウォーミングアップ問題と同じように解くことができます。
0	25						(シートの配布)
0	30						
0	35						
0	40						
0	45	s					T: はい、予備です。
0	50	s					T: ワークシートが手元にありますね。一番上の例題を見てください。とても似ている……
0	55	s		s			T: まだ行っていない？ S: あと 2 枚。T: あと 2 枚必要。
1	00						(シートの配布)
1	05	s					T: それでは、一番上の例題に注目。ウォームアップ問題に似ていますね。
1	10	s					T: 右側にある図を見てください。それぞれの角度の実測値があります。
1	15	s					T: もし、角 3 が 120 度だったとします。
1	20	s					T: 角 3 と角 1 が対頂角ですので、角 1 の角度は……。
1	25	s		s			S:120 度。T:120 度ですね。
1	30	s					T: 角 2 と角 3 についてはどうすか。
1	35	s		s			S: 対頂角。T: 角 2 と角 3 は対頂角ではありません。
1	40	s					T: 角 1 と角 3 は対頂角です。角 2 と角 4 も対頂角です。
1	45	s					T: 角 2 と角 3 は補角です。ですから、角 3 が 120 度なので、角 2 は……。
1	50	s		s			S:60 度。T:60 度です。もし、角 2 が 60 度なら、
1	55	s		s			T: 角 2 は……。S:60 度。
2	00	s					T: 残りの問題も、同じようにできますね。質問は？
2	05	s					T:37 番 38 番までできたかどうか知りたいです。この 2 問は
2	10	s					T: ちょっと考えないといけません。どのようにするか知りたいです。
2	15	s					T: 分度器は要りません。すべて頭で考えてできます。

表 1 － 23　米 1 パート 4　難しい問題について助言をする

		教		生			
		音	字	音	字	字	
分	秒				教	生	
0	00	s		s			S: 答えは

0	05	s		s			S:62 度だった。T: いえ。
0	10	s					T: 最後の答えが 8 度。どこかで 8 度があった。78 度。
0	15	s					T:78 度かそのような数。
0	20	s					T: 出席者数を知っていますか？　それを通知しましたか。角 QRS ってどれって、
0	25	s					T: どういうことですか。
0	30		w				
0	35	s					T: ああ、そのことについては、そうです。第 1 時間目にだれかがやってきて、それを持って行きました。
0	40		w				
0	45	s	w				T: この問題をあきらめてほしくないです。
0	50	s		s			S:90 度ですか。T: そのはずです。考えてみましょう。問題 37
0	55	s					T: 問題 37 を見てください。2 つの角が補角になっています。
1	00	s	w				T: それゆえ、2 角の和は 180 度です。しかし、2 角の大きさは
1	05	s	w				T: 等しい。ひとつを角 QRS、
1	10	s	w	s			T: もうひとつを角 SRT としましょう。両方とも角度は……。S:90 度。T:90 度です。
1	15	s					T: それしかありえない。

表 1 − 24　米 1 パート 5　宿題の答え合わせと新しい公式の導入

		教		生			
		音	字	音	字	字	
分	秒				教	生	
0	00						
0	05	s					T:718 度。う～ん、おしい。
0	10	s					T:5 度以内の誤差で答えが 720 度だった人は何人いますか。誤差が 5 度以内。
0	15	s		s			S:720 度ちょうど。T:720 度ぴったり。分度器の操作が正確ですね。
0	20	s					T: もし、下の角を取り去ったら、
0	25	s	w				T: このようにやり直したら……。
0	30	s	w				T: 君たちのために、ここに再現してみましょう。この辺はここにありましたが、さがってきて、
0	35	s	w				T: このようになって、1、2、3、4……、だいたい
0	40	s	w				T: この角が B、A、F、E、D、

0	45	s	w				T: そして C。もし、
0	50	s	w				T: この角を取り除き、
0	55	s	w				T: このように下げて、そしてこのように交差させます。
1	00	s	w				T: 角 D をここに下げます。こうすると、内角の和は変わりますか。
1	05	s		s			S: いいえ。T: 変わりません。なぜか。
1	10	s		s			T: 角の数がまだいくつでしょうか、ジョーイ。S:6 個です。T: まだ 6 個の角がある。
1	15	s					T: ある公式があります。
1	20	s					T: 春休み以降に、それについて勉強することになりますが、今、ヒントをあげましょう。
1	25	s	w				T: 辺の数に着目して、
1	30	s	w				T: それから 2 を引きます。
1	35	s	w				T:180 度をその数でかけます。
1	40	s	r				T: それが、これらの角の和です。
1	45	s		s			T: この図では､辺の数はいくつですか。S:6 本。S: 辺の数？
1	50	s	r				T: この図には、何本の辺がありますか。1、2、3、4、5、6 本
1	55	s	r	s			T: 辺の数引く 2。それでいくつになりますか。S:4 です。
2	00	s					T:4。180 度かける 4 は？
2	05	s		s			S:720 度。T:720 度のはずですね。
2	10	s					T:5 角形の内角の和は？
2	15	s					T: 五角形。
2	20	s					T: 公式を使ってください。
2	25	s	r				T: 辺の数は 5。頭の中だけでする必要なないですよ。紙と鉛筆があります。
2	30	s					T: 辺の数は 5。
2	35	s					T:5 から 2 を引いて、180 度をかける。
2	40	s		s			S:540 度。T:540 度です。すべての
2	45	s					T: 五角形は、その内角の和が 540 度です。
2	50	s	r	s			T: 三角形の辺の数は？ S:3。T:2 を引くと 1。
2	55	s		s			T:180 度の 1 倍は 180 度。三角形の内角の和は 180 度です。S:180 度。
3	00	s					T:180 度です。ありがとう
3	05	s					T: 四角形。辺が 4 つ。直方形。2 を引いて 2。180 度をかけて、360 度。
3	10	s					T: どのような多角形でも内角の和は、

表1－25　米1パート6　今後の計画の予告

分	秒	教 音	教 字	生 音	生 字 教	生 字 生	
0	00						
0	05	s					T: 明日は、三角形について学習します。
0	10	s					T: 明日、三角形の導入をします。試験の予習をします。金曜日の試験には、
0	15	s					T: 余角、補角、対頂角が出ます。
0	20	s					T: 来週は、この単元を終えます。
0	25	s					T: 終えたいです。終わらせてください。
0	30	s					T: そうしたら質問ができるでしょうし、早めに春休みをとる人もいるでしょう。
0	35	s					T: 来週、この単元を終わりたいです。というのは、春休みを挟みたくないからです。
0	40	s					T: 来週の単元のテストは木曜日。
0	45	s					T: というのは、何人かは早めに休みに入って、金曜日にこないと思うので。

4. アメリカの数学の授業　その2

多項式の問題を解く授業である。教室には、27人の生徒。4人ずつの班をつくって着席している。OHPとスクリーンが教室の前に設置されている。以下では、この授業のことを「米2」と呼ぶ。

表1－26　米2パート1　ウォームアップ問題の提示と答え合わせ

分	秒	教 音	教 字	生 音	生 字 教	生 字 生	
0	00						
0	05						
0	10			s			S: いいですか。
0	15	s					T: これですか。チェックしてみないといけないけど、たぶん、それでいいと思います。

0	20	s					T: マイナス b。マイナス 4c ですか？　そうなっていませんね。最後のところはマイナス。
0	25	s		s			T:（別の生徒に）ここは……、S: 答えは 24。T: でも、3 番の問題は、1 組の順序対を聞いています。
0	30	s		s			S: まだ 3 番をやっていません。24 という答えがでました。T: そう、24。合ってますね。
0	35	s		s			S: マドック先生？ T:（別の生徒に）とってもいいですね。これはいいように思えます。
0	40	s					T: そうしたら……、もし書く内容簡単にするとどうなりますか。
0	45	s					T:x……分母が 3。いいですね。で、この分母 3 というのはどうして出てきたのですか。
0	50	s		s			T: この 5 と 2 をどうしたのですか。S: それらを引いて……。
0	55	s					T: これらの指数をどうしたいのですか。
1	00	s		s			S: 引きたい。T: 引くのですね。
1	05	s					T: よろしい。同じやり方で。
1	10						
1	15						
1	20	s	w				T: はい。みなさん、こちらを注目してください。顔を上げて。
1	25	s					T: みんなよくやっていますね。
1	30	s					T: よく聞いてください。第 1 問は、ほとんどの人ができていました。ジェニー、答えは？
1	35	s		s			S: 何番ですか？ T:1 番です。
1	40	s	r	s			S:3。T:3。3 がもっとも小さな整数ですね。予想を立てて、検算してみるという解法ですね。
1	45	s					T:2 番。ほとんどの人ができていたと思います。モリー、答えは？
1	50	s		s			S:24 になりました。T:24 になった。そうですね。見て回っていると、
1	55	s					T: ほとんどの人ができていましたね。質問のある人はいませんか？　はい、
2	00	s	w	s			T: それでは 3 番ですが、これは少し間違えやすいですね。カリー。S:2 と 6。
2	05	s	r				T: ほとんど正解なのですが、問題文をよく読んでください。A は B よりも大きいとあります。
2	10	s	w	s	w		S:6 と 2。T:6 と 2。T: そうです。数学の問題の多くの場合、

2	15	s					T: 問題文をよく読んで理解すること。はい、それでは最後の問題。
2	20	s					T: 少しのヒントが必要な人もいましたが、結局は、たくさんの人ができていました。ディアナ。
2	25			s	w		S:2x の -2a-b-4c。
2	30	s		s			T: そうですね。どのようにして答えを出しましたか。S: 割り算をする時には、指数を引くので…。
2	35	s		s			T: そうですね。S:2a-a は a。b-2b は -b。
2	40	s		s			S:-c-3c は -4c。T: よろしい。
2	45	s					T: これについて質問は？　4問中4問正解した人は？
2	50	s					T: たくさんの人ですね。よくできました。

表1－27　米2パート2　問題の提示と話合い

		教		生			
分	秒	音	字	音	字 教	字 生	
0	00						
0	05						
0	10						
0	15	s					T: 分母の最小公倍数を見つけましょう。モリー。
0	20	s	w	s	w		S:x の 2 乗マイナス 49 ですか。T:x の 2 乗マイナス 49。
0	25	s		s			T: で、分子は？　モリー。S: 答えですか。
0	30	s		s			T: はい。S:7x……T: どうして、7x になったのですか。
0	35			s			S:x-7 から……、
0	40	s		s			S:x-7 から……、x の 2 乗マイナス 47。T:49。
0	45			s			S: よんじゅう……、
0	50			s			S:7 と x を二乗しなければならない。
0	55	s		s			T: 違いますね。S:7 を 7 倍、
1	00	s		s			S:x を x 倍しなければならない。T: そうではありませんね、モリー。因数分解をしなければならない。
1	05	s		s			T: サーティ。S: えっと、x の……あー、
1	10			s			S: あー
1	15			s			S:x-7 は、明らかに x の 2 乗マイナス 49 の
1	20	s	w	s	w		S: 因子なので、もうひとつの因子があって……T: つまり？S: つまり x+7。T: はい。
1	25			s			S: それで、1 を足す。だから、答えは x プラス……

1	30	s	w				T: そうですね。まず、1 倍して、x+7。そして、この 1 がここに来ます。
1	35	s	w	s			S: どうしてその 1 を足すのですか？ T: このふたつの分数を足そうとしていたからです。
1	40	s	r				T: それで、この分数は、すでに必要な分母になっています。いいですか。
1	45	s					T: で、答えは x+8。何人ができましたか。メーガン、OHP に書いているときはこちらを見てください。
1	50	s					T: いいですね。これについての質問がありますか、アリソン？　これで理解できましたか？
1	55			s			S: 待ってください。質問です。私のやり方ではいけませんか。
2	00	s	r				T: 分母の最小公倍数を見つけなければなりません。因子として両方に含まれている最小公倍数。
2	05	s	r	s			T:x-7 ではありません。S: いえ、
2	10			s			S: わたしは、最小…その下のやつまで出しました。いいですか。
2	15		r	s			S: それで、上のやつと思ったのが 7x で、それをかけないのですか。
2	20	s	r				T: この分母を x の 2 乗マイナス 49 に変換しますね。いいですか。
2	25	s	w				T: そうするためには、これに同じものをかけます。
2	30	s	w				T: 分子に x+7、分母に x+7。それで、
2	35	s	r				T:x+7 の 1 倍なので、x+7。
2	40	s	r				T: いいですね。それでは、もうひとつ問題をしましょう。
2	45	s					T: これはやさしく見えるけど、ひとつ落とし穴があります。
2	50		w				
2	55		w				
3	00						
3	05						
3	10	s					T: 答えが出たら手を挙げてください。
3	15	s					T: ほんの些細なことだけど、よく忘れがちなポイントがあります。
3	20						
3	25	s					T: 答えが出たらそれをノートに書いてください。違います。
3	30	s					T: もう一度見せてください。

3	35						
3	40	s					T: 違います。
3	45	s					T: まだ正解が出ていません。
3	50	s					T: 違う。
3	55						
4	00						
4	05	s					T: 誰か。ジャスティン、あなたの答えは？
4	10	s					T: 違います。
4	15	s					T: できたと思う人？　まだ正解がでていません。
4	20	s					T: 読めない。そうです。
4	25	s		s			T:x+6 分の x+3。S: なぜ？ T: なぜか。そうですね。
4	30	s					T: 引くということは、何と同じですか？
4	35	s	w				T: 正負逆を足すと。符号が逆のものを足す。それと同じですね。
4	40	s	r				T: 分母が同じなので、答えの分母も書かれている通りで、
4	45	s	w				T:x+6 のまま。
4	50	s	r	s			T：それから、ここからどうしますか、ログ。S:5 足す -2
4	55		w	s	w		S:3……足す x。
5	00	s	r	s			T: 足す x、アレクサ。S: どうして x がマイナスではないのですか。T: それは、もとは負の数で
5	05	s	r				T: 引き算をすると、正負が逆になるからです。他には？
5	10	s					T: いいですね。残りの授業時間で、5つのことをしてもらいます。
5	15	s					T: 次の順序で。

表1－28　米2パート3　さまざまな課題を出す

		教		生			
		音	字	音	字	字	
分	秒				教	生	
0	00						
0	05	s		s			T: わかりましたか。S: はい。
0	10	s					T: ちょっと結果が違いますね。
0	15	s		s			T: 答えは。S: 先生。質問です。T: グラフを……数値を……これをグラフにするとき、放物線がこう下がって、Y軸……
0	20	s					T: 修正の方法があります。

0	25	s					T: ウィンドウを押して……。ウィンドウ、ウィンドウ、このボタン。
0	30	s					T: 最小値を頂点が示すようにするには……。
0	35	s					T: 下矢印をYの最小値まで……そこまで。そこに、
0	40	s					T: 違う、逆の方向。右へ。2。
0	45	s					T: もういちどやりましょう。というのは、Yの最小値をもっと小さな値、16 ぐらいにしたいから。
0	50	s					T: だから 6 を入力して、enter、そしてグラフ。そしたらグラフが出る。
0	55			s			S: まだそこまでやってない。まだ計算の途中……、わかんなくなった。
1	00	s					T: そう、それで違うのなら、
1	05	s		s			T: そのウィンドウの中でやり続ける。S: 軌跡をやったのですが……へんな軌跡になりました。
1	10						
1	15						
1	20						
1	25						
1	30	s					T: この班は静かですね。信じられないぐらい。
1	35	s					T: もうこんな時間。あと 1、2 分がんばって今やっているのを済ますのがいいですが
1	40	s					T: 昼食を先にとって戻ってきてもかまいません。

第5節　考　察

以下では、表1－7～表1－28 のひとつひとつの 5 秒間のコマに対応するマス目に何がコード化されているかを集計して考察することにする。まず、それぞれの授業について、教師と生徒の発話があったコマの数を数え、それをぞれぞれの全コマ数で除した結果をまとめたのが、**表1－29** である。

表1－29　教師・生徒の発話率

	教師発話率	生徒発話率
日1	77%	24%
日2	78%	26%
米1	92%	22%
米2	78%	37%

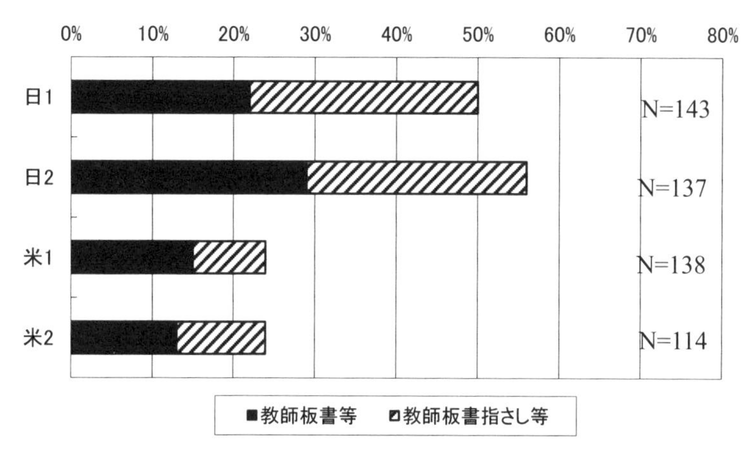

図1－2　全コマ中に占める教師板書等の率・教師板書指さし等の率

米1(角度と多角形の内角の和)の教師の発話率がやや高くなっているものの、それ以外は差がなく、日米の差異が認められない。このように、音声言語だけに注目した場合、その特徴が現れにくいものと思われる。そこで、板書などの書かれた記号がコミュニケーションに使われているか否かに着目したのが、**図1－2**である。これは、それぞれの授業において、教師が黒板などを使って文字などを書いたり、それを指さしたりした(「視点」②の「w」と「r」)コマの数を数え、それをそれぞれの授業の全コマ数で除した結果である。「w」と「r」とを合計すると、日本がそれぞれ50%、56%で、アメリカがそれぞれ24%、24%であり、日本の割合がアメリカの倍以上となっている。

では、教師が発言している時には、どれぐらいの割合で板書などを併用し

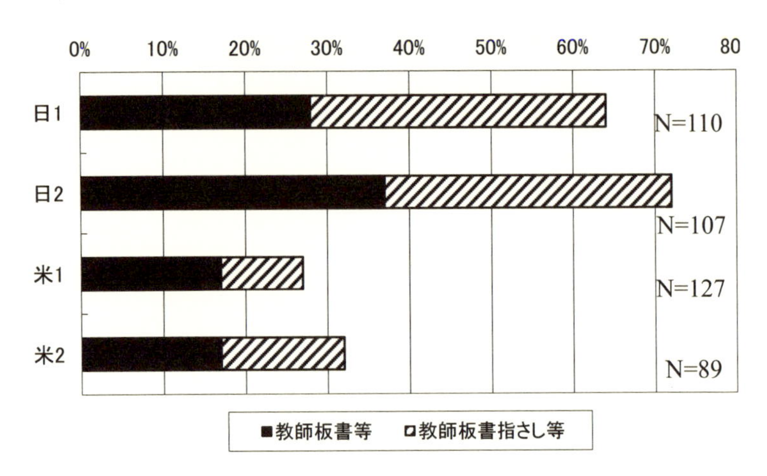

図1－3　教師発話コマ中に占める教師板書等の率・教師板書指さし等の率

ていたのであろうか。それを計算したのが**図1－3**である。「視点」①と「視点」②が同時にマークされているコマを数え、それをそれぞれの①のコマ数で除したものである。日本の教師は、自分が口頭で話している時も、その7割前後は板書などを利用し、書かれた記号を併用しながら授業を進めていることが読み取れる。

一方、生徒が黒板などに文字などを書いたり、それらを指し示したりした率では、日1（等積変換）の授業で生徒が板書などを指し示した率が10％であった以外は、日米ともほとんどゼロであった。ただし、日1の授業については、その板書の跡から、明らかに生徒が黒板に自らの解答方法を書く場面が3回はあったことが推測される。しかし、残念ながらその一部は本ビデオでは編集で削除されており、結果として数値は1％となっていた。一方、日2（不等式）の授業では、生徒が直接板書する場面はみられないので、生徒が自分自身で板書することが日米の比較点に成り得るかどうかは、この時点では判断できない。

生徒が直接板書するか否かではなく、生徒の発言を補う意味で教師が生徒の発言内容を板書（摘書）したり、該当する文字や図を指し示したりする場面（「視点」④の「w」と「r」）のコマ数を数え、それに対応している生徒の発話の

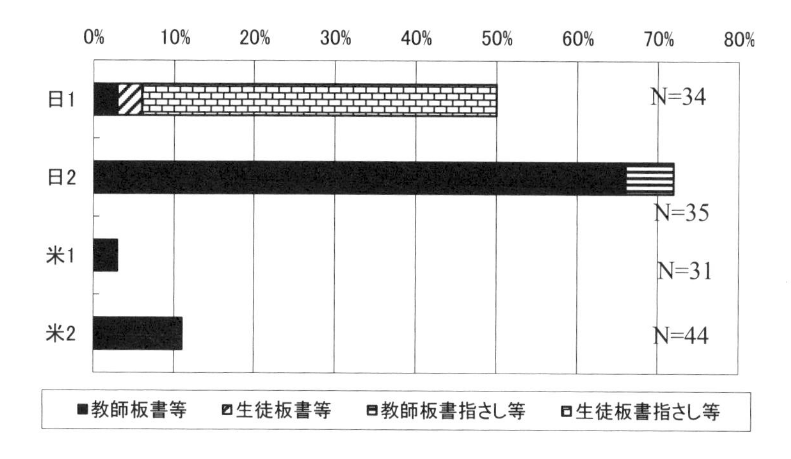

図1－4　生徒発話コマ中に占める教師板書等の率・教師板書指さし等の率

コマ数で除したのが**図1－4**である。たとえば、日1(等積変換)の授業では、生徒が発言しているコマのうち、合計50%のコマにおいて、教師が補助のための板書(摘書)を行っているか、板書を指し示しているかをしていることを示している。同様の率が、日本2の授業では72%であり、アメリカでは、それぞれ、0%、11%となっていた。やはり、日本の授業の割合が圧倒的にアメリカを上回っており、生徒の口頭による発言を教師が書かれた文字や図によって補っている姿が読み取れる。

上述の「試行分析の対象」で触れたとおり、分析対象としての「卓越性を追求して：TIMSSビデオ授業研究」にはさまざまな限界がある。したがって、今回の分析結果のみから日米の授業文化比較を論じることはできない。しかしながら、それらの制約を割り引いたとしても、今回試みた分析指標を用いることによって、学習・教育メディアとしての板書などと音声言語使用から見た日本と外国の授業の特質を比較研究することができそうなことが明らかになったと言える。

おわりに

本章では、フランダースなどの「レディーメード」の分析指標である相互作用分析カテゴリーを検討し、それが専ら音声言語に注目した分析指標であり、授業中に行われる板書などの書字行為を測定できないことを指摘した上で、それに代わって、書字行為をもカテゴリー化できる指標、そして、発話と同時に行われる書字行為をもカテゴリー化できる指標を提案した。そして、その指標を実際に用い、TIMSS の授業ビデオに集録されている日米の数学授業を試行的に分析してみた。その結果、この指標を用いることによって、本研究が着目する書字随伴型授業の視点から、数量的な国際授業比較が充分可能であることが確認できた。そこで、次章以降では、アメリカ、イタリア、スロベニア、日本における授業を、この指標で分析し、数量的国際併置比較考察を行うことにする。

注

1 Stigler, J.W., P.A. Gonzales, Kawanka, T., Serrano, S. Knoll, A., *The TIMSS Videotape Classroom Study: Methods and Findings from an Exploratory Research Project on Eighth-Grade Mathematics Instruction in Germany, Japan, and the United States*, the National Center for Education Statistics U.S. Department of Education, 1999

2 Ibid., pp.92-93.

3 Ibid., pp.93-95.

4 畠山佳子「板書の構成と消去に焦点を当てた熟練教師による数学科授業の国際比較研究」、『数学教育論文発表会論文集』43(1)、2010年、415～420頁。

5 西之園晴夫『授業の過程 教育学大全集30』第一法規出版、1981年、116～117頁。

6 三橋功一「日本における授業研究の系譜図の概観」(平成12～14年度科学研究費補助金基盤研究(B)(1)研究代表者松下佳代)研究成果報告書『日本における授業研究の方法論の体系化と系譜に関する開発研究』2003年、9～14頁。

7 Flanders, Ned A., *Analyzing Teaching Behavior*, Addison-Wesley Publishing Company, 1970, p.34.

8 Ibid, p.38.

9 Ibid, p.37.

10　倉島敬治「相互作用分析」、『新教育の事典』平凡社、1979年、527頁。

11　Flanders, op.cit. p.34.

12　Ibid. p.50.

13　Ibid. p.134.

14　Ibid. p.140.

15　加藤幸次『授業のパターン分析』明治図書、1977年。

16　土井捷三「授業研究へのマイクロティーチングの手法の導入」、神戸大学教育学部『研究集録』第62集、1979年、176頁。なお、土井自身は、注でフランダース法については持留英世「授業分析の諸技法の検討」、『第14回国立教育工学センター発表論文集』、1979年、を参考にしたと述べている。

17　大黒静治「修正フランダース方式による教授行動の分析(1) 教師と教育実習生の比較(授業の分析と評価)」、『日本教育心理学会総会発表論文集』23、1981年、86～87頁。なお、大黒は、注で、木原健太郎、山本美都城共編『よい授業を創る授業分析法』明治図書出版、1979年　の方式を採用したと述べている。

18　市川昭午「比較教育再考──日本的特質解明のための比較研究のすすめ──」、『日本比較教育学会紀要』第16号、1990年、8頁。

19　Flanders, op. cit. p.37.

20　Flanders, Ned A., The Problems of Observer Training and Reliability, in Edmund J. Amidon and John B. Hough ed., *Interaction Analysis: Theory, Research and Application*, Addison-Wesley Publishing Company, 1967, pp.158-166.

21　サンプルの代表性については、添田晴雄「国際研究における『比較』についての一考察──ビデオ『卓越性を追求して：TIMSSビデオ授業研究』批評──」、大阪市立大学文学部『人文研究』第52巻第7分冊、2000年、81～94頁、で論じた。

22　TIMSSの研究対象は数学と理科であり、理科の授業の分析ビデオも後ほど公開されるようになった。

第２章　文字言語・音声言語からみた授業分析
──アメリカ・イタリア・スロベニアの授業──

はじめに

第２章では、第１章で開発した分析指標を用い、アメリカ、イタリア、スロベニアの数学の授業を分析する。この結果は、第３章の日本の授業分析結果とともに、第４章において併置比較考察を行うことにする。

本章では、まず、第１節で、書字随伴型、音声優位型といった授業の特徴を比較調査する対象国としてアメリカ、イタリア、スロベニアを選んだ理由について述べ、第２節で調査分析の方法を説明する。そして、第３節でアメリカ、第４節でイタリア、第５節でスロベニアの授業を個々に分析する。

第１節　分析対象とした国の書字随伴型授業について

日本の授業と比較分析をするために、アメリカ、イタリア、スロベニアの３国を選んだ。

アメリカを選んだのは、筆者がアメリカのイリノイ州の学校を数多く訪問して授業見学を行い[1]、黒板の使い方が日本の場合とずいぶんと違っていることを体感したことがきっかけである。序章でも触れたように、日本の教師は授業中に黒板を頻繁に使うのに対して、アメリカの教師はあまり使わない。黒板をほとんど使わない教師もいた。この違いを感覚ではなく数量的に実証したいと考えていた。また、イリノイ滞在中に、第１章でも触れたTIMSSのビデオ研究のビデオを視聴する機会を得た。アメリカと日本の数学の授業が集録されていたが、黒板の使い方の差異、すなわち、授業が書字随伴型となっているか否かについて大きく差異があることを実感した。しかし、それはあくまでも実感であり、学習・教育文化の差異を論じていくためには、実証データが必要であった。これが本研究を進める動機であり、日本の比較対象国としてアメリカを選んだ理由である。

次に、アメリカと同様に、あるいはそれ以上に、音声言語優位型授業が学習・教育文化となっている国を文献で探した。すると、イタリアの中学校(Intermediate School)を分析している論文[2]が見つかった。その中では、イタリアの授業が次のように描写されていた。

> (要約)生徒は全員、教科書の数ページ分を読んで内容を暗記しておくという宿題が与えられる。数日後、教師が該当の単元に入ったとき、教師は、一定の割合の生徒の名を呼び、一人ずつあるいは二人ずつ、教室の前にある教卓の横に立たせる。このとき、生徒は残りの生徒の方に向かって立つ。そして、教科書の文章に即した質問を教師は投げかけ、生徒がそれに答える。質問は、教科書の中に書かれている事実を聞き出すものであり、それ以上のことは聞かれない。生徒は暗記している度合いが高ければ高いほど高い得点をもらうことができる。質疑応答はひとりあたり5分から10分で、一人が終わる毎に教師は成績帳に得点を書き込む。[3]

日本では試験と言えばほとんど筆記試験を意味するが、このイタリアの授業では、宿題で学んだことが口頭で試験されている。そして、それに基づいて各学期の成績がつけられる。

イタリアの学校における口述試験については、ほかにも、「イタリアの学校制度では、小学校から大学に至るまで、口述試験が学校教育の要素となっている」[4]といった指摘がある。

これらの論文を、イリノイ大学に留学しているイタリア人に読んでもらい、自分の中学校の経験と照合して意見を述べてもらったことがある[5]。ふたりに聞いたが、両者とも、まさにこのとおりのことを経験した、毎時間これがある、授業の最初の15分ぐらい、1～3人が前に立つ、順番にひとりずつ前に出る、自分が指名されたのは学期あたり3～4回であるが、だれがその日に指名されるかがわからないので、結局全員が毎回勉強してこなければならなかった、といった回答を得た。

また、日本での試験は専ら筆記であると伝えると、その留学生は、この言葉に驚いていた。筆記なら考える時間が十分あるが、口頭コミュニケーションでは即答が求められる、ほんとうに理解していないと答えられない、日常生活のコミュニケーションはほとんどが口頭であるので試験が筆記だけというのは理解しにくい、とのことであった。

その後、筆者は、イタリアのミラノとパドヴァの小学校、中学校、高校、専門学校を訪問し、授業を見学する機会を得た[6]。見学した授業のひとつに、新聞記事を題材にした国語（イタリア語）があった。日本の授業なら教師は必ず新聞記事を印刷して生徒に配布する。しかし、イタリアの教師は、プリントを用意せず、新聞記事を口頭で読み上げた後、生徒に対して、見出しは何であったか、リード文には何が書いてあったか、本文の最初には何が書いてあったかなどを次々と口頭で問い、生徒に口頭で答えさせていた。また、高校の数学の教師に数学の中間・期末テストの方法を聞くと、生徒ひとりひとりを呼び出して、教師は口頭で数学の問題を告げ、生徒に口頭で答えさせるのが普通であるとの回答を得た。

また、上記のイタリア訪問時に、ミラノの大学生に聞き取りを行ったところ、すべての大学ではないが、大学の定期試験も口述試験であることが一般的であり、ひとりあたり20分の口頭での教授と学生とのやりとりの中で成績が決められるのだそうだ。また、やや情報が古いが、1970年の文献には、ジェノヴァ大学の各科目の試験について次のように指摘されている。

> 試験は、年に2～3回あり、各科目について公開で原則として口答試問形式で行われる。試験官は3名の合議制という建前になっているが学生数が多いために、筆者の知るかぎりでは1名がやっているようである。そのさい、正教授の弟子達がイタリアの各地から手助けに来る。15分位でただちに30点満点（18点以上合格）で採点し、成績が学生手帳に記入される。大ざっぱにいって、日本よりも試験はむずかしい。試験場では、資料をしいれるために傍聴に来ている学生でいつも満員である。[7]

日本の大学の場合、卒業論文の口述試験があるが、それとの違いは、日本の大学の卒業論文の口述試験の場合は、その前提として書字の形式で完成された卒業論文がすでに提出され、その論文を教員があらかじめ読んでいることがあるという点、イタリアの大学の場合はそのような書字媒体が存在しない点、少なくとも学生は口述試験の最中に資料などを見てはいけないことになっている点、口述試験が卒業時のみならず通常科目の定期試験として行われている点にある。

このように、イタリアの学校教育では、アメリカ以上に音声言語が重要な役割を占めていることが実感できた。そこで、日本との比較研究の対象国としてイタリアを選ぶことにした。

スロベニアについては、偶然であるが、筆者の所属している大学にスロベニアからの国費留学生が来ていたことが契機である。その留学生に聞くと、イタリアの授業と同様に、毎時間の最初の 10 〜 15 分は、数人の児童生徒が前にひとりずつ呼び出され、教科書の内容を暗誦するのがルーチンで、やはり、教師は毎回その結果を成績帳に記録し、その合計が各学期の成績に反映されるらしい。スロベニアとイタリアは国境を接しており、量的な調査分析を行えば、イタリアと同様に、日本とは対比的な結果が出るのではないかと考えた。

このように、アメリカ、イタリア、スロベニアは、音声優位型の学習・教育文化の特徴を持っていることが予想されることから、本研究の授業研究の対象国としてこの 3 国を選ぶことにした[8]。

第２節　調査分析の方法

3 国について、公立学校の 8 年生の授業を対象に選んだ。また、教科は数学（幾何・代数）とした。当初は、国語の授業も見学し、また、ビデオ撮影もしたが、日本の国語とカリキュラムがあまりにも違っていたので、今回の比較考察からは除外した。実は、国語の授業そのものは、イタリアの授業も、スロベニアの授業も、音声優位型の特徴が鮮明に現れており、興味深い知見が得られたのであるが、一方、「国語」学習ではなく、一見、外国語の学習に思えるような場面が少なくなかった。イタリアでは、「国語」の時間とは別に「文法」の時間があり、複雑なイタリア語の動詞の活用などを学ぶ。実際に、「文法」の時間も見学し、ビデオ撮影もしたが、イタリア語でありながら、内容や教授方法は外国語の教授に近いところが少なくなかった。また、スロベニアでは、もっと言語事情が特殊であった。たしかに、スロベニアの「国語」の授業では公用語であるスロベニア語による言語活動が、スロベニア語によって教授されている。しかし、子どもたちの多くは、家庭や地域の生活の中で、標準のスロベニア語ではなく、地元の地方語を話している。地方語は、標準のスロベニア語とは、発音や綴りが違っていたり、同じような単語でも意味が違っていたりすることが少なくない。日本語と英語ほど乖離はしていないようだが、「国語」の授業であっても、発音の練習をしたり、語彙の確認をしたり、綴りの練習をしたりなど、外国語の授業の要素が入り込んでいる。イタリアやスロベニアの国語の授業の中にある、これらの外国語教育的な要素を加味しながら考察すべきであるが、それは煩雑な作業となり、また、本論文の全体の文脈を混乱させることになるので、今回の分析からは除外することにした。

一方、数学の内容は、どの国であってもほぼ共通している。もちろん、分数の表記は、英語やイタリア語では、two thirds のように分子から書くのに対して、日本語では「3 分の 2」のように分母から書く。また、欧米では「÷」の記号は使わず、分数と同じように、「／」を使う。こういった違いはあるものの、数学的概念や計算方法ほとんど同じである。

そこで、本章における分析は、数学に限定することにした。

撮影にあたっては、個人情報に配慮するために児童生徒の顔があまり写らないように教室の後方にカメラを設置し、主に教室全体を撮影するようにした。黒板が常時撮影されるようにし、必要に応じて黒板をズームアップした。

なお、アメリカ、イタリア、スロベニア、いずれについても、事前に研究の目的と調査方法、個人情報保護に関する留意事項について校長と担当教員に文書で説明して許可を得、かつ、生徒の保護者に対しても文書で事前に説明した上で了承を得ている。

また、具体的なビデオ分析の方法は、第 1 章で開発した方法をそのまま使うことにした。教師や生徒の発言は、すべて文字化し、その上で分析を行った。なお、アメリカの授業については、英語のまま文字化し、イタリア語とスロベニア語については、日本語に翻訳したものを文字化した。

第３節　アメリカの数学の授業

本節の１～５で分析する数学の授業（01US 数学～ 05US 数学）は、すべて、2009 年に米国バーモント州のモンペリエにある公立Ｍミドルスクールの８年生（日本では中学２年生にあたる）の２クラスで２日間にわたって録画した授業である。５つの授業はいずれも同一の中堅教師の教諭Ｓの指導による。使用教室は、５授業とも同一の教室であり、生徒が時間割に合わせてこの部屋に移動してくる制度になっている。教室にはホワイトボードとオーバーヘッドカメラ（OHC、実物提示装置）が設置されていた。生徒の座席は対面式ではなく、4 人掛け程度の大きさの８台のテーブルが置いてあり、生徒はそのテーブルに向かい合って座ることになる。

1. アメリカの数学の授業（01US 数学）

01US 数学は、1 日目のＡ組の授業で、題材は「距離・時間グラフからストーリーを考える」である。この時間の出席者は 19 人（事前にいただいた学習指導案では 24 人）で、テーブルに２～４人に分かれて座っていた。あらかじめ宿題となっていたプリントには、**図２－１**のようなグラフが 3 つ描かれていた。なお、図中の手書き文字は授業中に、生徒の説明に合わせて教師が書き込んだものであり、宿題の段階では、活字とグラフ以外は書かれていない。横軸

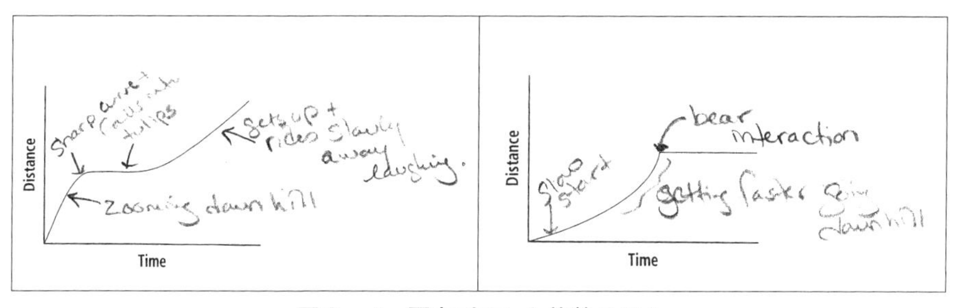

図２－１　配布プリント抜粋その１

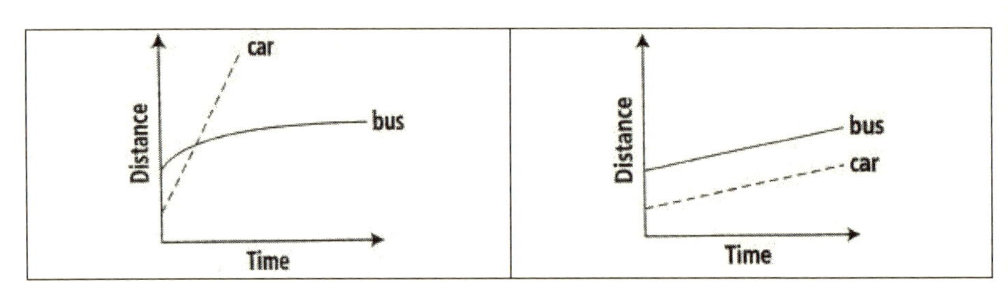

図２－２　配布プリント抜粋その２

は時間、縦軸はある起点からの距離になっている。起点からの動きがこのグラフと一致するような物語を考えてくるのが宿題であった。主人公は自分で設定できる。まず、主人公がどのような動きをしていたかをグラフに基づいて考え、その動きが必然的になるような出来事や地形の特徴を考えて物語を考案するのである。

本授業の前半はこの活動であった。最初の５分間で自分のグループ内で互いの宿題の結果を発表しあい、その後、グループ毎に代表者が物語を発表した。教師は、宿題のワークシートを OHC で映し出し、生徒の話を聞きながら数学的なキーワードをそのワークシートに書き出していた。

後半は、**図２－２**のようなグラフが６枚描かれたワークシートが全員に配布された。横軸は時間、縦軸は起点からの距離である。グラフには自動車とバスの軌跡がそれぞれ点線と実線で表現されていた。生徒たちは、しばらくの間グループ内で話し合いながら、それぞれのグラフから読み取れる自動車とバスの動き方とそれぞれの時間における２者の位置関係を想像した。その後、グループごとにグラフをどのように読み取ったかを発表した。

以下は、前半の活動の最中の、教師と生徒の対話である。なお、教師の発言は「T:」、生徒の発言は「S:」のように表現している。また、英語を日本語に翻訳している（以下同様）。

表2－1　アメリカの数学の授業（01US 数学）の分析表（部分）

		教		生			
		音	字	音	字	字	
分	秒				教	生	
11	30	s		s			T:8 番のテーブルの女子。S: はい。T: 誰が発表しますか。S: 私がします。
11	35	s		s			T: それでは、お願いします。 S: はい。トムは自転車に乗ることにした、
11	40			s			S: ある晴れた日曜に。トムは大きな坂のてっぺんにいた。そこで、自転車で一気に下った。
11	45	s	w	s	w		T:〔教師：グラフの最初の部分を指して〕それは最初の部分を指しているの？ S: はい。T: Ok では、一気に駆け下りる、
11	50	s	w				T: 坂を〔教師：グラフに zooming down hill と書き込む〕。それから？
11	55			s			S: あ、あれは何？　その坂道の下には急な曲がり角があった。
12	00			s			S: トムはカーブを曲がりそこねて、オレンジ色のチューリップ畑につっこんだ。
12	05	s	w	s			S2:（別の生徒）どういう意味？ S3:（別の生徒）ハハハ…。S4: 待ってよ、赤色だと思ってた。T: よろしい。
12	10	s	w	s	w		T: ここのところが、基本的にはカーブになっている。S: はい。T: でも、
12	15	s	w	s	w		T: グラフはここのところがカーブになっていないけど。S: そうじゃない。T: グラフの曲がり角ではなく、お話しの中に出てくる道の曲がり角のこと？
12	20	s	w	s	w		S: そう。それを言おうとしていたところ。T: ここが基本的には急な
12	25	s	w	s	w		T: 曲がり角〔教師：グラフの曲がり角に矢印をして sharp と書く〕になっている。S: そうです。
12	30	s	w	s			T: はい。だから、トムはどこにも行かなかったのね。〔教師：グラフの水平部分を鉛筆で指しながら〕S: はい。そしてトムは起き上がり、
12	35	s	w	s	w		S: ゆっくりと自転車をこぎ、笑いながら一生懸命自転車をこいだ。 T: よろしい。S: お　わ　り。
12	40	s	w				T:〔教師：rides slowly away laughing と書きながら〕ゆっくりと自転車をこぎ。
12	45	s	w	s	w		T: 笑いながら、それとも泣きながら？ S: 笑いながら。T: 笑いながら。

12	50	s	w				T: 了解。〔教師：gets up ＋と書きながら〕彼は立ち上がって、自転車をゆっくりとこいで笑いながら去って行った。
12	55	s		s			T: はい、それでチューリップの色は何色でなければならないの？ S: オレンジ色。T: オレンジ色のチューリップ。S2: (別の生徒) なぜ？
13	00			s			S: さあ。S2: オレンジ色って変よ。
13	05	s		s			S: 別に。特に意味はないし。T: わかりました。よろしい。では、このお話しはグラフに照らして意味が通っている？ S4: (別の生徒)：はい。
13	10	s					T: はい。カーリン (生徒の名前) のお話しによると
13	15	s					T: 坂道を一気に下った部分で、自転車のトムはもっとも速く移動していたということが分かりますね。
13	20	s		s			T: じゃあ、もういちど、カーリン。なぜならば？
13	25			s			S: なぜならば、もっとも長い距離をもっとも短い時間で？
13	30	s	r				T: そうですね。ここの〔教師：グラフの左の部分の垂直方向を指さして〕もっとも長い距離を、そう、距離においてより長い
13	35	s	r	s	r		T: 距離を。S: はい。T:〔教師：グラフの左の部分の水平方向を指さして〕短い時間で移動している。

このように、教師と生徒の会話はとても活発である。しかも、非常にリラックスした雰囲気である。最初は1人目の生徒と教師が対話していたが、そこに2人目、3人目、4人目の生徒が会話に割り込んでくる。それがとても自然に行われていた。11分45秒から12分50秒までのコマで顕著なように、教師は、生徒の発表を聞きながら、そして、自らもそれを反復して発話しながら、数学的キーワードをワークシートに書き込み、OHCを通じて生徒全員に見せていた。

この授業は全部で54分25秒であった。これを第1章で開発した手法で分析し、グラフに表したのが**図2－3**である。

グラフのうち、「教師黒板利用率」から「生徒発話時黒板利用率」の棒の色が濃い部分が、黒板などに文字などを書き込んでいた数値を表し、棒の色が薄い部分は、すでに黒板などに書き込まれている文字などを指さしして参照していた数値を表す (以下同様)。また、「教師発話時黒板利用率」は、教師が発話している時に教師が黒板を利用している率であり、「生徒発話時黒板利

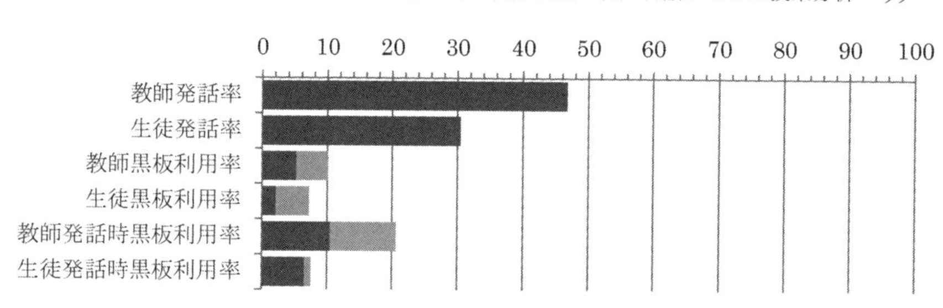

図２－３　アメリカの数学の授業（01US 数学）

用率」は、生徒が発話している時に、それを受けて摘書などとして教師が黒板を利用している率である（以下同様）。

01US 数学の分析対象総コマ数は 653 コマであった。そのうち、教師が発話していた教師発話率が 46.7％（305 コマ）、生徒が発話していた生徒発話率が 30.5％（199 コマ）であった。教師もよく話しをしていたが、生徒の発言率も非常に高い。上記の対話の抜粋でも明らかなように、形式的な質疑応答というよりも、活発で日常的で自然な会話が授業を構成していた。グループ内の話合い以外の、つまり、全体指導のパートでは、ほとんどの授業が音声言語による教師と生徒の会話で成り立っていたと言ってよい。

全 653 コマのうち、教師が黒板などに書き込みをしていた教師書込率が 5.2％（34 コマ）、書込を指さしていた教師書込指さし率が 4.9％（32 コマ）で、合計の教師黒板利用率が 10.1％（66 コマ）であった。

全 653 コマのうち、生徒が黒板などに書き込みをしていた生徒書込率が 2.1％（14 コマ）、書込を指さしていた生徒書込指さし率が 5.1％（33 コマ）で、合計の生徒黒板利用率が 7.2％（47 コマ）であった。生徒は OHC を使いながら発表をしていたのでこの数値になったと思われる。

教師が発話していた 305 コマのうち、教師が黒板などに書き込みをしていた教師発話時教師書込率が 10.5％（32 コマ）、書込を指さしていた教師発話時教師書込指さし率が 10.2％（31 コマ）で、合計の教師発話時教師黒板利用率が 20.7％（63 コマ）であった。

また、生徒が発話していた 199 コマのうち、教師が黒板などに書き込みをしていた生徒発話時教師書込率が 6.5％（13 コマ）、書込を指さしていた生徒発話時教師書込指さし率が 1.0％（2 コマ）で、合計の生徒発話時教師黒板利用率が 7.5％（15 コマ）であった。上述したように、教師は生徒の発表の最中に生徒のキーワードを摘書し、比較的高い数値になったと思われる。

2. アメリカの数学の授業（02US 数学）

02US 数学は、1 日目の B 組の授業で、題材は、01US と同一の「距離・時間グラフからストーリーを考える」である。この時間の出席者は 18 人（全員出席）で、テーブルに 3 人ずつに分かれて座っていた。宿題は 01US 数学と同じである。また、授業構成も、01US 数学と同じで、前半は宿題プリントの発表、後半は配布プリントを使ってのグループ学習とその発表である。

以下は、後半の活動の最中の、教師と生徒の対話である（**表 2 － 2**）。

表 2 － 2　アメリカの数学の授業（02US 数学）の分析表（部分その 1）

		教		生			
		音	字	音	字	字	
分	秒				教	生	
41	35	s					T: いいですね。ボブ。みなさん、聞いてくださいね。バスはどこにいますか。
41	40	s		s			T: 自動車との関係で言うとどこにいますか。 S: あー、バスは前、車は
41	45	s		s			S: 後。T: それで、位置関係は変わりますか？ S: いいえ。T: どうしてそれがわかるのでしょうか。
41	50	s		s			S: 一定の速度で運転しているから。S2:（別の生徒）平行。T: 一定の速度と聞こえましたね。それってなにですか。
41	55	s					T: 直線が平行？　車は常にバスの後にいる。どれぐらい離れていますか
42	00			s			S:1 インチぐらい？
42	05			s			S3:（別の生徒）マシュマロを飛ばすガンがどれぐらい飛ぶか知らない。
42	10	s					T: ボブ（生徒の名前）、相対的に見て、
42	15	s		s			T: 車はバスから近くなっているのでしょうか、遠くなっているのでしょうか。S4:（ボブ）いいえ。T: 車はいつも、

42	20	s		s			S4: バスのすぐうしろ。S5:（ニコル）同じ距離。T: 距離です。ありがとう、ニコル。
42	25	s		s			S5: いえいえ。T: 常に車間距離は一定。そうでしょう。

やはり、ここでも教師と生徒の間で音声言語による会話が活発に行われていた。とくに42分15秒のコマの最後からの会話が教育的対話として特徴がある。教師の頭の中には、「車はいつも、バスのすぐうしろにいる。２者の距離は同じ距離です。常に車間距離は一定です」という文がある。教師はその文をひとりで話してしまうのではなく、生徒が文を補うことを期待し、そうさせている。つまり、（教師）車はいつも→（生徒）バスのすぐうしろ→（生徒）同じ距離→（教師）距離、車間距離は一定、のように、互いに文を補完するように発話していた。このようにして、教師は、音声言語のやりとりによって、生徒の数学的思考を促進させていたのである。

次もグラフの読み取りをしている活動である（**表２－３**）。

表２－３　アメリカの数学の授業（02US 数学）の分析表（部分その２）

		教		生			
		音	字	音	字	字	
分	秒				教	生	
45	40	s		s			S: それで？S: バスは停止する。S: はい。T: バスが停止する？S: はい。
45	45	s		s		w	S: う～ん。T: わかりました。それでは、自動車がバスを追い越したんですね。
45	50	s		s		r	T: では、質問しますね。S: はい。T: えっと、
45	55	s	r			r	T:（ここでは）バスに何が起こっていますか。
46	00	s	r	s		r	T: ここでのバスの状態と比較してみて、どうですか。まだ動いていますか。S: はい。T: よろいい。ここ、
46	05	s	r	s		r	T: ここと比べてみて、何が違いますか。S: えーバスの？
46	10	s	r				T: 自動車なら、バスならそんなことはできない、でも自動車ならできると思います。何が
46	15	s	w				T: 起こっているんでしょう。ここにたいしてここでは、自動車の速度に何が起こっているのでしょうか。
46	20	s	r	s			T:3 番のテーブルの人、誰か答えて。S2: えっと、速度を落としている。T: どこで？

46	25	s	r	s			S: えっと、あと、この人たちがあの人たち追い越したすぐあと、T: そうですね。
46	30	s	r	s			S: それを追い越したあと？ T: そう、ここで、ずっと速くなっている。 S: はい。T: それで、とっても速いスピードでスタートしている。S: えっと。T: そして、
46	35	s	r				T: ゆっくり停止する。こことはどう違いますか。
46	40	s	r	s			S: 一定の速度で走り続けている。T: いいです。そのとおりです。
46	45	s	r				T: 一定の速度、そして、停止。ここがとても大切です。
46	50	s	r				T: よく覚えておいてください。
46	55	s	r				T: とても速い速度で出発し、だんだん速度を落とし、
47	00	s	r	s			T: 停止する。いいですか。わかりましたか。S: はい。
47	05	s		s			T: グループ C さん、ありがとう。では、グループ D さん。S: はい。.

グラフの指さしを多く含んでいるので、かならずしも文字を伴っているとは言えないが、この場面では、音声言語だけでなく、OHC が説明に活用されていた。自動車とバスの起点からの移動の様子をグラフから読み取るのが本時の学習であるので、どうしても、「ここ」と「ここ」が違う、といった会話が必要となり、そうなると、音声だけではなく、グラフの線の形を指し示しながら説明することが必要となったのであろう。

さて、この授業は全部で 54 分 30 秒であった。これを第 1 章で開発した手法で分析し、グラフに著したのが**図 2 − 4** である。

02US 数学の分析対象総コマ数は 654 コマであった。そのうち、教師が発話していた教師発話率が 48.0％（314 コマ）、生徒が発話していた生徒発話率

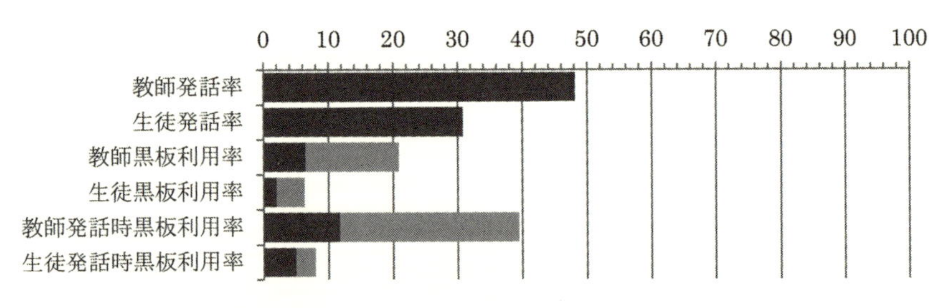

図 2 − 4　アメリカの数学の授業（02US 数学）

が 30.7%（201 コマ）であった。教師発話率、生徒発話率とも、01US とほぼ同様の数値となっており、互いによく話している様子が数値に表れている。

全 654 コマのうち、教師が黒板などに書き込みをしていた教師書込率が 6.4%（42 コマ）、書込を指さしていた教師書込指さし率が 14.4%（94 コマ）で、合計の教師黒板利用率が 20.8%（136 コマ）であった。書き込みをする率は 01US とほとんど変わらない、しかしながら、指さしなどをする率が 01US に比べて非常に高くなっている。

全 654 コマのうち、生徒が黒板などに書き込みをしていた生徒書込率が 2.0%（13 コマ）、書込を指さしていた生徒書込指さし率が 4.3%（28 コマ）で、合計の生徒黒板利用率が 6.3%（41 コマ）であった。

教師が発話していた 314 コマのうち、教師が黒板などに書き込みをしていた教師発話時教師書込率が 11.8%（37 コマ）、書込を指さししていた教師発話時教師書込指さし率が 27.7%（87 コマ）で、合計の教師発話時教師黒板利用率が 39.5%（124 コマ）であった。教師の指さしの率が高かったことは上述したとおりであるが、それは、この教師発話時の黒板利用率（実際には、ワークシート上の文字を指さししていたものを OHC で提示していた）が高かったためである。01US 数学に比べて、この割合が高くなっているが、それは、この授業中に、教師がグラフの形状の違いの持つ意味の差異を説明しようとしたからである。教師は OHC でふたつのグラフを鉛筆で指しながら、時には、グラフの一部を鉛筆で丸囲みしながら、グラフの直線や曲線の意味を説明している。なお、このやりとりの中で文字はほとんど使われていない。教師が指さしているのはグラフの曲線と直線だけである。

生徒が発話していた 201 コマのうち、教師が黒板などに書き込みをしていた生徒発話時教師書込率が 5.0%（10 コマ）、書込を指さしていた生徒発話時教師書込指さし率が 3.0%（6 コマ）で、合計の生徒発話時教師黒板利用率が 8.0%（16 コマ）であった。

A 組も B 組も、この後半の活動の所要時間はどちらも約 15 分で違いはない。内容も同一である。しかしながら、B 組は、授業開始時から生徒がざわついており、また、授業中の生徒の活動も数学とは関係のないところに脱線することが多く、生徒の注意は散漫であった。そのためか、教師はA組では音声言語だけで説明していたところも、B組ではていねいにOHCを指さしながら説明する場面が多くなっていた。それが、指さしコマの占める割合が高くなっている理由であると思われる。

3. アメリカの数学の授業（03US 数学）

03US 数学は、2日目のA組の授業で、題材は、「比例、反比例、指数関数のグラフのまとめ」である。この時間の出席者は20人（事前にいただいた学習指導案では24人）で、テーブルに2～4人ずつに分かれて座っていた。

最初の10分間は、次の週に実施予定の単元テストの範囲の内容のうち重要なポイントを教師が復習として説明した。

次に、本時に使うワークシートを全員に配布し、その課題の趣旨を説明した。その後、課題で使うためのグラフ描写機能付きの電卓を全員に配布して、個別ワークの時間とした。その後、各自ワークの結果の答え合わせをしながら、教師が解答の仕方の解説を行った。

ワークシートは2つのパートからなっている。パートⅠには、y=1/x　y=2.7x　y=(x-1)(5-x)　$y=2^x$　などの方程式が並んでいる。そして、それぞれ、線形（比例）か線形でないかを答え、グラフ描写機能付き電卓でグラフをチェックし、そのグラフを（ワークシート上の）座標に書き込み、線形の場合は傾きと切片の値を書き込み、非線形であれば、xとyがどのような関係にあるかを答えることになっていた。パートⅡは、y=8.7x　y=-20x+480　y=120/x　y=2x　y=-x-7　y=40/x　y=3x-x　y=2　y=100(0.5x)　y=x/2　という10個の方程式が並んでいて、それらが、線形（比例）、反比例、指数関数のどれにあたるかを分類する問題になっていた。自信がない式については、グラフ描写機能付きの電卓でグラフを描写して確認してもよいことになっていた。

以下は、パートⅡの答え合わせの活動の最中の、教師と生徒の対話である。どの方程式が線形（正比例）であるかを答えさせている場面である（**表2－4**）。

表2－4　アメリカの数学の授業（03US 数学）の分析表（部分）

分	秒	教 音	教 字	生 音	生 字 教	生 字 生	
48	50	s	r		w		T: いいですか。パートⅡの問題。これらのうちどれが線形ですか。
48	55	s	w	s	w		S: えっと 8.7x。T: y=
49	00	s	w	s	w		T:8.7x。他には？ S:y=-x-7。T:y=
49	05	s	w	s	w		T:-x-7。他には？ S: えっと、-40x
49	10	s	w	s	w		S:+480。T:-40x+480。他には？ S:y=2。
49	15	s	w	s	w		T: y=2。他には？ S:y=x 割る 2。
49	20	s	w	s	w		T: y=x 割る 2。S: y=3x-x。
49	25	s	w	s	w		T:y=3x-x。〔y=3x-x と書いたすぐ上に教師が y=2x と書いた〕S: えっと、y=2x って言った？
49	30	s	w	s	w		T: y=2x。なぜならば、これは y=2x とまったく同じだからです。 S: どうして y
49	35	s		s			S: 割る 1 を意味するの？ y=x 割る 2 がなぜ線形なのですか。T: わかりました。だれかにこの質問に答えてもらいたいですね。
49	40	s					T: ありがとう。なぜ、y=x 割る 2 は線形なのでしょう。コリーン。
49	45			s			S: なぜなら、1/2 みたいな、なぜなら、傾きが 1/2 だから。
49	50	s	w				T: 傾きが 1/2。はい。いいですか。これはこう書き直すことができます。
49	55	s	w				T:y=1/2　x。いいですか。
50	00	s					T: 傾きが 1/2。もし、それが分からないときは何を作ったらいいですか。デイヴン。
50	05	s		s			S: 表。T: 表。S: 表。T: 値の表を作るとわかります。
50	10	s					T: この傾きは、1/2。いいですね。
50	15	s		s			T: ケイト、えっと、これらのうち反比例は？ S: え、はい。T: どれが反比例だった？
50	20		w	s	w		S: さっき言ったのはマイナス、いえ、y=120/
50	25	s	w	s	w		S: x。T: いいですね。S:y=40/x。
50	30			s	w		S: すると残っているのは、

48分50秒のコマの最後から49分25秒の前半までは、ちょうど、I：開始（Initiation）R：応答（Reply）E：評価（Evaluation）の連鎖となっている。また、50

分00秒から50分25秒の部分もIREの連鎖になっている。このIREの連鎖は、アメリカの伝統的なrecitationタイプの授業の特徴であり[9]、筆者自身も多くのアメリカの学校の授業で観察したコミュニケーションパタンでもある[10]。ただし、この教諭Sは、上記の「1. アメリカの数学の授業(01US数学)」、「2. アメリカの数学の授業(02US数学)」で見たような型にはまった対話というよりも自由な対話の授業を展開することが多い。実際、49分25分の後半には、生徒の方から質問が出て、それに教師が答えるといった展開になっていた。

この授業は全部で59分55秒であった。これを第1章で開発した手法で分析し、グラフに表したのが**図2－5**である。

03US数学の分析対象総コマ数は719コマであった。そのうち、教師が発話していた教師発話率が50.1％（360コマ)、生徒が発話していた生徒発話率が30.2％（217コマ)であった。

全719コマのうち、教師が黒板などに書き込みをしていた教師書込率が7.1％（51コマ)、書込を指さしていた教師書込指さし率が6.7％（48コマ)で、合計の教師黒板利用率が13.8％（99コマ)であった。

全719コマのうち、生徒が黒板などに書き込みをしていた生徒書込率が0.0％（0コマ)、書込を指さしていた生徒書込指さし率が0.0％（0コマ)で、合計の生徒黒板利用率が0.0％（0コマ)であった。

教師が発話していた360コマのうち、教師が黒板などに書き込みをしていた教師発話時教師書込率が10.3％（37コマ)、書込を指さしていた教師発話時教師書込指さし率が13.1％（47コマ)で、合計の教師発話時教師黒板利用

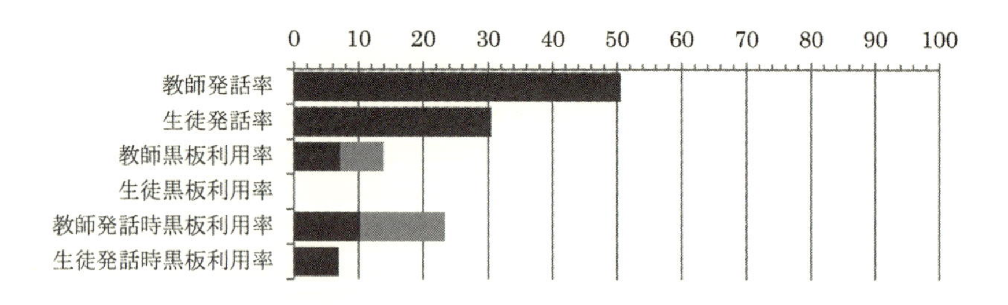

図2－5　アメリカの数学の授業(03US数学)

率が 23.3%（84 コマ）であった。

生徒が発話していた 217 コマのうち、教師が黒板などに書き込みをしていた生徒発話時教師書込率が 6.9%（15 コマ）、書込を指さしていた生徒発話時教師書込指さし率が 0.0%（0 コマ）で、合計の生徒発話時教師黒板利用率が 6.9%（15 コマ）であった。

同じ教諭 S が同じ A 組で行った授業（01US 数学）の集計結果（図 2 − 1）とほぼ同じ結果となっている。

4. アメリカの数学の授業（04US 数学）

04US 数学は、2 日目の B 組の授業で、題材は、03US と同一の「比例、反比例、指数関数のグラフのまとめ」である。この時間の出席者は 16 人（事前にいただいた学習指導案では 18 人）で、テーブルに 2 〜 3 人ずつ分かれて座っていた。

授業構成も、配布プリントも 03US 数学と同じである。

以下は、最初の復習範囲の説明場面である（**表 2 − 5**）。

表 2 − 5　アメリカの数学の授業（04US 数学）の分析表（部分その 1）

		教		生			
		音	字	音	字	字	
分	秒				教	生	
09	20	s		s			S: 違うもの？ T: y= 3x+4
09	25	s					T: これに平行な直線のグラフとなる等式は何ですか。
09	30		w	s			S: いや、分子が 3 の
09	35		w	s			S: y=4x
09	40	s					T:（y 軸とは）4 のところで交わっています。とってもきつい傾きの直線になります。
09	45	s		s			T: いいですか。S: だいじょうぶです。T: あれ、あまりきれいな直線ではないですね。
09	50	s	w	s			S: あれでなければならない。T: もし、平行な直線になるようにしたかったら、直線は、
09	55	s	w	s			S: えっと、イコール。T: いいですか。2 直線は絶対に交わらない。ですよね。S: はい。T: では、何が

10	00	s	w	s			T: いっしょでなければならいですか。S: y 切片。いやいや、傾きかな？
10	05	s	w				T: 傾きが、いつも同じでなければなりません。だから、この直線の方程式は、
10	10	s	w				T: y= 3x で原点を通っています。いいですか。
10	15	s	w				T: いいですね。求めたい傾きは平行だから同じ。これら 2 直線は平行。
10	20	s	r	s			S: だけど。。。T: 垂直線ならどうなりますか。垂直線の場合数式はどうなりますか

形式的にみると、確かに、教師→生徒→教師→生徒と、対話として成り立っているようであるが、話している中身を確認すると、教師の発問や教師の誘い水に対して、生徒はどれも的外れな発言をしている。しかし、教師はその誤った解答には反応せず、ひたすら、説明を続けようとしている。テスト範囲についての念のための補足説明であり、また、本時の題材に早く入らなければならないので、教師が一方的に話したのかもしれない。しかし、これだけ生徒が質問したり、教師の発問に答えようとしたりしているところを考えると、普段の授業では生徒の問いや答えはいつも温かく受容されているに違いないと考える。

次の対話は、上述の、「3. アメリカの数学の授業(03US 数学)」の冒頭で説明したプリントのパートⅡの答え合わせと解説の場面である。ちょうど、y ＝ x ／ 2　が比例かどうかを議論しているところである(**表 2 － 6**)。

表 2 － 6　アメリカの数学の授業 (04US 数学) の分析表 (部分その 2)

		教		生			
		音	字	音	字	字	
分	秒				教	生	
16	05	s	w				T: ナディア (生徒の名前) は、これは比例であると言っています。傾きは？
16	10						(沈黙)
16	15	s	w	s			T: もし、傾きが 2、そうですね、y=2x としましょう。S: はい、反比例ではないですか、

16	20	s		s			S: このxが2で割られているんだったら、T: 反比例と言っていたのは、定数をxで割っている場合です。
16	25	s	r	s			S: はい、それとは違っています。T: そう、違っています。何かが異なっています。
16	30			s			S: 傾き、xの傾きが、
16	35	s	w	s			S:2で割られている。T: 傾きがxということ？ S: たぶん。T: もし、ここに、
16	40	s	w	s	w		T:1を代入すると、yの値は？　1を2で割ると、いくつ？ S: 0.5。　T:0.5。
16	45	s	w	s	w		T:2を代入するとyの値は？ S:（複数の生徒）1。T:3を代入するとyの値は？ S:1.5。
16	50	s	w	s	w		T: 4。S:（複数の生徒）2。T: どれも増分は？ S:（複数の生徒）0.5。
16	55	s	w	s			T:0.5。xがいくつ増えるごとに？ S:1。T:1。だから傾きは？
17	00	s	w	s	w		S:0.5。T:0.5。あるいは半分、ですよね。S: はい。S: えっと、
17	05	s	w	s			S: これは分数ではないですか。T: これは、ただ、yイコール2分の1倍の
17	10	s	w	s			T:xと言っているだけ S: それはわかっている。S: あ、それは、
17	15	s	w	s	w		S:1分のxとすることができるから。T:（やや時間をおいて）1分のx、だから（やや時間をおいて）S:1分のx。T: 2分のx。
17	20	s	w				T: いいですか。だから、みなさん、これは、
17	25	s	w				T: 比例。2分のxは比例です。
17	30	s					T: そして、もし疑問がわいたら、いつも作るのは？
17	35	s		s			S:（複数の生徒）表。T: 表です。もし計算機があるなら、電卓の中の表作成の機能を使ってください。

y=x/2が、yイコール2分の1xと同じであることに気づかない生徒に対して、教師は、16分40秒から17分10秒までのコマにおいて、xに具体的な数を代入してyの値を答えさせた。生徒は、教師の誘導により、増分がいくらになったかを考えることによって、傾きが2分1であることに気づく。これが、教師と生徒ひとりの1対1の対話に留まらず、学級全体への指導につながっていたことが、16分45秒と16分50秒のコマで、教師の発問に対して複数の生徒が同時に答えていることからうかがえる。そして、代入することの意義を納得した生徒は、17分30秒の発問に対して、17分35秒で、やはり、複数の生徒が「表」と答えており、多くの生徒が知的興奮を味わい

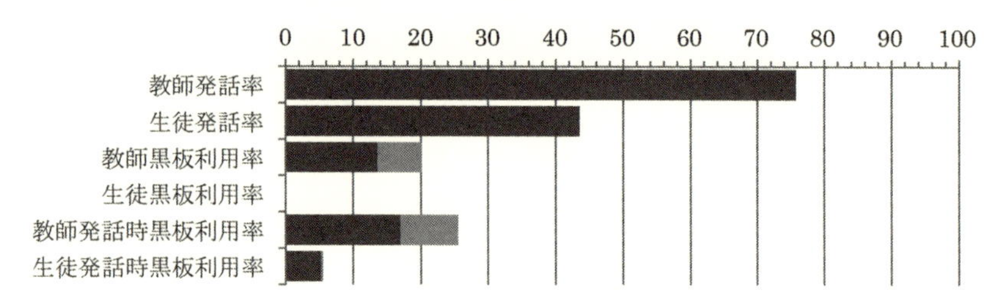

図2－6　アメリカの数学の授業（04US 数学）

ながら数学を学んでいる様子がわかる。そのキーポイントとなっていたのが、音声言語による教師と生徒の対話である。

さて、この授業は全部で55分5秒であった。これを第1章で開発した手法で分析し、グラフに表したのが**図2－6**である。

04US 数学の分析対象総コマ数は661コマであった。そのうち、教師が発話していた教師発話率が75.8％（501コマ）、生徒が発話していた生徒発話率が43.6％（288コマ）であった。両者とも非常に高い数値になっている。音声優位型の授業となっていることがよくわかる。

全661コマのうち、教師が黒板などに書き込みをしていた教師書込率が13.6％（90コマ）、書込を指さしていた教師書込指さし率が6.5％（43コマ）で、合計の教師黒板利用率が20.1％（133コマ）であった。

全661コマのうち、生徒が黒板などに書き込みをしていた生徒書込率が0.0％（0コマ）、書込を指さしていた生徒書込指さし率が0.0％（0コマ）で、合計の生徒黒板利用率が0.0％（0コマ）であった。

教師が発話していた501コマのうち、教師が黒板などに書き込みをしていた教師発話時教師書込率が17.0％（85コマ）、書込を指さしていた教師発話時教師書込指さし率が8.6％（43コマ）で、合計の教師発話時教師黒板利用率が25.5％（128コマ）であった。

生徒が発話していた288コマのうち、教師が黒板などに書き込みをしていた生徒発話時教師書込率が5.2％（15コマ）、書込を指さしていた生徒発話時教師書込指さし率が0.3％（1コマ）で、合計の生徒発話時教師黒板利用率が

5.6％（16コマ）であった。

5. アメリカの数学の授業（05US数学）

05US数学は、2日目に行われた少人数指導の授業である。B組の生徒が2グループに分けられ、そのひとつを教諭Sが指導した。教室は、01US数学から04US数学と同じ教室であるが､天井から床までつながっているパーティションによって2部屋に分割されていた。隣室のスペースでは別の数学の教師が残りの生徒に授業を行っていた。教諭Sが担当したのは、8人（8分50秒後に遅刻して1人が入室してきたので計9人）の生徒である。2～3人ずつテーブルに座っている。

題材は､「直線の方程式の求め方」である。授業の最初に問題用紙が配布された。傾きと通過する座標の1点から直線の方程式を求める問題、そして、通過する2点の座標から直線の方程式を求める問題が記載されている。

授業は、これらの問題をひとつずつ、みんなで解きながら進められた。

以下の対話は、点（2,1）と点（6, 9）を通過する直線の方程式を求める場面である（**表2－7**）。

表2－7　アメリカの数学の授業（05US数学）の分析表（部分）

		教		生			
		音	字	音	字	字	
分	秒				教	生	
05	45	s	w	s			T: 点（2,1）と点（6, 9）S: う～ん。. T: いいですか。
05	50	s	w				T: 先ほどと同じです。最初に書いておくのは、 y =ax+b
05	55	s					T: いいですか。傾きはまだわからない。 y 切片もわからない。では、ソフィア、どこから手をつけたらいいですか。
06	00	s		s			S: アレをやるんだよね。T アレって、ダンスのアレをするの？ S: いや違う。
06	05	s		s			T: どのアレをするのですか。S: 増分を整理する。
06	10	s		s			S: x と y の増分を整理する。T: そうしたら何がわかるのですか？

06	15	s	w	s			T: 増分がわかったら？ S: 傾き。T: 傾きです。そうです。だから、まず、ｙの増分を見つける必要があります。
06	20	s	w	s			T: それは？ S:8。 T:8。それでは、x の増分は、S: 4。
06	25	s	w	s	w		T: そして、8 割る 4 でしたか、4 割る 8 でしたか。S: 8 割る 4。T: すばらしい。
06	30	s	w				T: だから、傾きは 8/4。これはすなわち、
06	35	s	w	s			S: 2。T: 2。そこで、これまででわかったのは、y=
06	40	s	r	s			T:2x+b。アネス、2 つの点のうち好きな方を選んで。S: えっと。
06	45	s	r				T: 点 (2,1) と点 (6, 9) のどっち？
06	50	s	w	s			S: 点 (6, 9) T: 点 (6, 9) を選んだ。 x は 6 ですか、9 ですか。そして、
06	55	s	w	s			T: y はどちらですか。S: 6 が x 。T: そして、(左辺に) 9 があり、イコール、
07	00	s	w				T: 2、そして、6 が x に代入されるので、6 倍して b をたす。
07	05	s		s			S: 6 の 2 倍はいくつ？ S: (複数で) 12。 T: ゆえに、9=12+b ？
07	10	s		s			T: みんなもこうなりましたか？ S: (複数で) は〜い。 T: では、これからどうしますか？
07	15	s	w	s	w		T: ネス？ S: マイナス 12. T: よろしい。
07	20	s	w	s			T: だから b の値は？ S: -3. T: -3。素敵。
07	25	s	w				T: だから、y=2x-3。これが答えですね。.
07	30	s					T: いい？
07	35	s					T: これについて質問は？
07	40	s					T: 遠慮せずに、
07	45	s					T: 質問してくださいね。じゃあ、グラフ問題に行きましょう。

おそらく、前の授業で、定石的な解答法を学習していたと思われる。教師は、それを前提として、定石的な解答法を生徒に思い出させ、それに従って生徒に問題を解かせていた。説明の段取りが洗練されており、しかも、音声言語による教師と生徒との対話の流れの中に説明がみごとに組み込まれている。このスタイルは、第 1 章で分析した TIMSS のアメリカの数学授業にも共通している。

この授業は全部で 28 分 25 秒であった。これを第 1 章で開発した手法で分析し、グラフに表したのが**図 2 − 7** である。

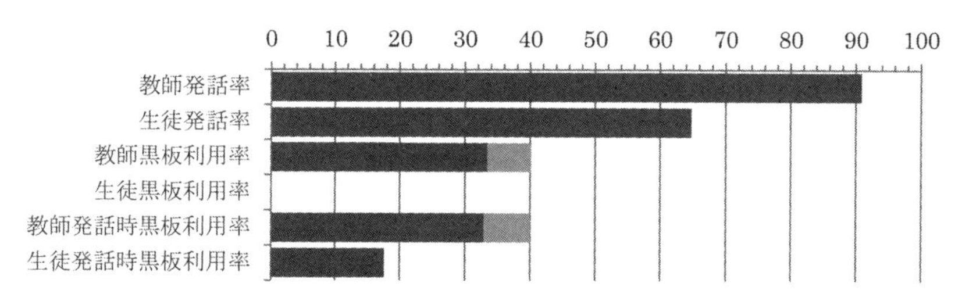

図2－7　アメリカの数学の授業（05US 数学）

05US 数学の分析対象総コマ数は 341 コマであった。そのうち、教師が発話していた教師発話率が 90.9％（310 コマ）、生徒が発話していた生徒発話率が 64.8％（221 コマ）であった。きわめて高い発言率である。授業のほとんどが音声言語のやりとりで構成されていたと言ってもよい。

全 341 コマのうち、教師が黒板などに書き込みをしていた教師書込率が 33.4％（114 コマ）、書込を指さしていた教師書込指さし率が 6.7％（23 コマ）で、合計の教師黒板利用率が 40.2％（137 コマ）であった。ある程度高い割合であるが、教師や生徒の発話率に比べると約半分の割合になっている。

全 341 コマのうち、生徒が黒板などに書き込みをしていた生徒書込率が 0.0％（0 コマ）、書込を指さしていた生徒書込指さし率が 0.0％（0 コマ）で、合計の生徒黒板利用率が 0.0％（0 コマ）であった。01US 数学などは、生徒に発表させる場面が多かったが、05US 数学の授業では、教師が専ら説明をしていた。生徒は自分の席に座ったままであった。それゆえ、生徒黒板利用率はゼロとなっていた。

教師が発話していた 310 コマのうち、教師が黒板などに書き込みをしていた教師発話時教師書込率が 32.9％（102 コマ）、書込を指さしていた教師発話時教師書込指さし率が 7.1％（22 コマ）で、合計の教師発話時教師黒板利用率が 40.0％（124 コマ）であった。教師が文字を書いたり参照したりしていたのは、ほとんどが話しながらであったことが、これらの数値から読み取れる。書字随伴というより、発話随伴型の文字使用と言える。

生徒が発話していた 221 コマのうち、教師が黒板などに書き込みをしていた生徒発話時教師書込率が17.6％（39コマ）、書込を指さしていた生徒発話時教師書込指さし率が0.0％（0コマ）で、合計の生徒発話時教師黒板利用率が17.6％（39コマ）であった。

以上、アメリカの5つの数学の授業を分析してきた。次にイタリアの数学の授業を分析する。

第4節　イタリアの数学の授業

本節で分析する数学の授業（07IT数学）は、2012年にイタリアのミラノにある公立C中学校の8年生（日本では中学2年生にあたる）で録画した数学の授業である。指導は、中堅教師の教諭Tである。教室前面には、横幅約120センチの黒板が2枚横に並べて掛けてあった。2枚分であるが、日本の黒板に比べて黒板の面積がかなり狭い。黒板の左右には十分なスペースがあったので、壁面の面積からの制約ではない。初めから黒板はこの面積で充分と考えられていたと思われる。机はすべて可動式の1人用であった。日本の机の天板より広めの天板になっていた。椅子と机は分離式であった。生徒は黒板に向かって対面式に着席していた。

1. イタリアの数学の授業（07IT数学）

題材は「比の値と比例式」であった。授業の最初は、比の値を利用することによりサッカーチームの勝率を比較できることを議論した。残りの時間は、比例式、とくに外項の積と内項の積が等しいことを利用して、塩化カリウムの塩素の質量を求めたり、4人分として書かれたケーキのレシピから7人分のケーキを作るのに必要な材料の分量を求めたりする応用問題に取り組んだ。

次の場面は、比例式をプルーストの法則[11]に応用する活動の導入部分である。問題では、カリウム39グラムと塩素35グラムが化合して74グラムの塩化カリウムができることがわかっている時に、370グラムの塩化カリウムを得るために必要なカリウムと塩素の質量を求めることになっている。数学の知識・技能がどのような場面で活用されるのかを生徒に意識させた上で学ばせるということが大切にされている授業であった。そして、この授業は数学の時間であったが、塩化カリウムの化学式やプルーストの法則など、理科の基礎知識の復習も盛り込まれていた。また、理科の知識を農業に応用するところまで話題が膨らんだ。**表2－8**は、その時の冒頭の対話である。

表2－8　イタリアの数学の授業（07IT 数学）の分析表（部分その1）

		教		生			
		音	字	音	字	字	
分	秒				教	生	
27	40	s	w				T: ある定式を。えっと。〔教師：黒板に K+Cl → KCl と書く〕
27	45	s	w				T: えっと
27	50	s	w	s	w		T: これ〔K を指して〕は何ですか？ S:（複数で）K
27	55	s	w	s	w		T: カリウムです。〔教師：カリウムと書く〕　S:（複数同時に）あー　T:〔Cl を指して〕これは？
28	00	s	w	s	w		TS:（教師と複数の生徒が同時に）塩素。できるのは？〔KCl を指して〕S: 塩化カリウム
28	05	s	w	s	w		T: 塩化カリウム〔教師：塩化カリウムと書く。通称もかっこ書きする。〕T: 塩化カリウムは
28	10	s	w		w		T: 利用されています。
28	15	s	w				T: 農業で利用されています。

塩化カリウムが既習事項であったためか、ほとんどの生徒が化学式を知っていた。27分50秒の教師の発問に対して、複数の生徒が同時に「K」と答えている。しかし、27分55秒のコマで、元素名で答えるべきであったことがわかると、複数の生徒が同時に「あー」と言って納得した。そして、教師が「Cl」を指した直後の28分0秒のコマでは、複数の生徒が同時に「塩素」と答えた。しかもそれは教師と同時の発話であった。このように、イタリアの授業では、複数の生徒が同時に発話したり、教師の発話にかぶせるように生徒が発話したりすることが多くみられた。日本ではほとんどみられないし、アメリカでもここまで重ねての発話はみられない。なお、次節のスロベニアでは似たような発話形式がみられた。

次の、**表2－9**の分析表は、4人分のケーキのレシピから7人分のケーキを作るのに必要な材料の分量を求める問題演習の場面である。この場面では、板書は皆無で、授業は専ら音声言語のやりとりだけで進められていた。この時点までの授業では、生徒は思いついたらどんどんその場で意見を言う傾向にあった。しかし、少し難しい問題になっていることと、特定の生徒ばかりが発言するのを避けるために、この時点の直前から、教師は自由発言を抑制していた。38分20秒のコマで生徒1を含めて複数の生徒が、「わかった」と言っているが、教師が「みんなが考え終わるまで待っておこう」と提案しているのはその現れである。その後、教師はほかの生徒を指名するが、どの生徒も答えられない。その間、生徒1は、一貫して、「僕が（答える！）」と主張しているが、教師にはなかなかあててもらえない。

表２－９　イタリアの数学の授業（07IT 数学）の分析表（部分その２）

		教		生			
		音	字	音	字	字	
分	秒				教	生	
38	15	s					T: ふたつの方法があります。ひとつは比例を使わない方法、もうひとつは比例を使う方法
38	20			s			S:（生徒1）わかった。S:（複数の生徒が同時に）: わかった。
38	25	s					T: みんなが考え終わるまで待っておこう。
38	30	s		s			S:（生徒1）僕が〔右手をまっすぐ挙げる〕　T: えー、クラウディア（生徒の名前、生徒1とは別、以下同様）S:（沈黙）
38	35	s					T: フラージト（生徒の名前）S:（沈黙）T: ネポジトーネ（生徒の名前）S:（沈黙）
38	40	s					T: えー、ちがう
38	45	s					T: 比例なしの場合、フェデリーコ（生徒の名前）、比例を使わない場合、どうする？
38	50	s					T: 比例を使う必要はないよ。どうする？
38	55	s		s			T: どれだけの砂糖？　S:（生徒2）72グラム　T:4人分で
39	00	s					T:7人の場合どうしよう。　あなたなら
39	05	s					T: 比例を使う方法では、他の方法が必要です。他の……に行くことができるけど。
39	10	s		s			S:（生徒2）7+4。T:7+4？　S:（生徒1）ちがう！
39	15			s			S:（生徒2）えー。S:（生徒1）僕が。〔右手をまっすぐ挙げ続けている〕

39	20	s		s			S:（生徒 1）僕が。T: あなたは探すとする。
39	25	s					T: キッチンで、探して　それを使って、……
39	30	s					T:7 人を招待して、ケーキを作るために、
39	35			s			S:（生徒 2）……
39	40	s		s			S:（生徒 1 と生徒 3 が同時に）僕が〔右手をまっすぐ挙げ続けている〕T:〔教師は生徒 1 や生徒 3 を指名せずに〕フェデリーコ（生徒の名前）。S:（生徒 4）：……。T: えー、クラウディア（生徒の名前）
39	45	s		s			S:（生徒 4）……T: え？
39	50	s		s			T: 比例を使わないでやってよ。S:（生徒 1 と生徒 3 が同時に）僕が〔右手をまっすぐ挙げ続けている〕T: シー！
39	55	s					T: ごめんわからなかった。静かにして。
40	00	s		s			T: 聞いてるの。S:4 人の場合、1 人分はいくらか
40	05	s		s			T: そう。72 を 4 で割って、S:…
40	10	s		s			T: でわかるのは、S:（生徒 4）7/4。 S:（他の生徒も複数同時に）7/4。
40	15	s		s			T:6 で割ると、いや 4 で割ると S: ～～（複数の生徒が同時に）
40	20	s		s			T:1 人分はいくらになる？ 4 人よ S: ～～
40	25	s					T: もし砂糖か小麦、4 人分を
40	30	s					T: よりよいのは 1 人分を、TS:（教師と複数の生徒が同時に）7 倍にすれば
40	35	s					T: これは分数だよ。
40	40	s					T: さて次は比例を使って。ヴァーレ（生徒の名前）しっかり考えてよ。

40 分 30 秒のところで、比例を使わない解法が教師によってまとめられている。すなわち、4 人分のレシピの情報をもとにして、いったん、1 人分の材料の分量を求め、それを 7 倍すれば 7 人分の材料の分量がわかる、というものである。40 分 00 秒と 40 分 05 秒のコマの中で、この解法の一部が説明されたので、40 分 30 秒のところでは、生徒たちは自分が思っていた解法が正解だったことを確信している。40 分 10 秒あたりから、生徒の自由発言が解禁になったということを、生徒も教師も阿吽の呼吸で了解していたようである。そして、40 分 30 秒のコマでは、ついに、生徒 1、そして、今まで発言を控えていた生徒も含めて、複数の生徒が同時に、しかも、教師の発話と同時に「7 倍」と言った。

教室全体で音声言語を用いて発話することによって、みんなで思考を共振させながら学んでいたのである。

次の**表２－10**は、比例式の問題演習の場面である。問題演習では、生徒がひとりずつ黒板の前に呼び出され、黒板で問題を解くことが課される。56分10秒から56分20秒のコマにあるように、問題は教師の口頭によって与えられる。生徒は、口頭による問題を耳で聞き、「5/9：3/2」のような比例式[12]や数を黒板に書き写す。そして、黒板に自分が書いた問題を黒板で解くのである。しかも、解答を書いておわりではなく、必ず、自分の解答の仕方を説明させられる。なお、教師が細かなヒントを与えなくても問題を解くことができる生徒が続く場合は、おおむね上記のような手順の繰り返しとなるが、問題を解くのが難しい生徒や、演習の最初の段階では、生徒の解答過程で教師がヒントを多く与える。以下の対話はそのような場面のひとつである。

なお、表中で、「生徒１」などとあるのは、表２－10内のみの呼称であり、表２－９の「生徒１」とは関係がない。

表２－10　イタリアの数学の授業（07IT 数学）の分析表（部分その３）

		教		生			
		音	字	音	字	字	
分	秒				教	生	
56	10	s				w	T:5/9：3/2〔教師の問題読み上げに従って、生徒１が黒板に数値を書き写す〕
56	15	s				w	T:=4/3〔生徒１がこれを黒板に書き写す〕
56	20	s				w	T:：X〔生徒１がこれを黒板に書き写す〕
56	25	s				w	T:〔生徒１が 5/9：3/2=4/3：X と書き終わったのを確認してから〕ここでは何が足りないの？
56	30	s		s			S:（生徒１、黒板の前に立ったまま、以下同様）外項。T: 外項、だから、X のために何をしないといけないの？
56	35	s					T:2 つの内項の積を求めて、そして割るのは
56	40	s		s			S:（生徒１）外項。T: でも分数を割ることはできたっけ？
56	45	s		s			S:（生徒１）できない。T:No だから？ S:（生徒１）割るのは、
56	50	s					T: ひっくり返すのよ。

56	55	s				w	T: 唯一の方法ではないけどやってみよう。
57	00					w	〔生徒１は黒板上で問題を解き始める。2/3・4/3と書きかける〕
57	05	s				w	T: X は常に前よ。〔手で 2/3・4/3 を消して、X=2/3・と書く〕
57	10			s		w	S:（別の生徒 2）3/2 じゃない？　S:（別の生徒 3）違うよ 2/3 だよ、いや……
57	15			s		w	S:（生徒 1）3/2〔生徒 1、: X= の右に 2/3・3/ と書く〕
57	20					w	
57	25	s				w	T: 違う。一回消して。
57	30			s		w	S:（生徒 1）するのは、内項の
57	35	s		s			S:（生徒 1）積を求めて　T: 内項の積から。
57	40	s		s			T: どれが内項？　S:（生徒 1）3/2 と 4/3〔生徒 1、X= の右に 3/2・4/3 と書く〕
57	45					w	
57	50	s				w	T: ここから何をしなければならない？
57	55			s			S:（生徒 1）下に 5 を置いて、それで
58	00	s					T:9　T: 解くためには
58	05	s					T: ひっくり返さないといけないから。書いてみよう。
58	10	s		s		w	S:（生徒 1）9/5〔生徒 1、X=3/2・4/3 の右に・9/5 と書く。2 と 4 を約分して 1 と 2 を、3 と 3 を約分して 1 と 1 とを書く。=18/5 と書く。〕T: 誰かわからない人いる？
58	15	s				w	T: わからなかった？
58	20	s		s		w	T: みんなわかった？　S:（複数同時に）はい
58	25			s		w	S:（生徒 3）僕はわかったよ。

56 分 30 秒から 57 分 05 秒までは、教師と生徒 1 との 1 対 1 の対話であった。しかし、57 分 10 秒のコマのように、別の生徒が会話にはいってくることも珍しくなかった。やはり、みんなで考えている様子が読み取れた。58 分 20 秒のコマの生徒の反応はそれを裏付けていると思われる。

このように生徒をひとりずつ黒板に呼び出して、黒板で問題を解かせるやり方について、授業後、教諭 T に伺った。このようなやり方はイタリアではごく一般的であり、自分は、できるだけ全員に前に出させようと心掛けているとおっしゃった。その際、生徒には黒板の上に解答に至るまでの過程と

「答え」の両方を黒板に書くことを要求するが、それに留まらず、必ず、口頭で説明することを求めるのだそうだ。生徒がほんとうに理解しているかどうかは、口頭で説明させなければわからないからだとおっしゃった。

また、毎回、問題を教師が口頭で出題し、生徒が耳で聞いた問題を黒板に書き写すことについても教諭Tに聞いてみた。このスタイルもイタリアでは一般的であり、とくに高校の数学の先生は、板書しないのが普通なのだそうだ。それゆえ、教諭Tは、中学校の間からそのスタイルに慣らす必要があると考え、自分の授業では、できるだけ、このスタイルをとっていると説明した。

教諭Tによると、幾何の時間、問題の中に図形がある場合も、教科書の問題文に書かれている図を生徒に見せることはしないそうだ。あくまでも口頭で「平行四辺形ABCDが」のようにして、図形を音声で描写して、その図を生徒に黒板に書かせてから、問題を黒板上で解かせているらしい。筆者はあえて、「教科書を生徒に見せた方が、図がわかるし、文字も読めるので確実ではないか」と聞いてみたところ、「教科書の問題を読むよりも、先生が口で言っているのを書き取る方が楽でしょう」との答えが返ってきた。音声言語による授業コミュニケーションが定着していることを改めて認識した。

07IT数学の分析対象総コマ数は862コマであった。そのうち、教師が発話していた教師発話率が73.5％（634コマ）、生徒が発話していた生徒発話率が36.5％（315コマ）であった。教師の発話率も、生徒の発話率も比較的高い。イタリアの授業の場合、複数の生徒が同時に発言したり、教師の発話にかぶせるように生徒が発言したりすることが多いが、同一の5秒間に、ひとりし

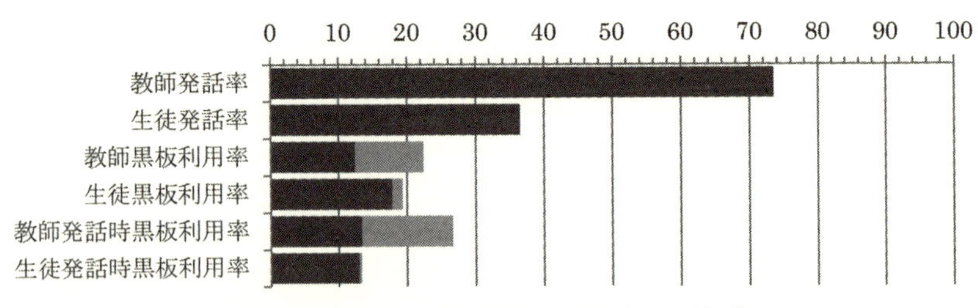

図2－8　イタリアの数学の授業（07IT数学）

か発言しない場合も、10人が同時に発言している場合も、同じ集計結果になってしまうのがこの指標の限界である。しかし、生徒ひとりひとりの発言に着目すれば、おそらく、日本はもとより、アメリカの授業に比べて飛躍的に生徒の発言率が高い授業であると言える(**図2－8**)。

全862コマのうち、教師が黒板などに書き込みをしていた教師書込率が12.4％（107コマ)、書込を指さしていた教師書込指さし率が10.0％（86コマ）で、合計の教師黒板利用率が22.4％（193コマ）であった。

全862コマのうち、生徒が黒板などに書き込みをしていた生徒書込率が17.9％（154コマ)、書込を指さしていた生徒書込指さし率が1.5％（13コマ）で、合計の生徒黒板利用率が19.4％（167コマ）であった。生徒が黒板に出てきて、黒板上に設問を書き、黒板上で問題を解き、黒板を使って口頭で解き方を説明する、というスタイルの発表が多かったので、このように、比較的高い数値になったと思われる。以下の数値も同様に解釈することができる。

教師が発話していた634コマのうち、教師が黒板などに書き込みをしていた教師発話時教師書込率が13.4％（85コマ)、書込を指さしていた教師発話時教師書込指さし率が13.2％（84コマ）で、合計の教師発話時教師黒板利用率が26.7％（169コマ）であった。

生徒が発話していた315コマのうち、教師が黒板などに書き込みをしていた生徒発話時教師書込率が13.0％（41コマ)、書込を指さしていた生徒発話時教師書込指さし率が0.3％（1コマ）で、合計の生徒発話時教師黒板利用率が13.3％（42コマ）であった。

イタリアの授業はこの数学だけではなく、国語や文法の授業も録画した。また、見学だけをさせていただいた授業もあった。残念ながら、イタリアの授業の数値的な分析は、この数学の授業だけになってしまったが、筆者が録画したり見学したりした授業でも、この節で考察した内容が観察されたことを付記しておきたい。

次節では、イタリアと共通する学習・教育文化を持つと考えられるスロベニアの授業を分析することにする。

第５節　スロベニアの数学の授業

本節の１～5で分析する数学の授業（08SI 数学～ 12SI 数学）は、2012 年にスロベニアのリュブリャナの郊外にある、公立Ｏ小学校の 5 年生の数学の授業と公立Ｔ中学校の 8 年生（日本では中学 2 年生にあたる）のクラスで実施された授業である。

1. スロベニアの数学の授業（08SI 数学）

08SI 数学は、公立Ｏ小学校の 5 年生の数学の授業である。指導者は中堅の教諭Ｍである。教室前面のやや左には横幅約 120 センチ、縦約 120 センチの黒板が 2 枚横に並べて設置してあった。左側が緑の無地、右側は緑の方眼になっていた。黒板の右には、横幅約 2 メートルのプロジェクター投影用のスクリーンが設置されていた。生徒（児童）の数は 19 人で、1 人用の移動式の机に黒板に対面するようにして座っていた。

題材は、「体積の求め方」である。次の場面（**表 2 − 11**）は、プールの中の水の体積を求める問題である。プロジェクターでリゾート地にあるようなプールの写真が映し出され、その平面図と断面図が映し出された。断面図によると、プールの底は階段状になっていて、3 段階の深さになっている。このプール全体は直方体ではないので、一度に水の体積を計算できない。そこで、3 段階の深さそれぞれの部分のブロックに分解して、それぞれの体積を計算することになった。17 分 15 秒のコマは、そのうちのひとつのブロックである直方体の大きさの情報を、教科書から読み取らせている部分である。

表 2 − 11　スロベニアの数学の授業（08SI 数学）の分析表（部分）

		教		生			
分	秒	音	字	音	字 教	字 生	
17	15		w	s	w		S:0.4 メートル、後は 3 メートル（先生が黒板に書いている）
17	20	s	w	s	w		T: 広さは？ S:15 メートル。T: 掛ける 15。
17	25	s	w				T: これが一つです。後は 2 番目と 3 番目です。でしょう？

17	30	s	w	s	w		S: はい。T: その後はこれらの乗法の結果を、S:T:（複数生徒と教師が同時に）足して、
17	35	s		s			T: 何ができますか。S:（複数生徒同時に）プール全体の容量
17	40	s		s			T: その単位は？ S:（複数生徒同時に）メートル。
17	45	s	w	s	w		S:（複数生徒同時に）平方メートル。S: メートルの 3 乗。T: 立方メートル
17	50	s	w	s	w		T: でしょう？ S: はい。T: その後はこれを立方。S:T:（複数生徒と教師が同時に）デシメートル、T: にして
17	55	s	w	s	w		T: それは何と同じ？ S:（複数生徒同時に）リットル
18	00	s	w	s			T: でしょう。S: はい。T: でも、課題は何リットルか聞いてない（求めてない）。
18	05			s			S:（複数生徒同時に）ヘクトリットル、、、、（ヘクトリットル以外にも様々な答えを言っている）
18	10	s		s			T: リットルからどのようにヘクトリットルにする？ S:100 リットルは...（他の生徒も答えようとしている）T: 待って、彼に聞いた
18	15	s		s			S:100 リットルは 1 ヘクトリットル。T: では、与えられた数値をどうしたらいい？
18	20	s		s			S:100 で割る。T:2 桁分左に戻る。ゼロだったら、2 つのゼロをなくして、
18	25	s		s			T:1 桁の数値だったら、どうしますか。S:（複数生徒同時に）コンマ　T: コンマですね。

ここでは、教師と生徒が音声言語でやりとりをし、教師は適宜、生徒の発言内容を摘書している。また、17 分 35 秒から 17 分 55 秒、および、18 分 05 秒、18 分 25 秒のそれぞれのコマでは、教師の発問に対して、複数の生徒が同時に答えている。さらに、17 分 30 秒と 17 分 50 秒のコマでは、教師と複数生徒が同時に発話している。教室全体で音声言語を用いて発話することによって、みんなで思考を共振させながら学んでいる点において、イタリアの授業と似ていた。

この授業は全部で 44 分 50 秒であった。これを第 1 章で開発した手法で分析し、グラフに表したのが**図２－９**である。

08SI 数学の分析対象総コマ数は 538 コマであった。そのうち、教師が発話していた教師発話率が 81.0％（436 コマ）、生徒が発話していた生徒発話率が

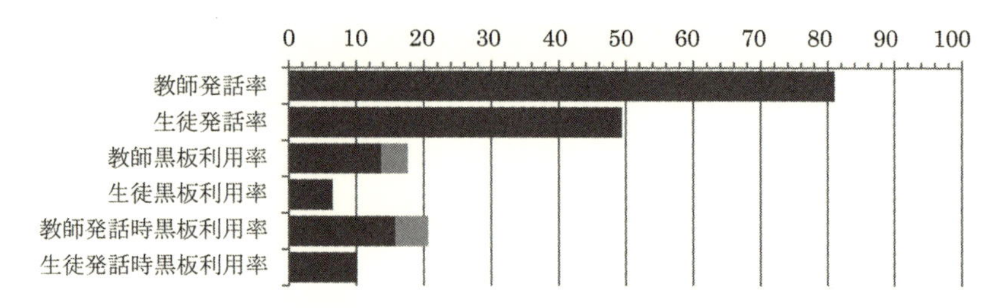

図２－９　スロベニアの数学の授業（08SI 数学）

49.4％（266 コマ）であった。教師の発話率、生徒の発話率、ともに高くなっている。

全 538 コマのうち、教師が黒板などに書き込みをしていた教師書込率が 13.8％（74 コマ）、書込を指さしていた教師書込指さし率が 3.9％（21 コマ）で、合計の教師黒板利用率が 17.7％（95 コマ）であった。教師の発話率との相対関係で考えると、教師の黒板利用率はかなり低くなっている。

全 538 コマのうち、生徒が黒板などに書き込みをしていた生徒書込率が 6.5％（35 コマ）、書込を指さしていた生徒書込指さし率が 0.0％（0 コマ）で、合計の生徒黒板利用率が 6.5％（35 コマ）であった。

教師が発話していた 436 コマのうち、教師が黒板などに書き込みをしていた教師発話時教師書込率が 15.8％（69 コマ）、書込を指さしていた教師発話時教師書込指さし率が 4.8％（21 コマ）で、合計の教師発話時教師黒板利用率が 20.6％（90 コマ）であった。

生徒が発話していた 266 コマのうち、教師が黒板などに書き込みをしていた生徒発話時教師書込率が 10.2％（27 コマ）、書込を指さしていた生徒発話時教師書込指さし率が 0.0％（0 コマ）で、合計の生徒発話時教師黒板利用率が 10.2％（27 コマ）であった。

2. スロベニアの数学の授業（09SI 数学）

09SI 数学は、公立 T 中学校の 8 年生（日本では中学 2 年生にあたる）の数学の授業である。指導者は中堅の教諭 R である。教室前面には横幅約 180 センチの黒板が 1 枚設置してあった。生徒の数は 10 人で、3 人用のテーブルに黒板に対面するようにして座っていた。

題材は、「実力試験対策演習」である。実力試験を控えており、過去の出題問題のポイントを説明するという授業である。次の場面は、直角二等辺三角形の定規を使った作図方法の知識を確認している。

表2－12　スロベニアの数学の授業（09SI 数学）の分析表（部分その1）

		教		生			
		音	字	音	字	字	
分	秒				教	生	
06	40	s					T: 直角二等辺三角形〔の定規〕を使って、何を書くことができますか。
06	45	s		s			（一人の生徒が手を挙げる）S: 直線。T: 直線。
06	50	s		s			S: 平行線。T: 平行線です。平行線の本質（最も重要な特質）はなんですか。
06	55	s		s			S: 交わらない二つの直線。T: 出会うことのない直線。
07	00	s					T: 垂直線は？
07	05			s			S: 角度が 90 度で、
07	10	s		s			S: どちらも真っすぐです。T: はい。垂直線は何か
07	15	s		s			T: 共通のものがありますか、ミヘーラ？ S: 直角 T: 直角

第1節の「3. アメリカの数学の授業（03US 数学）」で IRE の連鎖について述べたが、**表2－12**の対話は音声言語による IRE の連鎖の典型と言える。

上記の表2－12の場面では、幾何学の問題に対する解法の復習であったが、その直後には、次の**表2－13**にあるように、代数の問題に対する解法の復習に移っていた。そして、やはり、対話の形式は、音声言語による IRE の連鎖になっていた。

表2－13　スロベニアの数学の授業（09SI 数学）の分析表（部分その2）

		教		生			
		音	字	音	字	字	
分	秒				教	生	
08	05	s		s			T: 演算（の種類）をいくつ知っていますか。S:4

08	10	s		s			T: どの 4 つ？ S: 除算、乗算、加算と...
08	15	s		s			S: 減算。T: 減算。どの演算が優先演算？
08	20	s		s			S: 乗算と除算。T: 乗算と除算。減算と加算は？
08	25			s			S: それは普通です。最後に...
08	30	s					T: こういうふうに言いましょう。最初にお母さんとお父さん、つまり除算と乗算
08	35	s					T: その後は子供、加算と減算です。では... たくさんの
08	40	s					T: 演算があれば、最初にどの演算をしますか。
08	45	s		s			S: 除算と乗算。T: はい。S: 括弧の中にあったら、加算
08	50	s					T: はい、それ聞きたかった。ポイントは...
08	55	s					T: 異なった演算がある時、優先演算じゃない演算でも
09	00	s					T: 括弧に入っていれば、最初にします。計算の時は、

この授業は全部で 44 分 10 秒であった。これを第 1 章で開発した手法で分析し、グラフに表したのが**図 2 － 10** である。

09SI 数学の分析対象総コマ数は 530 コマであった。そのうち、教師が発話していた教師発話率が 61.5％（326 コマ）、生徒が発話していた生徒発話率が 25.1％（133 コマ）であった。学力テストの過去問題を使った、解法の復習と解説が授業であったため、教師の発言率が比較的高くなっている。

全 530 コマのうち、教師が黒板などに書き込みをしていた教師書込率が 7.5％（40 コマ）、書込を指さしていた教師書込指さし率が 1.3％（7 コマ）で、合計の教師黒板利用率が 8.9％（47 コマ）であった。典型的な音声言語による IRE の連鎖の授業であったため、黒板の利用率はあまり高くなっていない。

全 530 コマのうち、生徒が黒板などに書き込みをしていた生徒書込率が

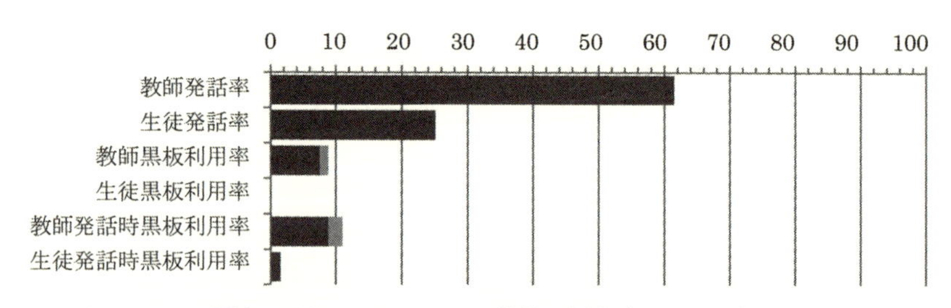

図 2 － 10　スロベニアの数学の授業（09SI 数学）

0.0%（0コマ）、書込を指さしていた生徒書込指さし率が0.0%（0コマ）で、合計の生徒黒板利用率が0.0%（0コマ）であった。生徒が黒板の前に出てきて発表するといった場面がなかったので、生徒板書利用率はゼロとなっている。

教師が発話していた326コマのうち、教師が黒板などに書き込みをしていた教師発話時教師書込率が8.9%（29コマ）、書込を指さしていた教師発話時教師書込指さし率が2.1%（7コマ）で、合計の教師発話時教師黒板利用率が11.0%（36コマ）であった。

生徒が発話していた133コマのうち、教師が黒板などに書き込みをしていた生徒発話時教師書込率が1.5%（2コマ）、書込を指さしていた生徒発話時教師書込指さし率が0.0%（0コマ）で、合計の生徒発話時教師黒板利用率が1.5%（2コマ）であった。

3. スロベニアの数学の授業（10SI数学）

10SI数学は、公立T中学校の8年生（日本では中学2年生にあたる）の数学の授業である。指導者は中堅の教諭Bである。教室前面には横幅約120センチ縦約120センチの黒板が2枚横に並べて設置してあった。左側が緑の無地、右側は緑の方眼になっていた。生徒の数は19人で、1人用の可動式の机と椅子に黒板に対面するようにして座っていた。

題材は、「小数の計算」である。次の場面（**表2－14**）は、まず、重さの単位を復習して、小数の計算問題につなげようとしているところである。なお、「デカグラム」とは10グラムのことである。

表2－14　スロベニアの数学の授業（10SI数学）の分析表（部分）

		教		生			
		音	字	音	字	字	
分	秒				教	生	
10	35	s	w				T: この事例では、1キログラムは
10	40	s	w				T:100デカグラム（黒板に書きながら）、
10	45	s	w				T: 言い換えれば（100を）掛けました。

10	50	s	w				T: コンマを2か所を移すだけです。
10	55	s	r				T: 分かりましたか。（生徒全員に）もし、デカグラムを
11	00	s		s			T: グラムに変換しようとしたら、何を掛けますか。S:1000
11	05	s		s			T:1000を？1デカグラムは何グラム？ S:100
11	10	s		s			（先生は手で生徒を指す）S:1グラムは... T:1デカグラムは... S:1デカグラムは100グラム
11	15	s		s			T: さあ、... S（違う生徒）：1000グラム。S: 分かっていたよ。1000　（生徒が笑っている）
11	20	s					T: もう一度... 1デカグラムは何グラムですか。
11	25	s		s			S: ああ、デカグラムは何グラムか。T:1デカグラムは何グラム？ S:10
11	30	s		s			T:10。従って、掛けるのは... T:S:10。T: 移すのは
11	35	s		s			T: 何か所？ S:（複数生徒が同時に）1。T:1。もし、1トンを
11	40	s		s			T: キログラムに変換しようとしたら... S:1000。T: コンマは何か所移しますか。S:3
11	45	s					T:3つ。つまり、コンマを移したり、掛けたりという知識は
11	50	s		s			S: 超簡単。T: 割ったりするのも、単位を変換する時にも使います。超簡単じゃないよ。

基本的には、音声言語によるIREの連鎖である。教師の発問に促されて発話する生徒の文は、「100」「3つ」というように、1つの単語のみから構成される「1語文」になっていることもあるが、「ああ、デカグラムは何グラムか」のように、普通の会話文にもなっている。教師と生徒の会話は、通常の日常会話のような自然な対話になっている。

なお、この授業は全部で41分45秒であった。これを第1章で開発した手法で分析し、グラフに表したのが**図2－11**である。

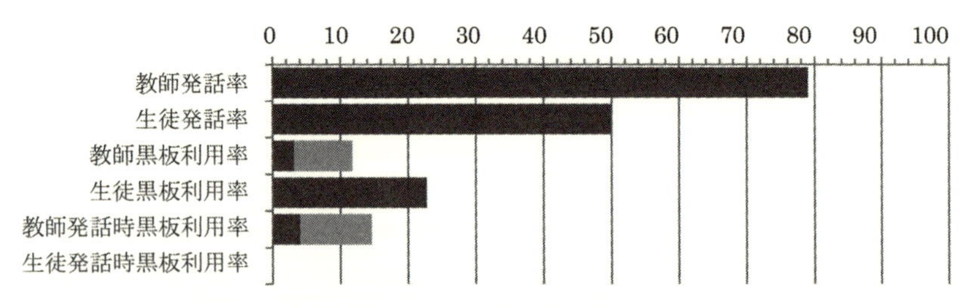

図2－11　スロベニアの数学の授業（10SI 数学）

10SI 数学の分析対象総コマ数は 501 コマであった。そのうち、教師が発話していた教師発話率が 79.0％（396 コマ）、生徒が発話していた生徒発話率が 49.9％（250 コマ）であった。教師の発話率、生徒の発話率とも非常に高くなっている。

全 501 コマのうち、教師が黒板などに書き込みをしていた教師書込率が 3.2％（16 コマ）、書込を指さしていた教師書込指さし率が 8.6％（43 コマ）で、合計の教師黒板利用率が 11.8％（59 コマ）であった。教師の黒板利用率は低いと言える。

全 501 コマのうち、生徒が黒板などに書き込みをしていた生徒書込率が 22.8％（114 コマ）、書込を指さしていた生徒書込指さし率が 0.0％（0 コマ）で、合計の生徒黒板利用率が 22.8％（114 コマ）であった。生徒が黒板で発表する場面があったので、生徒黒板利用率が高かったが、この数値は、教師の黒板利用率よりも高くなっている。その分、教師からの説明は黒板に依存していない音声優位型授業として展開していることになる。

教師が発話していた 396 コマのうち、教師が黒板などに書き込みをしていた教師発話時教師書込率が 4.0％（16 コマ）、書込を指さしていた教師発話時教師書込指さし率が 10.6％（42 コマ）で、合計の教師発話時教師黒板利用率が 14.6％（58 コマ）であった。

生徒が発話していた 250 コマのうち、教師が黒板などに書き込みをしていた生徒発話時教師書込率が 0.0％（0 コマ）、書込を指さしていた生徒発話時教師書込指さし率が 0.0％（0 コマ）で、合計の生徒発話時教師黒板利用率が 0.0％（0 コマ）であった。

4. スロベニアの数学の授業（11SI 数学）

11SI 数学は、公立 T 中学校の 8 年生（日本では中学 2 年生にあたる）の数学の授業である。指導者は中堅の教諭 P である。教室前面には左側に横幅約 120 センチのホワイトボードがあり、その右側に横幅約 150 センチのプロジェクター用スクリーンが設置してあった。生徒の数は 21 人で、1 人用の可動式机と椅子に黒板に対面するようにして座っていた。

題材は、「数式（多項式）」である。次の場面（**表2－15**）は、数式（多項式）とは何かを説明しようとしている場面である。

6分25秒のコマで、教師は、「数式」という答えを生徒から引きだそうしている。しかし、6分30秒で、生徒は「多項式の演算」と答える。6分35秒のコマで、教師はいちおう「多項式の演算」という答えは受容する。しかし、「数式」という言葉自体を生徒に言わせたいので、「何と言いますか」という発問をする。すると、生徒は、再び「多項式の演算」と言う。しかし、それは教師が生徒に言わせたい表現ではなかったので、6分40秒のコマでは、「いいえ。誰が知ってますか。」と再び発問する。生徒はたまりかねて6分45秒のコマで「最初の文字を教えてください」とヒントを促す。教師は頭文字のアルファベットで答えるのはなく、številski izrazの発音の最初の子音である「š」を口頭で発音した。「数式」のスロベニア語のštevilski izrazの最初の発音「š」である。そして、生徒も「š」と発音し、最初の子音が「š」であることを納得した。ところが、生徒から出てきた答えが、「加算」であった。しかし、「加算」は、スロベニア語ではseštevanjeであり、最初の子音は「š」ではなく、「s」である。授業で使われる標準語のスロベニア語の発音は、生徒にとっても判別しにくいようである。そして、教師は6分50秒で、številski izrazの前半部分を「数…」のように発音してヒントを出す。しかし、それでも多くの生徒は同時に「演算」と答えてしまう。その中でひとりだけがštevilski izrazの後半部分を「…式」のように答えた。そこで、教師はその生徒をジェスチャーで指名して、「もうちょっと大きい声で」と発言を促すと、生徒は「数式」（številski izraz）と答えた。これで、やっと「数式」という言葉を生徒から引き出すことができ、次の説明に入ることができたのである。このやりとりの中で、とくに注目したいのは、生徒から言葉を引き出す際に、教師が音声（ここでは子音の「š」）を発音することによって、生徒の記憶を喚起していることである。日本の授業でも同様に音声だけでこのようなやりとりがあるかもしれないが、第3章で述べるように、日本の授業では、黒板に文字を書くことによって記憶を喚起する場面が観察されている。スロベニアの授業の場面はそれと対照的である。

さて、この対話に続く7分10秒のコマで、教師はプロジェクターを使い、多項式の説明のスライドを表示している。しかし、7分20秒「書き写すのは後にします」と言って、生徒の書く行為を抑制している。また、その直前の7分15秒のコマで教師は「今から読みましょう」と言っているにもかかわらず、スライドを読む活動はなかった。そして、それ以降は、もっぱら音声言語による対話となっている。

表2－15　スロベニアの数学の授業（11SI 数学）の分析表（部分）

		教		生			
分	秒	音	字	音	字 教	字 生	
06	25	s					T: どこに足し算と引き算を結合することができますか。
06	30			s			S: ああ、一つの演算　S: 多項式の演算です。
06	35	s		s			T: はい、多項式の演算。なんと言いますか。 S: 多項式の演算
06	40	s					T: いいえ。誰が知っていますか。
06	45	s		s			S: 最初の文字を教えてください。T:š　S:š　S: 加算
06	50	s		s			S: 演算の足し算。T: 数……
06	55	s		s			S:（複数生徒が同時に）演算 S:……式 T: もうちょっと大きい声で。S: 数式（整式）。
07	00	s					T: 数式とは、何ですか。
07	05			s			S: ええと、足し算と引き算を一緒にすることです。
07	10	s	w				T: そうです。足し算と引き算を結合することです、
07	15	s					T: 一つの数式で。今から読みましょう。
07	20	s		s			T: 書き写すのは後にします。S: あれを持っていません。
07	25	s		s			T: 何がないんですか。S: 私は他に知っていることがあります。T: はい。
07	30	s		s			T: 括弧にある演算は他より優先です。S: それにプラスは
07	35			s			S: 優先。S: 違う S: そうよ。掛け算と割り算がなかったら
07	40	s					T: それでは、数式は記号を含んでいます。
07	45	s	r				T: 数式は何を含んでいますか。
07	50	s		s			S: ？ T: クレメン
07	55	s		s			S: プラスとマイナス。T: プラスとマイナス。それは？ S: 記号。S: 逆のもの
08	00	s		s			T: 何の記号ですか？ S: 演算子（演算記号）です。T: 演算子ですね。

08	05	s		s			T: マンツァ、他は何がありますか。S: 数式の値 (value) です。
08	10	s		s			T: いやあ。その前。S: 数式です。
08	15	s		s			T: 何が要点ですか、数式を作るためには。S: 一番目の項
08	20			s			S: それに、二番目の項、それに、三番目の項、それに総和。S: 数式の値
08	25	s					T: 数式であれば、
08	30	s		s			T:肝心なのは、(何を)持つこと？S:数字。T:数字、そうです。S: 何も知らないね。
08	35	s					T: 次は、演算子で
08	40	s					T: これらの算法を全部済ませてから、結合してから
08	45	s		s			T: 何が出ますか。S: 結果です。T: 結果、或いは、
08	50	s		s			T: 先皆が言いたかったこと。S: 数式の値です。T: 数式の値です。

基本的には、音声言語による IRE の連鎖であるが、生徒の発言は 1 語文だけではなく、数語を含む長めの発話になっている。また、7 分 35 秒のコマや 7 分 55 秒のコマの後半のように、複数の生徒がそれぞれの発話を同時に行っている。

この授業は全部で 41 分 20 秒であった。これを第 1 章で開発した手法で分析し、グラフに表したのが**図 2 − 12** である。

11SI 数学の分析対象総コマ数は 496 コマであった。そのうち、教師が発話していた教師発話率が 55.4%（275 コマ）、生徒が発話していた生徒発話率が 39.5%（196 コマ）であった。教師の発話率も生徒の発話率も比較的高い。

全 496 コマのうち、教師が黒板などに書き込みをしていた教師書込率が 2.6%（13 コマ）、書込を指さしていた教師書込指さし率が 6.0%（30 コマ）で、

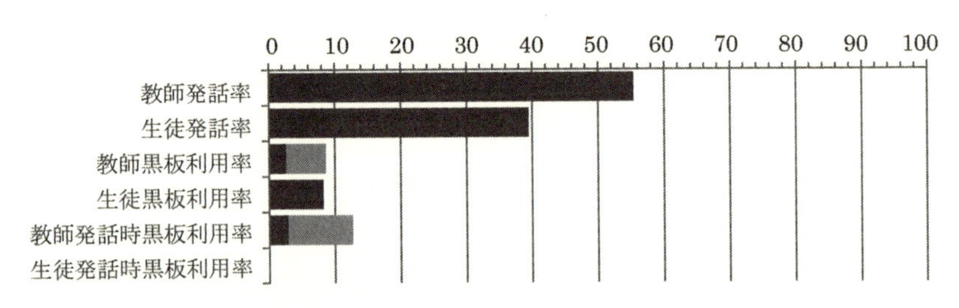

図 2 − 12　スロベニアの数学の授業（11SI 数学）

合計の教師黒板利用率が 8.7％（43 コマ）であった。教師の黒板利用率は高くない。

全 496 コマのうち、生徒が黒板などに書き込みをしていた生徒書込率が 8.3％（41 コマ）、書込を指さしていた生徒書込指さし率が 0.0％（0 コマ）で、合計の生徒黒板利用率が 8.3％（41 コマ）であった。生徒がホワイトボードで解答を解く場面があったが、生徒の黒板利用率自体はそれほど高くなかった。

教師が発話していた 275 コマのうち、教師が黒板などに書き込みをしていた教師発話時教師書込率が 2.9％（8 コマ）、書込を指さしていた教師発話時教師書込指さし率が 9.8％（27 コマ）で、合計の教師発話時教師黒板利用率が 12.7％（35 コマ）であった。

生徒が発話していた 196 コマのうち、教師が黒板などに書き込みをしていた生徒発話時教師書込率が 0.0％（0 コマ）、書込を指さしていた生徒発話時教師書込指さし率が 0.0％（0 コマ）で、合計の生徒発話時教師黒板利用率が 0.0％（0 コマ）であった。

5. スロベニアの数学の授業（12SI 数学）

12SI 数学は、公立 T 中学校の 8 年生（日本では中学 2 年生にあたる）の数学の授業である。指導者は中堅の教諭 K である。教室前面には左側に横幅約 180 センチのホワイトボードがあり、その右側に横幅約 120 センチ、縦 120 センチの黒板が設置してあった。生徒の数は 19 人であった。机と椅子は 1 人用の可動式であったが、生徒は 4 人ずつ向かい合わせで着席していた。黒板に横の位置に座るのではなく、4 人の内、2 人が黒板を背にして座り、2 人が黒板に向かって座っていた。3 人や 1 人のグループもあったが、机だけはすべて 4 つずつ並んでいた。

この授業の題材は、「除算の復習」である。次の場面（**表 2 − 16**）は、0 で割ることができないこと、なぜそうなのか、0 で割る数式の値を書くところには「／」（日本では「不能」と書く）の記号を使うことなどが教えられている。

表２－16　スロベニアの数学の授業（12SI 数学）の分析表（部分その１）

		教		生			
		音	字	音	字 教	字 生	
分	秒						
09	00	s	w				T:d）に書きます。15（黒板に書きながら）
09	05	s	w				T: 割る０
09	10	s	w				T: これは？０と１は
09	15	s		s			T: 数学ではいつも面白くて、ちょっと変わっている（おかしい）数字です。S:15
09	20	s		s			T: 結果はいくら？（何人かが手を挙げる）違う人も...じゃ、アンジェ。S:0
09	25	s	w	s	w		T:0 を書きましょう。S: ああ、そうか。T: 確認を覚えていますか。
09	30	s		s			S: はい。T: 確認の演算は？ S:0 掛ける０
09	35	s	w	s	w		S:0 割る０。T: ううん、？？手伝って。０掛ける０は本当に 15 ？
09	40	s	w	s	w		S:（複数生徒が同時に）いいえ。S:（複数生徒が同時に）０割る０は０。T: だとしたら...
09	45	s	w		w		T: これは正しくないみたいです。０掛ける０は 15 ではないですから。
09	50			s			S:15 とは言っていない。S:0 掛ける０は０。S: でも、
09	55		w	s	w		S:15 掛ける０も 15 じゃない。S: はい。
10	00	s		s			T: だとしたら...　S:15 掛ける０。S:0.
10	05	s	w	s	w		S:0.15。T:0 は 15 じゃない。0.15 でもない。
10	10		w	s			S: いいえ、０と 15 が余ります。（先生が何かを黒板に書いている）
10	15		w				（２人の生徒が手を挙げる）
10	20	s	r	s			T: 掛けてみましょう。15 になりますか。S:（複数生徒が同時に）いいえ。T: いいえ。
10	25	s	w	s			T: だったら...　S: 換えます。０割る 15。
10	30	s	w	s	w		S:0.15。T:0 じゃない、15 じゃない。他は？（何ですか）
10	35			s			S:0 で 15 が余ります。
10	40	s					T: でも確認をしたら、
10	45	s	r	s			T: 掛けたら...　S:0 で 15...　T: でも、15 にならないといけない。
10	50	s	r	s			T: 剰余は使えない。S:（何人かの生徒が同時に話している）　T: 唯一の結果は

10	55	s		s			T: このように書きます。（黒板に書きながら）これはどういう意味ですか。S: だめです。
11	00	s		s			S: 計算できません。T: 計算できません。つまり、この商は存在しません。15 割る
11	05	s	r				T:0 は斜めの線です。（／）結果を傍に書いてください。
11	10	s	w				T: 後は一般的に、a 割る 0 はこのように。（黒板に書きながら）
11	15	s					T: 言葉でも書きましょう。「結果がない」と言う言葉で

ここでも、基本的には音声言語による IRE の連鎖であるが、やはり、自然な会話になっており、生徒の発話文も 1 語文とは限らない。この場面では、教師は音声言語の IRE の最中に、生徒の発話をホワイトボードに摘書したり、10 分 10 秒や 10 分 55 秒のコマでは、考えるヒントを板書したり、また、不能の記号の「／」を板書したりするなど、文字を使ったコミュニケーションもみられる。ただし、以下のグラフでもわかるように授業全体の教師黒板利用率はそれほど高くない。

9 分 40 秒、10 分 20 秒、10 分 50 秒のコマのように、教師の発問に対して複数の生徒が同時に発話している。また、9 分 50 秒から 9 分 55 秒のコマでは、「15 とは言っていない」「0 掛ける 0 は 0」「でも、15 掛ける 0 も 15 じゃない」「はい」のように、生徒同士の対話も自然発生的に行われていた。これらは、すべて音声言語による活動である。

14 分 10 秒からは、特徴ある活動があった。それが、**表 2 － 17** である。生徒が数学または数字に関連するトピックを選んで、それについて調べてきたことをスピーチの形にまとめて口頭発表する活動である。今回は、マラソンがテーマになっていた。教諭 K によると、こういった活動は、毎回ではないが頻繁に行われ、教師は順番にひとりずつ生徒をあらかじめ指名して、決められた日に授業の一部の時間を使ってひとりずつ発表させるのだそうである。また、こういった、授業中の 1 コマを使っての口頭発表の活動はスロベニアでは珍しくないとのことであった。実際、筆者が録画した国語の複数の授業でも、同様の口頭発表が盛り込まれていた。

教諭 K の授業では、生徒の計算力をつけるために、「除算のマラソン」という名前のドリルを毎回宿題にしたり、授業中に行ったりしている。分析の対象となった授業でも、その「除算のマラソン」の演習があった。それを行う直前に、教師が、「マラソンは何ですか。マラソンの一般的な知識、歴史的な視点も、あなた達のクラスメイト、アナが紹介してくれます。どうぞ。」と言って、アナを前に立たせプレゼンテーションの準備をさせる。次の表2－17はその様子である。

表2－17　スロベニアの数学の授業（12SI 数学）の分析表（部分その2）

		教		生			
		音	字	音	字	字	
分	秒				教	生	
14	10	s					T: どうぞ。始めましょう。
14	15			s			S:「マラソン」　マラソンは一番長く走る上陸競技です。
14	20			s			S: 普段は（標準的に）42.195 キロメートルの距離で行われています。
14	25			s			S: あるいは 26 マイルの競走です。
14	30			s		r	S: 名前の由来は、
14	35			s			S: 有名な歴史的な出来事（故事）にあります。若いギリシア人の兵士フィディピディスが
14	40			s			S: 勝利のメッセージ（伝言）をマラソンから
14	45			s		r	S: アテナイまで持ってきた際に 42 キロを走りました。
14	50			s			S: メッセージを伝えた後、倒れて死にました。今日でも、彼に敬意を表し、
14	55			s			S: ランナーが毎年世界中で 500 の様々なマラソンを走ります。
15	00			s			S: マラソンはオリンピック競技でもあります。世界中と同様に
15	05			s			S: スロベニアでも様々なマラソンが行われ、人気を集めています。
15	10			s			S: その中に観客が一番多い、自転車マラソンフラニャがあります。
15	15			s		r	S: こちらはマラソンフラニャが行われているコースです。（ポスターを指しながら）
15	20			s			S: 自転車マラソン

15	25			s			S: その中に参加者が一番多いのがリュブリャナマラソンです。毎年、
15	30			s			S: 様々な国の1万8千人以上ランナーが参加します。
15	35			s			S: その中、少なくとも1千人のランナーが42キロを走り切ります。
15	40			s		r	S: ウルトラマラソンランナー、デゥーシャン・ムラウリェは(も)その一人です。
15	45			s			S: 今まで約30万キロメートルを走りました。
15	50			s			S: それに、三つの大陸を走り切りました、アメリカ、ヨーロッパとオーストラリア。
15	55			s			S: そして、スロベニア人の自転車のウルトラマラソン競走者もいます。
16	00			s		r	S: 故人のユレ・ロビチです。8回も
16	05			s			S: アメリカを横断する競走に参加し、3回も勝ちました。5回も
16	10			s			S:勝ちました。その他、スロベニアを回る競走も勝利で飾った。
16	15			s			S: 他も様々な1日競走で勝利しました。彼は強い意志と熱意で知られていました。
16	20			s		r	S: ここには、幾つかのマラソンがあります。(ポスターを指しながら)
16	25			s		r	S: ラドヴリツァの「三つのハートのマラソン」、
16	30			s		r	S: リュブリャナマラソン。名前からリュブリャナで行われているのが分かります。
16	35			s			S: ロガテツも通る、フラニャマラソン(競走)
16	40			s		r	S: またはホテデルシチツァ・ゴドヴィッチも通ります。後は、マラソンチェシェニ
16	45			s			S: 同じく自転車のマラソン(競走)ですが、マラソンフラニャより少し短いです。
16	50			s			S: 以上です。(拍手)
16	55			s			S: 後少し歴史についてですが、
17	00			s			S: ガイウス・ユリウス・カエサルがメッセンジャー(使者)を送りました。
17	05			s			S: ある軍隊に勝ったことを知らせるために。
17	10	s		s			S:「ヴェニ...」　T:「ヴェニ・ヴィディ...」　S:「ヴェニ・ヴィディ・ヴィチ」と言った。　T:「ヴィチ」
17	15	s		s			S: その意味は「来た、見た、勝った」です。　T: ありがとうございました。

17	20	s		s			T: マラソンフラニャはいつ行われるか知っていますか。(生徒全員に)　S: 夏に
17	25			s			(何人かの生徒が同時に話している)　S:7 月に　S:7 月 11 日　S: 違うマラソンもある日　S:7 月 11 日
17	30	s		s			T: ロガテツにも行われている時　S: マラソンが... いつも同じ日にある　T: いつも同じ日にちです。
17	35	s					T: 普通は日曜日です。競走者を待っています。
17	40	s					(一人の生徒が手を挙げる) T: 競走者の迎えに来て... 続けて？？に行くのを。よろしい。
17	45	s					T: アナ、ありがとうございました。彼女は今日当番なので、続けて当番をやります。よろしい。
17	50	s					T: ありがとう。このように、数学は歴史、またはスポーツと強くつながっているのがわかります。
17	55	s					T: または違う活動や領域とも (つながっている)。

このプレゼンテーションのあと、教師は、「ありがとう。このように、数学は歴史、またはスポーツと強くつながっているのがわかります。または違う活動や領域とも (つながっています)」とまとめた。スロベニアの授業では、そしてそれはアメリカの授業でも、イタリアの授業でも同様なのであるが、教科書の中だけの数学、数学問題のためだけの数学ではなく、社会生活に数学がつながっていることを生徒に意識させながら数学の授業が展開されることが多い。このプレゼンテーションは、そういったカリキュラム観の表れであるが、本研究の観点からは、この活動が音声言語のよる発表であること、このような活動が全員に課せられていること、日常の授業の中にこのような音声言語によるミニスピーチが組み込まれていることに注目したい。

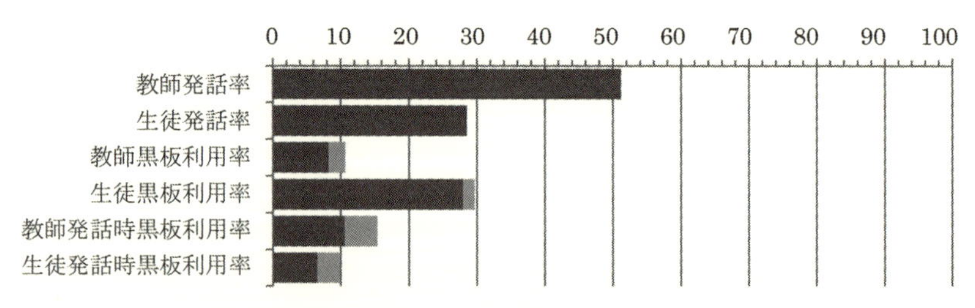

図 2 − 13　スロベニアの数学の授業 (12SI 数学)

この授業は全部で44分25秒であった。これを第1章で開発した手法で分析し、グラフに表したのが**図2－13**である。

12SI数学の分析対象総コマ数は533コマであった。そのうち、教師が発話していた教師発話率が51.2%（273コマ）、生徒が発話していた生徒発話率が28.5%（152コマ）であった。

全533コマのうち、教師が黒板などに書き込みをしていた教師書込率が8.3%（44コマ）、書込を指さしていた教師書込指さし率が2.4%（13コマ）で、合計の教師黒板利用率が10.7%（57コマ）であった。教師の黒板利用率はそれほど高くない。

全533コマのうち、生徒が黒板などに書き込みをしていた生徒書込率が28.0%（149コマ）、書込を指さしていた生徒書込指さし率が1.7%（9コマ）で、合計の生徒黒板利用率が29.6%（158コマ）であった。生徒はホワイトボードに出て発表する場面が多かったので、生徒の黒板利用率はある程度高くなっている。

教師が発話していた273コマのうち、教師が黒板などに書き込みをしていた教師発話時教師書込率が10.6%（29コマ）、書込を指さしていた教師発話時教師書込指さし率が4.8%（13コマ）で、合計の教師発話時教師黒板利用率が15.4%（42コマ）であった。

生徒が発話していた152コマのうち、教師が黒板などに書き込みをしていた生徒発話時教師書込率が6.6%（10コマ）、書込を指さしていた生徒発話時教師書込指さし率が3.3%（5コマ）で、合計の生徒発話時教師黒板利用率が9.9%（15コマ）であった。

おわりに

本章では、第1章で開発した分析指標を用いて、アメリカ、イタリア、スロベニアの数学の合計11の授業を分析した。その結果、おおむね、どの授業でも、教師の発話率、生徒の発話率が高かった。そして、黒板利用率はあまり高くなかった。また、音声言語のよるIREの連鎖となっている対話が多かった。教師の発問に対する生徒の発言は1語文のことも多いが、2語以上の単語を使った会話文になっていることも少なくなく、教師と生徒の自然な対話になっていた。また、イタリアの授業、そして一部のスロベニアの授業では、教師の発問に対して、複数の生徒が同時に発言したり、場合によっては教師の発話にかぶせるように同時に複数の生徒が発話したりすることが観察され、教室全体で音声言語を用いて発話することによって、みんなで思考を共振させながら学んでいた様子が確認できた。既習事項を生徒に思い出させる場面でも、教師はキーワードの単語の最初の子音を発音することによって、生徒の記憶の想起を促していた。スロベニアでは、ひとりの生徒によるミニスピーチが授業中に組み込まれていた。このように、アメリカ、イタリア、スロベニアの数学の授業は、音声優位型の授業となっていることが明らかになった。

なお、本章の結果は、第3章の日本の授業分析結果とともに、第4章において併置比較考察を行うことにする。

注

1　訪問に基づいて次の論文をまとめた。添田晴雄「アメリカにおける授業コミュニケーション――イリノイ州の学校訪問を通して――」、大阪市立大学文学部『人文研究』第50巻第6分冊、1998年、37～57頁。

2　Steedman, Hilary, 1974, The Italian Intermediate School: Knowledge and Control, *Comparative Education*, Vol. 10, o. 2, June 1974, pp. 137-145.

3　Ibid. p.139.

4　Lombardo, Linda, *Oral Testing: Assessing the Language Learner's Ability to Process Discourse*, 1985, p.13.

5　1988年3月1日、イリノイ大学キャンパスにて聞き取りを行った。ひとりは30歳代半ばの男性で、イタリアの高校教師を経てイリノイ大学の理学部博士課程に在籍中。もうひとりは、30歳代半ばの女性で、イタリアの小学校教師を経てイリノイ大学に滞在中。

6　2004年に、平成15～17年度科学研究費補助金基盤研究(A)「知の創造・活用を目指す体験的教育の開発に関する総合的国際的比較研究――技能・技術教育を中心とし、青少年の調和ある発達を視野に――」(研究代表者　児玉隆夫)の一環としてイタリアを訪問し、ミラノ州教委、ミラノ市教委、パドヴァ州教委、ジョルナテ小学校、アリオリ中学校、ラグランジェ技術学校、セヴェリ技術学校、ヴァレ職業学校、ENAIP 職業訓練学校、家具製造工場を視察した。

7　柴田光蔵『イタリアの大学問題』世界思想社、1970 年、101 頁。

8　調査に伴う海外出張は、科学研究費補助金 基盤研究 (B)、平成 20 〜 22 年度、「深層構造としての教育文化解明のための比較教育文化（「モノ」「コト」）史研究」（研究代表者 添田晴雄）、および、科学研究費補助金 基盤研究（C)、平成 23 〜 25 年度、「学習教授メディアとしての文字言語・音声言語の実証的比較文化的研究」（研究代表者 添田晴雄）の一環として行った。

9　Nystr, Martin and Gamoran, Adam, Student Engagement: When Recitation Becomes Conversation, Report, *National Center on Effective Secondary Schools*, Madison, 1990, p.7.

10　添田晴雄「アメリカにおける授業コミュニケーション――イリノイ州の学校訪問を通して――」、大阪市立大学文学部『人文研究』第 50 巻第 6 分冊、1998 年、37 〜 57 頁。

11　物質が化学反応する時、反応に関与する物質の質量の割合は、常に一定であるという法則。

12　日本では、比例式を、整数対整数の形で表現するのが普通であるが、イタリアでは分数対分数といった表現も許容されているらしい。

第3章　文字言語・音声言語からみた授業分析
――日本の授業――

はじめに

本章では、第1章で開発した分析指標を用い、日本の数学・算数の授業を分析する。

まず第1節では、日本の中学校2年生の数学の授業を4つ分析する。そして、第2節では、日本の小学校5年生の算数の授業を1つ、6年生の算数の授業を2つ分析する。

これらの結果は、第2章のアメリカ、イタリア、スロベニアの授業分析結果とともに、第4章において併置比較考察を行うことにする。なお、第4章の第2節で補論として、本章で分析した日本の3つの小学校の算数の授業全体と4つの中学校の数学の授業全体の比較分析を行う予定である。

第1節　日本の数学の授業

本節では、公立中学校での4つの数学の授業を分析する。録画したのは、18JP数学と19JP数学が2012年、20JP数学と21JP数学が2009年である。

1. 日本の数学の授業（18JP数学）

18JP数学は、大阪市立S中学校の2年生A組の数学の授業である。指導者は中堅の教諭Sである。教室前面には横幅約4メートル、縦約1.2メートルの黒板が設置してある。生徒の数は40人で、1人用の移動式の机に黒板に対面するようにして座っていた。

題材は、「直角三角形の合同の証明」である。授業の冒頭で、教師は前回に直角三角形の合同の証明の問題をしたことに触れる。そして、今回はそれの続きとして、同じ、直角三角形の合同の問題をもうひとつやっておこうと提案する。以下はその続きの場面である(**表3－1**)。演習として、教科書の127頁の5番の問題を解くのであるが、まず、最初に、生徒にその問題自体をノートに写させている。教師は同じものを黒板に書くのであるが、それを書きながら、ノートの書き方を小まめに指導している。

1分35秒のコマで「～書いて」、1分45秒のコマで「～を書いてもらって」、2分15秒のコマで「写してください」、2分20秒のコマで「こんな感じで書けたら」、2分35秒のコマで「～を書いてもらって」、3分0秒のコマで「だいたい書けましたか」、3分5秒のコマで「サッと書いてみてや」、3分30秒のコマで「垂線を引いて」、4分0秒のコマで「このように書き込んでください」というふうに、小刻みに自らの板書を見せながら、生徒に対してノートの書き方を指示している。これほどまでにノート指導が徹底している。数学であっても書字随伴型学習なのである。

表3－1　日本の数学の授業(18JP数学)の分析表(部分その1)

		教		生			
		音	字	音	字	字	
分	秒				教	生	
01	20	s					T: もう一つな、教科書の問いをやっていくと思うので教科書の
01	25	s	w	s			T:127ページ S: 確かめよう
01	30						
01	35	s					T: 問い5番て書いて。
01	40	s	w				T: はい、そしたら、
01	45	s	w				T: まず三角形ABCを書いてもらって。
01	50		w				
01	55	s	w				T: そして、角Bをちょうど半分にする直線と、
02	00	s	w				T: 角Cをちょうど半分にする直線。
02	05		w				
02	10	s	w				T: その交点をIとしてやってくださいね。
02	15	s					T: まずここまで写してください。

02	20	s					T: あのー、長さとか適当でいいからね。こんな感じで書けてたら
02	25	s					T: それでいいですからね。
02	30						
02	35	s					T: 三角形ABCを書いてもらって、
02	40	s					T: 角Bの二等分線と角Cの二等分線、ね。
02	45	s					T: えー、その交わったところをⅠとしてやって。まずここまで。
02	50						
02	55						
03	00	s					T: はい、だいたい書けましたか。
03	05	s					T: ちょっとサッと書いてみてや。
03	10						
03	15						
03	20	s					T: はい、じゃあ続いてね、このⅠから、えー、
03	25	s					T: この三辺AB、BC、CAに対してね、
03	30	s	r				T: このⅠから垂線を引いてやります。まずABに対して垂線を引いてやって
03	35	s	r				T: その交点がD、
03	40	s	w				T: 続いて、BCに対して垂線を引いてやって
03	45	s	w				T: その交点がE、最後、
03	50	s	w				T:ACに対して垂線を引いてやってその交点が
03	55	s	w				T:Fと。
04	00	s	w				T: はい、続いてこのように書き込んでください。
04	05		w				

次の場面は、既習事項であるはずの「三角形の内心」を生徒に思い出させようとした場面である（**表3－2**）。

表3－2　日本の数学の授業（18JP 数学）の分析表（部分その2）

		教		生			
		音	字	音	字	字	
分	秒				教	生	
20	45	s					T: あれ、もしかしてみんなわからん？
20	50	s		s			S: なんか習ったはずやねんけど。T: ほんだら書いてみるで。

20	55	s	w				T: ははーんっていう人が大多数なのか、え？そんなん習ったっけなーっていう人が大多数なんかわかりませんが。
21	00	s					T: 後ろからいくで。これは心や。
21	05		w	s			S: なに心？
21	10	s		s			S: 垂心。T: あ、垂心いうのもあんねんで。
21	15	s		s			S: やってない。S: やったやった。T: ほんならちょっと説明しとこ。
21	20			s			S: 昨日テストででえへんかった分野ですか。
21	25			s			S: でたー？ S: だって1年生のとこ。
21	30	s					T: はい前向いてな。これは書かんでええから見てな。
21	35	s					T: 今、このＩから垂線
21	40	s	r				T: おろしてやったら、ね、これ全部等しいよーって言うてるわけやな。オッケー？
21	45	s	r				T: ということはこれを半径とする円を書いてやったらどない
21	50	s	r				T: なるかっていうたらちょうどこういう風に
21	55	s	w				T: 接する、接する、接する。
22	00	s	w	s			T: 内側で、S: あー、円が書けるやつ。T: 内側で接している
22	05	s	w				T: 円やから、なんて言うかというと？
22	10	s	w	s			T; 内？ S: 円？ T: ちゃうんですねー。S: 内心？ T: そう、
22	15	s	w				T: 内接円ていうんですね。内接円。で、
22	20	s	r				T: 内接円の中心やから、内心。
22	25	s	w				T: ちょっとこれ書いといて。

生徒に「内心」を思い出させるために、教師は21分0秒のコマで、ヒントとして、黒板に「心」の文字を書き、「後ろからいくで。これは心や」と述べている。生徒はこれに反応して、21分5秒のコマで「なに心？」と聞いている。21分10秒では、教師の意図に反して、「垂心」と言ってしまう。しかし、教師はもともと三角形の五心（内心、外心、重心、垂心、傍心）にも触れようと思っていたので、ここで「垂心」の説明を少しする。そして、21分45秒のコマで内心の話しに戻り、黒板で三角形の中に円を描き、生徒からいろいろ言葉を引っ張り出そうし、22分0秒のコマでは、黒板に「内側に接する円」と書く。そして、その「内側に接する円」の最初の「内」と最後の「円」を○で囲うと、22分10秒のコマでやっと「内心」という言葉が生徒から出た。そこで、教師

は22分15秒のコマで「内接円」と板書した上で、さきほど、「　心」と板書した箇所に移動し、「内」の漢字を「心」の左の空白に書き足した。このように、文字を書くことによって生徒に既習事項を思い出させていた。同じような光景がスロベニアの数学の授業でもみられた。第2章第5節の「11SI 数学」の授業である。スロベニアの授業では、「数式」(številski izraz)という言葉を思い出させるために、音声で「š」と発音することによって生徒にヒントを出した。書字随伴型授業と音声優位型授業の違いが認識できる場面である。

次の場面では、直角三角形の合同の証明を、数学問題の「解答」としてどのように書くべきかを指導している(**表3－3**)。

表3－3　日本の数学の授業(18JP 数学)の分析表(部分その3)

		教		生			
		音	字	音	字	字	
分	秒				教	生	
43	40	s	r	s			S: はい。T: はい、じゃ、三角形 DBC と
43	45	s	r				T: 三角形 ACB で、
43	50	s	w	s	w		T: 角 BDC、この角とこちらは角なんですか。S:CAB。
43	55	s	w		w		T: はい、CAB。はい、どちらも何度？
44	00	s	r	s	r		S:90。T: はい、理由はこれは。
44	05	s	w	s	w		S: え？ T: 理由は？か？
44	10	s	w	s	w		S: か、仮定。T: 仮定やな。はい、ね。〔黒板に「(仮定)」と書く〕
44	15	s					T: さっき言ったように最初に仮定よりて書いてもかまへんけどもこやってうしろで書いてもかまへんわけやな。
44	20	s	w				T: はい、じゃあ続いて DC イコール
44	25	s	w	s	w		T: 何ですか。S:DC イコール AB。T:AB。
44	30	s	w	s	w		T: やはり理由は？ S: 共通。T: 共通じゃないな。
44	35	s	r	s	r		T: 問題に最初に書いてあるね。やっぱりこれも？か？ S: 仮定。T: 仮定ね。〔黒板に「(仮定)」と書く〕
44	40	s	r		r		T: じゃああと仮定にはないけども
44	45	s	w	s			T: すぐわかることは何かっていうと。S: あー、T: 重なってるとこ見たらええな。
44	50	s	w	s	w		S:BC。T: はい、BC、イコール？対応する頂点順気つけてや。
44	55	s	w	s	w		T: こっち側は？ S:CB。T: はい、理由は？ S: 共通。T: はい、共通。

45	00	s	w				T: ほんなら直角三角形で
45	05	s	w				T: 斜辺 BC 等しくて、ね、DC と AB 等しいですから合同条件は何かっていうと？
45	10	s	w	s	w		S: 直角三角形。T: 直角三角形で？〔すでに板書してある「三角形」の前の空白に「直角」と加筆する〕S: えっと、
45	15	s	w	s	w		S: 斜辺と、T: 他の？
45	20	s	r	s			S: 一辺が、それぞれ等しい。T: 等しい、〔黒板に「斜辺と他の一辺」と書く〕やね。等しいから
45	25	s	w				T: 三角形 DBC イコール三角形 ACD なります。ゆえに何が言えるかっていうと
45	30	s	r				T: 角 DBC、ここの角と何が等しいかっていうと？
45	35	s	w	s	w		T: 角？ S: えー、ACB。
45	40	s	w				T: はい、ACB。

44 分 10 秒のコマで、問題と解答としては、「(仮定)」と書かなければならないことを教えており、それをノートの「解答」の所定の位置に確実に書き込むことを促している。44 分 35 秒でも、同様に黒板に「(仮定)」と書くことによって、生徒がノートに「(仮定)」と書くように指示している。また、45 分 10 秒では、「直角三角形」、45 秒 20 秒では、「斜辺と他の一辺」と各自のノートに書くことを板書により促している。

教諭 S は、授業中、ほとんど沈黙しながら板書し続けることが少なくなかった。1 分以上続いたものだけを挙げると、1 分 20 秒が 1 回、4 分 50 秒が 1 回であった。教師の板書内容は、黒板だけに留まらない。それは、生徒のノートの内容に連動している。つまり、教師が黙々と板書している時間は、生徒も黙々とノートを書く時間になっていたのである。

このように、18JP 数学の授業では、黒板に文字を書くことが、要所要所で、大きな意味を持っていた。書字随伴型授業と言える。

この授業は全部で 47 分 40 秒であった。これを第 1 章で開発した手法で分析し、グラフに表したのが**図３－１**である。

グラフのうち、「教師黒板利用率」から「生徒発話時黒板利用率」の棒の色が濃い部分が、黒板などに文字などを書き込んでいた数値を表し、棒の色が薄い部分は、すでに黒板などに書き込まれている文字などを指さしして参照

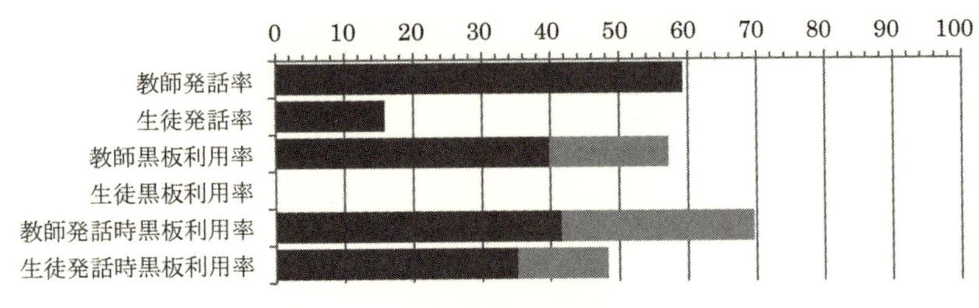

図３－１　日本の数学の授業（18JP 数学）

していた数値を表す（以下同様）。また、「教師発話時黒板利用率」は、教師が発話している時に教師が黒板を利用している率であり、「生徒発話時黒板利用率」は、生徒が発話している時に、それを受けて摘書などとして教師が黒板を利用している率である（以下同様）。

18JP 数学の分析対象総コマ数は 572 コマであった。そのうち、教師が発話していた教師発話率が 59.3%（339 コマ）、生徒が発話していた生徒発話率が 15.9%（91 コマ）であった。教師の発言率が比較的高い。教師による説明が多い授業であったと言える。

全 572 コマのうち、教師が黒板などに書き込みをしていた教師書込率が 39.9%（228 コマ）、書込を指さしていた教師書込指さし率が 17.3%（99 コマ）で、合計の教師黒板利用率が 57.2%（327 コマ）であった。教師の黒板利用率が非常に高い。黒板なしには成立しない授業であったとも言える。

全 572 コマのうち、生徒が黒板などに書き込みをしていた生徒書込率が 0.0%（0 コマ）、書込を指さしていた生徒書込指さし率が 0.0%（0 コマ）で、合計の生徒黒板利用率が 0.0%（0 コマ）であった。

教師が発話していた 339 コマのうち、教師が黒板などに書き込みをしていた教師発話時教師書込率が 41.6%（141 コマ）、書込を指さしていた教師発話時教師書込指さし率が 28.0%（95 コマ）で、合計の教師発話時教師黒板利用率が 69.6%（236 コマ）であった。極めて高い数値である。教師は音声言語で説明をしているのであるが、それが書字随伴となっていることが数値から読み取れる。もっとも、数学の授業であるので、「字」を書いているとは限らない。図も書いている。しかしながら、「内心」「内側に接する円」「（仮定）」「斜辺と他の一辺」などの文字を黒板に書き、また、生徒にそれをノートに書かせようとしていることから、数学であっても書字随伴となっていることがうかがわれる。

生徒が発話していた 91 コマのうち、教師が黒板などに書き込みをしていた生徒発話時教師書込率が 35.2％（32 コマ）、書込を指さしていた生徒発話時教師書込指さし率が 13.2％（12 コマ）で、合計の生徒発話時教師黒板利用率が 48.4％（44 コマ）であった。生徒の発言も、頻繁に教師によって黒板に摘書されていることを示す数値である。

2. 日本の数学の授業（19JP 数学）

19JP 数学は、大阪市立 S 中学校の 2 年生 B 組の数学の授業である。指導者は中堅の教諭 Y であり、上記の 18 JP 数学とは授業者が異なっている。教室前面には横幅約 4 メートル、縦約 1.2 メートルの黒板が設置してある。生徒の数は 40 人で、1 人用の移動式の机に黒板に対面するようにして座っていた。

授業者が違っているものの、題材は、18 JP 数学と同じく「直角三角形の合同の証明」であった。

教諭 Y も、教諭 S と同じように、生徒に既習事項である「内接円」を思い出させようとする場面があった。それが**表 3 − 4** である。

表 3 − 4　日本の数学の授業（19JP 数学）の分析表（部分）

		教		生			
		音	字	音	字	字	
分	秒				教	生	
22	55		w				
23	00		w				
23	05		r				
23	10		w				
23	15		w				
23	20		w				
23	25		r	s	r		S: 内接円？
23	30	s	w				T: 聞いたことある？初めて？

23	35	s	w				T: 内接円の中心、一年の時こんな作図あったよな。
23	40	s	w				T: 三角形があって、角の二等分線をぱーって引っ張って、ぶつかった点から
23	45	s	w				T: もう一度垂線引っ張って、この長さを
23	50	s	w				T: 半径に、円をかくと、
23	55	s	r				T: こういうのがかけた。覚えてない？去年やったと思うんやけど覚えてない？
24	00	s	r				T: やった？覚えてない？記憶がない。じゃあこんなんがあるな。
24	05	s	r				T: ここに、角を二等分してぶつかった点を中心に円をかくとこの三角形がピタッと
24	10	s	r				T: くっつく。だから内側で接する
24	15	s	r				T: 円、の中心だから内心、
24	20	s	r				T: 内接円の中心で内心円。じゃあ逆に
24	25	s	r				T: この三角形の外側にぴたっとくっつくやつは外接円
24	30	s	r				T: 外接円の中心で、外心円。で外接円の中心は外心

22秒55秒のコマでは、教師は何も発言せず、黙って黒板に「内」と書いた。次にそれに加筆して縦書きに「内○円」とした。「○」の部分は板書でも白丸になっていた。生徒の反応をしばらく待ってから、そして沈黙したまま、「の中心」を加筆して「内○円の中心」とした。さらに、生徒の反応をぐるりと見て、「○」の横に、漢字の一部である「扌」を書き、生徒の顔を見、さらに「立」を書いて生徒の顔を見、そして、最後に「女」を書いて、「接」の字を完成させた。そして、それが、23分25秒の生徒の発言となった。教諭Sの授業と同様に、書字随伴型授業の一場面であった。

教諭Yは、教諭Sと同様に、授業中、ほとんど沈黙しながら板書し続けることが少なくなかった。1分以上続いたものだけを挙げると、6分0秒が1回、2分5秒が1回であった。とくに、後者の2分5秒の間では、チャイムが鳴っても書き続けていた。これは、授業が終わった後に生徒のノートに何が残っているのかを意識した行為だと推察される。音声言語によって説明したり、音声言語による生徒との対話によって教えたりすることも重要なのであるが、日本の教師は、ノートに学んだことが書いてある、あるいは教師が教えたいと思っていたことが書いてあることを重視する傾向にある。チャイムをまたいだ板書行動は、そのことが読み取れる行為であった。

教論Yの授業も書字随伴型授業であったと言える。

この授業は全部で53分5秒であった。これを第1章で開発した手法で分析し、グラフに表したのが**図3－2**である。

19JP数学の分析対象総コマ数は637コマであった。そのうち、教師が発話していた教師発話率が59.5％（379コマ)、生徒が発話していた生徒発話率が10.4％（66コマ）であった。教師の発話率はやはり高い。しかし、生徒の発話率は18JP数学と比べると低くなっていた。

全637コマのうち、教師が黒板などに書き込みをしていた教師書込率が35.0％（223コマ)、書込を指さしていた教師書込指さし率が29.7％（189コマ）で、合計の教師黒板利用率が64.7％（412コマ）であった。やはり、黒板利用率は極めて高い。

全637コマのうち、生徒が黒板などに書き込みをしていた生徒書込率が0.0％（0コマ)、書込を指さしていた生徒書込指さし率が0.0％（0コマ）で、合計の生徒黒板利用率が0.0％（0コマ）であった。

教師が発話していた379コマのうち、教師が黒板などに書き込みをしていた教師発話時教師書込率が21.1％（80コマ)、書込を指さしていた教師発話時教師書込指さし率が40.9％（155コマ）で、合計の教師発話時教師黒板利用率が62.0％（235コマ）であった。話しながら黒板を利用する率も高くなっている。

生徒が発話していた66コマのうち、教師が黒板などに書き込みをしてい

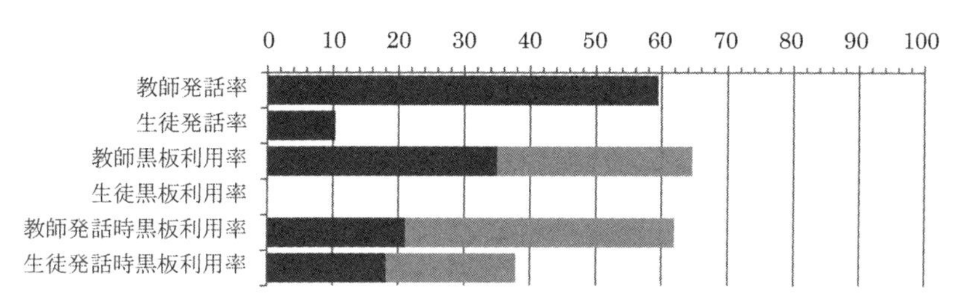

図3－2　日本の数学の授業（19JP数学）

た生徒発話時教師書込率が 18.2%（12 コマ）、書込を指さしていた生徒発話時教師書込指さし率が 19.7%（13 コマ）で、合計の生徒発話時教師黒板利用率が 37.9%（25 コマ）であった。生徒の発話時の摘書もよく行われていた授業であると言える。

3. 日本の数学の授業（20JP 数学）

20JP 数学は、大阪市立 A 中学校の 2 年生 A 組の数学の授業である。指導者は中堅の教諭 T である。教室前面には横幅約 3.6 メートル、縦約 1.2 メートルの黒板が設置してある。生徒の数は 35 人で、1 人用の移動式の机に黒板に対面するようにして座っていた。

題材は、「確率の求め方(2)」である。サイコロやカードを使った確率の問題を解くことを考える授業で、場合分けを樹形図として書き出すことを基本としている。いきなり公式は使わせず、確率の考え方を理解させることに力点がおかれた授業である。

授業の冒頭では、前時に学んだ、ふたつのサイコロの目の出方の確率の考え方を詳しめに復習した。そして、本時の内容としての最初の問題に取り組む。教師は、音声では何も言わず、その問題を板書した。問題を書き終わるまでに教師が発話したのは、8 分 35 秒のコマの「書けた」と、9 分 5 秒のコマの「黒板にかいてもらうか」の 2 回だけである（**表 3 − 5**）。

表 3 − 5　日本の数学の授業（20JP 数学）の分析表（部分その 1）

		教		生			
		音	字	音	字	字	
分	秒				教	生	
07	35		w				
07	40		w				
07	45		w				
07	50		w				
07	55		w				
08	00		w				

08	05		w				
08	10		w				
08	15		w				
08	20		w				
08	25		w				
08	30		w				
08	35	s	w				T: 書けた？
08	40		w				
08	45		w				
08	50		w				
08	55		w				
09	00		w				
09	05	s	w				T: 黒板に書いてもらうか。
09	10		w				
09	15		w				

なお、板書された内容は**図３－３**の通りである。そして、生徒は、教師の板書と同時に、板書と同じ内容を各自のノートに書き込んでいる。

この書かれた問題を見ながら、教諭Tは授業を展開していった。

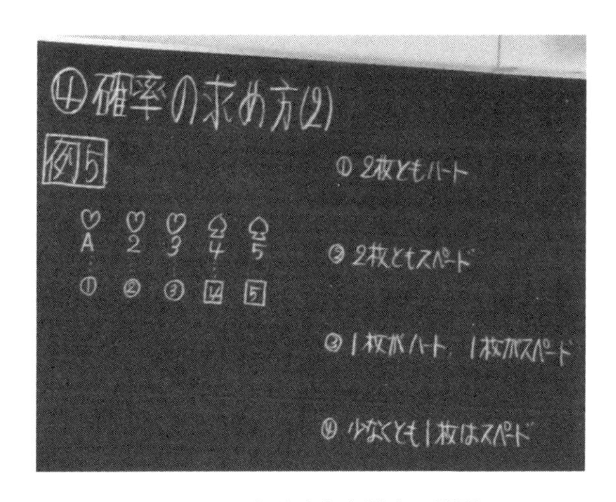

図３－３　板書された確率の問題

次の表は、上記の「例 5」の問題の③にあたる小問を解く場面である。

表 3 − 6　日本の数学の授業（20JP 数学）の分析表（部分その 2）

		教		生			
		音	字	音	字	字	
分	秒				教	生	
21	55	s					T: それでは、えりな、1 枚がハート、1 枚がスペードである
22	00	s	r	s	w		T: のは何通りありますか。S:6 通り。T:6 通り、はい、じゃあ言ってください。
22	05	s	w		w		T:1 枚がハートで 1 枚がスペードである組み合わせは。
22	10	s	w	s	w		S:1 と 4 と。T: はい。S:1 と 5 と。T: ちょっとゆっくり言って。1 と 4。
22	15	s	w	s	w		S:1 と 5。T: 間違えた、1 と 4。S:1 と 5。T: はい。S:2 と
22	20	s	w	s	w		S:4。T:2 と 4。S:2 と 5。T: はい、2 と 5。
22	25	s	w	s			S:3 と 4。T:3 と 4。S:3 と 5。T: はい、3 と 5。
22	30	s	r				T: この 6 通りやね。他無いですか。あとは
22	35	s	w				T: ハート同士、スペード同士やからこの 6 通りやねんな。だか
22	40	s	w	s	w		T: ら、10 分の 6。はいえりな、約分して。S:5 分の 3。T: はい 5 分
22	45	s	w				T: の 3。えー答えは 5 分の 3 です。

このやりとりは、アメリカの授業でも見られた、IRE の連鎖になっている。しかし、音声言語だけではなく、生徒の発言を黒板に頻繁に摘書しており、書字随伴型を保っている。

次の**表 3 − 7** は、上記の場面の直後である。

表 3 − 7　日本の数学の授業（20JP 数学）の分析表（部分その 3）

		教		生			
		音	字	音	字	字	
分	秒				教	生	
22	55	s	r				T: できてますか。はいじゃあ 4 番。
23	00	s					T: 少なくとも 1 枚はスペード、少なくとも 1 枚はスペードなんです。

23	05	s	r				T: わかる。少なくとも1枚はスペードを数えてもらってええねよ。
23	10	s					T:1枚さえスペードが入っとったらええねん。スペードが入っとったらええ
23	15	s	w				T: ってことは、えー、ちょっとこれだけこっちに書くな。
23	20	s	w				T: 少なくともスペードが1枚でも入っとったらええから、これと
23	25	s	w				T: これとこれとこれと
23	30	s	r				T:1枚はスペード入っとたらええねん。両方ともスペードやけど
23	35	s	r				T: オッケーなるわけやな。こんだけ組み合わせがある、ということは
23	40	s					T: 丸つけていないとこは2枚ともハート。
23	45	s					T:2枚ともハートである確率を1から引く方法もありますよと
23	50	s	w				T: そのまま少なくとも1枚はスペードっていうのを
23	55	s	w				T: ちょっと赤にしよか、これは、1,2,3,4,5,6,
24	00	s	w				T:7通りか。7通りありますよっていうことで10分の
24	05	s	w				T:7とやってもらってもいいし、数えてね。
24	10	s	w				T: これは、1から、1引く
24	15	s	w				T:2枚ともハートであ
24	20	s	w				T: る確率を
24	25	s	w				T: 引いてもでてきますよって。
24	30	s	w				T: これを引くと、あーこっち見とってや。1引くハートである確率は10分
24	35	s	w				T: の3やったやろ。これで横に書くんね、わ、横に
24	40	s	r				T: なるけど10分の1と出してもらってもいいよ。こんな求め方も
24	45	s					T: ありますよっていうことですね。はい、じゃあこれもちゃんと書いといてくださいね。

ここでは、教師がひとりで説明している。しかし、音声言語で説明しながら、黒板にも頻繁に書き込みを行っており、また、すでに書いた文字などをチョークで指しながら説明を行っていた。そして、24分45秒のコマにあるように「じゃあこれもちゃんと書いといてくださいね」と指示をしている。黒板に書いてあることは、原則、すべてノートに書き写すことになっているのである。

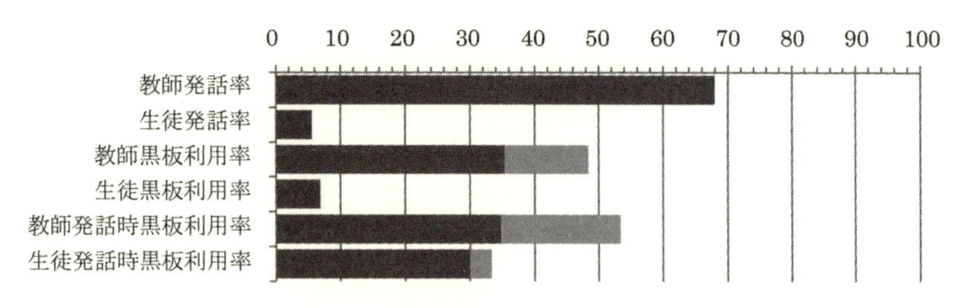

図３－４　日本の数学の授業（20JP 数学）

授業中、教師がほとんど発話せずに黙々と板書したのが１分以上続いたのは２回である。それぞれ、１分 45 秒、１分 10 秒の長さであった。

この授業は全部で 44 分 45 秒であった。これを第１章で開発した手法で分析し、グラフに表したのが**図３－４**である。

20JP 数学の分析対象総コマ数は 537 コマであった。そのうち、教師が発話していた教師発話率が 68.0％（365 コマ）、生徒が発話していた生徒発話率が 5.6％（30 コマ）であった。教師の発話率は非常に高いが、生徒の発話率は極端に低かった。

全 537 コマのうち、教師が黒板などに書き込みをしていた教師書込率が 35.4％（190 コマ）、書込を指さしていた教師書込指さし率が 13.0％（70 コマ）で、合計の教師黒板利用率が 48.4％（260 コマ）であった。黒板利用率は非常に高い。

全 537 コマのうち、生徒が黒板などに書き込みをしていた生徒書込率が 6.9％（37 コマ）、書込を指さしていた生徒書込指さし率が 0.0％（0 コマ）で、合計の生徒黒板利用率が 6.9％（37 コマ）であった。

教師が発話していた 365 コマのうち、教師が黒板などに書き込みをしていた教師発話時教師書込率が 34.8％（127 コマ）、書込を指さしていた教師発話時教師書込指さし率が 18.6％（68 コマ）で、合計の教師発話時教師黒板利用率が 53.4％（195 コマ）であった。話しながら板書するというよりも、板書しながら説明していたといった印象の授業であった。

生徒が発話していた 30 コマのうち、教師が黒板などに書き込みをしていた生徒発話時教師書込率が 30.0％（9 コマ）、書込を指さしていた生徒発話時教師書込指さし率が 3.3％（1 コマ）で、合計の生徒発話時教師黒板利用率が

33.3%（10コマ）であった。生徒の発言率は低かったが、生徒の発言したものは、着実に摘書されている様子がうかがわれる。

4. 日本の数学の授業（21JP 数学）

21JP 数学は、大阪市立 A 中学校の 2 年生 B 組の数学の授業である。指導者は 21JP 数学と同じ中堅の教諭 T である。教室前面には横幅約 3.6 メートル、縦約 1.2 メートルの黒板が設置してある。生徒の数は 35 人で、1 人用の移動式の机に黒板に対面するようにして座っていた。

題材は、「確率の求め方⑴」である。ちょうど、21JP 数学のひとつ前の内容となっている。

次の**表 3 − 8** は、2 枚の硬貨の表と裏が出る場合分けを樹形図で表し、それを手がかりにして、ある出方の確率を考える場面である。

表 3 − 8　日本の数学の授業（21JP 数学）の分析表（部分）

		教		生			
		音	字	音	字	字	
分	秒				教	生	
06	30	s					T:2 枚の硬貨 A、B
06	35	s					T:1 枚の硬貨でもね、それぞれの硬貨については目の出かた
06	40	s					T: 目じゃないな、表か裏かどちらかですね。投げた時に、
06	45	s					T: 表で、えー、終わるか、裏で終わるか、
06	50	s					T: こう立つことはないと考えるんです。表か裏かしかないかと、ないと
06	55	s	w				T: します。そうすると、えー、表をマル、裏を
07	00	s					T: バツとしてね、考えていくと、樹形図ちょっと考えていきますね。2 枚の硬貨
07	05	s	r				T:A、B をパンと投げました。すべ、起こりうるすべての場合、例えば、
07	10	s	w				T: 投げたとき、A は表の場合もあるし、裏の場合も
07	15	s	r				T: ありますよ。この 2 通り考えられるねんな。
07	20	s	w				T:A は表かもわからへんし、裏かもわからへん。じゃあそれぞれの場合について

07	25	s	w				T:B は、またこれも表かもわからへんし、裏の場合もあるかも
07	30	s	w				T: わかりません。じゃあ、A が裏の場合、
07	35	s	w				T:B は、表かもわからへんし、B も裏かもわからへん。
07	40	s	r				T: これが、2 枚の硬貨を投げたときに起こりうるすべての場合
07	45	s	r				T: なんです。すべての場合は、えー、1、2、3、4 通り
07	50	s	r				T: 表表、表裏、裏表、裏裏
07	55	s	w				T: という 4 通りあります。4 通りね。
08	00	s	w				T: この中で確率を考えていきます。
08	05	s	r				T:2 枚とも表である確率、1 枚が表で
08	10	s	r				T:1 枚が裏である確率、少なくとも 1 枚は裏である確率を求めていきます。
08	15	s	w				T: 全部の場合が 4 通りなので、確率は
08	20	s	w				T: こないだと、やったんと一緒、4 分のになります。
08	25	s	w				T: じゃあ数えていくで。この中で 2 枚とも表である。
08	30	s	r				T:2 枚とも表、これは
08	35	s	r				T:1、2、3、4 通りの中で、この組み合わせだけやな。
08	40	s	w				T: マルとマル、この組み合わせだけ、
08	45	s	w				T: だから、1 通り、したがって確率は 4 分の
08	50	s	r				T:1 と答えます。いい？

教師が連続して説明している。しかし、黒板を書く手は止まっていないことが、表から読み取れる。

授業中、教師がほとんど発話せずに黙々と板書したのが 1 分以上続いたのは、全部で 5 回もあった。それぞれ 1 分 25 秒、1 分 40 秒、1 分 0 秒、1 分 25 秒、1 分 5 秒の長さであった。

この授業は全部で 45 分 10 秒であった。これを第 1 章で開発した手法で分析し、グラフに表したのが**図 3 － 5** である。

21JP 数学の分析対象総コマ数は 542 コマであった。そのうち、教師が発話していた教師発話率が 57.9％（314 コマ）、生徒が発話していた生徒発話率が 4.2％（23 コマ）であった。20JP 数学と同様に、教師の発話率は非常に高く、生徒の発話率は極端に低い。

全 542 コマのうち、教師が黒板などに書き込みをしていた教師書込率が

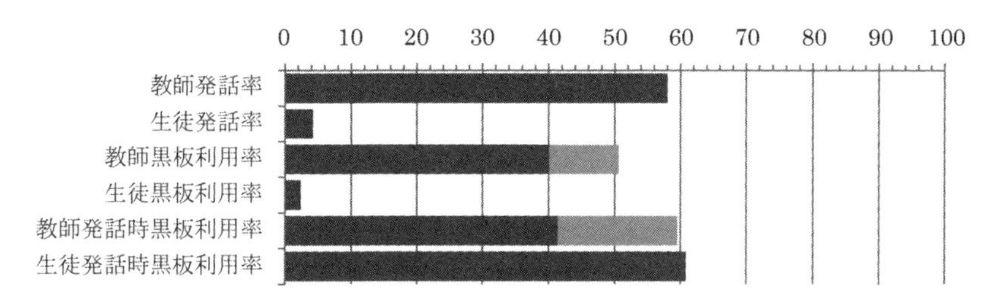

図3－5　日本の数学の授業（21JP 数学）

40.0％（217コマ)、書込を指さしていた教師書込指さし率が10.5％（57コマ）で、合計の教師黒板利用率が50.6％（274コマ）であった。やはり、黒板利用率は非常に高い。

全542コマのうち、生徒が黒板などに書き込みをしていた生徒書込率が2.4％（13コマ)、書込を指さしていた生徒書込指さし率が0.0％（0コマ）で、合計の生徒黒板利用率が2.4％（13コマ）であった。

教師が発話していた314コマのうち、教師が黒板などに書き込みをしていた教師発話時教師書込率が41.4％（130コマ)、書込を指さしていた教師発話時教師書込指さし率が18.2％（57コマ）で、合計の教師発話時教師黒板利用率が59.6％（187コマ）であった。話しながら頻繁に板書していることが数値に表れている。

生徒が発話していた23コマのうち、教師が黒板などに書き込みをしていた生徒発話時教師書込率が60.9％（14コマ)、書込を指さしていた生徒発話時教師書込指さし率が0.0％（0コマ）で、合計の生徒発話時教師黒板利用率が60.9％（14コマ）であった。低い発言率ながらも、発言すれば確実に黒板に摘書されていることが読み取れる。

第2節　日本の算数の授業

本節では、公立小学校での3つの算数の授業を分析する。録画したのは、いずれも2012年である。

1. 日本の算数の授業（22JP 算数）

22JP 算数は、大阪市立 J 小学校の 5 年生の算数の授業である。指導者はベテランの教諭 A である。教室前面には横幅約 3.6 メートル、縦約 1.2 メートルの黒板が設置してある。児童の数は 35 人で、1 人用の移動式の机に黒板に対面するようにして座っていた。

題材は、「分数のかけ算のしかたを考えよう」である。1 デシリットルで板を 0.2 平方メートル塗ることができるペンキがある、という情報を手がかりにした問題を、まずは、小数で考えさせ、それを分数のかけ算に転移させようとすることを目標とした授業である。

次の**表 3 − 9** は、その冒頭部分である。

表 3 − 9　日本の算数の授業（22JP 算数）の分析表（部分その 1）

		教		生			
分	秒	音	字	音	字 教	字 生	
01	25	s		s			T: はい、始めまーす。 S: では 5 時間目の授業を始めます、礼。
01	30	s					T: 今日はこの問題からいきます。まず、
01	35	s					T: ノートはいいですね。
01	40		w				【無言で板書】
01	45		w				
01	50		w				
01	55		w				
02	00		w				
02	05		w				
02	10		w				
02	15		w				
02	20		w				
02	25		w				
02	30	s	w				T: はい、みんなで読んでください。さんはい。
02	35			s			S:（全員）1 dℓで板を 0.2 ㎡

02	40			s			S:（全員）塗れるペンキがあります。
02	45		r	s	r		S:（全員）このペンキ、2 dℓでは何㎡が
02	50		r	s	r		S:（全員）塗れますか。
02	55	s					T: さぁ、いいですか。
03	00	s					T: 答え分かる人。式が分かる人。
03	05	s					T: 式が分かる人。式も答えも分かる人。
03	10	s		s	w		T: 大林さん。 S:0.2 かける 2 は
03	15	s	w	s	w		S:0.4 です。答え 0.4 ㎡
03	20		w	s	w		S: だと思います。どうですか。 S:（複数児童が同時に）いいです。
03	25		w		w		
03	30	s	w				T: よろしいですか。

1分35秒のコマで児童にノートの準備を促した後は、無言でいきなり板書が始まった。板書は55秒続く。その間、児童は各自のノートに板書の内容を写している。

2分35秒のコマからは、コーラス・リーディングで、板書された問題をみんなで確認する。そして、3分10秒のコマからは、IREによる指導が始まる。なお、3分20秒で、児童が「どうですか」と聞き、複数児童が同時に「いいです」と言っている対話があるが、これは、学級活動の話合いでよく使われる表現である。この授業では、このように学級活動で学んだ技能が算数の話合い活動の場面でも活用されていた。

次の**表3－10**は、いよいよ分数のかけ算の概念を考える場面である。

表3－10　日本の算数の授業（22JP算数）の分析表（部分その2）

		教		生			
		音	字	音	字	字	
分	秒				教	生	
26	45	s					T: 答え行き着いた人、なんぼになった？はい、誰か言ってください。
26	50	s					T: なんぼなるかな、タジミさん。

26	55	s	w	s			S:5 分の 4 です。 T:（耳に手を当て）
27	00	s	w	s	w		S:5 分の 4 です。どうですか。 S:（複数児童が同時に）いいでーす。
27	05	s					T:5 分の 4 になった人ー？はい、そうですね。じゃあ、5 分の 4、
27	10	s					T: なんで 5 分の 4 になるのかっていうのを今から皆で考えていきたいと思います。これが計算の仕方です。
27	15	s	r				T: 黒板みてください。では、誰か 5 分の 4 を説明してみようかなーっていう人。
27	20	s					T: 頑張って説明してくれる人。はい、梅川さん。
27	25		r	s			S:5 分の 4 で、ーーの中の
27	30		r	s			S: ーで 5 分の 4 になって、それで、えっと、
27	35			s			S: 分母とかを、2 かけて 2 かけたら、
27	40			s			S:10 分の 4 になって、約分をすると 5 分の 4 になることになるから、
27	45			s			S: 分母だけを、かけたら
27	50	s		s	r		S:5 分の 4 になるとおもいます。どうですか。 T: あ、1 回こうして
27	55	s	r				T: 分母にも分子にもかけてみたら 10 分の 4 になってしもて、それは変な答えやから違う。
28	00	s					T: やから分子だけかけてみたっていうのが梅川さんの考えやな。はい。違う考えの人。
28	05	s					T: 吉田さん。吉田さんはちゃんとノートに書いたか。
28	10	s					T: ではいってみましょうか。はい。
28	15			s			S:5 分の 2 カケル 2 は 0.2 カケル 2 でーーーー (小声で聞き取れない)
28	20	s		s			S: ーーー (小声で聞き取れない) T: もっぺんいうて。ごめん､聞こえへんかった。もう一回。
28	25		w	s	w		S:5 分の 2 カケル 2 は 0.2 カケル 2 で、は 0.8 で、
28	30		w	s	w		S: 分配法則したら 5 分の 2

27 分 0 秒のコマ、および、27 分 50 秒のコマでは、前述の「どうですか」の言葉がけが確認できる。

27 分 25 秒から 27 分 50 秒のコマでは、児童が比較的長い発言を行っている。算数や数学の授業では、児童生徒の発言は、1 語文になりやすい。しかし、教論 A の学級では、普段から学級活動の話合いで、ちゃんとした文章で、論理立てて話す訓練がなされており、算数の授業であってもできるだけ忍耐強く、児童にそのような語り方をすることを保障することが目指されている結果であると思われる。

児童の発言の最中も、教諭Ａは摘書したり、該当する板書を指さしたりして、児童の発言を支援している様子が表から読み取れる。

また、28分5秒のコマでは、再び、ノートに書くことを指導していることも指摘される。

授業中、教師がほとんど発話せずに黙々と板書したのが1分以上続いたのは、2回あった。それぞれ1分25秒、2分10秒の長さであった。とくに、後者はチャイムが鳴った後に書き始めており、児童がノートに写すことを前提とする板書であった。やはり、ノートに何が残っているのかが重視されているようである。

この授業は全部で48分5秒であった。これを第1章で開発した手法で分析し、グラフに表したのが**図３－６**である。

22JP算数の分析対象総コマ数は577コマであった。そのうち、教師が発話していた教師発話率が61.2％（353コマ）、生徒が発話していた生徒発話率が18.0％（104コマ）であった。教師の発言率は高くなっている。

全577コマのうち、教師が黒板などに書き込みをしていた教師書込率が26.2％（151コマ）、書込を指さしていた教師書込指さし率が12.3％（71コマ）で、合計の教師黒板利用率が38.5％（222コマ）であった。黒板利用率はやはり高い。

全577コマのうち、生徒が黒板などに書き込みをしていた生徒書込率が0.5％（3コマ）、書込を指さしていた生徒書込指さし率が0.0％（0コマ）で、

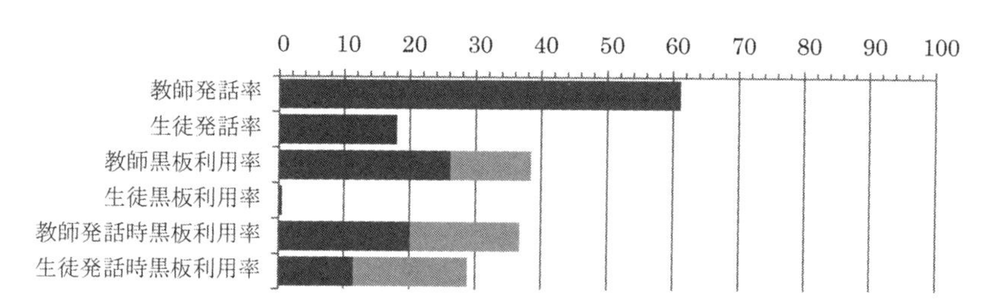

図３－６　日本の算数の授業（22JP算数）

合計の生徒黒板利用率が 0.5%（3 コマ）であった。

教師が発話していた 353 コマのうち、教師が黒板などに書き込みをしていた教師発話時教師書込率が 20.1%（71 コマ）、書込を指さしていた教師発話時教師書込指さし率が 16.7%（59 コマ）で、合計の教師発話時教師黒板利用率が 36.8%（130 コマ）であった。話しながら板書している姿が読み取れる。

生徒が発話していた 104 コマのうち、教師が黒板などに書き込みをしていた生徒発話時教師書込率が 11.5%（12 コマ）、書込を指さしていた生徒発話時教師書込指さし率が 17.3%（18 コマ）で、合計の生徒発話時教師黒板利用率が 28.8%（30 コマ）であった。摘書によって児童の発言を支援していることが読み取れる。

2. 日本の算数の授業（23JP 算数）

23JP 算数は、大阪市立 N 小学校の 6 年生の算数の授業である。指導者は中堅の教諭Mである。教室前面には横幅約 3.6 メートル、縦約 1.2 メートルの黒板が設置してある。児童の数は 35 人で、1 人用の移動式の机に黒板に対面するようにして座っていた。

題材は、「対称な形」である。

次の**表 3 － 11** は授業の冒頭部分である。

表 3 － 11　日本の算数の授業（23JP 算数）の分析表（部分その 1）

		教		生			
		音	字	音	字	字	
分	秒				教	生	
00	55	s	w				T: めあてを書きます
01	00		w				
01	05		w				＜板書＞
01	10		w				
01	15		w				
01	20		w				
01	25		w				
01	30		w				

01	35		w				
01	40		w				
01	45		w				
01	50		w				
01	55		w				
02	00		w				
02	05		w				
02	10		w				
02	15		w				
02	20		w				
02	25		w				
02	30	s	w				T: 今日のめあては
02	35						
02	40						
02	45						
02	50						
02	55	s					T: はい。皆で読みます。良いですか。さん、はい。
03	00	s		s			T:S:（児童全員と教師）対応する点・辺・角や
03	05	s		s			T:S:（児童全員と教師）対応する点と対称の軸の関係を理解しよう。
03	10	s					T: 今日、ちょっと２つの内容ね。
03	15	s	r				T: 対応する点、辺、角それは何なのか、と
03	20	s					T: 昨日勉強した対称の軸とそれに対応する点の関係というのをですね、今日は調べていきます。
03	25	s	w				T: では、問題
03	30						＜板書＞
03	35		w				
03	40		w				
03	45		w				
03	50		w				
03	55		w				
04	00		w				
04	05		w				
04	10	s					T: 今日の問題は線対称な形を調べよう

教師は「めあてを書きます」と言った後は、何も言わず、黙々と本時のめあてを板書した。児童は全員それをノートに写していた。板書は1分40秒続いた。児童がノートを取り終わるのをしばらく待ってから、3分0秒から3分5秒の間、教師と児童全員で一斉に、そのめあてを音読した。そして、3分30秒のコマからは、教師が本時に考える算数問題を板書する。もちろん、児童はそれをノートに写す。教師も書くが、児童も書く。書くことが基本の授業である。

次の**表3－12**は授業の最終場面である。

表3－12　日本の算数の授業（23JP算数）の分析表（部分その2）

		教		生			
					字	字	
分	秒	音	字	音	教	生	
41	40	s	w				T: この関係どうですか。
41	45	s					T: 対応する点をつなぐ線と、対称の軸、は
41	50	s	r				T: 垂直になる。
41	55		w				
42	00		w				
42	05		w				
42	10						
42	15		w				
42	20						
42	25						
42	30		w				
42	35		w				
42	40		w				
42	45		w				
42	50		w				
42	55		w				
43	00		w				
43	05						
43	10						
43	15						〔チャイムが鳴る〕

43	20	s					T: はい、というまとめね。
43	25	s					T: はい、ちょっと時間伸びますけど、最後、あの、練習問題だけ。

43分15秒にチャイムが鳴ってしまう。チャイムが鳴るまで書き続けたのが、「まとめ」である。黒板には「対応する点をつなぐ線と対称の軸は垂直に交わる。交わる軸から対応する点までの長さは等しい」と書かれており、それが四角で囲まれていた。児童は、このまとめも、ていねいに、各自のノートに写していた。教師にとっても、児童にとっても、1時間のまとめがノートに残されていることが非常に重要なのであろう。前述したように、このことは、中学校の授業でも、ほかの小学校の授業でも観察されている。こういったところにも、書字随伴型授業の特徴があると思われる。

この授業は全部で52分50秒であった。これを第1章で開発した手法で分析し、グラフに表したのが**図３－７**である。

23JP算数の分析対象総コマ数は635コマであった。そのうち、教師が発話していた教師発話率が49.9%（317コマ）、生徒が発話していた生徒発話率が11.3%（72コマ）であった。教師の発言率はやや低い。生徒の発話率も低い。

全635コマのうち、教師が黒板などに書き込みをしていた教師書込率が24.1%（153コマ）、書込を指さしていた教師書込指さし率が15.3%（97コマ）で、合計の教師黒板利用率が39.4%（250コマ）であった。黒板利用率はほかの日本の授業比べてやや低いものの、ある程度の高さはある。

全635コマのうち、生徒が黒板などに書き込みをしていた生徒書込率が2.0%（13コマ）、書込を指さしていた生徒書込指さし率が0.0%（0コマ）で、

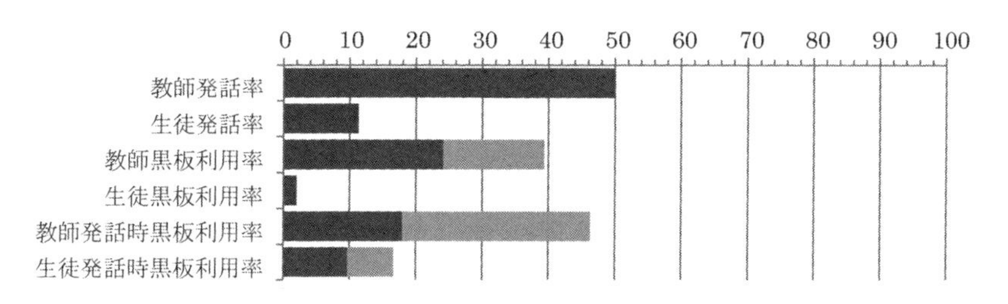

図３－７　日本の算数の授業（23JP算数）

合計の生徒黒板利用率が 2.0％（13 コマ）であった。

教師が発話していた 317 コマのうち、教師が黒板などに書き込みをしていた教師発話時教師書込率が 18.0％（57 コマ）、書込を指さしていた教師発話時教師書込指さし率が 28.4％（90 コマ）で、合計の教師発話時教師黒板利用率が 46.4％（147 コマ）であった。

生徒が発話していた 72 コマのうち、教師が黒板などに書き込みをしていた生徒発話時教師書込率が 9.7％（7 コマ）、書込を指さしていた生徒発話時教師書込指さし率が 6.9％（5 コマ）で、合計の生徒発話時教師黒板利用率が 16.7％（12 コマ）であった。

3. 日本の算数の授業（24JP 算数）

24JP 算数は、大阪市立 J 小学校の 5 年生の算数の授業である。指導者は 22JP 算数と同じ教諭 A である。教室前面には横幅約 3.6 メートル、縦約 1.2 メートルの黒板が設置してある。児童の数は 35 人で、1 人用の移動式の机に黒板に対面するようにして座っていた。

題材は、「等しい比かどうか調べよう」である。透明のペットボトルに入ったコーヒー牛乳が教室に持ち込まれた。分量はそれぞれ違う。授業は、どちらが濃いか、あるいは、同じ濃さかを、予想するところから始まる。その後、それを比を使って考えるというのが本時のねらいである。

次の**表 3 − 13** は、学習のめあてを確認する場面である。

表 3 − 13　日本の算数の授業（24JP 算数）の分析表（部分その 1）

		教		生			
		音	字	音	字	字	
分	秒				教	生	
07	25	s	w				T: 同じです。つまり今日は、はい今日の問題はね、
07	30	s	w				T: 等しい比かをね、調べてみましょうというのが、
07	35	s	w				T: 実はこれからする勉強。はい、ノート出してください。
07	40		w				（板書）
07	45		w				

07	50		w				
07	55		w				
08	00		w				
08	05		w				
08	10		w				
08	15						
08	20	s					T: 今日の学習の目当ては、等しい比かを調べて
08	25	s					T: みましょうというのが、今日の学習の
08	30	s					T: 目当て。じゃあどんな比を調べるのか、今から問題を書きます。
08	35	s	w				T: 今から問題を書きます。
08	40		w				(板書)
08	45		w				
08	50	s	w				T: はい、皆さんもノートに問題を書いていってください。ナガイ先生が
08	55	s	r				T: 作ってくださったコーヒー牛乳の4対10という
09	00	s	r				T: この比と、2つ目の6対15という比、この2つの
09	05	s					T: 比が等しいかどうかを今から調べていきたいと思います。
09	10		w				(板書)
09	15		w				
09	20		w				
09	25		w				
09	30		w				
09	35		w				
09	40		w				
09	45		w				
09	50		w				
09	55						(机間巡視)

7分35秒のコマで、教師は「ノート出してください」と指示をする。そして、めあてはやはり、板書によって示される。児童はそれをノートに写す。そして、8分35分のコマからは、ねらいを達成するために取り組む問題が提示されるのであるが、これも、やはり、板書である。そして、児童はそれをノートに写す。

次の**表3－14**は、4対10と6対15が等しい理由を比を使って児童にさせる場面である。

表3－14　日本の算数の授業（24JP算数）の分析表（部分その2）

分	秒	教		生			
		音	字	音	字 教	字 生	
29	00	s					T: こちらからいきましょう。はい、マスナガさん。出てきてください。マスナガさんのやり方説明してください。どうぞ。
29	05	s	r		r		T: 皆は自分が考えた
29	10	s					T: 方法と前で発表した人の方法が同じかどうかをしっかり
29	15	s					T: 聞き比べながら聞いてください。それともう1つ。前で発表して
29	20	s					T: いる人が誰と誰と同じ考えなのかなっていうのを
29	25	s					T: ちょっと考えながら聞いてください。はい、どうぞ。
29	30			s		r	S:4分の10と、6分、4、4対10と
29	35			s		r	S:6対15の比は（聴き取れず）。4対10は
29	40			s		r	S:4割る10で、10分の4で、
29	45			s		r	S: 約分して5分の2になって6対15
29	50			s		r	S: は6割る15で15、15分の6
29	55			s		r	S: で約分して5分の2に
30	00			s		r	S: なって、5分の2と5分の2になるから等しいと思います。
30	05	s		s		r	S: どうですか。S:（複数児童が同時に）いいです。T: 同じ考えの人。はい、
30	10	s					T: オッケー。ありがとうございます。はい、どうもありがとう。では続きまして、

29分5秒から29分25秒のコマは、直前に発表した児童の意見とこれから発表する児童の意見とを比べること、そして、これから発表する児童の意見と自分の意見とを比べることを児童に促している。これは、学級活動の話合いでよく行われている指導である。教諭Aは、その学級活動で身につけた児童の技能を算数の話合いの中で活かすために、意識的に児童に指示を出したのである。また、30秒5秒の「どうですか」「いいです」の対話も前述した

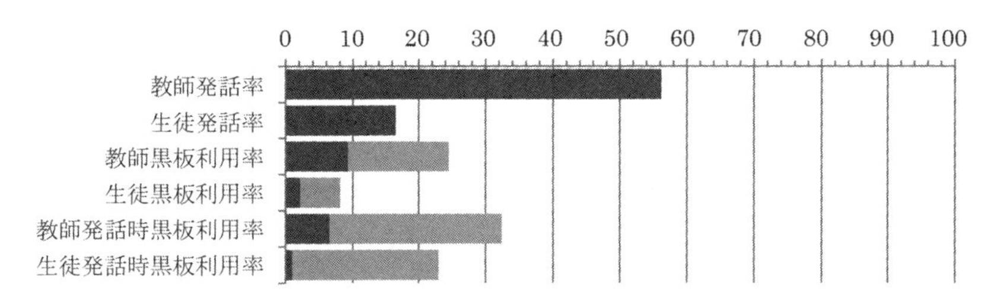

図３－８　日本の算数の授業（24JP 算数）

とおりである。

児童の発表は、29 分 30 秒から 30 分 5 秒のコマと、比較的長い発言となっている。児童は黒板に貼りつけられた自分のアンサーボードの文字を指さしながら説明していた。

この授業は全部で 50 分 15 秒であった。これを第 1 章で開発した手法で分析し、グラフに表したのが**図３－８**である。

24JP 算数の分析対象総コマ数は 603 コマであった。そのうち、教師が発話していた教師発話率が 56.2％（339 コマ）、生徒が発話していた生徒発話率が 16.6％（100 コマ）であった。

全 603 コマのうち、教師が黒板などに書き込みをしていた教師書込率が 9.3％（56 コマ）、書込を指さしていた教師書込指さし率が 15.3％（92 コマ）で、合計の教師黒板利用率が 24.5％（148 コマ）であった。

全 603 コマのうち、生徒が黒板などに書き込みをしていた生徒書込率が 2.2％（13 コマ）、書込を指さしていた生徒書込指さし率が 6.0％（36 コマ）で、合計の生徒黒板利用率が 8.1％（49 コマ）であった。

教師が発話していた 339 コマのうち、教師が黒板などに書き込みをしていた教師発話時教師書込率が 6.5％（22 コマ）、書込を指さしていた教師発話時教師書込指さし率が 26.0％（88 コマ）で、合計の教師発話時教師黒板利用率が 32.4％（110 コマ）であった。

生徒が発話していた 100 コマのうち、教師が黒板などに書き込みをしていた生徒発話時教師書込率が 1.0％（1 コマ）、書込を指さしていた生徒発話時教師書込指さし率が 22.0％（22 コマ）で、合計の生徒発話時教師黒板利用率が 23.0％（23 コマ）であった。

おわりに

本章では、第 1 章で開発した分析指標を用い、日本の数学・算数の合計 7 つの授業を分析した。

どの授業も、教師の黒板利用率が非常に高かった。また、話しながら黒板を利用する率や、児童生徒が発言している最中に黒板を利用する率も高くなっていた。

授業のめあてや授業中にみんなで解いていく問題が板書されることが多いことも指摘された。このような行為は日本の授業では日常化されており、何も言わずに板書を始める教師も少なくなかった。そして、児童生徒は板書されたことはすべてノートに書き写していた。

また、教師が授業中に 1 分以上、黙々と板書をする場面も少なくなかった。教師が黙々と板書している時間は、児童生徒も黙々とノートに写す時間でもあった。

中学校の授業では、既習事項の「内心」や「内接円」を生徒に思い出させるために、教師が漢字を黒板に書いてヒントにしていた。スロベニアの授業では、子音の発音がヒントになっていたのと対照的である。

これらのことから、日本の授業は、書字随伴型授業の特徴を持っていると言える。

これらの結果は、第 2 章のアメリカ、イタリア、スロベニアの授業分析結果とともに、第 4 章において併置比較考察を行うことにより、日本の特徴を裏付けることにする。なお、第 4 章の第 2 節で補論として、本章で分析した日本の 3 つの小学校の算数の授業全体と 4 つの中学校の数学の授業全体の比較分析を行う予定である。

第4章　文字言語・音声言語からみた授業の国際比較

はじめに

第2章と第3章では、第1章で開発した比較分析指標を用いて、アメリカ、イタリア、スロベニア、日本の授業集録ビデオを個々に分析した。本章では、これらを総合的に分析し、書字随伴型授業が日本の教育文化の特徴であることを明らかにすることを目的とする。

本章では、まず、第1節で4か国における数学と算数の授業の分析結果を比較考察する。第2章で分析した、アメリカ、イタリア、スロベニアの数学の授業には、1クラスだけ小学校の数学の授業が含まれていた。しかし、これらの国では、教科の名称はすべて「数学」[1]である。一方、日本の場合、中学校では「数学」、小学校では「算数」と呼ばれている。そこで次の第1節では、日本の中学校2年の数学の授業と小学校5年、6年の算数の授業を「数学・算数」(グラフ内の略称は「数算」)と一括りにした上で、他国の数学の授業と比較考察を行う。

なお、日本の中学校の「数学」の授業と小学校の「算数」の授業との差異については、第2節において補論として考察することにする。結論を先取りすれば、日本の数学・算数の授業における教育文化の特徴は、小学校よりも中学校の方により強く現れる。したがって、第1節において「数学」と「算数」のデータを一括りにして国際比較をすることは、妥当性を欠くわけではなく、むしろ、「算数」のデータを国際比較の分析対象から除外することによるデータ選択の恣意性を回避することになると言える。

第1節　数学・算数の授業の国際比較

本節では、第2章と第3章において別々に分析した4か国の数学の授業の分析結果を国ごとに比較考察する。そのために、各分析結果をもとに次のような計算を行った。

まず、アメリカの数学の授業については、第2章で分析した5つの8年生の数学授業の分析結果を用いた。それぞれの授業の分析によって得られた5つの「教師発話率」の平均をとり、それをアメリカの数学の授業の「教師発話率」とした。「生徒発話率」「教師黒板利用率」「生徒黒板利用率」「教師発話時教師黒板利用率」「生徒発話時教師黒板利用率」も同様に、それぞれ5つの率の平均により算出した。

イタリアの数学の授業については、第2章において1つの8年生の数学授業についてしか分析を行っていないので、ここではその分析結果をそのままイタリアの数学の授業の率とした。

スロベニアの数学の授業については、第2章において5つの数学授業の分析を行ったので、アメリカの場合と同様に、それぞれの率の平均をとり、スロベニアの数学の授業の「教師発話率」「生徒発話率」「教師黒板利用率」「生徒黒板利用率」「教師発話時教師黒板利用率」「生徒発話時教師黒板利用率」とした。

日本については、第3章で、中学校2年生(8年生)の数学の授業を4つ、小学校5年の算数を2つ、小学校6年の授業を1つ、合計7つの授業を分析している。そこで、本章では、これらの7つの授業の平均をとることによって、日本の「数学・算数」の授業の「教師発話率」「生徒発話率」「教師黒板利用率」「生徒黒板利用率」「教師発話時教師黒板利用率」「生徒発話時教師黒板利用率」とした。

なお、このように「数学」の授業と「算数」の授業を合わせて平均をとることの是非については、次節で補論として検討することにする。ここでその結論を先取りして述べれば、小学校の「算数」を除外することにより中学校2年生の「数学」だけの平均値を使用した方が、ほかの国の8年生の数学の授

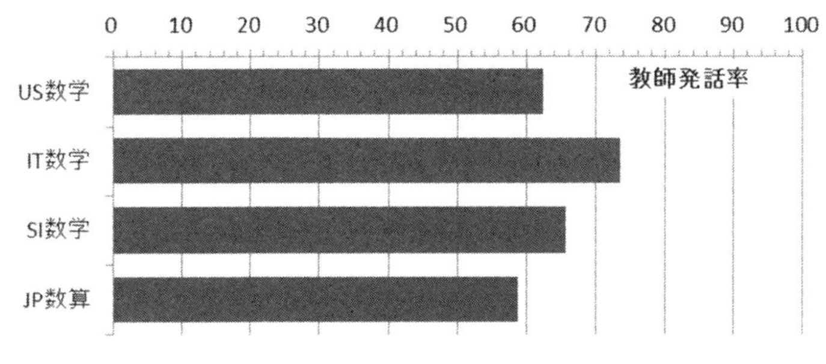

図４－１　教師発話率の国際比較

業との対比がより鮮明となる。しかし、それでは、データ選択の恣意性が問題視されることになる。そこで、ここではより誠実と思われる方法に従い、授業分析を行ったすべての授業を比較の対象とすることにする。

さて、**図４－１**が教師の発話率についての４か国比較のグラフである。グラフの中で、「US 数学」とあるのが、アメリカの数学の授業の分析結果の平均である。「IT 数学」はイタリアの数学、「SI 数学」はスロベニアの数学の平均、そして、「JP 数算」は日本の数学と算数の授業の平均である（以下同様）。

教師の発話率の比較では、イタリアの授業がもっとも高い。イタリアでは分析の対象とした１授業のほかにも複数の国語の授業を観察したが、どれも、１時間中、教師が話している印象だった。その印象を裏付ける結果である。しかしながら、国際的に比較して、その差が大きいものであるとまでは言えない[2]。日本も含めて、教師の発話率はほぼ変わらず、６割から７割と考えるのが妥当であろう。

児童生徒の発話率の比較では、アメリカ、イタリア、スロベニアでは数値がほとんど変わらず、４割前後となっているのに対して、日本が極端に低い値になっていた[3]。他国の４分の１である。新しい学習指導要領では、児童生徒にもっと発言を促すアクティブ・ラーニング型授業の促進がうたわれることになっている。アクティブ・ラーニング型授業は、単に児童生徒が話し合うだけでは不十分であり、そこに深い学びが保障されることを教師は目指さなければならない。しかしながら、**図４－２**のような数値を見ると、まずは、生徒が発言できる授業環境を整えることが急務である言える。ただし、話合

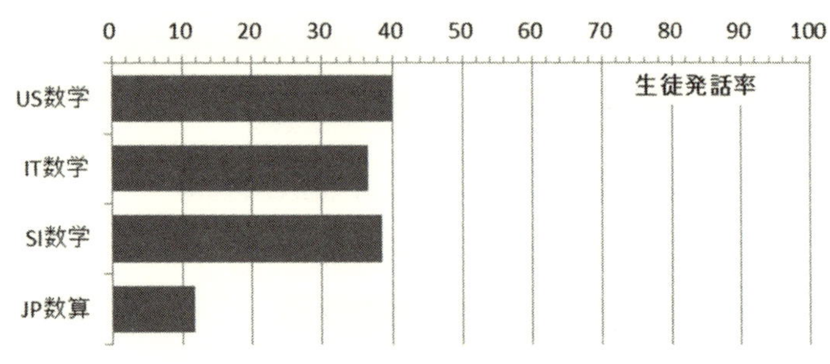

図４－２　児童生徒発話率の国際比較

い活動といっても西洋と同じような音声だけによる話合いを日本に導入するのは望ましくない。このことについては、終章で再び考察することにする。

図４－３は教師黒板利用率の比較である。グラフのうち、棒の色が濃い部分が、黒板などに文字などを書き込んでいた数値を表し、棒の色が薄い部分は、すでに黒板などに書き込まれている文字などを指さしして参照していた数値を表す（以下同様）。アメリカとイタリアがほぼ同じ数値、スロベニアがやや低い数値であるが、なんといっても、日本の数値が高いことが指摘される。日本の割合は、ほかの国の２倍以上となっている[4]。

第３章で詳しく考察したように、日本の授業では、授業のめあてや授業中にみんなで解いていく問題が板書されることが多かった。そして、児童生徒は板書されたことはすべてノートに書き写していた。また、授業中に１分以上、黙々と板書をする場面も少なくなかった。教師が黙々と板書している時間は、児童生徒も黙々とノートに写す時間でもあった。さらに、既習事項の「内

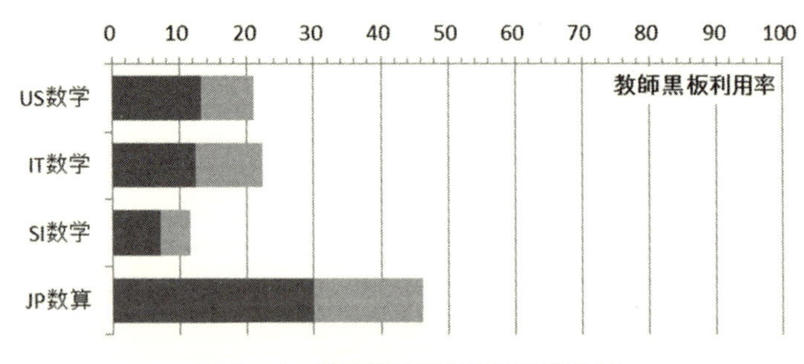

図４－３　教師黒板利用率の国際比較

心」や「内接円」を生徒に思い出させるために、漢字を黒板に書いてヒントにしていた。スロベニアの授業では、子音の発音がヒントになっていたのと対照的であった。これらのことから、日本の授業は、書字随伴型学習の特徴を持っていると言えると考えられるが、図4－3の教師黒板利用率の国際比較でも、それが数値的に明らかになった。

児童生徒黒板利用率の比較（**図4－4**）では、イタリアの数値がもっとも高く、スロベニアがそれに続く。アメリカの数値と日本の数値はともに、非常に低くなっている[5]。図4－3では、日本の授業が書字随伴型授業であると単純に結論できたが、図4－4は、その結論に一部修正を加えなければならないことを示している。つまり、日本の授業では、教師は確かに書字随伴型教授を行っているが、生徒は必ずしも書字随伴型学習を行っていないかもしれない、ということである。しかしながら、そう結論するのは適切ではない。というのは、本研究で採用している分析指標では、個々の児童生徒がノートを使って書字随伴型学習をしている実態をまったく測定することができないからである。第3章では、そのことを踏まえ、本研究の分析指標による分析に加えて、ビデオ画像を直接分析することによって、児童生徒がノートを頻繁に、長時間とっていたことも指摘した。ノートについては、書字随伴型学習がかなりなされているはずであるが、数値化されていないので、それ以上のことを述べることができない。個々の生徒のノートへの書字活動の数値化については、今後の課題としたい。

一方、本研究の範囲内で図4－4から確実に読み取れることは、児童生徒

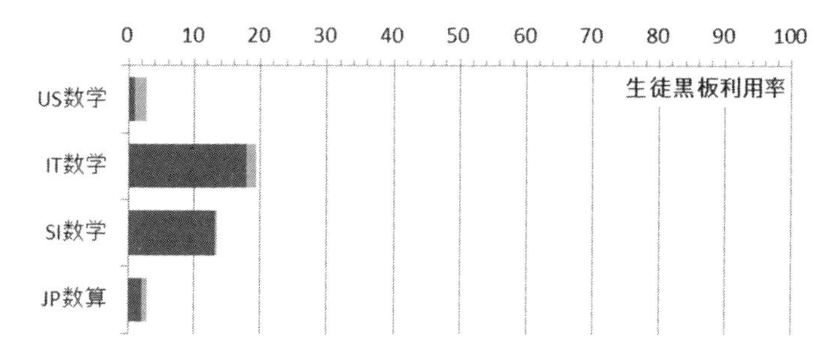

図4－4　児童生徒黒板利用率

が教師と対話したり、児童生徒どうしで話し合ったりする場面において、書字随伴型が保障されていないことである。終章でも明らかにする予定であるが、日本語を使う環境の中で、文字を使わないコミュニケーションは不安定となる。そのことに無自覚なまま、西洋の音声優位型の教育方法をそのまま導入するのは危険である。アクティブ・ラーニングの導入もその例外ではない。このことについては、終章で再び述べることにする。

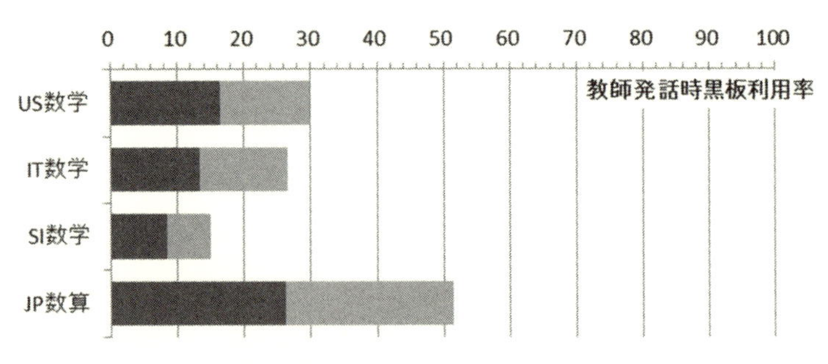

図４－５　教師発話時教師黒板利用率の国際比較

図４－５の教師発話時教師黒板利用率の比較では、スロベニアの数値が一番低く、アメリカとイタリアの数値はよく似ていた。それに対して、日本の数値が非常に高くなっている[6]。日本の教師は話しながら頻繁に板書をしていることが裏付けられている。第３章でも述べたように、日本の教師は、板書をしながら話しをすると表現した方が適切かもしれない。

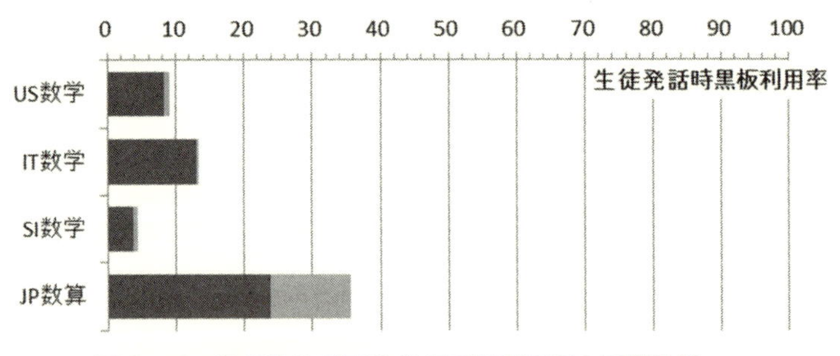

図４－６　児童生徒発話時教師黒板利用率の国際比較

図4－6の児童生徒発話時教師黒板利用率の比較では、3国の数値が非常に低い中、日本の数値は非常に高くなっている[7]。図4－2では、日本の児童生徒の発言率が非常に低くなっているが、いざ、児童生徒が発言するとなると、教師は黒板を利用して摘書をしたり、該当箇所を指し示したりして、児童生徒の発言を支援する姿がこのグラフから読み取れる。

第2節　日本の数学と算数の授業の比較(補論)

本節では、補論として、日本の中学校の「数学」の授業と小学校の「算数」の授業との差異について考察する。

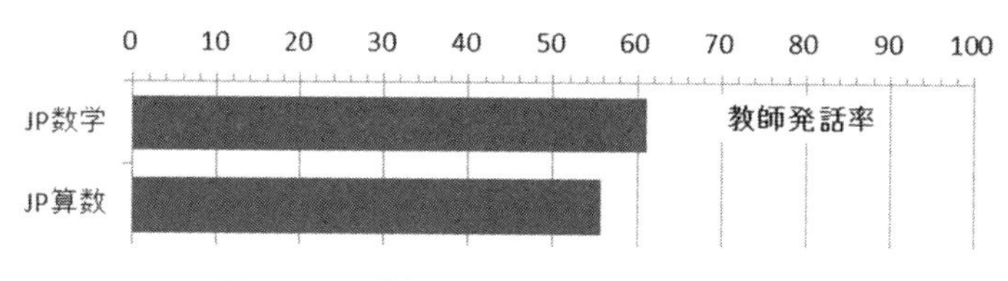

図4－7　教師発話率の数学・算数比較

図4－1の教師発話率の国際比較と同じように、数学と算数の差はあまりない(**図4－7**)。

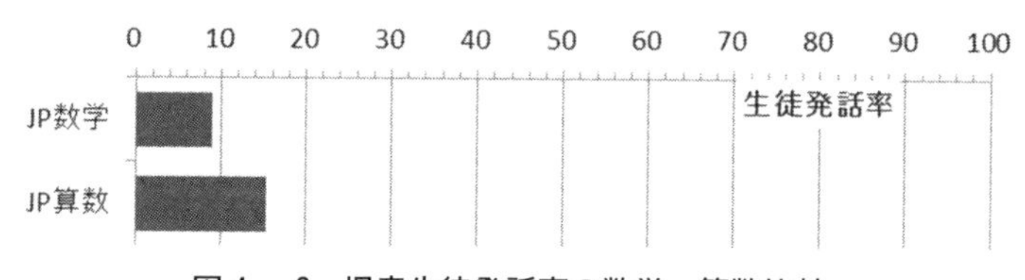

図4－8　児童生徒発話率の数学・算数比較

図4－2の児童生徒発話率の国際比較と比較すると、ほかの3国の傾向は数学ではなく算数に近い(**図4－8**)。

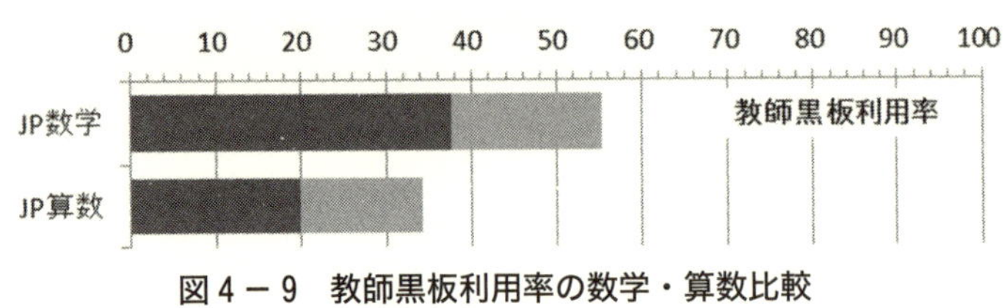

図4－9　教師黒板利用率の数学・算数比較

図4－3の教師黒板利用率の国際比較と比較すると、ほかの3国の傾向は数学ではなく算数に近い（図4－9）。

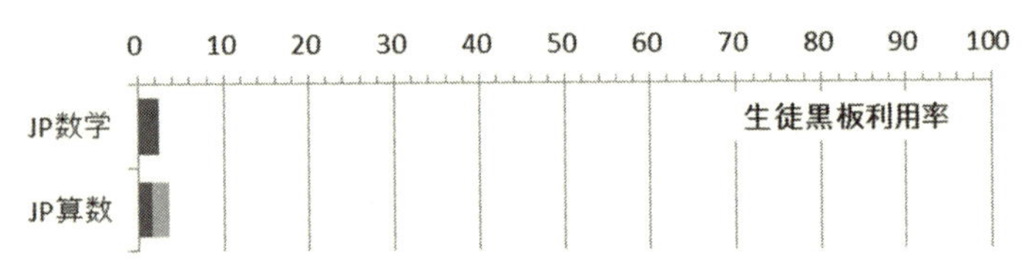

図4－10　児童生徒黒板利用率の数学・算数比較

日本の場合、数学も算数も極めて低い数値であるので、両者の差は認められない（図4－10）。

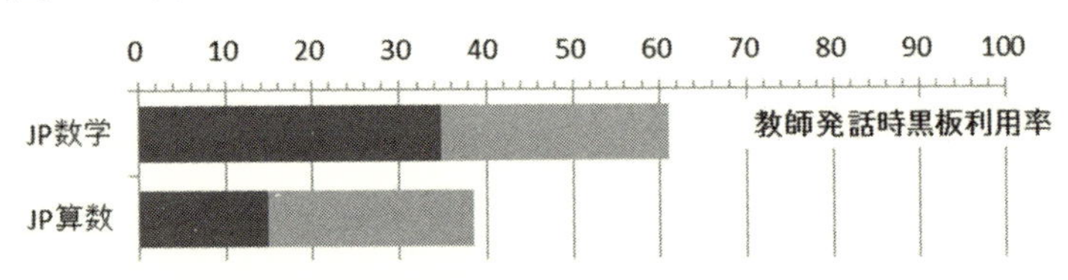

図4－11　教師発話時教師黒板利用率の数学・算数比較

図4－5の教師発話時黒板利用率の国際比較と比較すると、ほかの3国の傾向は数学ではなく算数に近い（図4－11）。

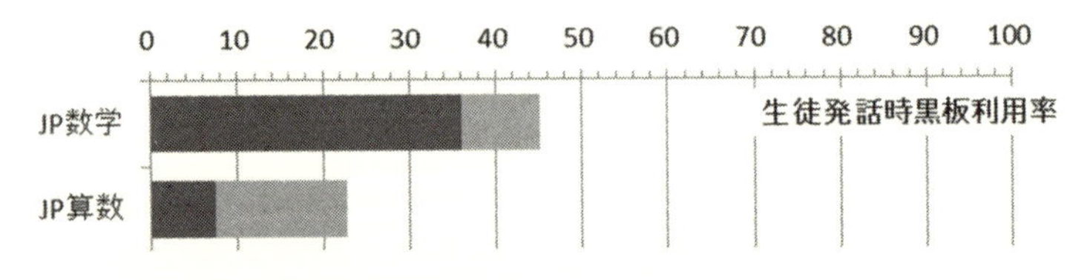

図4－12　児童生徒発話時教師黒板利用率の数学・算数比較

図４－６の児童生徒発話時教師黒板利用率の国際比較と比較すると、ほかの３国の傾向は数学ではなく算数に近い（**図４－12**）。

以上を総合すると、日本の数学・算数の授業における教育文化の特徴は、小学校よりも中学校の方により強く現れていると言ってよい。したがって、第１節において「数学」と「算数」のデータを一括りにして国際比較をすることは、妥当性を欠くわけではなく、むしろ、「算数」のデータを国際比較の分析対象から除外することによるデータ選択の恣意性を回避することになると考える。

おわりに

本章では、第１章で開発した比較分析指標を用いて、アメリカ、イタリア、スロベニア、日本の授業集録ビデオを個々に分析した結果をもとに、４国の国際比較を行った。日本の教師の発言率はほかの３国とあまり変わらなかったのに対し、児童生徒の発言率では、ほかの３国に比較して極端に低くなっていた。一方、教師の黒板利用率はほかの３国と比較して非常に高くなっており、日本の授業が書字随伴型授業となっているという特徴を裏付けている。また、教師発話時教師黒板利用率、児童生徒発話時教師黒板利用率もほかの国と比較して高くなっており、上記の特徴をさらに強化していると言える。

以上より、日本の授業の特徴は、それが書字随伴型授業になっていることにあると結論づけられる。

注

1　「幾何」「代数」と区別して呼んでいる場合もあるが、それらの総称は、はやり「数学」である。

2　日本の授業計７つの数値の平均値と日本以外の授業計 11 の数値の平均値について t 検定を行ったが有意差が認められなかった。念のため、逆正弦変換を行って t 検定を行ったが、やはり有意差が認められなかった。

3　上記注２と同様に素平均データと逆正弦変換後のデータについて t 検定を行ったところ、両者とも $p<0.01$ となり、有意差ありと認められた。

4　上記注3と同様の方法により、$p<0.01$となり、有意差ありと認められた。

5　上記注3と同様の方法により、有意差なしと認められた。

6　上記注3と同様の方法により、$p<0.01$となり、有意差ありと認められた。

7　上記注3と同様の方法により、$p<0.01$となり、有意差ありと認められた。

第Ⅱ部

文字言語・音声言語の学習・教育観の併置比較研究および
文字言語・音声言語からみた西洋教育移入期の関係比較研究

第Ⅰ部では、現在のアメリカ、イタリア、スロベニア、日本の数学の授業を定量的に比較分析することによって、日本の授業では、授業中に教師や生徒が書字を随伴しながら教えたり学んだりする場面が多くなっており、書字随伴型学習や書字随伴型授業が日本の学習文化の特徴のひとつであることを明らかにした。しかし、この特徴は現代だけに現出しているのであろうか。それとも、数百年単位で歴史を遡ってみても、書いて学ぶという書字随伴型学習が日本の教育文化の特徴のひとつであると言えるのであろうか。そして、もし、そうだとしたら、書字随伴型の学習・教育文化の特徴は、数百年前から現在まで変わらずに続いてきたのであろうか、それとも紆余曲折を経て現在に至っているのであろうか。第Ⅱ部「文字言語・音声言語の学習・教育観の併置比較研究および文字言語・音声言語からみた西洋教育移入期関係比較研究」は、このような問いに答えるための、文献研究を中心とした歴史的文化的併置比較研究、および、関係比較研究である。

まず、第5章と第6章は、定性的な歴史的文化的併置比較研究である。第Ⅰ部の数量的併置比較研究で明らかになった日本と西洋の学習・授業文化の特徴が、数百年単位で歴史を遡ってみても存在していたことを、江戸時代の手習塾の学習風景を描いた図や西洋の17～19世紀の授業風景を描写した絵を手がかりにして実証する。そして、その背景にある文字教育観を考察する。

次の、第7章から第9章までが、文字言語・音声言語からみた西洋教育移入期の関係比較研究である。日本の学校教育の徹底的な近代化が目指された明治初期において、現実に存在していた学習・教育文化の差異にもかかわらず、西洋生まれの教授方法、教具、学習具が日本に大規模に移入されたことを示し、この教育借用の過程において、日本は西洋の学習・教育文化をどのように受容し、それをどう変容したかを文字言語・音声言語の観点から考察する。

そして、第10章では、第Ⅰ部の定量的な国際併置比較を含めた、これらの比較教育学的研究の考察結果を、「教育文化」、「モノ」、「より深層にある学習・教育文化の構造」といった概念から捉え直すことによって、現在の教育実践の在り方を書字随伴型の学習・教育文化の側面から考える基盤を提示する。

第５章　日本の近世における書字随伴型学習と西洋の中世・近代における音声優位型学習

はじめに

まず、本章の第１節では、江戸時代の手習塾の学習風景を描いた図を手がかりにして、日本の近世における学習内容と学習方法が書字随伴学習を基盤としていたことを示す。

そして、第２節では、手習塾などの学習風景の中から、あえて、筆を使って文字を書くことを伴っていない学習をしている図を選び出して分析し、それでもやはり、近世の学習場面では、書字随伴型学習が大勢を占めており、また、文字と関係する学習が重視されていたことを示す。

そして、第３節では、書字随伴型学習で子どもたちが実際に何を書いて学んでいたかを、手習塾のテキストを手がかりにして確認する。

また、最後の第４節では、西洋の17～19世紀の授業風景を描写した絵を手がかりにして、西洋では書字随伴型学習ではなく、音声優位型の学習が日常的に展開されていたことを論証する。

第１節　手習塾の学習風景

日本に近代的な教育制度が導入される以前に、主として庶民の子どもの教育を担っていたのは「寺子屋」すなわち手習塾[1]である。手習塾は室町後期に発生し、江戸時代、とくに幕末期に急激に普及した私設の教育機関であった。1892〔明治25〕年にまとめられた『維新前東京市私立小学校教育法及維持法取調書』[2]（以下『取調書』と略）によると、手習塾の「師家ノ名称ハ俗ニ手習師匠ト泛称シ標札ニハ幼童筆学所、或ハ手跡指南ト書シ下ニ何々堂ト記セリ」[3]

とある。教師の名称が「手習師匠」であること、その手習塾の名称が「幼童筆学所」「手跡指南」となっていることから、手習塾での学習の中心が筆で文字を書くことであったことがわかる。つまり、書字随伴型学習であったのである。

それでは、実際に近世の時代に書字随伴型学習の実態があったのであろうか。それを考えるために、以下では、手習塾の学習風景を描いた絵図を手がかりにして考察を進めたい。

なお、絵図を手がかりにした研究には、江森一郎の「寺子屋では机をどう並べたか」[4]がある。江森は「寺子屋の実像」[5]を捉えるために、手習塾（寺子屋）の風景を描いた絵図25枚を分析し、手習塾の机の配置が、近現代の学校にみられる一斉授業に適した対面的配置ではなく、机の向きはばらばらである方が一般的であることを論証した。そして、手習塾の指導法が個別指導を基本としていることから、手習塾のこういった机の並びは自然な配置であるとしている。

江森は、絵図を4つに類別して考察を進めている。第一類は、「明治以後、歴史教育の資料として、あるいは記念のために画家に描かせたり、自ら描いたもの」である。ただし、この類のものは、「時代が変わってからのものであること、あるいは美化しすぎている点など用心してみるべき絵が多い」[6]としている。第二類は、「同時代（江戸期）の画家によって、風俗画的に描かれたもの」[7]としている。これについて江森は明示的に述べていないが、同時代の画家によって描かれているゆえに信憑性が高い資料として位置づけていると考えている。第三類は、「子ども用絵本・往来物や、それに準ずる実用書・教訓書中にあるもの」で、「比較的安価であり、大量に売ることを目的」としたものであり、「だいたいが簡略・稚拙であるが、実態を知るにはかえって貴重なものが多い」[8]としている。また、第四類は、「その他、絵巻、一枚物（絵ビラ、双六など）、絵馬、浮世絵、日記、回想録、交渉、随筆等々」[9]である。

さて、本節では、江森の手法を借り、絵図を手がかりにして、手習塾における書字随伴型学習の実像を捉えたい。

図5－1は、1895〔明治28〕年に出版された平出鏗二郎、藤岡作太郎『日本風俗史』下巻の挿絵である[10]。江森もこの絵図を利用しており、第一類に分

図５－１　江戸時代の手習師匠

出典：平出鏗二郎、藤岡作太郎『日本風俗史』下巻、64 ～ 65 頁、図版は Google によるデジタル版

類している。

この絵図には「江戸時代の手習師匠」という標題がついており、読者はまず画面左上の師匠に注目するであろう。師匠は横に座っているふたりの子どもを叱りつけている。ここには謝り役の活躍などのドラマが読み取れるが、画面右側の学習風景を見ると、このドラマが展開される場所が手習塾であるということわかる。ここでは、ほかの子どもたちが思い思いのペースで文字を書く学習を進めている。それぞれの文机の上の中央には、半紙を短辺綴じにした双紙が置かれており、左側には折手本と呼ばれる手本があるのが確認できる。子どもたちはその手本を見ながら、筆を使って双紙の上に文字を書きつけて学んでいる。同じ箇所に何度も字を書いているため、半紙は黒く斑点状になっている。書字随伴型学習の典型であると言える。

図５－２は、西宮市立郷土資料館に所蔵されていた絵図である[11]。描かれた時期は不詳であるが、江森の分類の第一類または第二類にあたると思われる。この絵にはあくびをしながら学んでいる様子や、にこにこしながら筆を使っている様子が描かれている。この画家は、のんびりとしたほほえましい

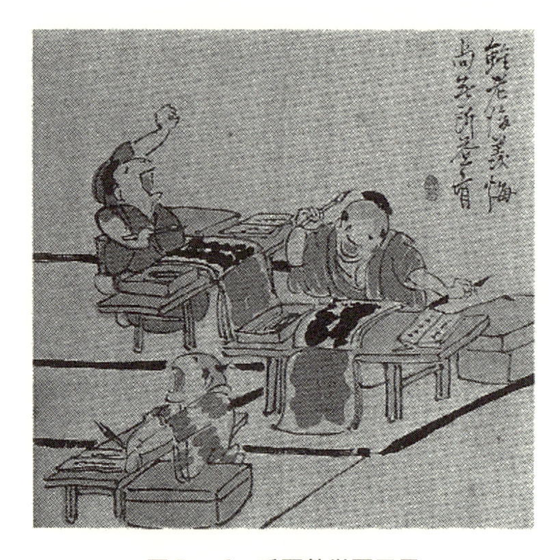

図５－２　手習塾学習風景

出典：西宮市立郷土資料館蔵（筆者撮影）

空間の空気感を描こうとしており、その背景として、文机、双紙、折手本などが描かれている。奥のふたりは、双紙の上に、文字を何度も何度も書いて学んでいるが、同じ箇所に何度も文字を書いているため、黒い部分が縦の筋となっている様子が読み取れる。

図５－３は、歌川国芳が描いた「幼童諸芸教草　手習」である[12]。弘化（1844〜1847年）の頃の作とされる。江森の分類では第四類にあたる。小泉吉永の翻刻によると、画面の右上には、「手習」「およそ人の手にてものをなす事多かる中にも、ものかくわざなん、万に立まさりけるゆへ、たゞ雅俗ともに其ほど　につう用（通用）するを手習せ、女は墨ぐろに太りこは　しからず、ただ上代の風の雅たるお（？）まなばんこそおくゆかし」[13]と書いてある（かっこ内は引用者）。この絵が手習塾の風景であるかどうかはこの翻刻からは判断できない。また、浮世絵であるので、絵の焦点は女性の像にあると思われる。しかし、翻刻の文にあるように、手習いの重要性を語っているものであり、当時の学び方の描写については信憑性があると思える。画面下の文机に向かっている子どもは、机上に折手本を開き、双紙に向かって何度も字を練習している。同じ場所に繰り返し書いているので、黒い部分が筋状になっている。

図５－３　歌川国芳画「幼童諸芸教草　手習」

出典：公文教育研究会「子ども浮世絵ミュージアム」、最終閲覧 181220、
http://www.kumon-ukiyoe.jp/index.php?main_page=product_info&products_id=54

図５－４は、同じく歌川国芳による「五色和歌　定家卿　赤」[14]である。時代区分は、嘉永頃で 1848 ～ 1854 年の作という。やはり、江森の第四類に分類される浮世絵である。「子ども浮世絵ミュージアム」の説明によると、この絵は手習塾ではない。「姉から手習を教わっており、家庭での手習絵であり、『読み書き歌の道』の大切さを説いている」[15]という。しかし、当時の書字随伴型学習の光景を描写していることには違いない。同ミュージアムの解説によると、文机上の折り手本には、「源平藤橘」、つまり人名に使われる字を集めた『名頭』と呼ばれる往来物の最初の 4 文字が書いてあり、その横には、「春夏秋冬」と書いてある。また、同解説は、「折り手本は、白地のものを売っており、家人や寺子屋師匠が必要な字を書いて、子どもに与えた」としている[16]。再び、この図５－４を見ると、机上の双紙は、一面墨で真っ

図５－４　歌川国芳画「五色和歌　定家卿　赤」

出典：公文教育研究会「子ども浮世絵ミュージアム」、最終閲覧 181220、
http://www.kumon-ukiyoe.jp/index.php?main_page=product_info&cPath=8_25&products_id=391

図５－５　鍬形蕙斎画「近世職人尽絵詞」

出典：東京国立博物館、所蔵品詳細、最終閲覧 181220、
http://www.tnm.jp/uploads/r_collection/LL_C0041916.jpg

黒になっている。子どもはこれほどまでに、何度も何度も繰り返し文字を書いて学んでいたのである。

図５－５は、1805年頃に鍬形蕙斎が描いた「近世職人尽絵詞」[17]である。江森の分類では第二類にあたる。「職人」とあるので、画面左上の大人が手習師匠なのであろう。つまり、この絵は手習塾の学習風景である。画面左上の師匠から罰を受けている子、画面左手前で落書きをしている子、その右側で顔に墨を塗っている子などが目に入り、おおらかながらも活気ある空気が伝わってくる。そして、そのほかの子どもの文机の上を凝視すると、やはり、双紙が一面真っ黒になるまで文字を書いて学んでいる様子が読み取れる。

このように、江戸時代の学習風景はどれも、書字随伴型学習を描写したものであった。

さらに、先に触れた江森論文には、25枚の絵図が掲載されているが、そのすべての絵図において、子どもたちが双紙に向かって書きながら学ぶという書字随伴型学習をしていることが確認できた。

これらのことから、近世の手習塾では、書字随伴型学習が学習の中心であったと言える。

第２節　文字を棒で指して学ぶ学習

前節では、近世の手習塾において、書字随伴型学習が学習の中心であったことを明らかにした。しかしながら、例外が皆無であるとは言えない。**図５－６**は天保頃（1830～1843年）に歌川広重によって描かれた「諸芸稽古図会」の中の１枚の絵である。「諸芸稽古図会」[18]には、男女の稽古事16種が戯画風に描かれている。その中には、「手習」があり、そこには上記の絵図と同様に双紙を真っ黒にして文字を書いて学ぶ子どもの姿が描かれている。しかし、図５－６はそれとは別の頁（丁）に描かれた絵であり、画面左上には、「よみもの」と書かれている。この絵には、画面右側の師匠が子どもを竹製と思われる字突き棒で叩いている瞬間が描写されている。左側の子どもの前にある書籍の上にも字突き棒があるところから、字を差しながら漢籍などを読ん

図５－６　歌川広重画「諸芸稽古図会」よみもの

出典：くもん子ども研究書、NHK プロモーション編『遊べや遊べ！子ども浮世絵展』NHK プロモーション、2003 年、101 頁より重引

でいる学習の最中であったのであろう。ここには、硯も筆も半紙もない。それゆえ、書字随伴型学習とは言えない。

図５－７は、渡辺崋山が 1818 年に著した『一掃百態』[19] の写本の図である。原本は田原市博物館が所蔵しているが、原本の図と比較したところ、細部にわたって忠実に模写されていることが確認できた。この絵の画面左下の子どもは、書籍を床の上に置き、左手で字突き棒を使って文字を指している。師匠はそれを聞いて指導をしているようである。また、年上と思われるふたりの子どもが右側から助言をしているように見える。師匠を含めた 4 人をはさんだ空間には筆や半紙はない。

また、**図５－８**では、画面右下の女性が右手で字突き棒を使って書籍の字を指している。そして、画面中央の下の女性も同様の仕草をしている。ふたりが使っている書籍の下には布状のものが敷かれている。画面右上の女性は師範のようであるが、ふたりの女性の読みをチェックしている [20]。

さらに、**図５－９**では、画面上方の師匠に右側に、子どもが正座をしており、その前の床には書籍が置かれている。字突き棒は確認できないが、どうやら指で文字を押さえて読んでいるようである。師匠はその読みをチェックしているように見える [21]。

図5－7　渡辺崋山『一掃百態』の図

出典：渡辺崋山『一掃百態』（1818年）の写本、渡辺登（崋山）著述、山城屋佐兵衛等発行、1879（明治12）年出版、五丁ウラ～六丁オモテ、図版は国立国会図書館デジタルコレクションによる

図5－8　勝川春潮画「絵本栄家種」

出典：江戸東京博物館蔵、市川寛明、石山秀和『図説　江戸の学び』河出書房新社、2006年、12頁より重引

図５－９　一寸子花里画「文学ばんだいの宝　末の巻」

出典：公文教育研究会蔵、市川寛明、石山秀和『図説　江戸の学び』河出書房新社、2006 年、27 頁

図５－10 では、画面奥の師匠の前に子どもが正座している。この子どもの前にも筆や半紙はない。しかしながら、子どもの後ろ側に風呂敷包みがあること、子どもがお辞儀をしているように見えることから、寺入りの挨拶をしているのかもしれない。子どもの奥側の女性は、座わり位置や体の向きから考えると師匠の妻の可能性があるが、女性の左側には、よそ行きと思われる手提げ袋があり、また、女性の服装がよそ行きのように見えるので、子どもに付き添ってきた子どもの母親が、瞬間的に子どもに向かって何かを諭した場面なのかもしれない。ここで、注目したいのは、この挨拶をしている子どもの右に正座している子どもである。手に書籍を持っている。また、その右にも子どもが座っている。おそらく、挨拶をしている子どもが現れる直前

図5－10　寺子屋風景

出典：唐澤富太郎『教育博物館　中』1977年、ぎょうせい、3頁より重引

まで、師匠に何かを教わっていたのだと推察される。そして、この場面にも筆や半紙はない。

このように、手習塾の学習風景であっても、筆や半紙を使っていない学び、つまり、書字随伴型学習をしていない子どもが描かれていることがあることは確かである。

これらの子どもたちが行っていたのは素読である。素読の教材は漢籍である。つまり、中国語の古典である。しかし、漢籍を中国語のまま発音して音読するのではない。必ず読み下し文の形にして、つまり、日本語に翻訳して読み上げるのである。音読ではなく訓読である。

武田勘治は、藩校で行われていた素読の方法について次のように詳しく説明している。素読では意味の理解は先送りにされる。難解な漢文の読み方だけを練習するのである。素読を学ぶ課程を素読科と呼び、だいたい8歳から14、5歳過ぎまで続く。素読課程は「授読」から始まる。「素読口授」とも呼ばれる。教師は子どもをひとりずつ自分の前に座らせ、生徒の広げた漢籍の文字を字指し(字突き)で一字一字指しながら、テキストをゆっくりと読む。そしてそれを、口うつしに子どもに読ませる。これを「つけ読み」という。何回かの「つけ読み」の結果、ひとりで読めるようになったと教師が判断すると、子どもに教師の前で「独り読み」をさせる。子どもは自分で文字を一字一字指しながら訓読する[22]。以上が武田の説明である。

中国語からの翻訳であるので、返り点などを手がかりにしつつ、テキストの文字を前後に往復しながら読み進む必要がある。そこで、教師が「つけ読み」の際に漢字をどの順番で読むべきかを子どもに示すためには字指しが必要となる。そして、「独り読み」の際に子どもが正しい順序で漢字を追って読んでいることを把握するためにも、やはり字指しが必要なのである。これらの学習活動の際には、子どもは文字を書くことがないので、書字随伴型学習とは言えないが、文字を指しながら学習が行われることでも象徴的なように、文字を軽視した学習ではけっしてない点を指摘しておきたい。

このような、藩校で行われていた「つけ読み」や「独り読み」の一部が手習塾でも展開されていたのだと思われる。それが図5－6から図5－10なのである。

しかしながら、もう一度、図5－7から図5－10を通して見てみると、すべての絵図において、同じ画面の中に、必ず、筆や半紙を使って書字随伴学習を行っている子どもが描写されていることが確認できる。唯一の例外が、図5－6であるが、この絵図も同じ本の中に「手習」の絵図が描かれており[23]、同一空間にこの「よみもの」学習と「手習」学習とが併存していたことを否定することはできない。

さらに、図5－7から図5－10に描かれている子どもの数を数えると、筆を使ってない学びをしている子どもの数は圧倒的に少なく、描かれている子どものほとんどが、書字随伴型学習をしていることが確認できる。また、素読されているテキストの内容から判断して、素読は上級者向けの学習であり、その前段階としては全員が筆を使った学びをしている点も指摘できる。上級のカリキュラムまで到達せずに手習塾を退塾していった子どもが多いことも加味すると、一般の子どもにも共通する学習文化は、書字随伴型学習であったと言ってよい。

以上より、近世の日本の手習塾では、やはり、書字随伴学習が中心に行われていたと言える。

第３節　手習塾で使用したテキスト

それでは、手習塾では、実際にどのようなテキストが用いられて、書字随伴型学習が行われていたのであろうか。手習塾のテキストについては、すでに、梅村佳代の『近世民衆の手習いと往来物』[24]や、三好信浩の『商売往来の世界――日本型「商人」の原像をさぐる――』[25]などのすぐれた先行研究がある。そこで、以下では、これらに依拠しながら、江戸時代の子どもたちが書字随伴型学習で何を書いていたのかを確認する。

『都路』『江戸方角』『国尽』などは地名が列挙されているテキストであり、『名頭』は、名前の頭に来る文字を学ぶもので、たいていは「源平藤橘惣善孫彦丹吉又半新勘陣内」の順番で習うことから「源平藤橘」とも呼ばれる。『商売往来』は『百姓往来』などと同様に、職業に応じた文字を習うテキストである。ちなみに、『百姓往来』の冒頭には、「凡(おおよそ)百姓取扱文字農業耕作之道具者(は)先(まず)鋤(すき)鍬(くわ)鎌(かま)　犂(うしすき)　馬把(まぐわ)　钁(とうぐわ)　竹把(たけぐわ)」（ルビは引用者による。以下同様）と農業で使う道具の漢字が並んでいる。『庭訓往来』『消息往来』などは、手紙文の文例集である。文楽の『菅原伝授手習鑑』の「寺子屋の段」の冒頭で、戸浪は寺子に学習を始めるように促すが、寺子はその時、「いろはに」に続けて、「此中(ぢう)は御人被下(くだされ)」「一ツ筆啓上候べくの」といった文字練習を始める。後のふたつの文言はいずれも手紙独特の表現であり、文字を書く生活に直結した学習内容になっている[26]。

しかし、ここで指摘しておきたいのは、習字の行為は内容科目を学習するための単なる手段に終わっていないことである。むしろその逆である。前出の『取調書』は、手習塾の様子を、「其習字ヲ巧ミニスルニ至ルヲ以テ目的ヲ達シタルモノヽ如ク、更ニ他ヲ顧ミザルノ風アリシ」[27]と描写している。つまり、まず第1に上手に書くことが目的とされており、学習の中心であったのである。

ここで個々の科目に注目してみる。読方に関しては「読ミ書キトハ手習ト此手本ノ読方トヲ謂フト伝ハンモ不可ナク」[28]というように常に書くことと並行して行われていた。また、作文については「作文ノ如キハ全ク習字科ヲ応用教授スルニ出テラルニテ、一科ノ学トシ教授セシニアラザルモノノ如キ」[29]と説明されている。最初のうちは、模範文[30]を暗記して「半切紙」[31]に書かせることが「作文」であった。模範文が手紙文である点は、後に第3節で述べる西洋における模範文例集の本が模範スピーチを集めたものであったのと対照的である。

そして「作文」においてもほかの科目と同様、書いて覚えるという学習法がとられていることに注目したい。今でも、お年寄りの間では、勉強のことを「手習い」と呼ぶことが少なからずあるが、その理由はこのように書くことと学習との結びつきが強かったためである。

ところが、修身に関してはやや例外的であると言えよう。前出の『取調書』には、「読書即チ実語教等ヲ一般生徒ニ授ケシ方法ヲ述ベンニ午前若クハ午後、退散時刻ニ先ツ凡一時間、生徒ヲ一所ニ蝟集セシメ、若クハ机ヲ取片付シメ然後生徒ハ円形若クハ方形ニ坐セシメ当番ナル生徒ハ交ヽ之ガ音頭ヲ為シ一句ヲ読メハ、衆生徒之ニ和シテ誦読シ了レバ直チニ退散セシムルナリ」[32]とある。ここではテキストを書写しながら覚えるのではなく、単に音読しながら覚えている。しかも、今でいうコーラス・リーディングの手法を取り入れている。修身については西洋の音声言語優位の学習法に似ていると言わざるを得ない。しかし、文字をまったく介さないわけではない。**図5－11**に示したのは、修身の教科書としてよく使われた『実語教』の一種である『実語教絵抄』(文化9〈1813〉年)の冒頭である。最初の4行には「山高キガ故ニ貴カラズ、樹有ルヲ以テ貴シト為ス、人肥エタルガ故ニ貴カラズ、智有ルヲ以テ貴シト為ス」と書かれている。修身といってもまずは勧学の精神が述べられて

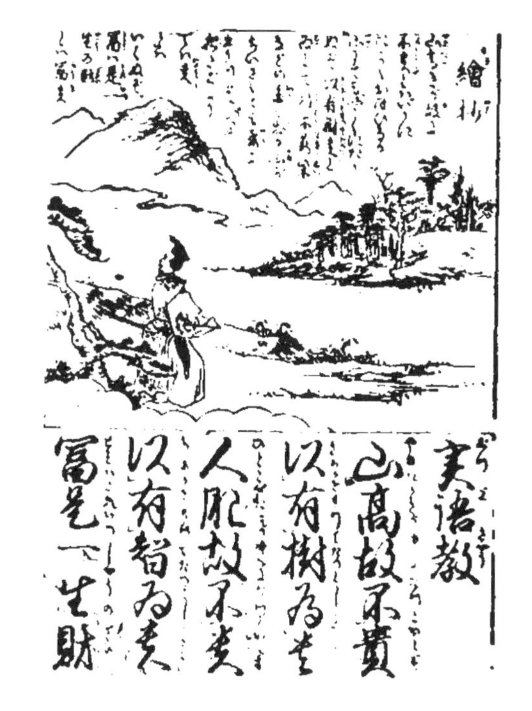

図5－11 『実語教絵抄』

出典：大阪市立大学蔵

いる点が指摘されるが、それはさておき、ここでは、これが書かれている文字に注目したい。大きな字で書いてあるのは習字のテキストとして用いることを前提としているからである。また、本文の1行目の「貴」は楷書に近い字体で書いてあるのに対して、本文2行目にある「貴」は崩し字となっている。3行目、4行目の「貴」も崩し字であり、2行目と微妙に違っている。同様に、本文2行目の「為」の字と、本文4行目の「為」の字では崩し方が違っている。これらの字体の違いは、このテキストが単に読みあげるためのテキストとして使われたのではなく、文字を書くための手本としても利用されたこと、つまり、書字随伴型学習を前提にして作られたことを物語っている。このことから、たとえ、修身の学習であっても、そして、学習場面としては音声のみのコーラス・リーディング的な場面があったとしても、書字随伴型学習から離れた学習ではなかったと判断できる。

第1節から第3節で明らかになったように、近世日本の学習風景の中では、学習内容においても、学習方法においても、文字を書くことが重要な位置を占めており、書字随伴型学習が、日常的に、あたりまえのように行われていた。これは、日本の学習・教育文化の特徴であると考えられる。そこで、次節では、西洋の17～19世紀の授業風景を描写した絵を手がかりにして、西洋では書字随伴型学習ではなく、音声優位型の学習が日常的に展開されていたことを論証し、日本の学習・教育文化の特徴と対比することにする。

第4節　西洋における音声優位の授業方法

まず、**図5－12**は、コメニウスの『世界図絵』に描かれた「学校」である[33]。1658年が初版とされる『世界図絵』は、世界初の絵入りのラテン語教科書兼百科事典であるが、その後、さまざまな言語に翻訳された。図5－12の原典は、1777年にロンドンで出版されたもので、英語とラテン語が対訳の形で印刷されている。絵にはアラビア数字で番号が振られており、それに対応した英文とラテン語文が絵を説明する仕組みになっている。

初版が1658年であることから、図が描写しているのは、1658年頃のチェコないしはヨーロッパの学校である可能性が高い。ただし、使用した版は1777年の出版であり、かつ言語は英語版であるので、場合によっては1777年頃のロンドン付近の学校の絵に置き換えられている可能性もある。しかし、17～18世紀のヨーロッパの学校風景であることには違いがない。

この図の本文によると、画面右で椅子に座っているのが教師(Master)である。画面の左側に座っている大勢の子どもが生徒(Scholars)である。子どもは到達度に対応するクラスごとの椅子(Forms)に分かれて座っている。教師の前に立っているのが生徒のひとりである。この子どもは自分が暗記してきたことを教師の前で繰り返し口述している(rehearse、ラテン語では recitant)。

画面の左手前にはテーブルが置いてある。そこには子どもがひとり着席している。この子どもはテーブルの上で何かを書いている。本文の英語では、

図５－12　コメニウス『世界図絵』学校

出典：COMENII, OH. AMOS *Orbis Sensualium Pictus*, translated into English by Charles Hoole, M. A., the twelfth edition, printed for S. Leacroft, London, 1777, p.122（筆者蔵）

write とあるだけでその目的語が書かれていない。しかし、使われている動詞が draw ではなく write であることから、子どもが書いているのは文字であることが推察できる。

また、画面の右上隅に着目すると、その壁には石板（Table）が掛けられていることに気づく。本文には Some things are writ down before them と説明されているので、画面の左側に座っている子どもたちが見ることができるように、何かがチョークで書かれていたようである。

このように、授業中に文字を書いている子どもが存在するし、壁に掛かっている石板には文字が書かれているので、この授業で書字随伴型学習が皆無であったとは言いきれない。しかしながら、この教室の中では文字を書いている子どもはひとりだけである。そして、教師の前で暗誦（レシテーション）

図5－13　1592年ころのドイツの都市の学習風景

出典：Lateinschule, 1952, Holzschnitt; Reiche, S. 56（Horst Schiffler & Rolf Winkerler *Tausend Jahre Schule: Eine Kulturgeschichte des Lernens in Bildern*, Belser Verlag, 1985, p 67. より重引）

をしている子どもは筆記具を持っていない。また、画面左上にいる大勢の子どもたちも筆記具を持っているようには見えない。それゆえ、この授業では、書字随伴型学習が中心であるとまでは言いがたい。

同じように教師が子どもの暗誦をチェックしている様子が描かれているのが**図5－13**である[34]。

ドイツの学校風景であるが、図の右上にアラビア数字で「1592」と書かれているので、おそらくは、1592年頃の学校風景であると考えてよい。教師と思われる人物はふたりで、画面の右下の椅子に座っている人物と、画面の中央から左よりの柱の左に立っている人物である。ふたりとも、ほうき型のムチを持っている。右側の教師の前には子どもが数名列を作って並んでいる。順番に教師の前で覚えたことを暗誦しているようである。列を作っている子どもたちはテキストのようなものを持っているようであるが、筆記具は持っていない。教室内には大勢の子どもが描かれているが、筆記具を持って学習をしているように見える子どもはひとりもいない。

このような授業は18世紀にも行われていた。教育史研究者のカバリー, E・Pは次のように描写している。

> 18世紀を通じて、自国語学校で一般に用いられていた教授法は、いわゆる個別指導の方法であった。これは時間的にも労力的にも無駄が多く、非常に非教育的であった。どこにおいても、教師の仕事といえば、もっぱら生徒の復唱を聞きとり、記憶力をテストし、そして教室内の秩序を保つことであった。生徒は、一人ひとり教卓のところへきて、自分が暗誦してきたことを教師の前で復唱した。懲罰を課することを別として、教えることはたやすい仕事であった。生徒は割当てられた課業を習い、自分で勉強してきたことを教師の前で復唱した。[35]

時代は約100年違うが、図5－13と同じような学習・教育実態が、18世紀にも続いていたのである。

17世紀までの学校と言えば、ラテン語文法の学習を柱としていたが、18世紀になると、より広い階層の子どもを対象とした自国語による初等学校が増加した。日本の手習塾と同様に、教授法の基本は個別指導であったが、引用文中にあるように、生徒が暗誦してきたことをチェックするのが教師の役割であり、それが授業そのものであったのである。

暗誦の様子は、19世紀の絵にも描かれている。**図5－14**である[36]。この絵が所収されている本の著者によると、この絵は1872年の作で、個人所有、表題は「学校のプロンプター」だそうである。プロンプターとは、演劇などで舞台袖から役者に対してセリフを小声で教える人のことである。描かれたのが1872年であるので、その頃か、その少し前のドイツの学校の授業風景と考えてよい。

画面左側では教師が椅子に腰掛けている。その前にひとりの子どもが立って暗誦をしている。教師は棒状のムチを持っている。画面の左手前隅には、子どもがひとり座っている。目に手をやりながら泣いているように見える。どうやら、うまく暗誦をすることができず、教師からムチで体罰を受けた直後のようである。もしそうだとすると、画面中央で、まさに教師のチェックを受けている子どもは相当緊張していると推察される。一方、暗誦をしている子どもの奥にある教卓の右側の影にひとりの子どもが隠れている。どうやら、暗誦をしている子どもに答えをこっそり教えているらしい。彼が「学校

図 5 － 14　1872 年ころのドイツの学習風景

出典：*Eine schwäbische Dorfschule*, neukolorierter Holzstich nach einem Gemälde von Julius Geertz, Der Souffleur in der Schule 1872; Privatbesitz（Horst Schiffler & Rolf Winkerler *Tausend Jahre Schule: Eine Kulturgeschichte des Lernens in Bildern,* Belser Verlag, 1985, p 122. より重引）

のプロンプター」だったのである。

さて、この教室の授業風景を文字言語と音声言語の側面から総括すると、やはり、この授業でも子どもは筆記具を持っていない。書字随伴型学習ではなさそうである。

一方、**図 5 － 15** は、1841 年に創刊されたイギリスの週刊風刺漫画雑誌『パンチ』（*Punch, or The London Charivari*）に描かれた漫画である。ここにも暗誦が描かれている。これは、1872 年 5 月 18 日付の出版であるので、そのころのイギリスの授業風景であると思われる。もっとも、風刺漫画であるので、それよりもずっと前の授業風景である可能性もある。しかし、椅子の男性がシルクハットをかぶっていることから、この種類の帽子が発明された時期を考えると 1800 年よりも前に遡ることはないと思われる。

イスに座っている男性は、シルクハットをかぶっているので、教師ではなく、視学官とも考えられなくはない。しかし、絵の下に書いてある会話文では、「教師（Teacher）」となっているので、教師であろう。この教師は普段からシルクハットをかぶっていたのか、外出から返った直後の授業だったのか、この授業が特別な授業であったかは手がかりがない。

風刺漫画の下に載せられている会話文は次のとおりである。

教師：ノアが箱舟から放った鳥はなんの鳥でしたか。

クラスでいちばん小さな子ども（少しの沈黙をおいて）：ハトです。先生。

教師：よろしい。でも、大きな人たちが何人もいるんだから、その人たちは、こんなことぐらい、ちゃんと知っておくべきと思うんだけどね。

背の高い子ども：だったら、先生、あの子なら知っていると思います。だって、あの子のお父さんは鳥を捕まえるのが仕事だから。

この会話の「オチ」はさておき、この会話から読み取れることは、教師が子どもに、旧約聖書の内容を覚えているかどうか尋ねていることである。こ

図5－15　1841年ころのイギリスの学習風景

出典：*Punch, or The London Charivari*, May 18, 1872, p.210 (The Online Books Page, The Internet Archive, https://archive.org/stream/punch62a63lemouoft#page/210/mode/2up)

こで注目しておきたいのは、子どもたちが本も筆記具も持っていないことである。この授業は、音声言語だけのやりとりで成立していたのである。

時代は下るが、**図5－16**は、学校の試験の様子を描写した絵画である。1862年の作であるので、その年の学校風景である可能性が高い。絵画であるのでそれよりもずっと前の様子である可能性もあるが、後に述べるように視学官がいることから、それほど前には遡ることはできないと考えられる。

画面の中央よりやや左にイーゼル型の黒板がある。そこに掛図が掲げられている。これが本日の課題なのであろう。掛図の手前には、小さな男の子が立っている。男の子は長い棒を使いながら、掛図の字か図を指している。棒で掛図を差しながら何かを説明しているようにも見えるが、まだ小さな子どもであるので、説明というよりも、文字を順に読まされているのであろう。その黒板の右に立っているのが、おそらく視学官であると考えられる。視学官は掛図に目をやりながら、男の子の暗誦をチェックしている。

図5－16　1862年ころのイギリスの学習風景

出典：Anker, Albert (1831-1910): *Das Schulezamen*, 1862, Öl auf Leinwand, 103 x 175; Bern, Kunstmuseum Inv.nr.8（Horst Schiffler & Rolf Winkerler *Tausend Jahre Schule Eine Kulturgeschichte des Lernens in Bildern* Belser Verlag, 1985, p 87 より重引）

近代的学校制度の確立は、近代国家の誕生と不可分であり、学校、とくに、民衆を対象とする学校は、近代国家の国民を育成する手段として大きな期待が寄せられ、多額の資金が学校の創立や維持のために使われた。その結果として、政府の関心事は、これらの学校が、投資に資するに値するだけの機能を果たしているかどうかということになる。そこで、政府は視学官を各学校に派遣することにした。視学官は各学校を巡回し、子どもたちの学習の成果を試験によって点検した。この試験は、子どもたちが互いに競争するための試験というよりも、指導にあたっている教員や学校の質を担保するために行われたのである。試験の厳粛さを演出し、かつ、教師や学校（単学級であることが多かった）に無言の圧力をかけるために、この学校試験は、視学官のみならず、政府の官吏、地元の有力者、保護者たちの立会いのもとで行われた。その様子が雄弁に描写されていると思われる。

もう一度、図５－16の子どもたちに注目して見ると、試験であるにもかかわらず、誰一人として筆記具を持っていないことに気づく。黒板の少年は口頭で答えているし、自分の順番を立って待っている女の子ふたりも、そしてその後で順番を待っている男の子ふたりも、手に何も持っていない。座っている子どもたちも筆記具を持っていない。着席している子どもの中では、ひとりの男の子だけがよそ見をしているが、ほかの子どもたちは全員、黒板の前で口頭で回答している男の子の声を固唾を呑んで聞いている。教室には男の子の声だけが響いている。

このように、ドイツの学校の試験も、専ら口述によって行われている。それは、通常の授業風景の連続線上にあると言える。

本節では、ヨーロッパの授業風景を分析することにより、16～19世紀のヨーロッパの授業の中心は暗誦であり、音声優位のコミュニケーションによって授業が展開したことを明らかにした。

おわりに

本章の第１節から第３節では、近世の手習塾の学習風景を描いた絵図を手がかりしながら、手習塾では、文字を習得することが学習内容の中心であり、文字を書きながら学ぶという学習方法が中心であり、書字随伴型学習の学習・教育文化が根づいていたことを明らかにした。また、第4節では、西洋の中世・近代の授業風景を描写した絵画を手がかりにすることによって、当時の教室では、書字随伴型学習ではなく、音声優位の学習がより多く展開されていることが明らかとなった。それは書字随伴型学習が中心であった日本の実態と対照的である。それでは、なぜこのような違いが生じるのであろうか。続く第6章と第7章ではこの点について考察を進める。

注

1　日本教育史研究者の間では、総称としての「寺子屋」は正確ではなく、むしろ「手習塾」を用いるべきであるとの議論がなされている。その理由のひとつは、近世における公・私の文書には、「手習所」「手跡稽古所」などの語がみられるものの、「寺子屋」の語は、文学的表現を除いてほとんどみられない、俚言(りげん)として用いられた場合も上方などに限定される、「寺子屋」がこれほど一般的に用いられるようになったのは明治期に入ってから以降である、というものである。(入江宏「教育史用語を考える『寺子屋』と『手習塾』」、日本教育史研究会『日本教育史往来』103号、1996年8月31日、1～3頁)。

2　大日本教育会編『維新前東京市私立小学校教育法及維持法取調書』大日本教育会事務所、1892〔明治25〕年。

3　同上書、5頁。なお、引用文中の「泛称」〔はんしょう〕とは、ひっくるめて称すること。

4　江森一郎「寺子屋では机をどう並べたか」(江森一郎『「勉強」時代の幕開け――子どもと教師の近世史』平凡社選書、1990年、8～31頁)。初出は、『月刊百科』第300号(1987年10月)、平凡社。

5　同上書、26頁。

6　同上書、11頁。

7　同上書、14頁。

8　同上書、15頁。

9　同上書、19頁。

10　平出鏗二郎、藤岡作太郎『日本風俗史』下巻、東陽堂、1895〔明治28〕年、64頁と65頁の間に挿入された図。図版はGoogleによるデジタル版を利用。

11　西宮市立郷土資料館蔵、筆者撮影。
12　歌川国芳画「幼童諸芸教草　手習」、公文教育研究会蔵、公文教育研究会「子ども浮世絵ミュージアム」、最終閲覧 181220、http://www.kumon-ukiyoe.jp/index.php?main_page=product_info&products_id=54
13　同上頁。
14　歌川国芳画「五色和歌　定家卿　赤」、公文教育研究会蔵、公文教育研究会「子ども浮世絵ミュージアム」、最終閲覧 181220、http://www.kumon-ukiyoe.jp/index.php?main_page=product_info&cPath=8_25&products_id=391。
15　同上頁。
16　同上頁。
17　東京国立博物館、所蔵品詳細、最終閲覧 181220、http://www.tnm.jp/uploads/r_collection/LL_C0041916.jpg
18　歌川広重画「諸芸稽古図会」よみもの（くもん子ども研究書、NHK プロモーション編『遊べや遊べ！子ども浮世絵展』NHK プロモーション、2003 年、101 頁より重引）。
19　渡辺崋山『一掃百態』（1818 年）の写本、渡辺登（崋山）著述、山城屋佐兵衛等発行、1879（明治 12）年出版、五丁ウラ～六丁オモテ。図版は国立国会図書館デジタルコレクション。写本の原本は田原市博物館蔵。
20　勝川春潮画「絵本栄家種」、江戸東京博物館蔵。市川寛明、石山秀和『図説　江戸の学び』河出書房新社、2006 年、12 頁より転載。
21　一寸子花里画「文学ばんだいの宝　末の巻」、公文教育研究会蔵。市川寛明、石山秀和『図説　江戸の学び』河出書房新社、2006 年、27 頁より転載。
22　武田勘治『近世日本学習方法の研究』講談社、1969 年、18 ～ 20 頁。
23　歌川広重画「諸芸稽古図会」よみもの（くもん子ども研究書、NHK プロモーション編『遊べや遊べ！子ども浮世絵展』NHK プロモーション、2003 年、101 頁より重引）。
24　梅村佳代『近世民衆の手習いと往来物』梓出版社、2002 年。
25　三好信浩『商売往来の世界――日本型「商人」の原像をさぐる――』日本放送出版協会、1977 年。
26　添田晴雄「江戸時代の寺子屋教育」、大阪市立大学文学研究科「上方文化講座」企画委員会編『上方文化講座　菅原伝授手習鑑』和泉書院、2009 年、125 ～ 159 頁。
27　大日本教育会編『維新前東京市私立小学校教育法及維持法取調書』前掲書、20 頁。
28　同上書、20 頁。
29　同上書、25 頁。
30　通常は手紙の形態である。

31　はんきりがみ、杉原紙〔もとは武家の公用紙として用いられたやや薄い紙、近代以降は米糊を加えて漉かれた〕を半分に切り、書状に用いた紙、サイズは縦約15センチメートル、横約45センチメートル。

32　大日本教育会編『維新前東京市私立小学校教育法及維持法取調書』前掲書、25頁。引用文中の「蝟集」〔いしゅう〕とは、集まること。

33　JOH. AMOS COMENII *Orbis Sensualium Pictus*, translated into English by Charles Hoole, M. A., the twelfth edition, printed for S. Leacroft, London, 1777, p.122（筆者蔵）.

34　*Lateinschule*, 1952, Holzschnitt; Reiche, S. 56（Horst Schiffler & Rolf Winkerler *Tausend Jahre Schule: Eine Kulturgeschichte des Lernens in Bildern,* Belser Verlag, 1985, p 67. より重引）。

35　E・P・カバリー／川﨑源訳『カバリー教育史』大和書房、1985年、328頁。原典は、Ellwood P. Cubberley, *The History of Education*, 1920。

36　*Eine schwäbische Dorfschule*, neukolorierter Holzstich nach einem Gemälde von Julius Geertz, Der Souffleur in der Schule 1872; Privatbesitz（Horst Schiffler & Rolf Winkerler *Tausend Jahre Schule: Eine Kulturgeschichte des Lernens in Bildern,* Belser Verlag, 1985, p 122. より重引）。

37　*Punch, or The London Charivari*, May 18, 1872, p.210 (The Online Books Page, The Internet Archive, https://archive.org/stream/punch62a63lemouoft#page/210/mode/2up).

38　Anker, Albert (1831-1910): *Das Schulezamen*, 1862, Ől auf Leinwand,; Bern, Kunstmuseum Inv.nr.8（Horst Schiffler & Rolf Winkerler *Tausend Jahre Schule Eine Kulturgeschichte des Lernens in Bildern* Belser Verlag, 1985, p 87 より重引）。

第６章　日本の文字教育観と西洋の文字教育観

はじめに

第５章では、近世や近代における授業風景を描いた絵画を手がかりにして、当時の学習実態を考察した。そして、日本では書字随伴型学習が中心となっており、西洋の教室では、音声優位型学習が核となっていたことを明らかにした。このことは、第Ⅰ部の第１章から第４章で定量的に分析した結果と合致している。

それでは、それはなぜであろうか。それを考察するのが本章の目的である。本章の第１節では、『和俗童子訓』などを手がかりにして、日本の近世において、書字学習が非常に重視されていたことを示す。そして、第２節では、さらにその奥にある理由、すなわち、なぜ、書字学習が重視されるようになったのか、について日本語の特質の観点から考察することにする。

後半の第３節と第４節では、西洋の音声優位型学習の背景について考察する。まず、第３節では、社会の中に音声言語優位の言語観と言語生活があることを明らかにする。そして、第４節では、西洋において、文字を学習することがどのように捉えられていたかを考察する。

第１節　書字学習の重要性

本節では、手習塾での教授内容を伝える重要な文献である『和俗童子訓』を手がかりに、文字学習がどのように価値づけられていたかを明らかにする。『和俗童子訓』は、貝原益軒（寛永7- 正徳4年、1630-1714年）が84歳の時に益軒自身の人生経験、儒学研究、そして、自らの教育実践に基づいて著述したものである。わが国における最初のまとまった教育論書[1]であり、以後広く読まれて日本の手習塾教育に大きな影響を与えたとされている[2]。この書は巻一から巻五までの5つの章にわかれている。そのうち総論にあたる巻一、二に続いて、巻三では「随レ年教法」として児童の発達段階に応じた教育内容を論じている。次に挙げるのは、その冒頭部分である。

> 六歳の正月、始(はじめ)て一二三四五六七八九十・百・千・万・億の数の名と、東西南北の方の名とをおしえ、其生れの付(つき)の利鈍(りどん)をはかりて、六七歳より和字(かな)をよませ、書(かき)ならはしむべし。はじめて和字ををしゆるに、「あいうゑを」五十韻を、平がなに書(かき)て、たて・よこによませ、書(かき)ならわしむ。又、世間往来の、かなの文の手本をならはしむべし。[3](ルビは直接引用したテキストによる、以下同様)

まず、6歳[4]の時に教育を始めていることが指摘される。数と方角の名称を覚えることからカリキュラムが始まる。そして、生まれつきの能力差を考慮に入れながら、6歳から7歳の間に「和字」すなわちかなの学習が始められる。カリキュラムのほとんど最初の段階から、かな文字の習得が始まっている点が注目される。しかも、「よませ、書(かき)ならはしむべし」というように、かなを読ませるだけでなく、それと同時にかなを書いて練習することを課している点が指摘される。

「平がな」の学習は、「あいうゑを五十韻」の表を使って、あいうえおかきくけこ……、あかさたなはまやらわ……のように読んだり書いたりして文字を覚えた後、テキストを使用する。テキストは「世間往来」もののうち、かなで書いてある「手本」である。ここで「手本」という表現が用いられているのは、テキストが単に読む対象としてではなく、むしろ文字を練習するための手段として捉えられていたことを示している。子どもは「手本」に書かれている字体をまねて、かなを何度も書く練習を課せられていたのである。このように、文字が読めることに留まらず、文字が書けること、しかも上手に書けることが6、7歳の学習カリキュラムに組み込まれていたのである。

一方、道徳については、6、7歳ごろに「尊長をうやまふ事をおしえ、尊卑・長幼のわかちをもしらしめ、ことばづかひをもをしゆべし」[5]としているものの、7歳では、「此ころ、小児の少〔すこし〕知〔ち〕いでき、云事をききしるほどならば、其知をはかり、年に宜しきほど、やうやく礼法をおしゆべし」（傍点引用者、以下同様、〔〕内の読みも引用者）とし、8歳で「はじめて幼者に相応の礼儀をおしえ、無礼をいましむべし」[7]としている。本格的な道徳は8歳からであり、文字の学習が道徳より2年先行していることになる。

また、『和俗童子訓』の巻四は全体が専ら「書く」ことについての記述に割かれており、表題も「手習法」となっている。その中では、手本にすべき書体、筆の持ち方、墨の磨り方、手本とするテキストの内容など、非常に細かな指示が記載されている。しかも、巻の冒頭に

> 古人、書は心画なり、といへり。心画とは、心中にある事を、外にかき出す絵なり。故に手蹟の邪正にて、心の邪正あらはる。筆蹟にて心の内も見ゆれば、つつしみて正しくすべし。むかし、柳公権も、心正しければ筆正しといへり。[8]

と示している。柳公権（778-865年）は、中国の唐の政治家、書家として有名であり、楷書を得意とした人物で、唐後期の顔真卿の後継者の中ではもっともすぐれていると言われる。益軒はその柳公権の言葉を引く形で、字の書き方を見ればその書き手の心の状態がわかることを説いている。当然のことながら、このことは心さえ正しければ筆跡がよくなるとか、筆跡がよければ悪い心が正しく見えるということを意味しない。益軒は筆跡と心とは密接な関係にあるからこそ、両者共に精進して磨く必要があると説いているのである。「書く」ことを心の研鑽と同等に捉え、それを重視している思想がここでも読み取れる。

益軒は、「読む」ことに関しては独立した巻を与えていないものの、巻三の一部として「読書法」の節を設け、「読む」ことについてもかなり詳細に書いている。しかし、かれは、この節を

> 小児の書を読むに、文字を多くおぼえざれば、書をよむにちからなくして、学問すすまず。又、文字をしらざれば、すべて世間の事に通ぜず。芸などならふにも、文字をしらざれば、其理にくらくして、ひが事おほし。文字をしれらば、又、其文義を心にかけて通じしらるべし。[9]

としてまとめている。ここでも、学問、世間の事、芸など何事においても文字を知っていることが重要である旨を強調しているのである。

また、益軒は暗記することの重要性も述べ、「四書を、毎日百字づつ百へん熟誦して、そらによみ、そらにかくべし」[10]としている。西洋でも暗記は重視されていたが、益軒の場合、「そらによみ」に留まらず「そらにかくべし」と書くことに関連した暗記であることが特徴的である。

では、なぜ、手習塾が近世に普及し、そしてその手習塾では文字学習がこうまで重視されたのであろうか。その社会的背景として、辻本雅史は、「文字社会」の成立を挙げている。「文字社会」とは、「社会システム全体構成のうちに文字使用が不可避に組み込まれた社会」[11]である。辻本によると、近世において民衆レベルにまで「文字社会」が定着したのは、近世社会が兵農分離や石高制を基底としており、さらに、村請や町自治などの民衆自治が発達したからである[12]。その結果、近世史料の文字残存量は、16世紀以前に比べて桁違いに多くなっており、しかも、それは政治に関わる支配文書に限らず、地方、町方を問わず民衆文書が膨大に残っている。そして、訴訟関係、売買・貸借・契約などの証文、家計や帳簿類、メモや日記、書状類など、史料はあらゆる領域に及ぶという[13]。

このように、民衆レベルであっても、文字を使用することが日常化していったことが、民衆の文字学習の動機づけとなり、その結果として手習塾が普及したのである。また、文書の書式を規定した書礼札や文書の用語・用法、書流（お家流）に至るまで、「この列島内にほぼ共通の文字文化を現出」[14]させることになった。

このように社会的背景が原因となって文字学習が重視された。しかし、文字学習が重視されるのは、日本語の特性による理由も考えられる。これについては、次節で詳述することにする。

第２節　日本語の文字依存性

本書の第Ⅰ部の第１章から第４章、および第Ⅱ部の第５章、そして本章の

第１節でも見てきたように、日本では、現代においても近代化以前の時代においても、書字随伴型学習が重視され、書字随伴型学習が学習場面や授業場面で頻繁に観察されてきた。その理由は何か。前節では、教育書に著されている文字学習観や「文字社会」という社会的背景からこれを考察した。本節では、それを日本語の特質から考察することにする。

学習コミュニケーションや授業コミュニケーションは言語によって媒介される。また、書字随伴型学習の特徴の中心にあるのが文字言語である。そこで、書字随伴型学習が日本で意義を持つ背景には、日本語の持つ特質に原因があるのではないかという仮説に立ち、考察を進めていくことにする。

周知のとおり、日本語の表記は表語文字である漢字と表音文字であるかな文字から構成されている。西洋のアルファベットは表音文字であり、その言葉どおり音声言語を書きとめる記号にすぎない。一方、漢字は表語文字である。**図６−１**に示したのは中国のある書家が古代中国で用いられた文字を使っ

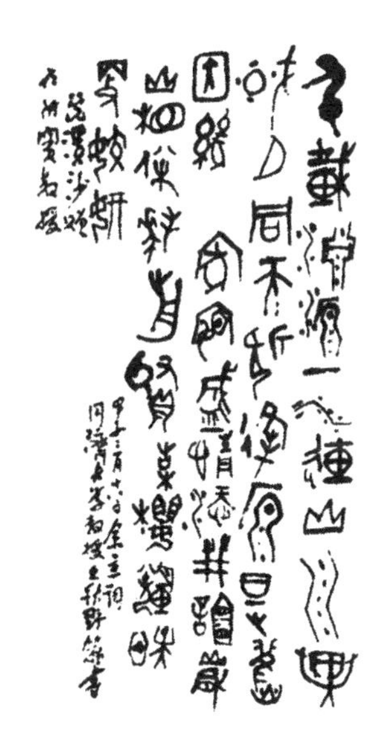

図６−１　中国古代文字

出典：石附実蔵（筆者撮影）

て書いた書である[15]。最初の部分は「千載淵源一水連、山川異域月同天」と読める。とくに6字目の「水」、8、9字目の「山」「川」、12文字目の「月」などは、漢字の母体は象形文字であることや漢字が表語文字であることを再認識させる。表語文字である漢字は、あくまでも概念を表現する記号であるので必ずしも音声の存在を前提としない。それゆえ、漢字は文字言語として音声言語から独立した言語体系を持ち得る。この意味で、中国、朝鮮半島、日本などの漢字文化圏では文字の言語に占める重要性が大きいと言える。

しかし、日本語における文字への依存性の大きさは、単に日本語が漢字文化圏に含まれるという事実だけでは説明されない。つまり、漢字のいわば本家である中国やそのほかの国の文化における文字依存性に比べ、はるかに日本における文字依存性は大きくなっている。その理由について次に述べる[16]。

まず、同音異義語の数の多さが指摘される。もともと中国においても同音異義語が比較的多いのであるが、漢字を日本に導入する際、その傾向にますます拍車がかかったのである。それは次のような事情からである。中国語の子音、母音の種類は日本語に比べて豊富である。しかも同じ音であっても四声の区別がある。たとえば、同じ「マ」の音であっても、この音節をどのような音の高低で発音するかによって、「妈(おかあさん)」、「麻」、「马(馬)」、「骂(罵る)」というように違った語を表す。このように中国語の音韻体系は非常に複雑になっている。一方、日本語の音素の数は中国語に比べて少ない。その日本人が表記記号として漢字を中国から輸入することになる。その際、中国式の漢字の発音を「音読み」として日本語に導入した。ところが、中国人にとってはもともとまったく別の音として発音される漢字も、音素体系の単純な言語を持つ日本人の耳には、同じ音にしか聞えなかった。この「音の輸入過程」において、日本人にとっての「同音異義字」が極端に増えてしまったのである。その結果、たとえば『国語大辞典』(小学館、第1版)には「コウ」の発音を持つ漢字が195字記載されており、「コウショウ」という音を持つ同音異義語が59語取り上げられている。

一方、音声優位である西洋の言語では同音衝突と呼ばれる現象がある。西洋の言語でも、他言語や他方言からの語彙の借入や発音の歴史的変化によってどうしても同音異義語が発生するようになる。その結果、それらの単語を聞いていて文脈上混乱のない場合は両語とも語彙の中に留まるが、そうでない場合はどちらか一方が使われなくなり死語となる。これが同音衝突による死語化と呼ばれる現象である。たとえば、queen（女王）と quean（悪い女、あばずれ）はもともと中世ではクイーンとクエーンというように違った発音を持っていたが、近世になると ea と綴られてエーと発音されていた音節がすべてイーと発音されるようになり、両者はクイーンと発音する同音異義語となった。この2語は同じような文脈で使われることが多く、この2語を耳で聞いているだけでは混同されることが多かった。しかも、この混同は社会的にとうてい許容されなかったので quean の方が使われなくなり死語となった。これが同音衝突による死語化である。ところが日本語にはこの現象があまりみられない。たとえば、「水星」と「彗星」、「教育過程」と「教育課程」（と「家庭教育」）は同じような文脈でしばしば使われている。これらは耳で聞くだけでは当然ながら混乱が予想される。しかし、日本人はこのスイセイやカテイという音を頭の中で漢字に置き換えて認識するし、会話の中で漢字を示してその区別を促したりする。その結果、これらの言葉はどれも死語とならず共存をしている。そして先に示したように、たとえば「コウ」の音の漢字が195字、「コウショウ」が59語も存在することになる。同音衝突にもかかわらず死語化を回避し、しかも混乱なくコミュニケーションができるのは、とりもなおさず表語文字である漢字のおかげである。このことは、日本語が音声だけでは自立し得ないことを意味していると言える。

日本語の文字依存性を強めているもうひとつの理由として、同じひとつの漢字に幾種類もの読みが存在していることが挙げられる。まず音読みについても、呉音や漢音といったようにその音を中国から取り入れた時期や経由地域によって読み方が違い、数種類の音を持つ漢字が多い。また、訓読みの存在も漢字の読み方の種類を増やしている原因となっている。世界の言語の中で表語文字と表音文字とを本格的に組み合わせて使用しているのは日本語とハングルだけだそうだが、同じひとつの漢字に対して音読みと訓読みのふたつを一般的に共有させているのは日本語だけらしい。このことが日本語を漢字文化圏の中でもとくに文字依存性の強いものにしていると言える。たとえば、「ハヤシ」という日本語（やまとことば）に由来する発音と、「シンリン」の「リン」という中国語に由来する発音とを結びつけ、同じ意味を表すことを示しているのは、「林」という文字であり、これがなければふたつの音はまったくバラバラの存在となってしまう。

さらに、音と訓とがを文字によって結合されていることによって、次に挙げるさまざまな効果が生じることも見逃せない。まず、和語の「なく」はかなり広い意味を持ち、あまり意味分化していないが、「泣く（涙をこぼす）」、「哭く（大声をあげて悲しみなく）」、「啼く（声をあげて悲しみなく、または、鳥獣がなく）」、「鳴く（鳥獣がなく）」と漢字をあてることによってその違いを意識することができる。また、「さみだれ」「しぐれ」などの意味がわからなくても、「五月雨」「時雨」と漢字にすることによって、その意味がつかめるようになる。逆に「閉所恐怖症」「足病学」「耳鼻科」などは漢字を見れば訓をたよりに小学生でもその意味を想像することができる。これは英語の claustrophobia, podiatrics, otorhinology がよほどのインテリでない限り理解できないことと対照的である。さらにスポーツ新聞の表現として使用される「捕邪飛」などは読み方を知らなくてもキャッチャー・ファウル・フライの意味であるとわかる点で文字依存の典型的な例である。

このように日本語は文字依存性が強いので、日常生活で話している時でも漢字への参照をすることがよくある。たとえば、初対面の人の名前を覚える時、音だけではたよりなく、漢字でどう書くかを聞くことによって記憶を確かなものにする。また、「てんがちゃや」という地名を初めて聞いて違和感を覚えた人も「天下茶屋」という文字を見れば納得する。ニュースでは「試案」という言葉を使う時、「こころみのあん」と言い換えながら「私案」と区別しているのも文字の助けによって音訓の結合をしている証拠である。

日本語は本質的に音声だけでは成立し得ず、話したり聞いたりしている時でも、その音声を一度文字に直してみなければならないほど文字への依存性が高いことを示してきた。それは表語文字を使う文化圏の中でも、とくに日本語に特徴的な性質であった。先に日本での学習は文字を書くことが中心であり、きれいに文字を書くことが尊重され、しかも内容科目を文字を書きながら学習するという形態をとっていたことを示したが、その背景には日本語の文字依存性の高さがあったのである。逆に言えば、文字抜きには言語活動がとうてい考えられないからこそ、文字学習へのニーズが高まり、勉強＝手習い＝文字学習とまで考えられるまで学習の中心に文字習得が据えられていたのである。

第３節　音声言語優位の言語観と言語生活

「われわれの子供は始めに読むことを習い、その後で書くことを習う。日本の子供は、まず書くことから始め、後に読むことを学ぶ」[17]。

これは、1563 年から 87 年まで日本で活躍したイエズス会宣教師フロイス, L（Frois, Luis, 1532-97）の残した『日欧文化比較』（初版は 1585 年頃とされている）の一節である。このフロイスはかなりの日本通であったようだ。布教のかたわら日本語を学び、ついには日本語の辞典や文法書の編集をしており、長編の『日本史』をも著したほどである。『日欧文化比較』は、フロイスが日本の文化、政治などをつぶさに観察し、西洋の風習と違うところを対比させることにより、日本の特徴を表現しようとしたものである。若干の誇張もあるが、日本のことについての予備知識がほとんどなかった当時の西洋人が、日本という異文化に接触したときの新鮮な印象がこの書物から読み取れる。

フロイスは『日欧文化比較』の別の箇所で次のようにも述べている。「われわれは書物から多く技術や知識を学ぶ。彼らは全生涯を文字の意味を理解することに費やす」[18]。文字を読むことよりも先に書くことを学び、道具にすぎないはずの文字をことさら重要視している日本人は、フロイスの目から見るとユニークな存在であったのである。同様のことは、明治時代に活躍したイギリス人の日本学者チェンバリン，B（Chamberlain, Basil Hall, 1850-1935 うち 1873-1911 滞日）も指摘している。「この国では文字は単に話し言葉を書き移（ママ）すためばかりに用いられるのではない。文字は実際に新しい言葉を生む。奴隷が実際に主人となっているのである」[19]。やはり日本における文字の重要性について言及している。

さて、日本には「読み書きそろばん」という表現がある。文字を読むことと文字を書くことができるようになり、そろばんが使えるようになることを基礎学力の第一歩とする考え方である。現在では、そろばんが使われることが減ってしまったので、この表現は「読み書き計算」や「読み書き算」のように言い換えて使われるようになっているが、やはりこれらは、基礎学力を指す言葉として使われている。この表現からわかるように文字の学習（読み書き）が基礎学力として重要視されているといってよい。

しかし、これは日本だけの現象ではない。西洋にも、「３アールズ（3 R's）」という表現がある。無学であったロンドン市長のカーチス，W（Curtis, Sir William, 1752-1829）が宴席で「基礎学力を市民に与えよう」と述べようとした時にこの表現を用いたのが語源とされている[20]。リーディング、ライティング、アリスメティックの正しい綴りを知らない市長は、単に発音の類推からReading, wRiting, aRithmeticの頭文字はすべてRであると思い込み、機転を効かしたつもりで「3つのRを市民に与えよう、すなわち……」とやってしまったのである。それはともかく、英語文化圏ではこの「3アールズ」は今でも基礎学力を指す表現として日常生活でもよく使われている。

では、同様の表現を持つ日本と英語圏あるいは西洋では、文字を同じように教え、同じように学習場面で使っているのであろうか。筆者はそうではないと考える。先に述べたフロイスやチェンバリンの指摘のように、日本人の「書く」ことに対する考え方や文字観は西洋人の場合と違っている。そして、その結果として文字の教え方や学習の場面における文字の役割、話し言葉の役割も違ってくるのである。そこで以下では言語を、教授活動や学習活動において、生徒と教師、および生徒と教材のなかだちをする媒介物（メディア）として捉え、言語観や言語習慣の違いの視点から教育文化について比較考察していくことにする。

まず、西洋人が文字をどう捉えていたかについて見ることにする。言語活動にことさら敏感であるのは言語学者であるので、最初に言語学の権威とされている人びとの文字観について言及する。

構造主義言語学の原型を構築したとされるソシュール，Ｆの場合、かれは文字の独自性をある程度認めているが、結局「文字の横暴」「ぺてん師」「書の幻惑」「書の欺瞞的性質」という極端な表現を使用して文字あるいは文字依存を非難している。そして言語学の分析対象としては、文字よりも話し言葉の方が有意であると結論づけている[21]。

また、デンマークのイェスペルセン，Ｏは、喋ったり、耳で聞いたりする言葉こそ、言語にとって第一義的なものとし、文字は書いたり、読んだりする時に用いる二義的なものであると述べている。さらに、もし一瞬たりとも、文字が話すことの「代用品」であるという事実を忘れるならば、言語とはいかなるものであるかを理解すること、さらに言語がどのような道筋をたどって発達してきたかを理解することは、けっしてできないとしている。かれにとって、言語とは音声として話される言葉であって、文字はあくまでもその「代用品」でしかあり得ないのである[22]。

さらに、記述言語学の権威とされるアメリカ人ブルームフィールド，Ｌは「文字は言語ではなく、ただ単に目に訴えるしるしによって、言語を記録する一つの方法にすぎない」とさえ述べている[23]。いずれの言語学者の場合も文字の独自性をあまり認めていないと言える。

なお、構造主義言語学、記述言語学は、従来の言語学の歴史的手法にかわり、「記述」という新しい手法を導入し、文化人類学と互いに影響を与え合った。文化人類学の扱う部族には、文字を持たない言語を持つ部族もあり、どの言語にも同じ手法を適用するという考え方から音声を言語の第一義的な分析単位とした。そして音声の重要性を強調するあまり、文字の持つ意義を看過してしまったきらいがある。しかし、このような音声偏重の考え方が発達した背景には、相対的に文字を軽く見る傾向があったことは否めない。

文字を軽視する傾向は、中世ヨーロッパの一般の人びとの暮らしの中にも見出される。たとえば、本が民衆の間に普及してから後も、長い間にわたって文字は話し言葉の「代用品」であり続けたのである。中世史・近代史を研究しているドイツのボルスト，Ｏは中世の人々が手紙など、何かを書いたものを読む時、黙読ではなく、必ず一旦声に出して読んでから意味をとっていたことを示す事例を詳しく挙げている。かれによると13世紀の英雄叙事詩『フォルフディートリッヒ』には、主人公が海辺でひとりで座り、自分自身の運命が書いてある手紙を読む場面があるという。主人公はまわりに人が誰もいないにもかかわらず、手紙を声に出して読む。その時、実はそばに人魚がおり、手紙の音読を盗み聞きするが主人公はそれに気づかない。人魚は主人公が手紙を最後まで読むのを「ひそかに」聞くことによって、彼のすべてを知るのであった[24]。黙読の習慣があたりまえとなっている現在では想像しにくい展開である。

さらにボルストは、ルネサンス期の代表的なオランダの人文学者エラスムス，D（Erasmus, Desiderius, 1466-1536）の書いたある手紙の中には、受取人がひとりだけで読むようにと念を押しているくだりがあることも紹介している。ひとりだけで読む理由としてエラスムスは、その中に書かれている機密が漏れるといけないからと手紙で述べている[25]。やはり当時はひとりで手紙を読む場合も必ず声を出していたようである。そして、中世の教会儀式でも、「語られたことば、聞かれたことが最終的な決着である」[26]とボルストは述べている。

また、カナダの社会学者マクルーハン，Mは『グーテンベルクの銀河系』の中で中世の修道院での読書習慣について述べている。彼は、読書室のブース（booth、小部屋）の形態がちょうど電話のブースと同じ防音ブースとなっていること、6時限目終了後の休憩時間、完全な沈黙を守るため読書を制限していたことなどやほかの文献引用を挙げ、「古代および中世においては、読書といえば音読に決まっていた」[27]としている。

中世の西洋において、話し言葉が文字に対して優位であったことは、民衆の間に流布していた本の表現にも表れている。たとえば、フランスで17世紀に大流行した民衆本は、「皆さんがお聞きになる通り」とか、「あなた方がこれから耳にされるように」という表現で始まるものが多かった[28]。これらは本の冒頭に使う決まり文句であった。本の決まり文句であるならば当然、「読まれる通り」とか「これから読まれるように」の方が自然である。わざわざこのような表現が使われていたのは、文字で表わされた本も実は声を出して読まれることを前提にして書かれていたからである。民衆文化史研究者のマンドルー，Ｒによると、当時、フランスには「夜の集い」(la veillée) の名で知られる民衆特有の社会慣行があったという。どんなに貧しい村であっても、司祭か、教会の小吏か、故郷へ戻ってきた兵隊か、字の読める者が必ずいて、ローソクの光の下やかまどの炎に照らされて、みなのために読んで聞かせたのである。フランスの民衆本が爆発的に売れたのは、個人の読者が増えたからではなく、「夜の集い」のような団体の読者層(聴取者層というべきかもしれない)が大勢いたからである[29]。

なお、民衆本の中には物語だけではなく、模範文例集のようなものがあった。本に書かれている模範文例であるので、物語の一節とか詩の断片とか、あるいは手紙文例集など、何かを書くための文例を想像しがちであるが、民衆本の模範文例集は、あくまでも上手に話すための模範が集められていたのである。現代でいうとさしずめ「結婚披露宴スピーチモデル集」のたぐいということになる。アメリカではパーティの最中に使うジョークをあらかじめ本で勉強してパーティに出席する人が現在でも少なくないそうであるが、このような会話のしかた、応答のしかたの文例を集めた民衆本も存在したようである。

このように文字で書かれた本ですら、それが口に出して読まれることを前提としているし、模範文例集もスピーチや会話が上手になるという目的で書かれている。現代の西洋の言語学者がそう考えていたのと同様に、中世の言語生活においても文字の役割はあくまでも音声言語を書きとめておくことであると認識されていたようである。文字はあくまでも道具であり、二次的であると捉えられ、実際の言語活動でもそのような使われ方しかなされていない。それでは、文字と縁が深いと思われる教育の現場では文字はどのように捉えられ、扱われてきたのであろうか。これについては次節で考察する。

第４節　音声言語優位の教育文化

まず、学生生活に着目する。今日の常識からすると学生はもっとも文字と接する機会が多い身分であると考えられるからである。中世の学生の場合、やはり文字よりも話し言葉の方がかれらの言語生活において大きな位置を占めていたようである。〈講義(lecture)〉という語は現在もごく一般的に使われているが、この語源はラテン語の〈読まれるもの(lectura)〉である[30]。というのは、14世紀から15世紀初頭において大学では講義と言えば、その重要部分は朗読であったからである。教会では説教が朗読によってなされていたが、大学の教師はそれにならって、あらかじめ書きとめておいたテキストあるいはすでに書かれていたテキストを講義で読みあげていた[31]。イギリスでは現在でも助教授のことをreaderと呼んでいるが、これも当時の講義習慣を雄弁に語っている1例であろう。大学の講義形態が口頭でのやりとりを前提としていたので、中世では学生といいながら文字がまったく読めない者も大勢いたようである[32]。

イギリスのグラマースクールの研究をしているワトソン，Fはイギリス中世のグラマースクールや大学の講義が、やはり音声言語優位であることを指摘している。学生には教師の話した言葉に傾聴することが求められたが、その際、講義のノートをとるのではなく、話の内容を暗記することに専念するように指導されていたそうである[33]。

アナール派のアリエス，Pによると、中世では暗記することが最重要視され、文字を書くことは暗記する努力を避ける「疑わしい手段」とみなされていたという。その結果、神学の学生は教師が講義している間はノートをとることを禁止されていたのだった。同じように中世の学校でも暗記が重視され、生徒は全員一緒に教師の唱える言葉を繰り返し唱え、それを完全に暗記するまで反復練習するというのが一般的な授業風景であった[34]。このような講義形態には文字は介入しない。文字との接触があったとしても、それは記憶を助けるための補助手段としてテキストを「読む」のであり、授業活動の主な要素は、話すこと、聞くこと、暗記することの3つであった。

一方、当時の教会でも、子どもに基本的なカテキズム(教理問答)を暗唱(recitation)させていた。その暗唱は文字を媒介としたものではなく、説教や絵や儀式など視聴覚に訴える方法を基本にしていた。文字は一般に記憶の手がかりとなるが、教会ではこの文字を使わせないかわりに、子どもが暗記しやすいよう、キリストの教えを詩の形式にしたり、音楽にあわせて覚えさせたりするなどの工夫がなされていた。宗教改革以前の初等学校は教会の影響力が大きく、そこでカテキズムを教えていたが、その暗記のために歌を歌うことを取り入れていたので、初等学校と賛美歌学校とはほとんど同義語であったほどである[35]。

このように西洋では、グラマースクールといった中等段階においても、初等段階の教育機能を持っていた教会においても、文字を書いたり読んだりすることよりも、とにかく耳で聞いて暗唱することが非常に重視される傾向にある。本来「暗唱」を意味する recitation という言葉が「授業」を指す言葉として用いられ、近代になっても現代的な意味での「授業」にすら recitation を用いる例[36]があるのは当時のこの授業形態によるものである。

もっともこのような中で、書き方教授を導入しようとした教師もいた。それはエリザベス女王の家庭教師であったアスカム，R である。かれは 1570 年の遺著 *The Scholemaster*（『学校教師』）の中で、書き方（writing）教授をもっと重視すべきであるとしたのである。しかし、アスカムにとっても究極の目的は、あくまでも、よりよい「判断を下したり、いつでも発言をしたりできるようにするため」であり、書くことはその手段にすぎなかった[37]。やはり、話すことが核となっているのである。なお、ワトソンは、アスカムが書き方の教育にこだわった理由は、アスカム自身が当時のもっともすぐれた能書家（calligrapher）として名をはせており、その名声によって自らの地位を築いたからとしている。つまり、我田引水的に書き方教育論を展開したとの見方である。その証拠として、アスカムの教育方法が当時あまり一般的ではなかったこと、*The Scholemaster* 出版後も、書き方の教育に関しては、紙そのものが西洋では高価なままであったことから、なかなか普及しなかったことを挙げている。ワトソンによれば、書き方の教育は、一部に限定されていたようである[38]。

文字に対するこのような考え方は中世だけではない。ドイツでは 18 世紀にあっても、暗記することの方が文字を使って本を読むことよりも、むしろよほど大切であるといった考え方があった。というのは、暗記するという習慣は、この当時、祈るという慣習につながるものと考えられていたからである。このため、誰かが自分たちの子どもに文字を教えてしまうと、子どもがただの「本読み小僧」になって、どんなことでも本を見なければ言えないようなことになるので困るのだ、といって当時の親たちは文字教育に反発したという[39]。

このように、西洋では文字を書くことが学習活動の中心に据えられていなかったのであるが、さらに文字をきれいに書くことに至っては、一般の学習とは別扱いされていた。アリエスによれば、1661年フランスの高等法学院が能書、つまり、きれいに文字を書くことの教育についてふたつの判決を出している。ひとつは、学校教師は書き方自体を教えてもよいが、能書法は教えてはならないとしたものであり、もうひとつは筆匠、つまり、習字の先生は綴りを教えるために印刷された書物や文書を用いてもよいが読み方を教えてはならないという判決である[40]。当時、教育は宗教や文学と結びつけられていた。それに対し能書は専門的な手先の技能であり実業活動に属するものと考えられていた。今日の言葉でいうと、口頭でなされる教育は初等学校で、能書は専門学校で、ということになろう。このように、きれいに書くことと学習することとは完全に切り離されていたのであった。この点においても、第5章で述べた日本での学習方法と極めて対照的である。

おわりに

本章では、『和俗童子訓』を手がかりにして日本の教育文化において書字随伴型学習が重視されていたことを明らかにした。そして、その背景にある理由について、日本語の文字依存性という概念を用いて説明を試みた。

それに対して、西洋では、文字よりも音声に言語の本質であるという言語学者の指摘があったり、社会生活の中でも文字言語ではなく音声言語を重視する傾向にあったりした。また、それは、文字教育観にも反映されていた。つまり、西洋では音声言語優位の学習は日常的に行われていたものの、文字言語を使った学習、そして、書字随伴型学習は、あまり重視されてこなかったのである。

注

1 石川謙「解説」、貝原益軒著／石川謙校訂『養生訓・和俗童子訓』岩波文庫、1961年、295頁。
2 辻本雅史は「『和俗童子訓』で展開された学習と教育の過程（課程）は、これまでの通説とはちがい、益軒の独創と考える必要はない。むしろ当時の一般的な教育の課程が説かれているとみてよい」としている（辻本雅史『思想と教育のメディア史――近世日本の知の伝達』ぺりかん社、2011年、113頁）。「独創」でないとすると、なおさら、『和俗童子訓』は1700年代の日本の手習塾における学習文化を分析するテキストとして価値があると言える。
3 貝原益軒著／石川謙校訂『養生訓・和俗童子訓』岩波文庫、1961年、240頁。
4 貝原益軒の表現であるので、数え年の6歳である。以下同様。
5 貝原益軒、前掲書、240頁。
6 同上書、240頁。
7 同上書、240頁。
8 同上書、254頁。
9 同上書、253頁。
10 同上書、250頁。
11 辻本雅史『思想と教育のメディア史』ぺりかん社、2011年、144頁。
12 同上書、145頁。
13 同上書、144～145頁。
14 同上書、145頁。
15 石附実蔵、筆者撮影。
16 日本語の文字依存性に関しては田中春美他『言語学のすすめ』大修館書店、1978〔昭和53〕年、鈴木孝夫『閉ざされた言語・日本語の世界』新潮選書、1975年、樺島忠夫『日本の文字』岩波新書、1979年、金田一春彦『日本語　新版』（上下）岩波新書、1988年、などを参考にした。
17 フロイス，ルイス著、岡田章雄訳注『ヨーロッパ文化と日本文化』岩波文庫、64頁。原典は、*Tratado em que se contem muito susintae abreviadamente algumas contradições e diferenças de custumes antre a gente de Europa e esta provincia de Japão*(1585), (erstmalige, kritische Ausgabe des eigenhändigen portugiesischen Frois-Textes von Josef Franz Schütte S. J. Tōkyō, 1955)。なお、中内敏夫も「『手学』からの離陸――書くことによる教育から読むことによる教育へ――」『近代日本教育思想史』国土社、1973年、229頁で、

フロイスの指摘を取り上げている。

18　フロイス、同上書、117 頁。

19　チェンバレン，B・H／高梨健吉訳『日本事物誌』2、東洋文庫、317 頁。原典は、Chamberlain, Basil Hall, *Things Japanese : being notes on various subjects connected with Japan, for the use of travellers and others*, K. Paul, Trench, Trübner & Co., Ltd. , London, 1891。

20　『新英和大辞典』第五版、研究社、1980 年、2202 頁。

21　ソシュール，フェルディナン・ド／小林英夫訳『一般言語学講義』岩波書店、1972 年（改版、初版は 1940 年）、40 ～ 53 頁。訳本の原典は、Saussure, Ferdinand de, *Cours de linguistique générale*, publié par Charles Bally et Albert Sechehaye, 1949。さらにその初版は 1916 年。なお、杉本つとむは、ソシュール自身が中国語における文字の意義について認めていること、そして、それゆえ漢字を研究対象から外していることを指摘した上で、「日本の言語学者が、そうしたソシュールの一見解を文字論一般と誤解しているだけなのである」とし、主語の扱いについても「現代の日本語研究はソシュールの呪縛からいまだにぬけきれていない」と断じている（杉本つとむ『杉本つとむ著作選集 5　日本文字史の研究』八坂書房、1998 年、31 頁、17 ～ 18 頁、初出はとくに言及されていない）。

22　Jespersen, Jens Otto Harry, *The Philosophy of Grammar*, London, 1924 -Reprint 1925, New York: Henry Holt and Company p.17.

23　Bloomfield, Leonard, *Language*, London:George Allen & Unwin Ltd.,1933, revised 1935, p.21.

24　ボルスト，オットー／永野藤夫他訳『中世ヨーロッパ生活誌 2』白水社、1985 年、170 頁。原典は、Borst, Otto, *Alltagsleben im Mittelalter*, Insel Verlag, Frankfurt am Main, 1983。

25　同上書、170 頁。

26　同上書、168 頁。

27　マクルーハン，マーシャル／森常治訳『グーテンベルクの銀河系――活字人間の形成――』みすず書房、1986 年、144 ～ 146 頁、130 ～ 132 頁。原典は、McLuhan, Marshall, *The Gutenberg galaxy : the making of typographic man*, University of Toronto Press, 1962。

28　マンドルー，ロベール／二宮宏之、長谷川輝夫訳『民衆本の世界――17・18 世紀フランスの民衆文化――』人文書院、1988 年、27 頁。原典は、Mandrou, Robert, *De La Culture Populaire aux 17e et 18e Siècles*, Edtions Stock, Paris, 1975。

29　同上書、25 ～ 27 頁。

30　同上書、168 頁。

31　同上書、168 頁。

32　同上書、168頁。

33　Watson, Foster, *THE ENGLISH GRAMMAR SCHOOL to 1660 Their Curriculum and Practice*, 1908 (reprinted by Frank Cass & CO.LTD, 1968), p140. ただし、カバリー，Ｅは、1300年前後の大学の様子を描写し、「教授はラテン語のテキストと注釈書を読み上げた。必要な場合は繰り返して読み上げた。それを学生たちが聴講した。時には、教授は読み上げの速度を非常にゆっくりとして、学生たちがテキストを筆記できるようにした」(Cubberley, Ellwood P., *The History of Education: Educational Practice and Progress Considered as a Phase of the Development and Spread of Western Civilization*, p.229)としている。確かに、学生は文字を使ってテキストを書きとめているが、教授から学生への情報の伝達はやはり音声言語を媒介としている点に着目したい。

34　アリエス，フィリップ／杉山光信、杉山恵美子訳『「子ども」の誕生――アンシァン・レジーム期の子供と家族生活――』みすず書房、1980年、275頁、133頁。原典は、Ariès, Philippe, *L'enfant et la vie familiale sous l'Ancien Régime*, 1960。

35　たとえば、ワトソン，Ｆは、「宗教改革以前のイングランドでは、学校の中では賛美歌学校の数がもっとも多かった」と指摘している(Foster Watson, op. cit., p12)。

36　たとえば、デューイすらも授業を指す言葉としてrecitationという表現を使っているほどである(たとえば、*How We Think*の第15章はTHE RECITATION AND THE TRAINING OF THOUGHTという表題である、Dewey, John, *How We Think*[1909] in *The Middle Works of John Dewey 1899-1924 Volume 6* [Southern Illinois University Press, 1978)。

37　アスカムは、「プラトンが書き残したソクラテスの理論は真実を語っている。その考え方については、『詩論』の中でもロラティウスが実に的を射た言及をしているが、われわれの知識がまさに書物に伴って身に付いていくのと同じように、すぐれた発言をしようと思えば必ず舌を鍛えなければなならいのである。すなわち、まずは子どもたちが深く理解できるように教育しなければならない。理解することは、判断をしたり、いつでも発言をしたりするための唯一の方法である。理解は、書く技術を身につけ、そして実際に書くことによって豊かになる(このことについては、後ほど詳述する予定である)。しかも、そのことは、(私がここで教えるちょっとした教訓を常々実行していくならば)イングランド中で普通の学校で行われている普通の教え方に比較してはるかに短い期間で身につけることができるのある」(Socrates doctrine is true in Plato, and well marked, and truely vttered by Horace in Arte Poetica, that, where so euer knowledge doth accompanie the witte, there best vtterance doth alwaies awaite vpon the tonge: For, good vnderstanding must first be bred in the childe, which, being nurished with skill, and vse of writing (as I will teach more largelie hereafter) is the onelie waie to bring him to iudgement and readinesse in speakinge: and that in farre shorter time (if he followe constantlie the trade of this litle lesson) than he shall do, by common teachinge of the common scholes in England.〔Ascham, Roger, *The Scholemaster*, printed by Iohn Daye, London, p.186〕）と述べている。なお、the Electronic Text Center版のテキストは文字の脱落が激しいので、テキストとしては、Luminarium, An Online Repository of Works, *The Scholemaster* (1570), Ascham, Roger (1515-1568), http://www.luminarium.org/renascence-editions/ascham1.htm,（最終閲覧日 150905）を利用した。ただし、このテキストには頁番号が記載されていないので、所収頁の特定については、the Electronic Text Center at the University of Virginia Library (now The Scholars' Lab), Ascham, Roger, 1515-1568 . *The Scholemaster* / Roger Ascham, http://web.archive.org/web/20110108055120/http://etext.lib.virginia.edu/etcbin/toccer-new2?id=AscScho.sgm&images=images/modeng&data=/texts/english/modeng/parsed&tag=public&part=1&division=div1（最終閲覧日 150905）を手がかりにした。

38　Watson, Foster, op. cit., pp.186-188.

39　エンゲルジング，ロルフ／中川勇治訳『文盲と読書の社会史』思索社、1985年、127頁。原典は Engelsing, Rolf, *Analphabetentum und Lektüre, Zur Sozialgeschichte des Lesens in Deutschland zwischen feudaler und industrieller Gesellschaft*, J.B. Metzlersche Verlagsbuchhandlung und Carl Ernst Poeschel Verlag GmbH, Stuttgart,1973。

40　アリエス，フィリップ、前掲書、280頁。

第7章　後退しかける書字随伴型学習

はじめに

第Ⅰ部で国際比較によって論証したように、書字随伴型学習が現在の日本の学習文化の特色であった。そして、第Ⅱ部の5〜6章で論証したように、江戸時代の手習塾では、書字随伴型学習が学習の中心であった。しかし、明治初期に日本が学校教育を近代化しようとした時期に、急激な西洋化の過程において、日本の学習文化である書字随伴型学習が後退しかけることになる。その様子を論じるのが本章の目的である。

まず、第1節では、教授法や学校建築、学校設備の近代化に大きく影響を与えた御雇外国人のスコットに着目して、後に全国に普及した教授法の特徴を考察し、書字随伴型学習が西洋型の学習文化に置き換えられたことを論じる。

次の第2節では、教室に新たに設備されることになった椅子と掛図といったモノに着目することによって、日本の教師から書字随伴型学習が後退しかけたことを論証する。

また、第3節では、全国に広まったカリキュラムの中身を分析することにより、書字随伴型学習が後退しかけたことを論証する。

そして、第4節では、書字随伴型学習が後退しかけた理由のうち、第1節から第3節で述べていないものについて考察を行う。

第1節　スコットの教授法

1872〔明治5〕年の「学制」以来、西洋を模範とした教育方法の普及が目指され、日本の学習文化は大きく変貌する。このことについて、佐藤秀夫は「欧米に模した学校教育のみが『教育』だとされた1870年代以降、事態は一変した」[1]とし、次のように述べている。

> 「学校」とは、洋式でなければならなくなった。建築は洋風でなく和風であったとしても、畳に替わって床が張られ、洋式の机と椅子、黒板などが用いられることになった[2]。

江戸時代までの手習塾では畳敷きの部屋が学習室となっており、子どもは文机の前に正座して双紙に向かって学んでいた。子どもは、墨をつけた筆を運んで文字を書きながら学んでいた。つまり、書字随伴型学習をしていた。しかし、それが、「学制」以来、その学習風景は大きく転換したのである。佐藤は、西洋式の机、椅子、黒板が日本の学校に急速に普及していった背景として、「欧米人教師（雇教師）の採用が、それに拍車をかけた」[3]ことを挙げている。

明治政府は西洋の近代化をいち早く日本に普及させるために海外から御雇外国人を招き入れた。そのひとりが、スコット，M（Marion McCarrell Scott、1843-1922）である。サンフランシスコで教師をしていたスコットは1871〔明治4〕年に来日[4]して大学南校の英語教師となった。翌年の1872年に「学制」が公布されて教員養成のための官立師範学校が東京に設立されると、スコットは初代教師として任命されることになった[5]。なお、総称としての「師範学校」と区別するため、以下では、「東京師範学校」[6]と呼ぶことにする。

東京師範学校での教授法は、すべてアメリカ式で行うというのが文部卿の大木喬任の方針であり、教室内の備品もアメリカ式で統一された。当時の様子をふりかえった記事には次のようなものがある。

> 大木文部卿の考案は、先づ以てスコットが亜米利加で師範学校へ入つたからして、其学校を卒るまで総て其の師範学校のやつた通りを少しも変更することなくやれ、それを能く受取つて仕舞つた以上は宜いが、初めは少しも取捨斟酌してはいかないと云ふことを申し諭されてスコツトに総ての事をやらせられた、それですから先づ教場は総て板の間にして机と腰掛を置いて、そこからスコツトの命ずる通りの黒板をこしらへ、そ

れから教師が教鞭を持つと云ふようなことも総てのことが少しも此方の流儀でなく彼の国の事をそつくり取つてやると云ふことになった[7]

東京師範学校には、「取捨斟酌」なくスコットの命ずるままに教室が整備され、机と椅子が設置されたのである。なお、その校舎は1972〔明治5〕年の創立当時、新築経費の確保ができず、昌平黌内の建物を改築して授業が始められた。その建物には畳が敷いてあったが、「学科授業法は勿論、何でも洋風に机と腰掛で授業をするのでなければいけないといふので、わざわざ昌平黌の畳を剥がして、穴だらけになった板の間を教場に用ゐた」[8]という。

スコットの教授した小学教授法の特徴は、⑴一斉教授法、⑵実物教授（庶物指教）、⑶問答法の3つとされている[9]。そして、これらの教授法は、「結果的に日本の近世以来の教授法を否定し去って」[10]、アメリカの近代的[11]な教授法として日本に受容された。

スコット自身はまとまった著作を残していない。しかし、スコットが推奨した教授法は、スコットの授業を受講した人々が全国の師範学校でスコット式の教育方法を講義したことによって全国に広まった。また、スコットの授業を受講した人々が数多くの著作を残したが、それによっても、スコットの教授法は全国に広がった。その代表的なものが諸葛信澄の『小学教師必携』（1873〔明治6〕年12月）である。そして、東京師範学校創設時のスコットの教授法を知る上で、『小学教師必携』に優るとも劣らないほど重要[12]と考えられているのが、土方幸勝の『師範学校小学教授法』（1873年8月）である。とくに後者は図によって一斉教授法のやり方を示しているので、教授方法のみならず、教室の備品についても当時の様子を現在に伝えている。**図7－1**はその著作に挿入されている図である[13]。

図7－1の図中には、掛図が描かれている。標題が「第三単語図」となっていること、描かれている各絵の形から、同書の九丁オモテに掲載されている「第三単語図」[14]であると思われる（**図7－2**）。

図7－1　スコットの一斉教授法

出典：土方幸勝編『師範学校小学教授法』1873年、二丁ウラ三丁オモテ

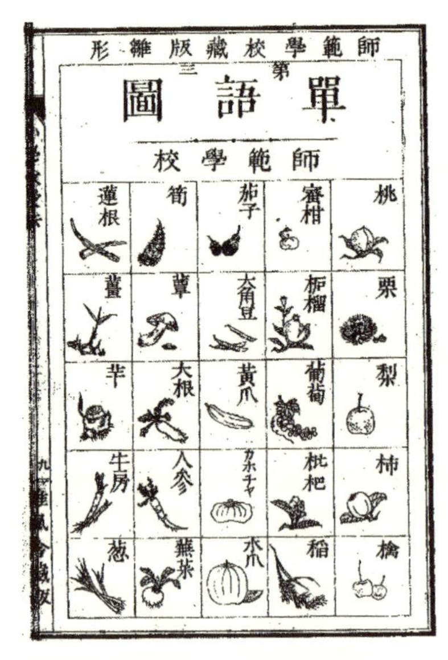

図7－2　第三単語図

出典：土方幸勝編『師範学校小学教授法』1873年、九丁オモテ

同じ内容の「第三単語図」が同書の十三ウラ〜十四オモテに再掲されており、そこには、「第八級」と書かれているので、生徒の入門直後に使われていた単語図であることがわかる。第八級の単語図は、「第一単語」から始まっており、「第一単語図」と「第二単語図」には、「イ」などのカタカナ1文字ずつに対して、糸、犬、錨の3つの絵が小さな漢字とともに書かれている。そして、「第三単語図」からは、カタカナがなくなり、図7－2のように、桃、栗、梨などの絵と漢字が並べられている。

もう一度、図7－1に注目すると、教師は正面に掲げられている掛図の絵を棒で指している。生徒の前には机があるが、机の上には筆記具がない。それどころか何も置かれていない。そしてこの図には、次のような教授法の解説文が記載されている。

> 図の如く教ふる　図を正面に掛け教師鞭を以て図の中の一品を指し生徒に向〈か〉ひ一人ツ、読〈ま〉しむ　一同読み終〈わ〉らば再び一列同音に読ましむるなり　若し音の正しからざる者あらば其〈の〉一人を挙〈げ〉て再三読〈ま〉しむるを法とす（空白文字と〈〉内は引用者による）

この解説文中に「読」ましむと書いてあるので、桃、栗、梨などの漢字の読みを教えているようにも考えられる。しかし、実際には、解説文は「一品を指し」としており、教師は絵を指している。先述したように、スコットの教授した小学教授法の特徴は、⑴一斉教授法、⑵実物教授（庶物指教）、⑶問答法であるが、これらのうちの、実物教授の教授方法が示されているのである。生徒は文字からではなく、実物から学ぶことを重視するのが実物教授の考え方である。もっとも、「実物」を教室の中に準備することが容易でなかったので、掛図に描かれた絵が「実物」の代替となっていた。教師は文字から教えるのではなく、絵という「実物」を使って教えることになっていた。

教師は、「実物」の桃の絵を指しながら、生徒に「モモ」と発音させ、その発音が正しいかどうかを評価する。「音の正しからざる者」がいれば、何度も発音させるという教え方である。ここには、生徒が文字を書きながら学ぶ姿がない。江戸時代によくみられた書字随伴型学習ではないのである。

同書の「第一単語図」の図に次の頁には、「第一単語図解」と題して、単語図を使っての問答法の教授方法が説明されている。

教授の法は桃は何月比花開き何月比食用に成る物糸は何を製して成るものと問を挙け生徒をして答へしむ　其大略を左に掲く[16]

続いて、次のような図解が続く。

一　糸は蚕又は綿麻にて製し人の着物に織る物なり

(中略：引用者)

一　犬は人里に居る獣にて夜中なとの守りになる者なり

(中略：引用者)

一　錨は銕にて製し大船を泊するとき流れぬ為に用ゐる物なり

(以下略：引用者)[17]

また、「第三単語図解」の箇所には、次のように解説されている。

一　桃は木になり三月頃花開き七月頃に実を結ふ　其味甘き物なり

一　栗は木になり六月頃花開き八月頃に実を結び表皮を破りて地に落ちるなり

一　梨は木になり三月頃花開き七月頃に熟し其味甘き物なり

(以下略：引用者)[18]

これらをもとに、当時の授業を復元してみると、次のようになる。

教師は桃の絵を指しながら生徒に質問する

教師「これは何の絵ですか」

生徒「桃です」

教師「桃はどこになりますか」

生徒「木になります」

教師「桃は何月頃に花が開きますか」

生徒「桃は三月頃に花が開きます」

教師「桃は何月頃に実を結びますか」

生徒「七月頃に実を結びます」

教師「桃の実の味はどのようですか」

生徒「桃の実は甘い味です」

実際には、テキストどおりの文語体を用いながらの会話だったかもしれない。あるいは逆に口語体で、しかも、方言も使われていたのかもしれない。しかし、重要なのは、こういった問答法による授業がこのように音声を使ったやりとりになっていることである。やはり、江戸時代までに日本にあった書字随伴型学習が大きく後退しかけるのである。

もっとも、スコットの教える教授方法において、生徒が文字をまったく書かなかったと言い切ることはできない。たとえば、同じく土方幸勝の『師範学校小学教授法附録』には、**図７－３**のような「習字の図」[19]が掲載されている。

図７－３　習字の図

（右図は左図中の左から２番目の生徒の拡大図）

出典：土方幸勝編『師範学校小学教授法附録』1874年、十四丁ウラ十五オモテ

教師は、黒板[20]に「ア」「イ」という文字を書いている。生徒はほぼ全員が、拡大図のように文字を書いているように見える。ただし、これが毛筆によって半紙に文字を書いていたのか、次章で触れる石盤の上に石筆で文字を書いていたのかは明確でない。あるいは、紙の上を字指し棒のような物でなぞっていただけなのかもしれない。しかし、文字を書く作業をしていたことが図示されていることは事実である。

ここで、生徒の机の天板の傾きに注目したい。天板は比較的大きいようであるが、天板は床と並行ではなく、手前に低くなるように傾いている。図7－3ではやや認識しにくいので、別の授業の図を拡大してみたのが、**図7－4**および**図7－5**である。

図7－4は、「復読の図」であり、図7－5は、算数の筆算を教えている授業風景である。両者とも、机の上には何も置かれていない。そして、机の天板は手前に傾いている。授業内容によって違う教室を使い、それぞれに応じ

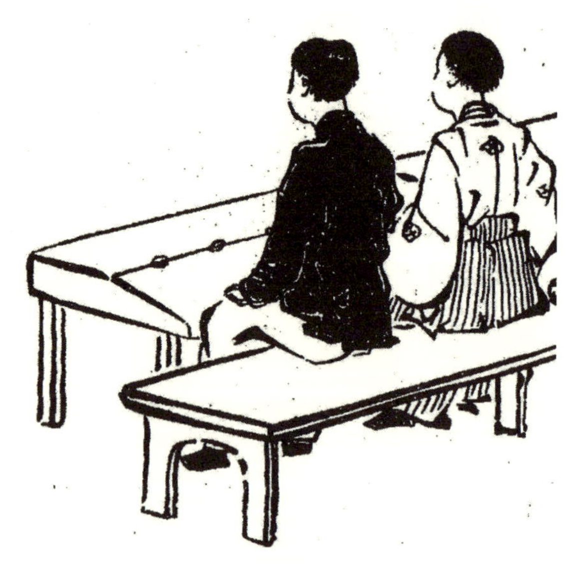

図7－4　傾斜のある机

出典：土方幸勝編『師範学校小学教授法附録』1874年、三丁ウラ（部分拡大）

図7－5　傾斜のある机

出典：土方幸勝編『師範学校小学教授法』1873年、三十一丁ウラ（部分拡大）

た机が配置されていた可能性も皆無と言えないが、当時の財政情勢から考えて、これらは同一教室にある同じ机であり、習字の時間も同じ机を使っていたと考える方が自然である。しかし、このように机の天板が傾斜していると、硯石に水を入れて墨を摺ることや、墨を使って毛筆で半紙に文字を書くという作業が非常に困難であったと想像できる。

1870年代の東京師範学校では、図7－3の習字のように、文字を書く学習の時間もあったであろうが、机の形状から見ても書く学びはむしろ例外的であって、アメリカのように音声言語による学びが中心となっていたのではないかと考えられる。江戸時代には、墨を使って毛筆で文字を書く行為が学びの中心であったとは対照的である。

なお、天板を手前に低くなるように傾けて作るのは技術も必要であるし、材料費も余分にかかると思われる。それゆえ、全国の学校に普及していったのは、天板に傾斜のある机ではなく天板が床と平行な机である可能性が高い。しかしながら、近代的な教授法の発信源である東京師範学校において、書字随伴型学習が後退した音声言語優位の教授法が教えられて、それが全国に流布されたのであるから、一般の学校の机の形状がどうなっていたとしても、書字随伴型学習が全国的に後退しかかっていたと考えられる。

第２節　椅子と掛図の普及

前節で触れたように、1872〔明治 5〕年に創設された東京師範学校では、畳を剥がしてまでして机と椅子が教室内に設置された。一方、1872〔明治 5〕年の「学制」は、全国に近代的な小学校を 53,760 校も設立する計画であった。戦後もっとも小学校数が多かった 1957〔昭和 32〕年でも全国で 26,988 校[23]であったことを考えると、野心的な計画であったと言える。前節で述べたように、官立の師範学校ですら、校舎の新築の予算を確保することができず、昌平黌にあった既存の建物を改築して創設に間に合わせたほどであるので、全国の小学校でも、既存の手習塾や神社、寺院などを転用して学校を創設した例が少なくない。相澤熙の『日本教育百年史談』によると、「校舎はお寺の本堂の畳をはがして、そこへ腰掛と机を入れると、優に三教室は得られる。仮に一教員二学級の複式とすれば、その寺が立派に小学校に改造された」[24]という。

一方、近代的な教育に必須と思われた椅子の普及に関しては、相当な努力が払われていたと思われる。

一次資料ではないが、工作社の雑誌『室内』の編集部が 1975 年に編集した「日本の椅子 100 年史年表」の欄外の説明には次のような記述がある。

> 明治 5 年学制がしかれた年、学校開設のため東京府の椅子生産数は 18,550 本と非常に多い。3 人掛けの長いベンチが多かったが、これらを作ったのは西洋家具の職人ではなく、始めは建具や家具荒物の指物師であった。[25]

椅子生産数が 18,550 本ということは、すべてが 3 人掛けとすると 55,650

人用、あるいは、すべてが2人掛けとしても37,100人用となる。『文部省第三年報』によれば、「学制」の翌年の1873〔明治6〕年の小学校の学校数が、12,597校、生徒数が1,326,190人であり、その2年後の1875〔明治8〕年には、小学校数24,225校、生徒数1,925,206人であった[26]。そして、東京府の就学生徒数は、1873〔明治6〕年が57,588人、1875〔明治8〕年が77,558人であった[27]。東京府で生産された椅子は府外にも出荷された可能性もあるが、明治初期の「就学」者数の中には実態としてかなりの欠席者がいたことを勘案すれば、東京府の椅子生産数18,550本という数は、「日本の椅子100年史年表」が指摘するように「非常に多い」と言える。

文部省が全国の学校に椅子や机を熱心に導入しようとした様子を、江木千之[28]が回顧している。江木は、1890〔明治23〕年の第二次小学校令制定の際に起草者となり、1924〔大正13〕年には文部大臣に就任した人物であるが、1874年〔明治7〕に文部省に出仕し、1891〔明治24〕年までは文部省の役職を歴任している。次の引用文中の「その頃」とは明治初期の頃である。

> 文部省の役人もその頃は、書生あがりの若い威勢のよいのが揃って居て、地方へ行くと、府県の役人と一緒になって、畳の上では授業が出来ぬぞ、何が何でもペンキ塗りの西洋館だ。その中へ机と腰掛けを入れるのだと云って触れてあるいた。[29]

なお、西村大志は、身体技法や姿勢の健康上の影響の側面から、明治初期の急激な椅子の導入の問題点を指摘している[30]。椅子の導入は、書字随伴型学習といった学習文化のみならず、子どもの健康にまで影響を与えていたのである。

さて、前節で述べたようにスコットは教授法の中で掛図を多用していた。掛図そのものについては、すでに佐藤秀夫が網羅的な研究[31]を残しているので、以下では、佐藤に依拠しながら、掛図の側面から書字随伴型学習の後退について考察することにする。

佐藤によると、「授業の場で用いられる掛図と壁画・障壁画・聯・額・掛軸などとの差異は、実は甚だ不分明」[32]である。しかし、アルファベット、数字、聖句などの一節などが、大きな紙に表示されて教場内の壁に掲げられる形として教授用の掛図が独立していくのは、西洋でも18世紀以降の大衆教育学校の成立によってであろうと佐藤は考えている[33]。掛図は欧米諸国では多く発生していた理由として、佐藤は、西洋の文化風土にあっては紙の伝来が遅く、14、15世紀まで高価な書写用材に頼るほかなかったこと、その結果、必然的に講義・討論、問答・暗誦などの口伝えによる学習・教育方法が根強い慣行となっていたことがあるとしている。さらに佐藤は、教師の説明や講義、教師と子どもたちの間での問答を展開する効果的な教具として、掛図の使用が容易に着想され、かつ実行されたとしている[34]。

それに対し、日本では江戸時代に入って紙の生産が拡大し、木版印刷が発達しており、教科書や写本類が豊富に流通していたので、学ぶ側の心得を列記した「壁書」や「掲示」はあったものの、掛図のようにそれを指し示しつつ教訓するような使用例はみられなかった。そして、日本の教育の場に掛図が本格的に導入されたのは、1873〔明治6〕年からであったと佐藤は述べている[35]。

そして、東京師範学校などが制定した小学教則の中で、掛図使用が規程されたことから、掛図は全国に普及する。佐藤は、1874〔明治7〕年の『文部省雑誌』第22号に掲載された1873〔明治6〕年の文部省掛図の府県による翻刻数をもとに、未報告府県分を加えて、全国で150万枚から200万枚に達すると推測している[36]。先述したように、1873〔明治6〕年の小学校の学校数が、12,597校であったので、150万～200万枚という数はかなりの枚数であると言える。さらに佐藤は、「明治前半期にあっては、とくに主要な教材、下等小学の下位級ではほとんど唯一の教材」[37]であり、「小学校で最も多数の子どもたちが主に学んでいたのは、実は児童用書であるよりは掛図であったと考えた方が、教授の実態に即している」[38]としている。また、掛図の多くは下位等級で使用されたので、当時の就学児童の多くがおおむね1～2年の在学で退校していったことを考え合わせると、「掛図だけを学んで学校を去っていった子どもたちも少なからずいた」としている[39]。

そこで、**図7－6**に注目したい[40]。教師は掛図の文字を棒で指している。生徒は2人掛けのベンチ状の椅子に座っている。椅子には背もたれがない。

図7－6　筆記用具のない一斉授業

出典：巻菱潭『小学掲図注解』1874〔明治7〕年、4丁ウラ～5丁オモテ

そして、生徒の前には机がない。生徒が文字を書くということすらも前提になっていない教室のセッティングである。このように机を配置しないことを容認する見解が1882〔明治15〕年の『文部省示論』の中に示されている。

『文部省示論』とは、1882〔明治15〕年11月21日から12月15日までのべ25日間の長期にわたって、全国各府県の学務課長および府県立学校長を東京に招集して文部省が開催した「学事試問会」の席上、文部省の各局課長あるいは主務吏員が、府県の担当すべき教育諸般の事項に関する文部省の基本方針を説明したものを文章化して配布した文献である[41]。この『文部省示論』の「小学校ノ建築」の中に次のような説明がある。

一　学校用卓子椅子ノ高低ハ児童身体ノ長短ニ準スヘキモノニテ椅版ノ高サハ児童ノ脛ノ長サト一様ニシテ後方ニ傾キタル椅背アルモノヲ可トス又卓子ノ高サハ椅版ノ上ヨリ児童全身六分ノ一ノ距離アルヲ良トス

一　講義等ノ如キ卓子ヲ要セサル学科ヲ教フルノ教場ニハ椅子ノミヲ備フルヲ便ナリトス都テ卓子椅子ノ用材ハ堅質ナルモノヲ可トス松材ノ如

キハ各地得易クシテ且ツ堅質ナルモノトス[42]

ここでは、卓子すなわち机と椅子のサイズを児童の体の大きさに合わせること、丈夫な素材を用いて机や椅子を作ることが指示されている。この指示によると、椅子は後方に傾いた背もたれがついたものが「可」とされているので、図7－6のような背もたれのないベンチ式の長いすは望ましくないことになる。一方、着目したいのは、「講義等ノ如キ卓子ヲ要セサル学科ヲ教フルノ教場ニハ椅子ノミヲ備フルヲ便ナリトス」の部分である。机が要らない学科が存在することを前提としていること、そして、そのような学科を教える場合には教室に机を置かなくてもいいということを認めていることが注目される。おそらく、この文言をよりどころにして、掛図を中心に教えている教室でも机の配備をしない学校が少なからずあったと考えられる。

掛図による授業では、「教員の指示・指導のもと子どもたちは口答の反復によって暗誦することが求められ、その場での筆記は原則として不要だったから、机はなくてもよかった」[43]のである。このように、掛図の普及によっても、江戸時代行われていた書字随伴型学習が後退しかけたのである。

また、同じ『文部省示諭』は、「中学科ノ教授」について「示諭」する中で、とくに注意すべき点として、口述法を排してなるべく教科書を使用すべきことを指摘している。

> 爰ニ又特ニ注意ヲ要スヘキコトアリ諸学科ヲ教授スルニ往々其用書ヲ定メス単ニ教員ヲシテ口受セシメントスルモノアリ夫レ口受法ハ譬ヘハ猶ホ劇薬ノコトシ良医之ヲ用フレハ病立ロニ治スヘシト雖モ庸医之ヲ用フレハ啻ニ其効ヲ奏セサルノミナラス却テ大ナル害毒ヲ遺スニ至ル[44]

良質な医者が劇薬を用いると病気がたちどころにして治るが、凡庸な医者が劇薬を用いてしまうと、病気が治らないばかりか甚大な副作用を起こしてしまうというたとえが使われている。教師が教科書に囚われずに口述によって授業を展開すれば、それはすばらしい授業になる可能性があるものの、そうなるのは非常にすぐれた教師の授業に限られるのであって、普通の教師が教科書を使わず口述で授業を行ってしまうと効果が上がらないのみならず危険な結果を残してしまうというのである。教科書によるティーチャー・プルーフの考え方が基盤になっているが、ここで注目したいのは、音声言語や文字言語の側面から見た中学校の教育慣行である。

引用文中から読み取れるのは、当時の中学校においても、教科書が使用されておらず、口述法が中心であったという実態があったということである。また、中学校に限定してこのような「示諭」が出されていることから、小学校においては、教科書を用いない口述法のみの授業を行っていてもそれが黙認されることになっていたとも考えられる。

ここでも書字随伴型学習が後退しかけていたことが読み取れる。

また、ある尋常小学校の沿革史には、学制直後の授業風景を次のように伝えている。

> 授業体裁ハ高脚机ヲ数列ニ並ベテ教師黒板ヲ背ニシテ掛図ヲ用ヰ鞭ヲ取テ読方若シクハ算術ヲ教授ス其主義方法等ニ至リテハ固ヨリ謂フニ足ルモノナキハ勿論只教師ノ口ヨリ生徒ノ耳ニ達スルノミ[45]

西洋式の「高脚机」が教室に並べられていたこと、「只教師ノ口ヨリ生徒ノ耳ニ達スルノミ」つまり口述で授業が展開されていたことが読み取れる。やはり、書字随伴型学習が後退しかけていたのである。

第3節　書字随伴型学習が後退しかけるカリキュラム

第2節では、椅子、机、掛図といった教室のセッティングの変化から、明治初期の小学校で一般的であった学習風景を考察した。それは、第1節で考察したスコットによる教授法に基づくものであった。教師は掛図を指しながら、音声言語で説明し、音声言語で生徒に発問をした。そして、生徒は音声言語で答え、それに教師が音声言語で反応した。これは、西洋の授業風景で一般的であった音声優位の授業風景、そして学習風景であり、江戸時代の日本の手習塾にあった書字随伴型学習の学習文化が後退しかけていたのである。

この変化は、カリキュラム上でも確認できる。

たとえば、1972〔明治5〕年の「学制」第27章には尋常小学校で教えるべき教科が列挙されているが、この時点ですでに「書く」学習の相対的位置が低くなっている。たとえば下等小学で教えるべき教科には14の教科があげられているが、その中で「書く」ことに関する教科は「綴字　読　竝　盤上習字」「習字　字形ヲ主トス」「書牘　解意竝盤上習字」（ルビは引用者による。以下同様）となっている[46]。綴字とは字を覚えることであり、習字は字をきれいに書くこと、書牘は手紙を読んだり書いたりすることである。「書く」ことに関わりのあるこれらの教科はわずか3教科で、全教科数14の約5分の1にすぎない。江戸時代の手習塾では「書く」ことが学習の中心に据えられていたのとは対照的である。

また、ほかの教科の教授法については、「単語」「会話」は「読」、「読本」「脩身」「文法」は「解意」、「養生法」は「講義」と明示されている[47]。「読」とは文字どおり読むことである。また「解意」とは読本、修身、文法などを教師がわかりやすく説明することである。この説明は口頭によるものであろう。そして、「講義」は文字どおり教師が養生の大切さとその方法を講義するのである。いずれの場合も文字を介さない教授法である。

さて、当時、実際の教育現場で直接影響を与えていたのは、文部省というよりもむしろ府県レベルの県令である。そこで、ここでは大阪府が科目の取扱いをどうしていたかを見てみる。

まず、1872〔明治5〕年の大阪府の「小学規則」では「普通学ヲ修ムルニ四課ヲ立ツ」として「句読」「暗誦」「習字」「算術」の4課をあげている[48]。先ほどの「学制」に比べると教科は未分化であり、その分だけ「書く」学習の割り合いは比較的多いと言える。しかし、1876〔明治9〕年の「大阪府下等小学教則」では「読物」「算術」「習字」「書取」「問答」となって「問答」が新たにつけ加わっている[49]。

さらに1877〔明治10〕年の「改正大阪府小学教則」になると、「読物」「講義」「暗記」「口授」「算術」「習字」「書取」「作文」「罫画」「体操嬉戯唱歌」と分化しており、ほぼ「学制」に近い分類となっている[50]。

このように大阪府でも書く教科とそうでない教科が分離され、相対的に「書く」ことを通して学習する教科が減少していることが認められる。

再び全国レベルに目を転じ、個々の教科での教授法についてより詳しく説

明している「小学教則」を吟味してみる。これは1872〔明治5〕年に文部省が制定したものである。まず「綴字」は

生徒残ラス順列ニ並ハセ智恵ノ糸口うひまなび絵入智恵ノ環一ノ巻ヲ以シ教師盤上に（ママ）書シテ之ヲ授ク前日授ケシ分ハ一人ノ生徒ヲシテ他生ノ見エサルヤウ盤上ニ記サシメ他生ハ各石板ニ記シ畢（おわり）テ盤上ト照シ盤上誤謬アラハ他生ヲシテ正サシム[51]

としている。ここで「盤上」とは黒板を指し「石板」とは石盤を指す。なお、石盤については、次章で詳述することにするのでここでは説明を省略する。さて、上記の「綴字」の規程では、書きながら文字を覚えることは保たれているが、その道具が筆と紙（双紙）から石筆と石盤にかわっていることが指摘される。なお、筆を使用する科目は「習字」であるが、それは

手習草紙習字本習字初歩等ヲ以テ平仮名片仮名ヲ教フ但数字西洋数字ヲモ加ヘ教フヘシ尤字形運筆ノミヲ主トシテ訓読ヲ授クルヲ要セス教師ハ順回シテ之ヲ親示ス[52]

と指示している。習字の時間では、専ら上手に墨で字を書くことが目的とされており、書きながら字を覚えたり、字の読みを覚えたりすることは「習字」から除外されているのである。「書く」ことによる学習の機会がここでも狭められていると言える。

また、ほかの教科の記述からも「書く」ことが姿を消している。たとえば、「単語読方」は、

童蒙必読単語篇等ヲ授ケ兼テ其語ヲ盤上ニ記シ訓読ヲ高唱シ生徒一同ニ準誦セシメ而シテ後其意義ヲ授ク但日々前日ノ分ヲ暗誦シ来タラシム[53]

「修身口授」は、

民家童蒙解童蒙教草（おしえぐさ）等ヲ以テ教師口ツカラ縷々之ヲ説諭ス[54]

「単語暗誦」は

一人ツヽ直立シ前日ヨリ学フ処ヲ暗誦セシメ或ハ之ヲ盤上ニ記サシム[55]

と指示している。教師が黒板を使うことはあっても、生徒ひとりひとりが石盤を使用するわけではない。授業はおおむね口頭で進められたのである。

このように「話す」こと、「聞く」ことを中心とする西洋の教授法の導入により、従来日本にあった「書く」ことを中心とする学習形態つまり、書字随伴型学習がカリキュラム上から相対的に後退してしまったのである。

第４節　書字随伴型学習が後退しかけた原因

日本の学習・教育場面から書字随伴型学習が相対的に後退しかけた原因は、第1節から第3節で述べてきたように、西洋生まれの教育方法が導入されたこと、それに適したカリキュラムが設定されたこと、それに対応するように教室内に机や椅子、掛図が配置されたことである。本節では、それ以外の原因について述べることにする。

第3節でも見たように、明治初期の教室には、長椅子が導入されても生徒用の机が設置されない場合もあった。これでは、文字を書こうにも書くことができない。もっとも、教室には、後に、生徒用の机が設置されるようになった。しかしながら、椅子に対応した机であるので、その天板の位置は、江戸時代の文机（天神机）の天板の位置に比べてはるかに高い。この机上に硯石や水を置き、墨を擦って筆を操ることになるが、天板が高い分、不安定となる。畳座りの場合は、文机に置ききれないものは自分の周りの畳上に仮置きすることができるが、机ではそういったこともできない。しかも、明治初期は、狭い教室に60人以上が在籍することが少なくなかった。現在に比べて出席率が高くないことを計上したとしても、机と机の間はかなり狭くなっていた。墨がたっぷりとついた筆が前に座っている生徒の背中についたり、筆が横の生徒の方に転がったりすることも多くあったであろう。また、当時は経済的な理由から、個人用机よりも、2人掛け、3人掛けの机が一般的であった。そうなると、ひとりの生徒が席を立とうとすると、前や横に座っている生徒の硯石や水差しをこぼしてしまうこともあっただろう。もともと西洋でデザインされた机や椅子は日本の毛筆文化を想定していないので、いたしかたないことではあるが、当時の教室の混乱ぶりは容易に想像できる。

やや時代は下るが、1892〔明治25〕年頃の子どもの生活ぶりをいきいきと伝えるものに、中勘助（明治18-昭和40年、1885-1965年）の小説『銀の匙』（大正元年初稿）がある。これは自らの少年時代を描いたもので、舞台は小石川の「片田舎」、主人公の「私」は尋常1年の乙組である。次にあげるのはその教室風景の1コマである。

> 習字の時の騒ぎは格別であった。墨壷をひっくりかえして泣くやつがある。草紙に団子ばかり書いてしかられるやつがある。[56]

墨を磨るのに時間がかかる上、あらかじめ水を用意したり、使用後は筆を洗ったりしなければならない。さらに、字を書いた後はそれが乾燥するのを待たなければならない。手習塾のように個人教授を基本とする少人数での指導態勢のもとではこのような欠点もまだ許容範囲であった。しかし、大勢の子どもに対し一斉に指導しなければならないという条件のもとでは、この不便さは致命的であった。

明治初期に書字随伴型学習の学習スタイルが後退しかけた理由には、経済的な問題もあった。江戸時代の手習塾では、寺子が全員文字を「書いて」学んでいた。もちろん、練習時には半紙が真っ黒なるまで何度も何度も練習しており、半紙を粗末には使わなかった。しかし、全員が半紙を使っていたのも事実である。手習塾は私立の教育機関であった。そこへの就学は義務ではなく、任意であった。そうなると手習塾の師匠は、入門の条件として学習に必要なだけの紙を用意してくることを要求することができた。あるいは、束脩の形で半紙の費用を支払うことができる寺子だけが入門できた。

しかし、「学制」改革後の「学校」は事情が異なる。公立の学校は少なくとも建前上は全員就学を目指していたからである。それは同時に、非常に貧乏な家庭の子どもも大量に学校に通うようになることを意味する。このような家庭では子どもを学校に通わせることだけでも大きな負担であった。というのは、子どもが学校に行くことは貴重な労働力が失われることを意味し、その上、授業料も納入しなければならなかったからである。この負担は想像以上に大きく、「学制」発布当初は、学校打ち壊しの暴動が全国各地で起こったほどである。このような状態にあって、子どもの学習用に何枚も紙を購入することを、さらに親に要求するのは難しいことであった。かといって政府の方にも、必要とされる文房具を児童生徒全員に配給する財政的余裕はなかった。このような理由から、初期の近代学校では手習塾時代のように出席者が全員必要なだけ紙が使える状態が作れなかったのである。

児童の学習用としての紙を比較的頻繁に使うことができるようになるのは、後の章で述べるように明治30年代後半のことである。しかしその紙の素材は和紙ではなく洋紙であった。和紙が洋紙と比べて相対的に割高になっていたからである。和紙は大量生産に向いていなかったし、仮にそれができたとしても、表面がザラザラで印刷用紙としては適切でないので書籍印刷による大量需要が期待できなかった。これらの点で有利であった洋紙はその生産量を年々増加させ、洋紙の価格は大幅に低下した。そして1904〔明治37〕年には国定教科書の印刷用紙に国産の洋紙が指定されることになり、その後、洋紙と和紙との価格差は決定的となった。そして、毛筆に適した和紙は児童の学習用としてふんだんに使えるほどには廉価となることがなかった。

おわりに

本章では、江戸時代までに日本の学習風景あった書字随伴型学習が後退しかけたことを論証した。そして、その理由として、西洋から音声言語優位を前提とする教育方法が日本に導入されたこと、それに伴うカリキュラムが制定されたこと、狭い教室の中で天板の高い机が数多く設置されたこと、子どもにとって文字を「書く」道具となるべきノートの価格が学習用としてはまだ高価すぎたことなどがあると考察した。

このことは、第6章第2節で考察した、日本語の特質、つまり、日本語は文字依存性が非常に強く、音声だけでは意思疎通に問題が生じやすいということから考えると、非常に不自然なことであった。子どもが学習用に利用できるほどに学習帳が廉価になったのは、明治30年代後半を待たなければならない。江戸時代の墨と毛筆と和紙を用いる学習文化と、明治30年代後半以降の鉛筆とノートを用いる学習文化の空白を埋めたのが、実は、「石盤」の存在である。次章では、その「石盤」について考察する。

注

1　佐藤秀夫『教育の文化誌2』阿吽社、2005年、164頁。

2　同上書、164頁。

3　同上書、164頁。

4　平田宗史によると、スコットの来日の動機を明らかにする資料はまだ発見されていない（平田宗史『エム・エム・スコットの研究』風間書房、1995年、17頁）。なお、武内博は「スコットの出自と来日の経緯」の中で、スコットのわが国への招聘は、「サンフランシスコ駐在の森有礼と名誉領事ブルークス（Brroks, Caharles Wolcott 1833-1885）の推薦によるもので、大学南校（開成学校）英語教師として採用された」としている（武内博『近代西洋の光――来日西洋人と日本洋学者群像』〔日本古書通信社、2007年〕所収、146頁）。ただし、その根拠となる資料は提示していない。

5　橋本美保は、「南校の英学教師であったスコットがなぜ東京に創設された師範学校に雇い入れとなったかという経緯については明らかでない」としている。その上で、師範学校の創設にかかる経費を大蔵省が極力抑えようとしたので、在日アメリカ人の教職経験者から選んだのではないかと推察している（橋本美保『明治初期におけるアメリカ教育情報受容の研究』風間書房、1998年、86頁）。

6　1873〔明治6〕年8月に、東京以外の6大学区での官立師範学校が設立された。それに伴い、東京の官立師範学校は「東京師範学校」と呼ばれるようになった。本章では、1873年8月以前についても、あえて「東京師範学校」という表現を使っている。

7　辻新次「師範学校の創立」、茗渓会事務所『教育』第344号（東京高等師範学校創立40年記念号）1911年、28～29頁。

8　坪井玄道「創業時代の師範教育――体操伝習所の設置――」、国民教育奨励会編『教育五十年史』民友社、1922年、19頁（日本図書センター、複製版、1979年、所収）。なお、坪井玄道は南校で教師をしていたが、スコットの通訳として1972年にスコットとともに東京師範学校に赴任している。それゆえ、東京師範学校の創設当時の事情には詳しいと思われる。

9　平田宗史、前掲書、153頁。

10　橋本美保、前掲書、88頁。

11　文字どおり「近代的」とは言えない。たとえば、橋本美保は、板倉聖宣、倉沢剛、古賀徹、佐藤秀夫、カバリーなどを援用しながら、スコットの助言に基づいて作成された東京師範学校の小学教則はサンフランシスコ市郡の公立小学校規則に基づいていること、そもそもペスタロッチ主義の教育がアメリカに受容された段階で形式主義的なものであったこと、その規則はアメリカの中でも10年程度遅れたものであったこと、などから日本におけるペスタロッチ主義受容における形式主義の問題は、スコットという人物が起用されたことにも原因はないかが検証される必要があると述べている（橋本美保、前掲書、88頁）。

12　平田宗史、前掲書、153頁。

13　土方幸勝編『師範学校小学教授法』、1873年、二丁ウラ三丁オモテ（国立国会図書館デジタルコレクション所収）。

14　同上書、九丁オモテ。

15　現在は「児童」と呼ぶのが適切であるが、明治初期に学校に通う子どもは「生徒」と呼ばれていたので、ここではそれに倣い、「生徒」のままとしている。

16　土方幸勝、前掲書、十丁ウラ。

17　同上書、十丁ウラ。

18　同上書、十四丁ウラ。

19　土方幸勝編『師範学校小学教授法附録』1874年、十四丁ウラ十五オモテ。

20　黒板は黒地に白で文字が書かれるのに対して、図では、白地に黒の字が書かれている。しかし、土方幸勝編『師範学校小学教授法』の三十二丁オモテに描かれている算数の授業の図も白地に黒の字でありながら、明らかに黒板であると認められるので、この図でも教師は黒板を使っていると思われる。

21　土方幸勝編『師範学校小学教授法附録』1874年、三十一丁ウラ。

22　土方幸勝編『師範学校小学教授法』1873年、三丁ウラ。

23　学校基本調査の年次統計総括表（総務省統計局、http://www.e-stat.go.jp/SG1/estat/List.do?bid=000001015843&cycode=0、181220最終閲覧）

24　相澤熙『日本教育百年史談』学芸図書、1952年、41頁。

25　『室内』編集部「日本の椅子100年史年表」、『室内』1975年6月号246号、工作社、40頁欄外説明文。年表の冒頭の説明に「名のある椅子メーカーからそれぞれ資料を提供してもらってこの表にした」とあり、「芝家具の百年史」（東京都家具商業協同組合編）、「家具年表」（中村圭介編）などの出典表記があった。

26　文部省『日本帝国文部省年報第三（明治八年）第1冊』、1875年、2頁。なお、2頁の表中の生徒数が1,925,206人であったのに対し、1頁の本文中では、1,926,126人となっていた。

27　同上書、3頁。

28　えぎかずゆき、1853～1932。

29　相沢熙、前掲書、42頁。

30　西村大志『小学校で椅子に座ること――〈もの〉と〈身体〉からみる日本の近代

化』(日文研双書 35) 国際日本文化研究センター、2005 年。

31　佐藤秀夫「総説　掛図の研究・序説」、佐藤秀夫・中村紀久二編『文部省掛図総覧一　単語図・博物図等』東京書籍、1986 年。なお、以下の引用では、それを再録した、佐藤秀夫『教育の文化史 3　史実の検証』阿吽社、2005 年、を用いた。

32　同上書、217 頁。

33　同上書、218 頁。

34　同上書、218 頁。

35　同上書、219 頁。

36　同上書、229 頁。

37　同上書、230 頁。

38　同上書、231 頁。

39　同上書、256 頁。

40　巻菱潭『小学掲図注解』明治 7〔1874〕年、4 丁ウラ～ 5 丁オモテ。

41　佐藤秀夫「学事諮問会と『文部省示論』(1882 年) に関する研究」、『教育の文化誌 3　史実の検証』阿吽社、2005 年、261 頁。

42　『文部省示諭』1882 年、23 ～ 24 頁。国立教育研究所第一研究部教育史料調査室編『学事諮問会と文部省示諭教育史資料 1』国立教育研究所、1979 年、所収。以下同様。

43　佐藤秀夫「机と椅子の歴史」、『教育の文化誌 2　学校の文化』阿吽社、2005 年、165 頁。

44　同上書、72 頁。

45　『沿革史　更級郡荘内尋常小学校』1891〔明治 24〕年、下編第 3 章第 4 節 (柏木敦『資料復刻　沿革史　更級郡荘内尋常小学校』兵庫県立大学政策科学研究所、2011 年、20 ～ 21 頁所収)。なお、更級郡は長野県で、引用した第 3 章は「明治六年ヨリ明治十四年ニ至ル」沿革の記述である。ただし、引用箇所の前後の記述から、引用の描写は、1873〔明治 6〕年から 1877〔明治 10〕年の期間の教室風景の描写であることが推察される。

46　神田修、山住正己編『史料日本の教育〈第 3 次改訂版〉』学陽書房、1986 年、112 頁。

47　同上書、112 頁。

48　『大阪府教育百年史　第二巻　資料編 (一)』大阪府教育委員会、1971 年、17 頁。

49　同上書、31 頁。

50　同上書、51 ～ 52 頁。

51　神田修、山住正己編『史料日本の教育〈第 3 次改訂版〉』、同上書、203 頁。

52　同上書、203 頁。

53　同上書、203 頁。

54　同上書、203頁。なお、縷々〔ろうろう〕とは、こまごまと述べ立てること。

55　同上書、203～204頁。

56　中勘助『銀の匙』岩波文庫、1935年、71頁。初稿は1913年。

第8章　石盤の導入と普及

はじめに

第7章では、学校教育の近代化、とくに、教授法、教室のセッティング、カリキュラムの西洋化によって、江戸時代までに日本の学習風景あった書字随伴型学習が後退しかけたことを論証した。しかし、実は書字随伴型学習の学習・教育文化は途絶えることはなかった。そして、書字随伴型学習の文化は、第Ⅰ部で論証したように現在の学習場面においても根強く残っているのである。それでは、表面的には後退しかけたはずの書字随伴型学習の文化が、どのようにして日本の学習文化の根底に根強く生き続け、やがてそれが復権したのであろうか。それを説明する鍵となるのが学習具である石盤である。石盤は西洋で生まれ、明治初期の教育の近代化とともに日本にもたらされ、子どもたちが日常にあたりまえのように使用する学習具として日本全国に広まった。物理的なモノとしては、西洋の石盤も日本の石盤も同一である。しかし、日本では、石盤を書字随伴型学習の学習・教育文化に合致するように使った。書字随伴型学習の学習・教育文化を本格的に支えるのは、児童生徒用の練習帳であったが、それが多くの児童が使えるようにまで大量普及するまでの約30年間、日本の書字随伴型学習の学習・教育文化をいわば中継ぎ役として支えたのが石盤である。第8章はこのような役割を果たした石盤について考察することを目的とする。

まず、第1節では、西洋に発明され使用された石盤そのものについて論じる。その上で、第2節では、石盤が西洋でどのような場面で使われることが多かったについて論証する。そして、第3節では、石盤がどのように日本に移入されたかを論じ、第4節では、その後、どの程度日本に普及したかを論証する。これらを踏まえて、第5節において、石盤の果たした役割について考察する。

第1節　西洋の石盤

石盤は、一言で言うと個人携帯用の小型黒板である。粘板岩などの黒い水成岩を薄く板状に切り出し、それをさらに半紙大ないしはその半分のサイズに加工したものである。これをこのまま使うと板のふちが欠けやすいし、また、落とした場合は割れやすい。そこで、石の板のまわりに木の枠を施してある。これが製品としての石盤である。

黒板にはチョークを使うように、石盤には石筆で線などを書きつける。石筆は、蝋石を細く筆状に加工したものである。白い石筆を黒い石盤の表面にこすりつけると白い字や線を書くことができる。石盤が筆と紙による筆記方法と決定的に異なるのは、海綿やぼろ布などで表面を拭けば今日の黒板と同じように文字を消すことができることである。繰り返し文字を書くことができるのである。

なお、石盤は「石板」と書くこともあり、「いしばん」「いしのいた」と呼ぶこともある。「石盤」と言えば古くは専ら、天台宗などの声明[1]で用いる楽器を指していた。それは讃岐地方原産の輝石安山岩を加工して作られ、槌で叩くと鉄琴のような音がする。しかし、筆記具としての石盤はこれとは関係なく、明治以降の西洋教育受容に伴い西洋からもたらされたものである。

西洋において石盤の原型は古代ローマ時代にまでさかのぼることができる。それは「蝋板(wax tablet)」と呼ばれ蝋を板の上に流して表面を平らにしたものである。この表面を、「尖筆(style)」と呼ばれる先のとがったペン状の道具でひっかくことによって文字などを書いた。文字などを書いた後は、蝋板を暖めて蝋を溶かすことにより文字は消え、表面が再び平らになる。そうすると何度でも使える。パピルスやパーチメント(羊皮紙)がまだ貴重であった時代において、何度も書いては消せる道具はとても重宝したことと思われる。

図8－1　蝶番でつながれている蝋板

出典：Matériel scolaire, gravé par Coury, d' après une fresque de Pompéi. Bibliothèque de l' École Nationale Supérieure des Beaux-Arts, Paris (ROUCHE, Michel, *HISTOIRE GÉNÉRLE de L'ENSEIGNEMENT et de L'ÉDUCATION en FRANCE I*, 1981, Nouvelle Librairie de France), p.95

この蝋板は中世になっても使われ続け、中世のほとんどすべての学生がこれを所有し、文字の練習をしたとされる。しかし、一度文字を書いてしまうと暖めなおさない限り使えないという点が不便であった。そこで**図8－1**のような工夫がなされた[2]。これは3世紀頃に使われていた蝋板の絵である。数枚の蝋板が蝶番でつながれているのが特徴である。書くことのできる蝋板の面積が増えた分、蝋板の欠点をある程度補うことができる。

素材が蝋ではなく、現在の石盤により近い形態の石盤が使われるようになるのは17世紀頃と思われる。イギリスのグラマースクールの研究者であるワトソン, Fによると、石盤に最初に文献上で言及したのは、グラマースクールの校長でもあったブリンスリー，Jであるとしている[3]。ブリンスリーは、*Ludus Literarius*(1612)の中で教授法について述べ、初心者にはまず板(board)か机(table)の上にチョーク(chalk)で文字を書かせるか、紙の上に黒鉛で書かせるかして練習させ、慣れてくるとインキのついていないペンで本をなぞる練習をさせるとよいとしている[4]。このboardが石盤である。ここでは生徒用の筆記具として使用されているが、board と chalk は後に教師用の黒板とチョークとしても発展していく。なお、ブリンスリーの言及していた黒鉛は当時、絵を描く際に輪郭をひいたり、文字を書く際に文字の並びや文字高が揃うように基線を引いたりする道具として用いられていた。これは後に鉛筆の原型となっていく。

board が教師用として発展したこと、紙が非常に高価であったこと、そして、第 6 章でも触れたように、西洋の学習場面では「聞く」「話す」「読む」に比べて「書く」ことが相対的に軽視されていたことから、board の石盤としての発展はしばらくの間みられなかった。もちろん「書き方」の教授行為も存在していたが、「読み方」の教師とは別の教師が担当した。しかも「書き方」は「読み方」とは違う教室で、あるいは違う学校で教えられていた。

OED（*The Oxford English Dictionary*, second edition, 1989, Clarendon Press）によると、スレート製の石盤（slate）が文献に現れるのは、チョーサー，G（Geoffrey Chaucer, 1340?-1400）の *Astrolabe* の中で、それは 1391 年のことである[5]。これは、おそらく普通の筆記用具としての石盤であろうが、明らかに教育用として石盤が使われるのは、18 世紀末にペスタロッチが使ったのが最初であるとされている[6]。

しかし、本格的に石盤を学習の場に導入したのはベル，A（Andrew Bell, 1753-1832）、そしてランカスター，J（Joseph Lancastere, 1778-1838）である。ふたりは別々にではあるが、ほぼ同時期にモニトリアル・システムを開発し、多人数の生徒に対し効率よく教育をほどこす実践をした人物である。ふたりはモニトリアル・システムそのもの以外でも同じような工夫を行った。それが石盤である。**図 8 − 2** は、ランカスター方式のモニトリアル・システムを紹介している絵である[7]。助教（monitor）が 9 人の生徒の指導をしており、生徒は助教の指示により文字か数字をそれぞれの石盤に書いている。助教が「石盤を見せよ（Show slates）」の合図をすると生徒は、一斉に石盤を立てて助教の方に見せる。不安気に見せるもの、自信を持って見せるもの、生徒はさまざまな表情をしている。助教はこのようにして一度に多数の生徒の習熟の進捗を点検できるのである。これはちょうど、今日のクイズ番組などにおいて、解答者が

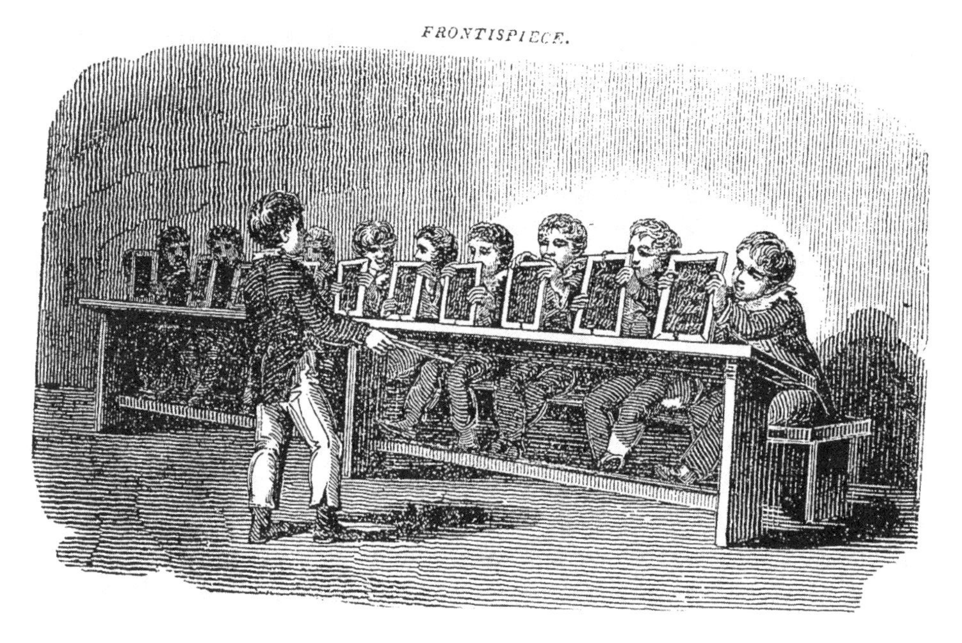

図8－2　石盤を見せよ

出典：Lancaster, Joseph, *British System of Education: being a Complete Epitome of the Improvements and Inventions Practiced at the Royal Free Schools*, 1810, p.i,

その答を紙のボードに書いて自分の机の上に立てて示している姿に酷似している。

石盤は道具であるので、文字であろうと、数字であろうと、絵であろうと、何でもそこに書くことができる。それゆえ、生徒が石盤に文字以外は書かなかったとか、数字以外は書かなかったということはまずあり得ない。実際、上記のランカスターの石盤使用例では、生徒は文字を石盤に書いている。日本人であるわれわれにとって、石盤に文字を書くのは自然なことである。それゆえ、ランカスターのような使用例を見ると、西洋人も日本人と同じように石盤に文字を書いて学習していたと推察してしまう。しかし、石盤の使用例全体を見渡すと、石盤は文字を書く道具というよりも、代数学や幾何学の道具であったと見る方が自然である。次節ではそのような石盤の使用法について考察を進めることにする。

第2節　西洋の石盤の使用法

さて、それでは、石盤は西洋でどのように使われていたのであろうか。それを考察する前に、西洋で行われてきた数の計算の方法について知っておく必要がある。フロイス，Lは、『日欧文化比較』(1585年)の中で、「われわれの間では、計算は鵞ペンまたは数取札 tentos でおこなう。日本人はジナ jina(算盤)をつかっておこなう」[8]と述べている。算盤を使った計算は容易に想像できる。しかし、ペンや札を使った計算とは何を指しているのであろうか。

西洋での計算術は古代ギリシア時代の紀元前500年にまでさかのぼることができる。ギリシア人そしてローマ人はカルクリ(calculi)と呼ばれる小石またはガラス、骨、象牙製の小円盤を使って計算していた。このカルクリが英語の calculate (計算する)の語源となっており、「数取」〔かずとり〕の原型でもある。数取(ポルトガル語では tentos、英語では counter)は計算の操作を行う時に用いる札で、おはじき、あるいは板ゲームの駒のようなものである。後にジェトン(jetton)と呼ばれる真鍮製の疑似コインが計算用の数取として使われるようになり、イギリスでは11世紀には導入されている。数取を使った計算法はローマ数字と密接な関係にあり、たとえば、**図8－3**のようにM(千)の線上に1つ、C(百)上に2つ、X(十)上に3つ、Ⅰ(一)上に1つの数取を置き、MC間(D＝五百)に1つ、CX間(L＝五十)に1つ、XI間(V＝五)に1つ置くと、MDCCLXXXVIすなわち1786を示す。そして、この数取を操作することにより、加減のみならず乗除の計算も行うことができる。除法の操作は一見複雑のようであるが、慣れてしまえば意外と簡単にできるらしい。ところが、西洋ではこの数取がこれ以上発達することなく、17～18世紀頃にはアラビア数字を使う筆算にとってかわられる。その理由については、数取がローマ数字による記数法にしか対応していなかったこと、そしてローマ数字は十進法とその位取り法に完全に対応していなかったこと、数取を操作するための特殊な数取テーブル[9]が必要であったことなどが原因であると

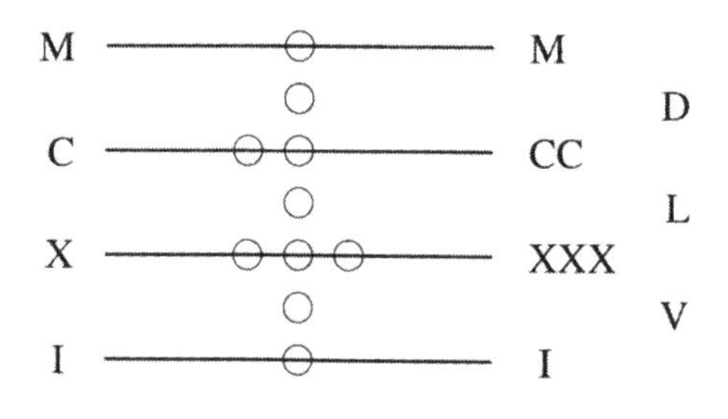

図８－３　ジェトンの計算法

出典：筆者作図

筆者は考えている。

さて、筆算は筆記具さえあればどこでも計算できる手法である。しかし、その反面計算のために多量の紙が必要であった。紙の価格がまだ高い時代においては、その負担は大きなものであった。一方、計算法をマスターするには、繰り返し、繰り返し紙に筆算を試みて練習することが必要である。それは多量の紙の消費を前提とし、当然のことながら費用がかさむ。この点において、何度も書いては消せる石盤は、筆算のための道具としては最適であった。

石盤が筆算のために使われていたことを示す事例は非常に多い。たとえば、石井研堂は、

> 嘉永年間の、中濱萬次郎漂客談奇に、米国にて物数を計算するに、石の板へ、釘にてほりつけて計算し、拭へば悉く又消える物あることを記せるは、今日の石盤石筆を指したるなるべし。(ルビは原典による)[10]

としている。ジョン万次郎として世に知られる中濱萬次郎は、1841〔天保12〕年に漂流し、1850〔嘉永 3〕年までアメリカに滞在したとされるが、石井研堂は、かれがアメリカにおける石盤使用を目撃しているというのである。ここで注目したいのは万次郎が、石盤を文字練習の道具としてではなく、筆算の道具つまり計算の道具として紹介している点である。

また、小説の中にも石盤が数字を書く道具として扱われていた事例を見つけることができる。たとえば、『赤毛のアン』である。この小説は、1904 年に書き上げられ、1908 年に出版された。作者はカナダ人作家モンゴメリ，L

(Lucy Maud Montgomery, 1874-1942) である。『赤毛のアン』には、赤毛であることにコンプレックスを持つ主人公のアンが、同じクラスにいる年上の男の子ギルバートに「にんじん！　にんじん！」とからかわれ、自分の石盤でギルバートの頭をパシンと叩き、石盤を真っ二つにしてしまうという場面が描写されている[11]。この事件が起こったのは国語の授業中ではなく、代数の授業中であった。

さらに、『大草原の小さな家』シリーズにも石盤が描写されている。『大草原の小さな家』シリーズ（1932-43 年）は、1867 年生まれのアメリカ人のワイルダー, L (Laura Ingalls Wilder, 1867-1957) が書いた自叙伝的小説である[12]。その中で、主人公のローラと姉のメアリーが小さい頃、毎朝、勉強したことが描写されているが、算数の計算練習は石盤で行っている[13]。

また、ルネサンス期にラファエロ, S が描いた「アテナイ学堂」（1509-1510 年）にも石盤が描かれている。この絵画には大勢の賢者が描かれているが、石盤を使っていたのはピタゴラスとユークリッドのふたりだけである。つまり、ふたりの数学者が石盤を使っているのである。

もちろん石盤は筆記用具であるので、計算の数字に限らず、あらゆる字や絵が書かれた可能性がある。事実、『赤毛のアン』や『大草原の小さな家』シリーズにも、石盤の表と裏に絵を描いてお話をしたこと[14]、2 週間分の日にちの数の印をつけ、毎晩それをひとつずつ消して父の帰ってくる日を楽しみにしていたこと[15]などが書かれている。また、『トム・ソーヤの冒険』（トウェイン, M〔Mark Twain, 1835-1910〕著、1876 年）には、トムが石盤に絵を描いて級友の女の子の関心を引く場面が描かれている。そして、トムは、石盤に I love you! と書いて自分の気持ちを女の子に伝えるのであった[16]。

それゆえ、石盤には文字が書かれなかったと言うことはできない。しかし、それでも石盤は西洋の場合、文字練習よりも計算の道具としてより頻繁に使用されていた傾向がある。

たとえば、モンロー，P (Paul Monroe, 1869-1948) の『教育百科辞典』(*Cyclopedia of education*, 1910-13) の slate の項には、「現在の形をした石盤が文献で言及されるのは 1410 年に Prosdocimo de Beldomandi が書いた算術書（印刷されるのは 1483

年）である」[17] と書かれている。やはり、文字ではなく算術に関わっての言及となっている。また、同事典は続けて「計算をする人はいつも石盤を持ち、計算で使う数字を書いたり消したりしていた」[18] としており、石盤はやはり計算用具として発達していたことを示している。

また、19 世紀のプロイセンの学校でも次の事例で示すように、石盤が計算用に多用されていたようである。

> 火曜日と金曜日の午後の 1 時間目（2 時－ 3 時）は文字を書く練習に当てられていた。初級の班の生徒と中級の班の生徒は教師がそれぞれ帳面に書いてくれた文字や文章を家で書写してきたものを点検してもらい、上級の班の生徒は教師に指定された聖書の箇所を書写して見せた。月曜日と木曜日の午後の 1 時間は算数の時間であった。教師がそれぞれの生徒の石盤に問題を書き、生徒はそれを計算して点検を受けた [29]。

文字練習の際には生徒は帳面を使用していたが、計算練習の際には石盤を使っていたのである。

西洋における石盤と算数の結びつきの強さを示唆する事例は、日本への石盤の紹介方法にも現れている。1875〔明治 8〕年に日本で出版された教科書『連語図解』は図を多用して世の中の事物を紹介しているが、学校生活についての記述である。この図中の文言は次のとおりである。

> 学校ニ①出てハ②書物をよみ③又手習すべし。書物ハ④事物乃⑤理を知り手習ハ⑥文字乃形を学⑦ぶ。授業の始ハ午前七時⑧授業⑨の終ハ午後三時⑩なり。読み⑪書きの外ハ⑫算術を学ぶべし。遊歩を為すハ⑬運動の⑭ため。運動をなすハ気を⑮散じ体を養ふがため。⑯運動をわれバ又書物をよみて⑰ならひ⑱し算術を学ぶ⑲（まるすうじは引用者、この部分に挿絵が挿入されている）。[20]

挿絵のうち石盤が描かれているのは②⑫⑲の 3 枚である。それが、**図 8 ─ 4** である。②は登校風景であり、ひとりひとりの生徒が石盤を所有しそれを学校に持って来ていること（またはそうすることが理想とされていたこと）が読み取れる。そして、⑫⑲はいずれも算術の学習風景である。一方、文字の読み書きを表現している箇所ではいずれも毛筆が描かれており、これと対照をな

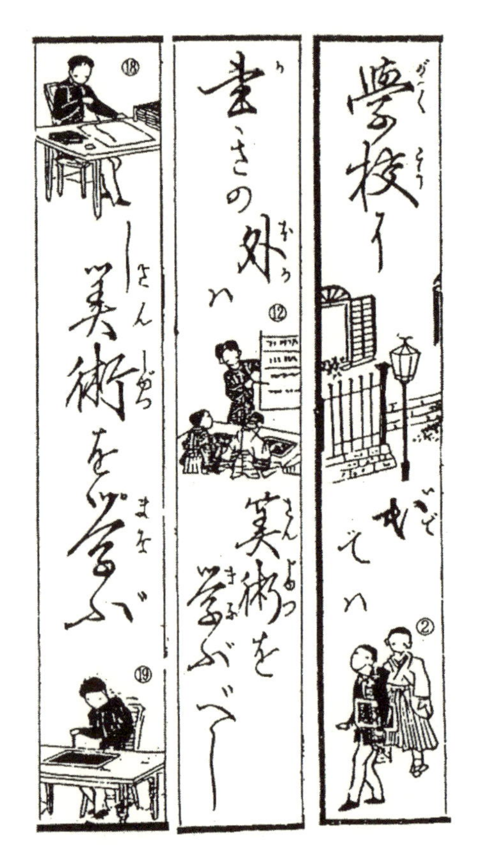

図 8 － 4　図解されている石盤

出典：若林徳三郎『小学教授　連語図解』、1875〔明治 8〕年、三丁ウラ、四丁ウラ、五丁ウラ

している。

また、**図 8 － 5** は 1885〔明治 18〕年 11 月の『団団珍聞』(第 518 号) に掲載された「泰平腹鼓チャンポン打交」と題する絵の一部である[21]。日本文化と舶来文化の対比の一例として珠算（算盤）と筆算が描かれているが、筆算の道具としては、やはり石盤が使用されている。これらのことからも石盤と計算（筆算）との結びつき強かったことが推察される。

なお、本章の研究対象が石盤であるので、詳細に述べることは控えるが石

図8－5　筆算と珠算の道具

出典：「泰平腹鼓チャンポン打交」『団団珍聞』第518号、1885〔明治18〕年11月

盤と同じような構造を持つ黒板も、西洋では数学教育の道具として認識されていたようである。数学者でもある小倉金之助によると、アメリカに黒板をもたらしたのは、1810年代のアメリカ人牧師であるが、その契機は、かれがフランスの数学の学校で黒板を用いているのを見たことによる[22]。また、アメリカの初等学校では1860年頃に黒板が普及するようになったが、その頃にラトガース・カレッジで数学・天文学の教授をしていたマレー，D（David Murray、日本では「モルレー」とも呼ばれる）が、その後、文部省学監として日本に聘され、黒板の普及を日本政府に推奨した[23]。黒板も数学と関係が深かったのである。なお、マレーは、「黒板ハ算術ヲ教授スルニ当リ極メテ有益ナルモノノタレハ生徒ヲシテ屢々黒板ニ就キテ算術ノ諸例ヲ試習セシムルトキハ石版ノミヲ用ヒシムルヨリモ其効更ニ多カルヘシ」[24]と述べている。ここで「石板」とは石盤のことであり、マレーも石盤を算術教育の文脈で述べていることが指摘される。

このように、西洋の石盤は、文字を学習する道具というよりも、筆算などで算数を学ぶ道具として使われていた傾向が強い。これに対して、日本では、算数のための道具というよりも、文字学習の道具という意味合いが強い。次節ではこのことについて考察する。

第３節　石盤の日本への導入

この石盤が日本にもたらされたのはいつ頃であろうか。

『農務顛末　日本殖産事業概況取調』(1879〔明治 12〕年、外務省) には、「学用石盤」と題した次のような報告がある[25]。

> 初テ横浜ヘ輸入シタルハ元治元年ノ頃ニ在リ其後チ明治三四年頃ヨリ年々輸入増進シ同九年ニ至リ頗ル巨額ニ達セリ同年府下商岩出常三郎福岡県士族北川正勇ニ謀リ同志ヲ募リ□品ノ模製ヲ創メントス同時宮城県下陸前国桃生郡雄勝浜ニ於テ石盤礦石ヲ発見ス同年官允ヲ得テ石盤石鑿裂採取ノ業ヲ同地ニ開キ更ニ東京販売所 (精製スル所ナリ) ヘ運送シ舶来品ノ如ク格好装飾ヲナシテ売却ス其価モ亦凡舶来品ト同等ナラシメタリ是ヨリ価格互低ノ競争ヲナス然レトモ此製造品ノ価ヲ以舶来品ニ比スレハ常ニ二割以下ノ低価ニ位スルニヨリ漸次輸入ヲ減却シコノ製額益多キヲ加ヘタリ (昨十一年ノ如キハ此ノ製品五万ダースニシテ輸入ハ凡九千ダースニ過キスト云) 尚一層盛大ニ赴クノ見込ナリ但此品ノ製造法タル外国人ノ伝習ヲ受ケシコトナク又外国器械ヲ用ヒシコトナシ

これによると、石盤が横浜へ最初に輸入されたのは 1864〔元治元〕年である。そして、1870〔明治 3〕～1871〔明治 4〕年頃より輸入量が年々増進し、1876〔明治 9〕年には「頗る巨額」に達した。さらに、1876〔明治 9〕年には宮城県霜陸前国桃生郡雄勝浜で石盤砿石が発見されたとしている。これらの石盤は「外国人ノ伝習ヲ受」けることなく、また、「外国器械ヲ用」いることなく国産品として生産されており、その品質は、「凡舶来品ト同等」であり、かつ、価格は「割以下ノ低価」となっていた。その結果、1878 (明治 11) 年の石盤の製品数約 5 万ダースのうち、輸入品は約 9 千ダースである、つまり、国産品は 4 万ダース超であったと報告している。陸前国産の石を使った石盤の 1 年間の製造高は「六十万枚」、製造額は「三萬五千五百円余」、製造所および製造人は、東京府の築地の石盤製造販売会社 (岩出常三社長) と記録している[26]。

国産の石盤は品質がよほどすぐれていていたらしく福沢諭吉もこれに言及している[27]。

近年奥州雄勝浜ニ製造スル石盤ハ其質モ舶来品ヨリ立上リ其細工モ一層丁寧ニシテ其価モ亦安シ全国ノ学校ニ用ヒテ既ニ行渡リタルコトナラントハ思ヒノ外頃日其製造人北川正勇氏ノ言ヲ聞ケバ世間ノ人情何分ニモ舶来品ヲ好ミテ品柄ノ良否。価ノ高下ニ拘ハラズ日本産ト聞テ先ツ躊躇スル者アリトノコトナリ誠ニ驚入ルノミニ非ス恐入タル人情ニ非スヤ

舶来品でないと信用されないという偏見が残っており、充分品質がすぐれた国産品が生産されているのにそれがなかなか認められないことを福沢は嘆いているのであるが、ここでは、品質もよく安価な石盤が「全国ノ学校ニ用ヒテ既ニ行渡リタル」と福沢が言及しているところに着目したい。

さて、1872〔明治5〕年の「学制」発布以来、西洋の教授法がさかんに日本に紹介され、一斉授業や問答法による新しい授業形態と教授法が導入されていくのであるが、石盤は、その「学制」発布の年に文部省が出した「小学教則」の第八級[28]の中に、早くも次のように言及されている。

綴字　〔略〕前日授ケシ分ハ一人ノ生徒ヲシテ他生ノ見エサルヤウ盤上ニ記サシメ他生ハ各石板ニ記シ畢テ盤上ト照シ盤上誤謬アラハ他生ヲシテ正サシム[29]。

ここで「盤上」とは黒板を指し「石板」とは石盤を指す。ひとりの生徒を指名して、前日に学習した文字や単語を黒板に書かせ、同時にほかの生徒全員には各自の石盤にそれぞれ自分の答えを書かせる。書き終わったら、黒板に書かれてあるものと自分のものとを比較させるのである。このように石盤は各自の「答え」を書き込む道具として使われていた。

なお、この「小学教則」では石盤が登場するのは「綴字」のこの部分だけで、ほかでは石盤にはいっさい触れられていない。そのかわりに「手習」では「草紙」を、「洋法算術」では「紙上」と「盤上」（黒板）を、「単語諳唱」では「盤上」をその書きつける道具として取り上げていた。「修身口授」に至っては書くことすら前提にしていなかった[30]。

しかしながら、石盤への言及はその後の文献において徐々に増加してく

る。まず、1873〔明治6〕年2月に出された官立東京師範学校の「小学教則」が、下等小学教則第八級として、

習字図ヲ以テ盤上ヘ片仮名ノ字形ヲ記シ運筆ヲ数ヘテ石盤ヘ習ハシメ習字本ニテ平仮名ヲ教ヘ筆ノ持チ方等ヲ教フ[31]

と述べている。カタカナは習字の掛図と黒板で筆順を教えた後、生徒に各自石盤で練習させ、ひらがなは習字本を使って毛筆の持ち方を教えるのであった。この表現は、同年5月になるとすぐに改定され「石盤ニテ片仮名ノ字形ヲ教ヘ次ニ習字本ニテ仮名ヲ教ヘ筆ノ持方ヲ教フ」[32]となるが、カタカナは石盤で覚えさせ、ひらがなは毛筆で覚えさせるといった分業は変わらなかった。

このほか、諸葛信澄が1873〔明治6〕年に著した『小学教師必携』にも、石盤についての言及がある。諸葛は東京に創設された師範学校の初代校長であり、『小学教師必携』はその師範学校である模範授業の内容を記録したものである。寺子屋式の教育しか知らなかった全国の小学校教師に近代的教授法のノウハウを伝える大きな役割を果たした著作である。この中で石盤は3教科にわたって言及されている。まず、第八級の「習字」では、

五十音図ヲ用ヰ、書法ヲ説キ明シテ、塗板ヘ書シ、生徒各自ノ、石盤ヘ書セムベシ、蓋シ石盤ヘ書スルトキ、石筆ニテ、筆ノ持チ方等ヲ授クベシ[33]

とし、教師が黒板を使って模範を示し、それを生徒が石盤で練習する様子を模写している。そして、石筆の持ち方の指導も言及されている。ただし、石筆で「筆」の持ち方を教えるとしている。このことから、石盤石筆はあくまでも仮の道具であり、毛筆と紙が習字の本来の道具であるとしていることがうかがえる。諸葛はさらに文字の書き方についての注意を付け加えている。

生徒、石盤ニ書スルニ当リテ、或ハ細字ヲ書シ、或ハ石盤全面ノ大字ヲ書シ、或ハ乱雑ニ書スル等ノ、不規則ヲ生スル故ニ、教師塗板ヘ書スルトキ、縦横ニ直線ヲ引キ、其内ニ正シク書シ、生徒ヘモ亦此ノ如ク、石盤ヘ線ヲ引キテ、書セシムベシ。[34]

字の大きさや文字を書く位置を揃えるために石盤に線を引かせている。こ

のように石盤に線を引かせるアイディアは後の教育者にも踏襲され、さらには、消えないような線があらかじめ引かれていた石盤も後に売り出された。

石盤が『小学教師必携』の中で言及されているのは、このほかに「書取」と「算術」である。

第八級の「書取」には、

> 五十音図ヲ呼テ、生徒各自ノ、石盤ヘ書セシメテ、然ル後、教師塗板ヘ書シ、生徒ヲシテ照準セシメ、正シキ者ニハ、右手ヲ挙ゲシムベシ、若シ手ヲ挙ゲザル者アラバ、其書方ヲ質シ、其誤謬ノ文字ヲ塗板ヘ書シ、丁寧ニ誤謬ヲ論ジテ、之ヲ訂正スベシ[35]

と書かれている。

さらに「算術」では、

> 数字図ヲ授クルニハ、先ヅ数字ノ読方ヲ習熟セシメ、然ル後、算用数字ト、交換シ教ヘ、稍〻熟スル後ハ、塗板ニ比較シ書シテ、之ヲ読シメ、又ハ、教師口ヅカラ呼ビテ、生徒各自ノ、石盤ヘ書セシムベシ、但シ、生徒書シ終ル後、塗板ヘ書シテ、照準セシメ、正シキ者ニハ、右手ヲ挙ゲシムベシ[36]

と述べている。いずれもいわゆる「答え合わせ」の道具として石盤を使用していると言える。

この方法を徹底したのが林多一郎編述『小学教師必携補遺』(1874〔明治7〕年)や筑摩県師範学校編纂『上下小学授業法細記』(1874〔明治7〕年)である。林は生徒に答えを書き取らせる時、「教師生徒ノ机間ヲ巡視〔引用者の補い：し〕正誤ヲ察シ書畢〔引用者：おわ〕ルモノハ直チニ石盤ヲ反サシム」[37]とし、書き終わった者から石盤を伏せさせて、覗き見などの不正が起こらないように配慮している。時間がきたら教師は「石筆置テ」と指示をして正解を黒板に書き、そして「石盤ヲ見テ」の号令で生徒に「石盤ヲ起サシメ」正解者に手を挙げさせるのである[38]。

また、『上下小学授業法細記』はさらに徹底しており次のようになっている。

> 教師、先ツ図ノ如ク塗盤〔引用者注：黒板を指す〕ニ線ヲ画シ、生徒ヲシテ、之ニ倣フテ、石盤ニ線ヲ画セシメ畢(おわ)リ、令シテ一字ヲ書セシメ、或ハ、

一語ヲ綴ラシムベシ、一字ヲ書シ、一語ヲ綴ラシムル毎ニ、必ズ石盤ヲ覆ヒ石筆ヲ置キ、手ヲ拱シテ、待タシメ、周席、粗、書シ畢ルヲ見テ、〔引用者中略〕、教鞭ニテ、塗盤ノ字ヲ指スヲ度トナシ、生徒一斉ニ、石盤ヲ翻(ひるがえ)シ、塗盤ノ字ニ照シ、誤謬ナキモノヲシテ、右手ヲ挙ゲシム、若シ誤謬アレバ、塗盤ニ照シテ、改メ書セシム。(ルビは引用者による)[39]

このように「答え合わせ」の道具として石盤を用いているものの、前述したランカスターのShow slatesのような使い方とはずいぶん違っている。ランカスターの場合、1グループの生徒が9人であったのに比べ、日本の場合はもっと多くなっているためと思われる[40]。

さらに、林多一郎の『小学教師必携補遺』が石盤の取り扱い方を号令と結びつけて事細かく指示している点も興味をひく。**図8－6**である。まず教師が、修業時限10分前になると生徒控室に行き、拍子木を打つ。この合図で各生徒は持参した書籍と石盤をそれぞれの左脇に挟んで整列する。この時、教室で最前列の上席に座っている生徒を先頭にして座席の順番に整列する。次に、「一、二、三、四」の号令に合わせて左足から踏み出して行進し始める。同様に教室に入るのも着席するのもすべて「一、二、三、四」の号令に合わせる[41]。書取の時間には、教師が机の前に直立して「書取、石盤ヲ出シテ」と言った後、「一、二、三、四」と号令をかける。生徒は「一」で左手で机の蓋を上げ、「二」で右手を机の中に入れ、「三」で石盤を蓋に載せて、「四」で一斉に蓋を閉めるのである[42]。

そして、

皆石盤ヲ机上ニ正シク置カシメ「石盤ヲ拭テ」石盤拭畢ルヲ見テ「石筆取テ」ニテ石筆ヲ取ラシメ[43]

と続く。教師は生徒に問題を出し、解答を石盤に書かせる。石盤の答えと黒板とを比べて同じであれば、生徒に右手を挙げさせる。そして、いったんそれを下ろさせて、今度は間違った者に左手を挙げさせる。もしも左右違った方の手を挙げれば、それを禁じて全員が揃うまで次の行動に移らないという徹底ぶりである。明治初期の教師は新しく導入されたばかりの一斉教授とはどんなもので、それをどう実施すればよいかを知らなかった。さらに、書取

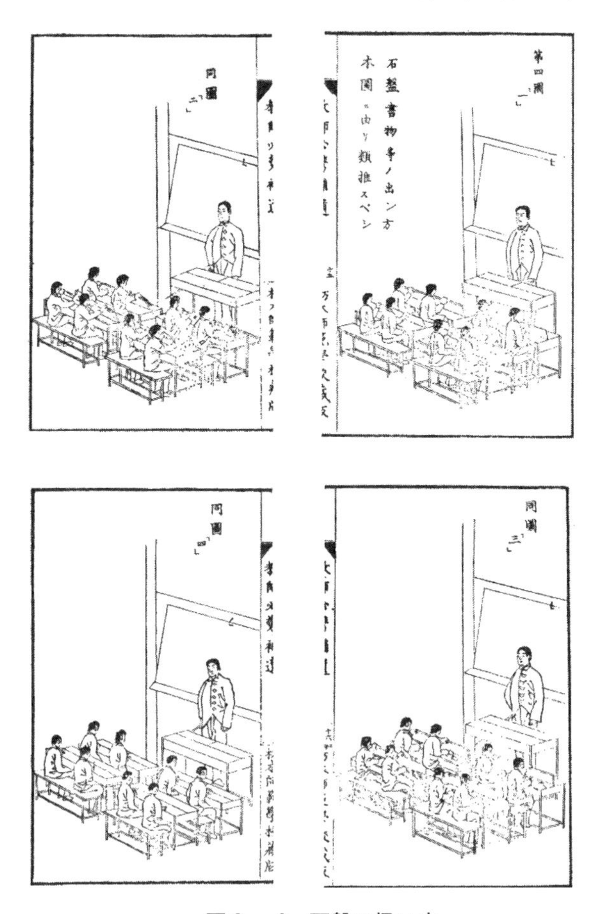

図8－6　石盤の扱い方

出典：林多一郎『小学教師必携補遺』（仲新、稲垣忠彦、佐藤秀夫編『近代日本教科書教授法資料集成　第一巻　教授法書1』東京書籍、所収、159頁）

の教え方、石盤の扱い方となると、どうすればよいかさっぱりわからなかった。このような教師に対し、とりあえず、指導法を習得させるにはこういう形式的な方法の方がむしろ効果的であったのであろう。

しかし、当然このやり方は、後になって批判を受けることになる。たとえば、寺田勇吉は1895〔明治28〕年1月の『教育時論』、351号に載せた論文の中で

器械的の事に時間を空費するが如きは宜（よろ）しからず、〔引用者中略〕又石

盤の出し入れに、一二三の号令を用ゐ、机の蓋を開く音。石盤を出す音と相混じて、万雷の一声に堕落せるが如き思あらしむるが如きは、笑ふべきの甚だしきものと言ふべし（ルビは引用者による）[45]

と述べ、なかなか手厳しい。しかし、このような批評が出るということは、逆に林式の石盤の取り扱い方法がこの批判のあった1897〔明治30〕年近くまで根強く実行されていたことを示している。

さらに、先の諸葛信澄が『小学教師必携』で紹介している石盤の使い方も注目に値する。彼は第七級の「書取」で次のように説明している。

単語ノ文字ヲ書取ラシムルコト、前級ノ如シ、蓋シ最初ハ、書取ルベキ文字ヲ塗板へ書シ、其書法ヲ論シテ、生徒各自ノ石盤へ書セシメ、翌日習熟シ来タリテ、書取ラシムベシ。[46]

まず、生徒は、①教師が黒板に書いた文字を石盤に写す。そして②翌日、教師が読み上げる字を書くことになっている。①と②との間には家庭での復習が存在することが前提となっており、そのために生徒が文字の書いてある石盤を家庭に持ち帰ることが予定されている。現代でいう「宿題」を課しているのである。しかし、これを実行するためには、生徒全員が石盤を所有していることが必要である。また、石盤は移動中に文字が擦れて消えやすいこと、石盤の面積に限りが有ること、手本としての石盤を持ち帰っても、練習するにはもう1枚別の石盤が必要なことなどからこのような宿題を課すことはあまり現実性があるとは言えない。

このほかにも石盤の使われ方には、さまざまな提案がなされている。それを調べるため、この時期の教授法について書かれている著作を集めた『近代日本教科書教授法集成』（仲新、稲垣忠彦、佐藤秀夫編、1957〔昭和57〕年、東京書籍）[47]を調査してみた。まず気がつくのが石盤への言及は1877〔明治10〕年頃までに出版された著作に圧倒的に多いことである。この時期は新しい道具の使い方の習得がまず第一の目標であったからであろう。

そして石盤などがある程度定着してくると、今度はそれを前提とした授業の組み立てに関心が移り、石盤への言及の頻度が減少するのである。

次に、教科別に分析すると、石盤利用に触れているのが一番多いのは初歩の「習字」および「書取」である。いずれの場合も文字枠の縦横線を引くことに触れていることが多かった。これらの科目と同程度の頻度で言及されているのが「算術」であった。これには大きく分けて2通りの使い方があった。ひとつは、数字を覚える時に使うもので、その方法は文字の場合とほぼ同様である。もうひとつは、石盤上で筆算を実行させる方法である。これは算盤＝「和算」に対して「洋算」と呼ばれている。なお、その答え合わせの方法は「書取」などとほぼ同様であった。

石盤の使い方の説明は後に出版される本ほど洗練される傾向にあるのだが、明治10年代後半〔1882-1887年頃〕をピークにして、その後は言及の頻度が減少し、逆にノートの使い方への言及が多くなってくる。後に示す石盤の限界である。ただし、この時代においても石盤は根強く使われており、大正時代まで使っていた学校もあるなどである。たとえば次に挙げるのは1901〔明治34〕年の教授書であるが、石盤を使いながら国定教科書をヘルバルト五段教授的に教えている。

1 準備　(引用者略：日の丸の絵を見て赤色、祭の日に立てるなどについて質疑応答した後、昨日「ハ」を学んだことを黒板にて復習する)

2 提示

私は今「ハタ」と書きますから能くこと[ママ]らを御覧なさい

「ハタ」と板書し

これは「ハタ」と書いたて[ママ]す

丁生読みなさい　戊生、巳生ゝゝゝゝ

五六名に読ましむ

黒板を消し「タ」の字を書き

これが読めますか

甲生読んてこらん　乙生、丁生ゝゝゝゝ

五六名に読ましめ、一回斉読せしむ

皆さん石盤をお出しなさい

「タ」の字の書き方を教へます

「ノ」を先に書くてす皆さん石筆を執てかう書きなさい

次に「ノ」を書くてす皆さん書きなさい

次に「ノ」真ん中に「ほし」を打つてす

教師「夕」と板書し

これを見て幾個も「夕」の字を書きなさい

机間を巡視、訂正す

3 応用（引用者略）[48]

このように、明治初期以降の日本において、石盤は主に文字を書く道具として説明され、そして子どもたちに使われてきたのである。

第4節　石盤の普及

さて、このように使われることが助言されている石盤であるが、その価格は普及するのに十分な低さであったのであろうか。再び『農務顛末　日本殖産事業概況取調』に注目したい。ただし、この資料には国産品に関しては東京築地の石盤製造販売会社の統計しか載っていないのでその制約の範囲内で考察することにする。この会社による一年間の生産量は1878〔明治11〕年で「60万枚」、生産高は「3万5,500円」[49]である。計算すれば卸価格で1枚約5銭9厘である。同年の輸入量が「約9,000ダース」[50]、つまり10万8,000枚であるので、単純にシェアを計算すると少なくとも国産が85％以上ということになる。

価格は輸入品の「二割以下」[51]ということなので、舶来石盤は30銭以上と考えられる。なお、週刊朝日編『値段史年表』によると1877〔明治10〕年の白米10キロの価格が51銭[52]である。現在は多様な米が流通しているのでいちがいには米の標準価格を設定することはできないが、仮に10キロ4,000円とすると、国産の石盤価格の5銭9厘は約463円、舶来の石盤価格30銭が2,353円となる。舶来の石盤価格では二の足を踏みそうであるが、国産の石盤なら子どもに買い与えてもよいと思ったであろう。なお、『福嶋県教育史』（1934〔昭和9〕年）は、国産化されるまでの舶来石盤の価格は米1升2銭の時、1面60銭であったと記録している[53]。このレートで計算すると、舶来の石盤価格は現在の1万8,000円となり、子ども用の学習具としては超高級品であったと考えられる。

いずれにしても、生徒の家庭の多くが農家であり現金収入が乏しい情況においては、生徒ひとりひとりが自分の石盤を持つことはかなり贅沢なことであった。石盤のほかにも読本、石筆、筆、硯、紙なども揃えなければならないので、就学時には、1977〔明治10〕年ごろで、ひとりあたり50銭の出費があったとされる[54]。

ここでもう一度、前節の図8－4を見てみると、登校時のようすを描いている②には、生徒が石盤を手に持っているのが確認される。やはり、ひとり1枚を原則としていたのであろう。しかし、果たして生徒全員が石盤を所有していたのであろうか。明治初期と言えば、教育費の負担や児童の就学による労働力の不足による不満から、不就学や暴動が頻発していた時代である。石盤購入を義務づけるのは不可能に近かった。そして現実には学校が貸与していたケースが多かったようである。徳冨蘆花（1868〔明治元〕-1927〔昭和2〕年）が自分の体験を小説風に綴った『思い出の記』（1901〔明治34〕年、岩波文庫版、改定版1969〔昭和44〕年）には、次のようなくだりがある。

> 小学校には相変わらず通っていた。僕の家から六七町田の中にちょこりんと一つ立った茅葺のがそれで、田舎の事だったからまあ寺小(ママ)屋にちと毛のはえたくらいのもの。文庫硯に、それでもさすが石盤だけはあって、夏の盛りは朝手習いといって暗いうちに蝋燭をつけて手習いする、冬はてんでに火鉢を持って行く、というありさま（傍点引用者）。[55]

かれの経歴から、これは1877〔明治10〕年前後の熊本県での情況であると推測される。学校に備えつけの石盤を使って手習いの早朝練習をしたのであろう。

当時の各学校の備品調査には、たとえば、「石盤四計(ばか)リ　附(つけた)リ石筆二三本」（1874〔明治7〕年、河内国第百廿六番小学、ルビは引用者）、「石盤二枚」（1873〔明治6〕年、大阪府）[56]とあり、数は少ないものの生徒に貸与するための石盤を備えていたことを表している。もちろん、自分で石盤を購入できた生徒もおり、「通学の時は、読本と石盤と反古(ほご)（習字練習用）を風呂敷に包んで斜に背負った」

（1888〔明治 21〕年頃）と述懐している者もいる（ルビは引用者）。[57]

また、次の引用は卒業記念として母校に対し石盤などを寄付して、学校が貧困家庭の子弟に賦与できるようにしていた例である。

尋常小学校にては卒業して退学するときは記念の為め卒業生徒申合はせ校費にて購求得可からざる器具を学校に寄付する慣例ありて明治 25 年よりこの例を始め候由其中にも算盤硯筆石盤の如きは多数の寄贈ありて就学者の内若し貧困にして此等の器具を購買し得ざるものにはこれを附与するとのことに候。[58]

1892〔明治 25〕年からこの習慣が始まったのは、「小学校設備準則」がその前年に発令されたことと関係があるのかもしれない。すなわち、前年の 1891〔明治 24〕年に小学校令第 19 条（1890〔明治 23〕年）を受けて「小学校設備準則」が発令され、その中の第 11 条として、学校が備えなければならない「校具」をこと細かに列挙している。例えば「黒板」や生徒・教師用の「紙」は項目として挙がっているが、「石盤」はない。となると、今まで学校の予算で買っていた石盤が公の出費として認められず、寄贈することが必要になったのではないかと考えられる。

なお、石盤普及のようすは全国一律ではなかったようだ。たとえば、大分県下毛郡城井村は次のような状況であった。

学校とは名ばかりで習字専門の寺小（ママ）屋が進歩して読方、算術を少し教える学校であった。習字は書いた紙の上にまた書くのですぐ真黒になる。そうすると屋外に持ち出してかわかすのである。これを繰り返すものだから書く時間よりも、かわかす時間の方が長く遊んだものだった。石盤を使って勉強し、体操は徒手と亜鈴であった。[59]

これは 1897〔明治 30〕年頃を述懐したものであるが、引用文にもあるとおり、まさに寺子屋の風景と変りない。

一方、石盤に代わる製品もいろいろ工夫され、教育現場での需要に対応していた。そして 1874〔明治 7〕年頃には「紙製石盤」が発売されるようになった。これは厚いボール紙に黒砂を塗り、びょうぶ状の折りたたみ式にしたものである。なんといっても価格が安い（1898〔明治 31〕年、石盤が 1 枚 8 銭の時、3 枚折り2銭、六枚折り4銭）のが特徴である。もっとも、石筆では書けず、チョークを用いたので、字画が不明瞭な上、粉末が甚だしく飛び散るという欠点もあったが、軽いので携帯に便利、しかも落としても石盤のようには割れないということもあって、一時は大流行する。明治末年には数が少なくなったものの、地方によっては昭和の初期にも使われていたようである。また、石盤の代わりに瓦片を使った代用石盤も考案されている。もともと石盤の材料のスレートは屋根葺きの材料であるから、瓦を石盤に流用するのはそれからの連想であろう。大阪府は貧民子弟が石盤を買えないのをみかねて、各村落に対し、瓦屋に発注して瓦盤（板）を作らせて使用することを指示した。この瓦盤は1枚5厘であったので、30～60銭もする輸入物しかなかった当時としては破格値であった。このほかにも、木製石盤（木盤）やスリガラス2枚をあわせたもの、盆に砂を入れたもの（砂盆）など、さまざまな代用品が発明されたり工夫されたりして使用されている。

さらに、習字の練習用としては1884〔明治17〕年頃に「水書草紙」が流行している。水書草紙はねずみ色の和紙で、墨ではなく水で文字を書いて練習する。乾燥させれば字が消えて元の状態に戻るので何度も練習ができたのである。1899〔明治32〕年に現在の奈良県桜井市立安倍小学校を卒業した井上猶次郎は、

> 習字の時は、墨をすらないで、硯に水を入れ、筆で水書きをし、何回も、紙の上に書いて、その紙が使われなくなった時、日光でかわかし、かわいたらそれを、また使って勉強しました。[60]

と述べているがこの水書草紙の一種であろう。なお、これなどは第2次世界大戦中の物不足の時に再登場している。

それでも代用品は代用品であって、学校側とすればできれば生徒に石盤を持ってほしいと考えていたようである。そればかりでなく、同じ石盤でも、できれば上等のものを持たせるよう、父兄に指導していた学校もあった。たとえば、大阪船場の豊かな家庭の子弟が通ったと思われる大阪市立愛日尋常小学校では、1890〔明治23〕年に「就学児童父兄後見人」に対して「注意大要」を発行しているが、その中には、

筆墨其外受業〔引用者注：授業〕に用ゆる品物は粗製の物を与へるべからず、〔引用者中略〕例ば石盤のごとき、粗製のものは石面凹凸ありてきめあらく細字を書き得ず、又拭ひても消切れずいつもきたなければ自らどうらくに〔引用者注：だらしなく〕扱ひ、はては打破るべし、よき石盤は坦（たいら）にしてきめも細かければ自在に文字を書き、拭ば拭ほどつや出来（いできた）りさながら漆塗のごとくなるなり、かく自分で綺麗（きれい）にしたるものは極めて大切に扱ふものにて自然に保ち方よかるべし（ルビは引用者による）。[61]

と書かれている。このようにして、大人たちが子どものために上等の石盤を用意したのである。

第５節　石盤の果たした役割

石盤の魅力は、何といっても書いては消せるということにある。一度石盤を購入してしまえば、気がねなく何度も何度も繰り返して文字の練習や筆算ができるのである。また、毛筆と比べると石筆の扱いが比較的簡単であるので、入門直後から文字が書けるようになるのも特徴である。そのほか、石盤を伏せたり教師に向けて立てたりできるので、演習などの答え合わせに便利である点も挙げられる。

特に日本においては、石盤は毛筆と鉛筆の橋渡しの役割を担った。これにはふたつの意味がある。まず、歴史的にみて橋渡しとなったことである。日本では伝統的に書くことを中心とする学習が主な学習形態であった。書字随伴型学習である。そして手習塾には学習に必要な紙があり、このような学習が保障されていた。しかし、先に述べた場所的および経済的理由と教授方法が西洋から導入されたことにより、毛筆が一般の科目の学習の場から姿を消してしまった。その結果子どもたちは書くことによる学習をあまりしなくなった。西洋ではもともと口頭の言葉による教育形態が一般的であったので、授業中、生徒用の紙がないことになんら支障はなかった。しかし、文字依存性の強い日本語を学習の媒介となる言語にしている日本人にとって、文字を介さずにコミュニケーションしたり学習したりすることはかなり困難なことであった。

そこで鉛筆と学習帳が子どもたちの間で一般的になるまでの間、文字を書いて学習する学習形態を保障するものとして機能したのが石盤である。もともと、石盤は西洋から導入されたものであったが、西洋においてよりも日本において石盤は多用されていたと言ってよい。先に見たとおり、西洋では石盤は筆算の道具としての意味合いが比較的強かった。ところが日本ではそろばんが存在していたこともあって、専ら、文字を書く道具として認識され使用されていたのである。この意義は大きい。であるから、先に見たように日本において石盤の使い方が次々と研究されたし、経済上の理由から石盤が買えない状況にあっても紙製、木製、瓦製の代用石盤が開発され、数多く使用されたのであった。

石盤は、明治30年代後半〔1902-1907年頃〕から徐々に鉛筆と紙が普及し始めるまで、書くことを中心とした学習の道具として、〈毛筆・和紙〉の学習文化と〈鉛筆・練習帳〉の学習文化との間の非常に重要な橋渡し役をつとめたのである。

もうひとつの意味は、操作習得上の橋渡しである。毛筆と鉛筆とは同じ筆記用具といいながら、その扱い方には大きな隔たりがある。毛筆は柔らかいので筆圧を小さくしなければならない。そして力を入れたり抜いたりすることで線の太さを調整してきれいな文字になるよう調整する。使う筋肉は主に腕全体と手首である。一方、鉛筆は固いので強く軸を握り、筆圧を高くして書かなければならない。また、力を入れたり抜いたりしてもあまり文字のタッチに影響を与えない。文字をきれいに書くために調整する要素は筆圧の変化というより専ら芯の先の運動のしかたということになる。さらに、毛筆の時よりも細かな字を書くために、主に指先の筋肉を主に使う。このように両者は性質が違っているので、毛筆から鉛筆にあるいは鉛筆から毛筆に移行した時には子どもの戸惑いも大きい。ところが、石筆はちょうど両者の特徴を少しずつ持っている。筆圧と文字タッチは鉛筆に近く、書く文字の大きさは毛筆に近い。使う筋肉は文字の大きさによって、腕全体、手首、指先のどれもをよく使うことになる。したがって移行時に石筆を経由すれば比較的自然に新しい筆記具の使い方に慣れることができるのである。

このように、石盤は、ふたつの意味での橋渡し役を果たしたのである。

おわりに

本章では、石盤について述べてきた。西洋においては、石盤は文字を書く道具としてよりも、数学の道具として使われていた。最初、日本に石盤が導入された時も、数学の道具として紹介されていた。一方、日本にはもともと書字随伴型学習という学習・教育文化が根づいていたのだが、第7章で明らかにしたように、西洋生まれの音声優位型の学習・教育文化に根ざした教育方法や教具、学習具が明治日本にもたらされた。そして、日本の書字随伴型学習の文化は一時後退しかける。しかし、西洋の石盤も日本の石盤も物理的には同一であるが、日本では石盤を数学の道具としてではなく、主に文字を書く道具として使うようになった。そうすることによって、書字随伴型学習の文化を復活、継続させることができるようになった。補論として次章で述べるように、明治の後半になると、子どもでも安価に購入できる帳面が普及するようになり、石盤は徐々にその使命を学習帳に譲るようになる。しかし、その学習帳が普及するまでの数十年の間、日本の書字随伴型学習の文化を持続可能にさせたのは、石盤という「モノ」である。

なお、石盤が教育史上に果たした役割については、第10章で、「より深層にある学習・教育文化の構造」の概念を提示することにより、再び考察することにする。

注

1　しょうみょう。仏教の儀式音楽の一種。

2　Matériel scolaire, gravé par Coury, d’ après une fresque de Pompéi. Bibliothèque de l’ École Nationale Supérieure des Beaux-Arts, Paris (ROUCHE, Michel, *HISTOIRE GÉNÉR-LE de L’ENSEIGNEMENT et de L’ÉDUCATION en FRANCE I*, 1981, Nouvelle Librairie de France), p.95.

3 Watson, Foster, *THE ENGLISH GRAMMAR SCHOOL to 1660 Their Curriculum and Practice*, Cambridge, University Press, 1908, p.197.

4 Brinsley, John, *Ludus Literarius: or, the Grammar Schoole*, p.35. ただし参照したテキストはLIVERPOOL, THE UNIVERSITY PRESS, 1917 版の複製。

5 *Oxford English Dictionary(The)*, 1933, p.177.

6 春山行夫執筆「せきばん　石盤」、『世界大百科事典』第 17 巻、平凡社、1981 年版、390 ～ 391 頁。

7 Lancaster, Joseph, *British System of Education: being a Complete Epitome of the Improvements and Inventions Practiced at the Royal Free Schools*, 1810, reprinted in *Seven Pamphlets*, Joseph Lancaster, Thoemmes Press, 1995.

8 フロイス，L／岡田章雄訳注『ヨーロッパ文化と日本文化』岩波文庫、185 頁。

9 位取りの線が引いてあり、天板の周りに数取が落下しないように枠がついているテーブル。

10 石井研堂『明治事物起原』橋南堂、1908 年、468 頁。同様の記述が、石井研堂『増補改訂明治事物起原』春陽堂、1944 年、1420 ～ 1421 頁（『明治文化全集　別巻　明治事物起原』日本評論社、1969 年所収）にもある。ただし、石井研堂校訂『校訂漂流奇談全集』博文館、1900 年、所収の「漂客談奇」の本文では、引用箇所を確認することができなかった。なお、成田和雄は『ジョン万次郎――アメリカを発見した日本人』（河出文庫、1990 年）の中で、万次郎が通学した「オックスフォード学校」で、石盤を使って学んだことに言及している（同書 61 頁）。

11 モンゴメリ，L／村岡花子訳『赤毛のアン』新潮文庫、1954 年初版、1987 年改版、原典は、Montgomery, Lucy Maud, *Anne of Green Gables*, L.C. Page & Co, 1908.、161 頁。

12 ワイルダー，L／こだまともこ・渡辺南都子訳『大草原の小さな家』講談社文庫、1988 年（原典は、Wilder, Laura Ingalls, *Little House in the Big Woods*, Harper & Brothers, 1932）など 7 冊。

13 ワイルダー，L／こだまともこ・渡辺南都子訳『プラム川の土手で』講談社文庫、1988 年、262 頁。原典は、Wilder, Laura Ingalls, *On the Banks of Plum Creek*, Harper & Brothers, 1937。

14 同上書、338 頁。

15 同上書、295 頁。

16 トウェイン，マーク／鈴木幸夫訳『トム・ソーヤーの冒険』旺文社文庫、1969 年、77 頁。原典は、Twain, Mark, *The Adventures of Tom Sawyer*, American Publishing Company, 1876。

17 Monroe, Paul, *Cyclopedia of education*, The Macmillan Co.1915, Vol.5, p.341.

18　Ibid., p.341.
19　谷口健治「ドイツ手工業者の子ども時代」、谷川稔他著『規範としての文化』、1990年、平凡社、103頁。
20　若林徳三郎『小学教授　連語図解』、1875年、三丁ウラ、四丁ウラ、五丁ウラ。国立教育政策研究所教育図書館蔵。
21　「泰平腹鼓チャンポン打交」『団団珍聞』第518号、1885〔明治18〕年11月。
22　小倉金之助「黒板はどこから来たのか」、『小倉金之助著作集』第八巻、勁草書房、1975年、213頁。なお、初出は『別冊文藝春秋』1947年10月号。
23　同上書、211～212頁。
24　矢野裕俊「教室の道具立て」、石附実編著『近代日本の学校文化誌』思文閣出版、1992年、97頁からの重引。
25　外務省『農務顛末　日本殖産事業概況取調』、1879〔明治12〕年、1018頁。本文中「□」とあるのは、ごんべんに更と読める漢字であるが意味は不明である。また、本文中の「トモ」「コト」は合字で記述してあった。
26　同上書、1019頁。
27　福澤諭吉『福澤文集』二編、巻一、三丁オモテ、1878年。本文中の「コト」は合字。「良否」の次は「、」ではなく「。」。「開ケバ」「拘ハラズ」は原文でも「バ」「ズ」。
28　下等小学の第八級は現在の小学1年生の前半にあたる。ただし年齢による学年制とはなっていない。
29　文部省内教育史編纂会編『明治以降教育制度発達史』第1巻、龍吟社、1938年、398頁。
30　同上書、398頁。
31　佐藤秀夫『ノートや鉛筆が学校を変えた』平凡社、1988年、140頁からの重引。
32　国立教育研究所編『日本近代教育百年史　第三巻　学校教育1』教育研究振興会発行、1974年、557頁。
33　諸葛信澄『小学教師必携』烟雨楼蔵版、1873年（仲新、稲垣忠彦、佐藤秀夫編『近代日本教科書教授法資料集成　第一巻　教授法書1』東京書籍、1982年、所収、19頁）。
34　同上書（仲ほか、同上書、所収、19頁）。
35　同上書（仲ほか、同上書、所収、20頁）。
36　同上書（仲ほか、同上書、所収、19頁）。
37　林多一郎編述『小学教師必携補遺』栃木師範学校蔵版、1874年（仲新、稲垣忠彦、佐藤秀夫編『近代日本教科書教授法資料集成　第一巻　教授法書1』東京書籍、1982年、所収、155頁）。
38　同上書、（仲ほか、同上書、所収、155頁）。

39　筑摩県師範学校編纂『上下小学授業法細記』筑摩県師範学校蔵、1874年（仲新、稲垣忠彦、佐藤秀夫編『近代日本教科書教授法資料集成　第一巻　教授法書1』東京書籍、1982年、所収、179～180頁）。
40　たとえば、明治19年の小学校令では尋常小学で「八十人以下」と決められていた。
41　林多一郎、前掲書（仲ほか、前掲書、所収、159頁）、153頁。
42　同上書（仲ほか、同上書、所収、154～155頁）。
43　同上書（仲ほか、同上書、所収、155頁）。
44　同上書（仲ほか、同上書、所収、155頁）。
45　開発社『教育時論』351号、開発社、1895〔明治28〕年1月（復刻版、雄松堂、1981年、以下同様）。
46　諸葛信澄、前掲書（仲ほか、前掲書、所収、22頁）。
47　仲新、稲垣忠彦、佐藤秀夫編『近代日本教科書教授法資料集成　第一巻　教授法書1』東京書籍、1982年。
48　狩野鷹力『実用新教授法』金港堂、1901〔明治34〕年、100、105、110、119、129、144頁。なお、左記のうち、144頁のみが算術科であり、ほかはすべて国語科である読み方、綴り方、書き方の授業の中の石盤使用への言及であった。ちなみに、「約習」の中で教師の発問によって音声言語で「複演」させる場面が、日本歴史科（174頁）、地理科（180頁）、理科（193頁）で説明されており、西洋のレシテーション的な教授方法の影響を垣間見ることができる説明も存在する。
49　外務省『農務顛末　日本殖産事業概況取調』、前掲書、1019頁。
50　同上書、1019頁。
51　同上書、1019頁。
52　週刊朝日編『値段史年表　明治・大正・昭和』朝日新聞社、1988年、161頁。
53　福島県教育委員会『福嶋県教育史』、1934年、64頁。
54　川井景一『横浜新誌』鈴木滝三郎出版、1877〔明治10〕年、80頁。
55　徳冨蘆花（明治9-昭和2年、1868-1927年）が自分の体験を小説風に綴った徳冨健次郎（蘆花）『思い出の記』（1901〔明治34〕年、岩波文庫版、改版1989〔昭和44〕年）、21頁。
56　大阪府教育委員会『大阪府教育百年史　第四巻』、1971年、972頁。
57　宮城県教育委員会『宮城県教育百年史　第一巻　明治編』ぎょうせい、1976年、806頁。
58　「九州、若松の教育」、女学雑誌社『女学雑誌』476号、1898〔明治31〕年11月、28頁。
59　原田米蔵「私の明治史」、大分県教育百年史編集事務局『大分県教育百年史　第一巻通史編(1)』大分県教育委員会、1976年、501頁。
60　奈良県桜井市立安倍小学校編『百年史』、1972年、63頁。

61　大阪府教育委員会『大阪府教育百年史　第三巻資料編（二）』、1972 年、728 頁。

第9章　石盤と練習帳(補論)

はじめに

第7章では、西洋生まれの音声優位型の学習・教育文化に根ざした教育方法や教具、学習具が明治日本にもたらされ、そして、日本の書字随伴型学習の文化は一時後退しかけたことを明らかにした。そして、第8章では、石盤を数学の道具としてではなく、主に文字を書く道具として使うことによって、書字随伴型学習の文化を復活、継続させることができるようになったことを考察した。書字随伴型学習の文化から見れば、石盤はいわば救世主である。しかしながら、石盤も万能ではなかった。本章でも詳しく述べるように、明治の後半になると、子どもでも安価に購入できる帳面が普及するようになり、石盤は徐々にその使命を練習帳に譲るようになる。しかし、その学習帳が普及するまでの数十年の間、日本の書字随伴型学習の文化を持続可能にさせたのは、ほかでもなく石盤であり、いわば中継ぎ役として石盤が果たした役割は小さくない。

そこで、本章では、補論として、石盤が鉛筆や練習帳にどのように置き換えられていったかを考察する。結論を先取りすれば、書字随伴型学習を支える道具としては、鉛筆と練習帳の方が石盤よりもすぐれている。しかしながら、それだからこそ、子どもが鉛筆や練習帳を自由に使いこなすことができなかった明治の最初の数十年の期間は、石盤が果たした役割が大きいと言える。そのような観点から以下の補論を進めていくことにする。

第1節　石盤の欠点

石盤は重い、割れ易い、かといって紙製石盤なら字画がはっきりしない、などの欠点が指摘されていたが、明治20年代後半になると衛生面から石盤の使用を廃止すべきであるという提案がなされはじめる。次の指摘は『教育時論』に寄せられた伝染病についての記事である。古くなると石盤は海綿や布だけでは文字を消しにくくなるので、生徒は生活の智恵として唾をつけて消すようになる。そして、「外国にては、小学校生徒が石盤を取替へて使用するより、肺患に罹れる甲児の石盤を乙児が使用し手に唾して盤面を擦り、又其手に唾するが為に、肺病に伝染するもの甚多しと言ふ。注意すべきことなり」[1]と警告しているのである。また、桜井市立安倍小学校を1910〔明治43〕年に卒業した福本岩次は、「石筆の白い粉が手について真白な手となりその粉が目に入って眼病になった児童が多くあった」[2]と述べている。

衛生面での指摘はほかにもある。前章では、石盤を答え合わせの道具として使用する例を引用したが、その際、自分が答えを書き終わったら石盤を伏せてほかの生徒に見えないようにしていた。この行いの度が過ぎると次のような弊害が生じてくる。

> 算術などの時間にも、生徒が隣席生徒の運算答等を盗に見んことを恐れて、左手に石盤を擁し、頭を其上に擡(もた)げ、暗がりの処に於て石筆を弄(ろう)するなど、不体裁は言ふ迄もなく、身体を害すると果たして如何斗りう(ママ)や。習字も亦算術と同じく、体勢を正しくするが為には、最注目せざるべからざる学科なりと知るべし。(ルビは引用者による)[3]

しかし、これは石盤そのものの弊害というよりも、指導上の問題であろう。同じ号には

> 小学校の算術作文等の課業に於て、生徒が首を左に垂れ肱(ひじ)を枉(ま)げて石盤を囲み自作を他人に見せざらしめんとするは、甚だ見苦し。生徒に他人のものを見るなと戒むるは可なり、他人に見するなと教ふるは悪し。(ルビは引用者による)[4]

との記事も掲載されている。

さらに後になって、石盤に言及している書物は多くなるが、そのうち、たとえば、1921〔大正10〕年に北豊吉が著した『学校衛生概論』を見てみることにする。この著作は衛生上から見た学校設備の管理や校具の取り扱い方を述

べているが、石盤に関しては、まず、

> 石盤は之を暫く使用する時は其の黒色の度を減じ、石筆も好く着かず、随つて文字は益々不鮮明となるを常とす。故に時々盤面を洗ひ(殊に脂肪附着するが故に石鹸を用ふるを可とす)、石筆もまた好く着き易きものを選ぶべし。[5]

と助言している。しかし、各教科に関する衛生について論じる際、書くための道具にふれ、石盤の衛生上の弊害を次のように細かく分析している。

> 石盤石筆は小児には不適当なり。これ硬くして字を書き難く、字は不鮮明となり眼の疲労のみならず腕筋の努力を要すること多大なり。其上消すに困難にして、随つて往々唾を以て字を消し、更に其の石盤拭をほかの生徒に貸すことありて、伝染病の媒介たることなしとせず。[6]

そして、結論として「書き方は初め鉛筆と紙を以て練習し、石盤を避け、次に墨と毛筆、或は『インキ』と『ペン』を以てするを可とす」[7]とまで言っている。

第2節　石盤　対　練習帳

このように石盤の弊害が論議されている中、1899〔明治32〕年には、大阪府師範学校附属小学校が石盤の使用を廃止し、練習帳と鉛筆を用いることに踏みきっている。同校は石盤廃止実施後に調査を施し「練習帳ノ利害調査表」をまとめた[8]。調査の観点は教育、衛生、経済の3点であった。教育と衛生に関しては教師の実地観察と父兄の意見をまとめて作成し、経済面での調査は、練習帳・鉛筆に関しては実施後1か月間の消費量をもとに算出し、石盤については児童が入学して以来の消費額をもとに算出している。表題は「練習帳ノ利害」となっているが、すべて石盤との比較結果を述べており、裏返せば石盤の短所と長所の報告ともなっている。そこで次にひとつひとつ紹介していくことにする。

まず、教育上の観点から次の6点が練習帳の利点として挙げられている。

①「石盤ニ比スレハ児童ハ熟考シテ筆ヲ下スヲ以テ乱書ノ患ナク従テ綿

密ノ性ヲ養フ」。石盤は間違ってもすぐに直せるし、記録性に乏しく仮に乱雑に書いてもせいぜい1時間しか残らない。書く時の緊張感がないのである。練習帳は場合によっては一生残るのできれいに書かないといけないという気持ちがはたらく。自ずから字はていねいになるということである。

②「穿視ヲ防キ独立ノ精神ヲ養フ」。前述の「盗み見」のことである。石盤に比べて字が小さいので隣から見えにくいからよいということらしい。

③「拭ヒ去ラサルヲ以テ復習ニ便ニ且ツ其成績ヲ家庭ニ知ラシメ兼テ児童ノ品性ヲ察知スルコトヲ得」。石盤はすぐに消えるという宿命があるが、帳面は記録性に富み、授業で習ったことを家で復習するのに役立つ。そして保護者は生徒の学習のようすを練習帳によりチェックできるようになる。練習帳の持つ記録性は石盤のもっとも大きな弱点でもあるが、このことについては後に詳述することにする。

④「細字練習ニ便益アリ」。石盤では小さな文字が書けないが、練習帳なら日常生活で使うのと同じ大きさの字が書けるのである。

⑤「教室ノ静粛ヲ保ツ」。石盤も石筆も硬い素材でできているので書く時にコツコツと大きな音がする。また、答え合わせに石盤を使う時は石盤を伏せるのでバタンバタンと音がする。それに比較すると鉛筆と練習帳はほとんど音がしないに等しい。

⑥「作文美術等ノ如キ其教授二時間以上ニ渉ルトキハ連絡上便ナリ」。これは石盤の記録性の乏しさと、一度に書くことのできる面積の小ささを示している。二時間にわたって授業が続くと書く内容も多く、すぐに書く場所がなくなり、前に書いたものを消さざるを得ない。しかも間の休憩時間に生徒が石盤にいたずら書きをすれば前授業の記録が消滅してしまう心配もある。この点において練習帳がすぐれているという主張である。

反対に練習帳の短所は次のとおりである。

①「精密ニ書カシメントスレハ時間ヲ徒費スル愚アリ」。これは利点①

の裏返しである。きれいに書くことをとるか速く書くことをとるかの選択にかかっている。

②「下級ノ児童ニ於テ普通ノ鉛筆ハ之ヲ削ルニ時間ヲ徒費ス」。まだ鉛筆は高価なのであらかじめ家庭で大量に削っておいてそれを持参するということもできない。結局、芯が丸くなる度に自分で削らなければならないのである。

③「上級ノ児童ニ於テ試験的場合ニ既習ノ個所ヲ復視スルノ弊アリ」。練習帳の長所である記録性が逆に災いしているケースである。つまり、今までに習った範囲から試験問題を出す時、練習帳なら該当箇所をめくれば答えが書いてあるのでよろしくないということであろう。しかし、これは教師の指示により簡単に回避できることでもある。

④「鉛筆削屑ノ取リ扱ヒ方ニ注意セザレハ不潔ヲ来ス」。石盤はまさに文字を書いたり消したりする時に粉が飛ぶが、鉛筆はあくまでもその準備段階に屑が出るのである。これも指導を工夫すれば回避できそうである。

次に本調査票は衛生面での練習帳の利点を挙げている。

①「石盤石筆ヲ使用セシメシトキノ如ク粉末飛散セサルヲ以テ呼吸機官ヲ害スルコトナシ」。粉末は特に紙製石盤を使うと多く出たようである。

②「姿勢ヲ正シクス」。石盤は強く書かなければならないので姿勢に無理が出てくるし、「盗み見」を避けようとするとなおさら姿勢が悪くなるということである。

衛生上の練習帳の欠点としては次の2点が挙がっている。

①「鉛筆ヲ舐ムルコトヲ禁セサレハ害アリ」。特に色鉛筆については紫色と紅色のものが猛毒であったので1904〔明治37〕年にはほとんどの県が使用禁止の措置を講じた。

②「文字細カキニ過クレハ視官ヲ害ス」。これは教育上の長所④（「細字練習ニ便益アリ」）の裏返しである。

経済面については練習帳と石盤の1か年の消費額が列挙されている。白米10キログラムが1円12銭[9]の時代に、練習帳は高等科の場合「金拾貳銭」（米

10キロが4000円とすると、429円相当、以下同様）および鉛筆「金拾七銭二厘」（614円）であり、尋常科は、練習帳が「金拾銭」（357円）で鉛筆が「金拾六銭五厘」（589円）であった。石盤の方は高等科で「金八銭」（286円）、尋常科では「金拾銭九厘」（389円）となっているが、石筆については「不詳」としている。石盤にかかる費用が高等科に比べ尋常科が割高になっているのは、石盤を使うことが低学年に多く、その分だけ、破損や摩耗による買い替えをしなければならないからであろう。

経済面から見れば練習帳の割高感を拭い得ないが、この調査票には、堺市に住み小学2年生の子どもを持つ親からの報告が添えられている。それによると、石盤は6銭のものが1か年に2枚必要であったので計12銭かかったが、石筆は1本2厘のものを2日に1本の割合で必要とするらしい。また、鉛筆は1本1銭のものを持っているが、20日間使ってもまだ半分残っているので鉛筆の方が割安であるとも述べている[10]。

以上を踏まえ、調査票は「経済上ハ兎モ角父兄ノ心得上且生徒ノ利益ハ石盤石筆ニ勝ル」[11]と結論している。石盤と練習帳の長短を実に的確に表現している報告である。この報告から、経済上の問題さえ解決すれば石盤から練習帳への移行がほかの学校でもなされるであろうということ、および、この学校がすでに移行に踏み切っていることから、石盤・石筆と練習帳鉛筆の価格差がかなり接近してきていることも読み取れる。そして実際に石盤廃止を決定した学校が増えていったのである。以下はそのような学校からの報告である。

> 福井県師範学校附属小学校にては、石盤石筆を廃して、白紙鉛筆を用ゐしめたりしが、其の結果、落書するもの尠（すくな）く、緻密の性を養はしむることを得、窃視〔引用者注：のぞきみ〕を防ぎ、独立の精神を養はしめ、また、復習に便に、成績を、家庭に知らしむることを得る等の功あり。たゞ、時間の徒費、鉛筆の削屑のために、不潔を来す等の害ありといふ。（ルビは引用者による）[12]

高価な紙と鉛筆ゆえにそれを大切に扱う態度が養われ、石盤に比べると覗き見をしにくい分、変な癖がつかず、携帯性や記録性にすぐれているがゆえに家庭での復習にも利便性を発揮するというのである。なお、石盤の場合は唾液で拭くことによる伝染病が問題視されていたが、鉛筆では、削り屑が不潔であるという指摘となっており、指摘される衛生面の観点も変化している。

第3節　練習帳の登場

それでは練習帳が日本に登場するのはいつ頃であろうか。文具史を語る時、よく引用されるのが野口茂樹の『通俗文具発達史』(1934〔昭和〕9年、紙工界社)であるが、それによると「練習帳」と銘打って売り出されたのは1904〔明治37〕年である[13]。また、文具メーカーの鐘美堂や文運堂が「学習帳」を売り出すのは明治40年代〔1907-1916年〕のことである[14]。このことは、児童の学習の道具としての練習帳の歴史は1904〔明治37〕年頃からであるという印象を一般に与えるが、これは正しくない。これらの商品名で国産のものが発売され始めたのがこの時期であっただけであり、練習帳そのものは以前からあった。たとえば、先に大阪師範学校附属小学校が1899〔明治32〕年に練習帳使用に踏み切ったことに触れたが、この事実は、すでにこの時期に鉛筆で書きつける練習帳が存在していたことを示しているのである。

ここで「帳面」を、後で書きつけることを予定して白紙の紙を何枚か重ね合わせて綴じたものとし、そのうちとくに学習用に用いられるものを「練習帳」と定義すると、日本にはかなり古くから練習帳があったことになる。まず、帳面に関しては、広く商家に流布していたものとして大福帳を挙げることができる。それは美濃紙または半紙の四つ折または細長く二つ折にしたものを綴じたもので江戸初期から使われるようになったとされる。そして、学習用としては手習塾で使われていた双紙が練習帳にあたる。第5章の図5－1～図5－5に示したとおり、子どもは双紙が真黒になるまで繰り返し文字を練習していたのである。

子どもが練習帳に何かを書く時、それを筆で書いたのか鉛筆で書いたのかは定かではない。しかし、1894〔明治27〕年7月の『教育時論』に次のような記事がある。千葉県尋常師範学校附属小学校の「教育要旨」が紹介してあるが、

そこには、「生徒ノ携帯スベキ帳簿ハ左ノ如シ」として、

「諸科筆記帳一冊、作文筆記帳一冊、書取帳一冊、修身作文算術清書帳一冊、地理歴史理科清書帳一冊、裁縫清書帳一冊、但各教科一冊ヅヽノ筆記帳並ニ清書帳ヲ携帯スルモ妨ナシ。[15]

と書いてある。これによると、生徒はひとり6冊もの練習帳を持つことになる。また、修身作文算術は3教科で1冊、地理歴史理科も3教科で1冊であるが、但し書きにあるように教科毎に筆記帳を持ってもよいことになっている。これは現代の小学生の持っている学習帳の冊数とあまりかわらない。

さらに別の項目で「筆記帳ニ筆記スル際ハ鉛筆ヲ用ヰシムルモ妨ナシ」[16]と指示している。このことから、大多数はまだ筆で記入をしていたが鉛筆を用いる生徒も少なからず存在していたことがわかる。なお、この清書帳は1〜2週間に1度提出し、教師の検閲を受け、教師は末尾に「閲」の字を朱書きして翌日または翌々日に返却することになっていた[17]。

そして明治40年代以降になってはじめて前出の鐘美堂や文運堂などが「学習帳」を発売するに至るのである。この学習帳は洋紙を使っており、サイズがちょうど国定教科書と同じ大きさになっている。表紙も灰色をしており教科書とほぼ同色であり、デザインも教科書に似せて作ったものもある。教科の名前が表紙に印刷してあるものもあり、各頁に印刷してある罫線も教科や学年に対応したものであった。

鐘美堂製や文運堂製を使ったかどうかは明らかではないが、1910〔明治43〕年において小学校全員がさまざまな練習帳を購入していたことを示す資料がある。それは『教育時論』に掲載された栃木県北郷尋常高等小学校長の報告として記述されたものである。この学校では父兄と協議の結果、児童の学用品を学校が窓口となって購入し、しかも、どの児童も同じ量の学用品を買うようにした。そこに示されている購入すべき学用品の数量の一覧を次の**表9－1**に抜粋する[18]。

表９－１　購入すべき学用品の数量

	1箇年 消費高	単価	総額(厘)
尋常1、2年			
鉛筆	3	15	45
雑記帳	2	30	60
石筆	12	5	60
拭物	2	5	10
尋常3、4年			
鉛筆(硬)	9	15	135
同　(軟)	3	20	60
消しゴム	2	40	80
算術帖	4	30	120
綴方帖	1	40	40
綴方清書帖	1	20	20
国語帖	3	30	30(ママ)
尋常5、6年			
鉛筆(硬)	9	15	135
同　(軟)	4	20	80
消しゴム	2	40	80
算術帖	4	30	120
綴方帖	1	30	30
綴方清書帖	1	30	30
国語帖	3	30	90
唱歌帖	1	30	30
高等1、2年			
鉛筆(硬)	9	15	135
同　(軟)	8	20	160
消しゴム	2	40	80
算術帖	4	30	120
綴方帖	1	30	30
綴方清書帖	1	30	30
国語帖	1	30	30
雑記帖	2	30	60
唱歌帖	1	30	30

この表のうち鉛筆(硬)とあるのは文字を書くための鉛筆、(軟)とあるのは絵を書くための鉛筆である。この表から、練習帳は算術用、綴方用、綴方清書用、国語用、唱歌用、雑記用といった別々のものを用意させていたことが

わかる。その中でも算術の練習帳は購入すべき冊数が多くなっていた。また、尋常1、2年ではまだ石盤と鉛筆を併用させていたこともわかる[19]。

第4節　鉛筆の果たした役割

一方、練習帳に文字を書く道具である鉛筆の起源は、尖筆と呼ばれるものにあるとされる。それは絵を描く時に輪郭を描くのに用いたり、字を書く際に字の高さが揃うようにあらかじめ線を引いたりするのに使われていた。初めは銀製で羊皮紙の表面に塗る薬品と反応して発色するしくみになっていたが、16世紀には鉛や黒鉛（石墨、グラファイト）を使った尖筆が用いられるようになる。今の鉛筆の原型となるのは1795年フランスのN・コンテが粘土に黒鉛を混ぜて焼き固める手法を開発してからである。こうすることによって、鮮明な黒色が出るようになり、粘土の割合を変えることにより硬さも調節できるようになった。

日本への導入は、古く徳川家康の所有していた鉛筆が有名であり、さらに伊達政宗が国産鉛筆第1号を作ったことが判明している。しかし、これは黒鉛の尖筆でありコンテの手法を使った鉛筆ではない。コンテの手法を使った本格的な鉛筆がいつ頃輸入されるようになったかを示す輸入統計としては1874〔明治7〕年以降の数値しか記録がないが、明治当初からかなりの量の鉛筆が輸入されていたようである。

鉛筆が筆記具である以上、その普及には文字を書きつける紙の存在を考慮に入れなければならない。和紙は毛筆で書くことを前提としていたので、鉛筆で文字を書くには柔らかすぎて、書くと破れることが多かった。それゆえ当初は鉛筆の字は輸入されていた洋紙か画用紙に書かれた。文字を書く道具としては従来の毛筆が存在し、新しい道具である石盤石筆が登場するので、実質上鉛筆は文字を書く道具というより絵を書く道具として流布したようである。しかし、1879〔明治12〕年に芳川脩平の著した『日本庶物示教』では、鉛筆はむしろ文字を書く道具として捉えられている。当時さかんに読まれたこの著作は原則として実物を見せながら「庶物」を教える際の、いわば教師用マニュアルで、教師と生徒との対話シナリオの形式（問答法）をとっている。その第11章が「筆」についての学習になっている。まず、毛筆の絵をもとに、その各部の名称や材料を研究した後、次のように展開する。なお、「○」は教師の問いを、「△」は生徒の答えを指す。

○問フ　筆ハ其他ノ種類ナキモノト思ヘルカ

△答フ　鉛筆、石筆、鵞筆、銕筆（てっぴつ）等アリ

○問フ　其他ハ如何。

△答フ　白墨ヲ以テ筆ニ代用スベシ（ルビは引用者による）[20]

毛筆のほかに字を書く道具として、鉛筆、石筆、鵞ペン、鉄ペン、白墨があることを生徒の発言から引き出している。この後、それぞれの道具についての問答が始まるのだが、鉛筆はその筆頭になっている。

○問フ　鉛筆ノ用方ハ如何

△答フ　墨汁を須（また）ズ其鋒ヲ削リテ直チニ書スルナリ（ルビは引用者による）[21]

鉛筆はこのように文字を書く道具のひとつとして教えられているのである。

鉛筆が文字用に使用され始めるのは明治30年代とされているが、それはいちがいに言えない。1892〔明治25〕年頃の子どもの生活ぶりをいきいきと伝えるものに、第7章でも引用した中勘助の小説『銀の匙』がある。これは自らの少年時代を描いたもので舞台は小石川の「片田舎」、主人公の「私」は尋常1年の乙組である。「私」は箪笥の横に隠れるのが好きであったが、

半日でも一日でもぼそぼそなにかいいながらいつとはなしに鉛筆でひとつふたつずつ箪笥にひらがなの「を」の字を書く癖がついたのがしまいには大きいのや小さいのや無数の「を」の字が行列をつくった。そのうち私があんまりそこへばかりはいるのを父が怪しんでそのすみをのぞいたためたちまちくだんの行列を見つかったが、父はただ手もちぶたさのらく書きだと思って　手習いするならお草紙へしなければいけない　といったばかりでひどくはしからなかった。[22]

鉛筆で文字を書いていたことをうかがわせるくだりである。ただし、父の言葉にあるように手習いとしてはやはり草紙に毛筆で練習することになって

いたようである。なお父親の頭には石盤が浮んでいないが、「私」の学校では石盤を使って同じ文字を何度も繰り返し書くという練習が行われていたと思われる。

必ずしも文字用とは限らないが、当時の子どもたちが鉛筆を身近な道具として使っている様子が『銀の匙』のほかの部分に表れているので以下に指摘しておくことにする。学校において「私」はいじめっ子の岩橋と同じ席に座っている。当時の机は 2 人掛けの長机である。

> そいつは机のまんなかへ鉛筆ですじをひいてこちらのひじがちっとでもむこうの領分へはみだせばすぐにひじ鉄砲をくれたり、鼻くそをなすったりする……。[23]

また、「私」の好きだったお恵ちゃんが転校してしまった次の日、「私」は

> そっとお恵ちゃんの席に腰かけてみたら今さらのようになつかしさがわきおこってじいっと机をかかえていた。お恵ちゃんはいたずら者である。そこには鉛筆で山水天狗やマムシ入道がいっぱいかいてあった……。[24]

このほか、赤鉛筆に言及しているくだりもある。

> 岩橋の本は赤鉛筆でめちゃめちゃに塗ってある。火事場からお巡さんが迷子の手をひいてくるさし絵の泣いている子の頭からむちゃくちゃに後光がさしてお巡りさんの目玉がはちきれそうに大きくなってた。彼は石盤に一つ目小僧や三つ目小僧の顔をかいて「やい　やい」といってみせる……。[25]

このように赤鉛筆や石盤などがイタズラ書きに使われており、これらが子どもにとって日常的な道具であったことをうかがわせる。

先に述べたように 1899〔明治 32〕年には大阪師範附属小学校で石盤が廃止され鉛筆と練習帳が用いられるようになった。1901〔明治 34〕年には逓信省（現郵政省）が鉛筆の使用を開始しそれに呼応して真崎鉛筆（現三菱鉛筆）が本格的な国産鉛筆として「局用鉛筆」を製造し始める。次第に全国市町村役場の戸籍課も鉛筆を認めるようになり、鉛筆は身近な存在になっていった。紙の方も最初こそ輸入洋紙に頼っていたが、徐々に国産洋紙が使われるようになった。鉛筆はペンと違い、表面が多少ざらざらでもインキがにじんだりペン先

がひっかかったりする心配がないので、少々質が悪くても書けるという利点があった。そして、1904〔明治37〕年４月から国定教科書が使われ始めたが、教科書印刷用紙としては、専ら国産洋紙が使用されたので洋紙の価格は急激に低くなった。このことが鉛筆の需要に拍車をかけることとなる。こうして紙と鉛筆は子どもにとってより身近なものとなり、先に触れた「学習帳」が販売されるに至るのである。

鉛筆と練習帳の組み合わせは毛筆と石盤の長所を兼ね合わせており、学習にもっとも適していると言える。墨の心配が不要であるし、筆の扱いが単純である。記録性があるし、間違っても消しゴムで消すことができる。芯を舐めなければ衛生上も問題がない。まさに理想の学習具であると言える。これらの鉛筆の特徴の中で特筆すべきは次のふたつである。

ひとつは墨の管理の手間から解放されたことである。文字を書こうとすると墨を摺らなければいけない。これがおっくうである。硯は場所をとる、水を汲まなければいけない、摺るのに時間がかかる、墨をこぼすとたいへんである、残った墨は始末しなければいけないなどである。明治30年代には「開明墨」と呼ばれる墨汁や練墨が開発されたが、これによって摺る手間ははぶけたものの、ほかの問題は解決されず、手軽さにおいて鉛筆にはかなわなかった。現代は、いわゆる「筆ペン」という商品が市販されている。キャップをとるとすぐに書け、しかも毛筆に似たタッチで文字が書ける。もし、こういったものが明治の半ば頃に開発されていたとしたら、毛筆文化ももっと保存されていたかもしれないが、それがない時代において、鉛筆はどこにでも持ちあるけ、いつでもすぐ書ける点において筆記用具を非常に身近なものにしたと言える。

もうひとつの鉛筆の特徴はこれよりさらに重要である。それは、鉛筆が筆記の試行錯誤を可能にし、かつ、試行錯誤の結果だけを記録することを可能にしたことである。これは現代のワープロの特徴にも通じる。以前は文章を書く時、まず下書きをし、それをもとに第１次原稿を書く、それに推敲を加えて第２次、第３次原稿を書く。推敲は訂正箇所が少ない場合は朱を入れるだけでよいが、たいていの場合は書き直す必要があった。とくに他人に助言を求める時や印刷所に出す場合はその段階ごとの清書が必要であった。これにはたいへんな労力を要する。殊に文章の量が多くなればなおさらである。ところが、ワープロは推敲作業を手軽なものにしてくれた。何度も好きなだけ訂正できるのである。大量の文の入れ替え、挿入、削除が簡単にできる。しかもこのように試行錯誤が自由にできる上に、清書は一瞬のうちにできる。もちろん、その清書は永久に保存することができる。ワープロは試行錯誤の自由性とその結果の記録性があるからこそ、これほど急激に発達したのであろう。鉛筆で学習ができるようになった子どもは、ワープロで原稿が書けるようになった現代人と同じようなよろこびを持ったに違いない。この意味でも鉛筆は筆記用具を生活に身近なものにしたと言える。

おわりに

本章では、石盤、練習帳、鉛筆をとりあげて、これらが実際の学習場面でどのような使われ方をしたかを分析した。そして石盤が鉛筆や練習帳にどのように置き換えられていったかを考察した。石盤、練習帳、鉛筆は、日本の学習・教育文化の特徴である書字随伴型学習を道具として支えてきたという大きな役割を果たした。安価な練習帳が普及することにより、石盤か練習帳かという議論は、練習帳に軍配があがった。しかしながら、子どもにとって学習場面で練習帳が使えるようになるまでの明治の最初の数十年間、書字随伴型学習を支えたのは石盤である。しかも、石盤は西洋での使い方とは違った使い方をすることにより、日本に特徴的な書字随伴型学習を支えたことは、特筆に値すると考える。

注

1　開発社『教育時論』378号、1895〔明治28〕年4月。
2　桜井市立安倍小学校編『百年史』、80、89頁。
3　寺田勇吉「教育家の注目すべき事項」、開発社『教育時論』352号、1895〔明治28〕年1月。

4　文学士匿名「某文学士の小学教育叢話」、同上紙同上号。
5　北豊吉『学校衛生概論』右文館、1921〔大正 10〕年、130 頁。
6　同上書、130 頁。
7　同上書、131 頁。
8　開発社『教育時論』509 号、1899〔明治 32〕年 6 月。
9　週刊朝日編『値段史年表』朝日新聞社、1988 年、161 頁。
10　開発社『教育時論』352 号、1895〔明治 28〕年 1 月。
11　同上紙、同上号。
12　国光社『女鑑』196 号、1900〔明治 33〕年 1 月、86 頁。
13　野口茂樹『通俗文具発達史』紙工界社、1934〔昭和 9〕年。
14　教育文化用品工業研究会『教育文化用品工業便覧』教育文化用品工業研究会、1950 年、242 頁。
15　開発社『教育時論』333 号、1894〔明治 27〕年 7 月。
16　同上紙、同上号。
17　同上紙、同上号。
18　下野教育会編『栃木県教育概要』、1911〔明治 44〕年。
19　同上書。
20　芳川脩平『日本庶物示教』巻之一、同盟舎、1879〔明治 12〕年、五十丁ウラ。なお、原文には改行がない。
21　同上書、五十丁ウラ。
22　中勘助『銀の匙』岩波文庫、82 頁。
23　同上書、74 頁。
24　同上書、120 頁。
25　同上書、75 頁。

第10章　学習・教育文化の比較研究における「モノ」と深層にある構造

はじめに

第Ⅰ部の数量的併置比較研究および第Ⅱ部の第5章から第6章の歴史的文化的併置比較研究を通して、中世・近世においても、そして現在においても、日本の学習・教育文化と西洋の学習・教育文化には差異があることが確認された。そして、第Ⅱ部の第7章から第9章では、日本の学校教育の徹底的な近代化が目指された明治初期において現実に存在していた学習・教育文化の差異にもかかわらず西洋生まれの教授方法、教具、学習具が日本に大規模に移入されたが、その過程において、日本が西洋の学習・教育文化をどのように受容し、それをどう変容したかを文字言語・音声言語の観点から考察した。日本の学習・教育文化の特徴である書字随伴型学習、書字随伴型授業は、西洋生まれの教育方法やそれを前提にした学校設備・教具の日本への大規模な移入により、姿を消していくかに見えた。しかしながら、同じく西洋から移入された教具である石盤を日本の学習・教育文化に適合するように使用することによって、書字随伴型学習や書字随伴型授業の文化は生き残ることになり、それが、比較的安価な練習帳の普及により引き継がれることになったことを明らかにした。

本章では、改めて本研究全体の意義を考察することを目的とする。そのため、第1節で学習・教育文化を比較研究対象とする際の「文化」とは何かについての再検討を行い、その上で、学習・教育文化の比較研究において、石盤といった「モノ」に着目する研究の意義についての考察を第2節で行う。

そして、第3節では、新たに「より深層にある学習・教育文化の構造」という概念を関係比較研究に用いることを提案し、第4節において、本研究の全体で得られた知見を「より深層にある学習・教育文化の構造」という概念から意義づける。

第1節　学習・教育文化における「文化」について

本節では、本研究が対象としてきた学習・教育文化の概念の中の「文化」について再検討を試みる。もっとも、これまで、さまざまな哲学者、社会学者、人類学者などが「文化」について論じてきており、「文化」を簡潔に定義することは簡単ではない。たとえば、『文化と社会』[1]や『文化とは』[2]の著者であるイギリスの批評家ウィリアムズ，R も、「英語で一番ややこしい語を二つか三つあげるとすれば、culture がそのひとつとして挙げられるだろう」[3]とまで言い切っている。それゆえ、「文化」に関わる膨大な研究を整理して再定義することは、本研究の枠組みをはるかに超えている。そこで、乱暴であることは知りつつ、限られた手がかりをもとに「文化」を定義づけてみる。

数多くある定義の中でも、もっとも古典的な定義とされるのが、タイラー，E・B がその著書の冒頭で行った定義である。

> 文化すなわち文明とは、それを民族学的な広い意味で捉えれば、社会の成員としての人間が獲得した知識、信仰、芸術、道徳、法、慣行、その他のあらゆる能力と気質を含む複合的な全体のことである。[4]

この定義の特徴は次の3つである。1つは、「社会の成員としての人間が獲得した」と限定をつけていることである。生得的なものや本能的なものではなく、社会に参加することによって獲得するところに重点が置かれており、このことから、社会の在り方が違えばそれに応じて文化の在り方も違ってくることを暗示している。2つめの特徴は、例示として「知識、信仰、道徳、法、慣習」が挙げられており、価値観とそれに基づく行動様式が文化の実態として捉えられていることである。3つめの特徴としては、定義上の文化の範囲を「複合的な全体」としており、文化を高度なものに限定[5]していないことである。

それでは、その複合的な総体の中身は何か。『縮刷版　社会学事典』の「文化項目」には、次のように書かれている。

> **文化項目** culture items　文化を構成する最小の要素。文化特性（culture traits）とも言う。物質文化面ではモノや道具、精神文化面では知識や宗教、制度的文化では法や慣習など。文化体系の分析上の単位であるとともに、文化の発展や伝播のプロセスを分析する際の手掛かりとなる。特異な文化項目群（文化複合）の存在に着目して、文化圏の設定がおこなわれる。[6]

この説明では、物質文化面、精神文化面、制度文化面の3側面が言及されている。後2者は、タイラーが明示的に定義した内容に対応しているが、新たに、物質文化面からの文化項目が挙げられている。3つに種別することについては、タイラーを批判したマリノフスキーでさえも、「文化の内容を、おおまかに⑴物質財、⑵慣習、⑶観念の三種類に種別するほかはなかった」[7]としたこととも呼応している。

そこで、価値観や行動様式を重視したタイラーの定義を踏まえつつ、物質文化面も含み込むことによって、次のように文化を定義づけることにした。

> 文化とは、社会を構成する人々によって習得され、共有され、伝達される
> (A) 行動様式ないし生活様式、
> (B) 感じ方、考え方、価値観、
> (C) 有形・無形の成果、
> の総体である。

定義中の(A)は生活上の必要に基づき反復して行われる行動様式である。サムナー，W・Gはこれをフォークウェイズ（folkways）[8]と呼んでいる。folkwaysは、「習俗」、「民習」と訳されことが多いが、それは、風習ほど任意的でなく、法や制度ほどの強制力がないが、一定の集団の人々によって強く支持され、かつ、その人々の価値体系と結びついている様式である。

(B)は、ある集団に共通する生き方、感じ方、考え方、価値観、行動様式を意味づける文法であり、認知のための地図[9]である。「同一社会の普通

の成員に共通な諸信念と諸感情との全体」[10]という点においてデュルケーム, Eの集合意識や集合感情、「人々のうちに宿って血肉化」し、「彼らを内側から一定の行動へと押し動かしていく」[11]点においてヴェーバー, Mのエートス[12]に近い概念である。ある社会の精神構造、認知体系、信念体系と言ってもよい。

(C)は、文化遺産、有形・無形文化財として保護の対象にもなるものも含むが、一般的・日常的な人造物や営みを指す。

とくに(A)の行動様式や(B)の認知体系に顕著であるが、ある文化を担っている成員にとっては、それらがあまりにも日常化しており、「あたりまえ」過ぎて、自らの文化の特徴に気づかないことも多い。

この「文化」の定義を、そのサブカテゴリーである教育文化に当てはめると次のようになる。

> 教育文化とは、社会を構成する人々によって習得され、共有され、伝達される
>
> (A)教育の行動様式ないし実践様式、
>
> (B)教育に関する感じ方、考え方、価値観、
>
> (C)教育に関する有形・無形の成果、
>
> の総体である。

(A)は、たとえば、子どもの育て方、しつけ方、ほめ方・叱り方、子育て情報の共有方法、宮詣り・七五三・子どもの日・ひな祭りなどの子どもの年中行事、子どもの遊び、子どもも参加する地域の祭り、おけいこ・塾、ラジオ体操、学年歴・学期の区切り、時間割、休み時間、入学式・卒業式、始業式・終業式、登下校、朝礼・終礼、学級開き、係活動、班活動、授業前後の起立・礼、典型的な授業展開、教科書やノートの使われ方、学習や授業における文字・音声言語使用、宿題、試験、通知簿、学校における体罰、学級編成、進級・留年、学級会・ホームルーム活動、学校掃除、学校給食、運動会、文化祭、合唱コンクール、遠足、修学旅行、学校健康診断、部活動、児童・生徒会活動、校歌、同窓会、国旗・国歌の扱い、宗教の扱い、学校の開放制、保護者会、参観日、教員の勤務時間、授業研究の仕方、教員研修の仕方、ジェンダーの扱い方、受験雑誌、子ども向け雑誌・図書など、まだまだ枚挙にい

とまがない。これらは、それぞれの社会の中で日常的に当然のこととして繰り返し行われている教育の「慣行の束」[13]であり、これらの教育の普遍的実態・事実が教育文化である。教育慣行の中には法令などにより定められているものもあるが、その存在意義が当該の社会の成員にとってあまりにも自明のことであり、仮に法令などの規定がなくても当然のこととして存続されていくような教育の行動様式となっているのが教育文化の特徴である。

(A)のような日常的な教育様式としての教育文化が、自明のこと、「あたりまえ」のことと認識される背景を形成しているのが(B)の価値観としての教育文化である。たとえば、子ども観、「よい子」像、子育て観、しつけ観、理想の親像、理想の大人・子ども関係像、学校観、学歴観、保護者が学校に期待する指導内容、学力観、学習観、理想的な授業像、理想的な授業コミュニケーション像、競争に対する考え方、試験観、集団活動に対する考え方、協力に関する価値観、体罰観、教師観、研修観、理想の先輩・後輩関係像、理想の教師・生徒関係像、愛校心、学級帰属意識、学習意欲、勤勉態度、ジェンダー教育観などである。

(C)については、藩校遺跡や明治初期に建設された擬洋風の校舎などとは限らない。たとえば、日常的に教育活動に使用されてきている黒板、実物、標本、模型、地図、掛図、テレビ・ラジオ・CD・OHP・コンピュータ・電子黒板などの情報機器、教科書、運動用具、文具、玩具、校舎・校庭・教室・教室備品およびそれらの空間的配置、制服・服装、こどもの玩具、乳幼児の服装などが教育文化の分析対象に含まれる。

文化の定義の際に触れたように、文化は、社会を構成する人々によって習得され、共有され、伝達されるものである。この習得、共有、伝達はまさに教育によって行われる。それは学校教育のような組織的教育によることも、家庭教育のような非組織的教育によることもある。また、意図的・意識的教育によることも無意図的・無意識的な教育によることもある。

一方、ある社会における教育の営みは、文化の文脈の中に位置づけられる。文化の内容が教育内容に反映されることもあるし、教育を行う環境として文化が作用することもある。

同じ関係が、教育と教育文化の間にも認められる。序章第3節でも触れたように、ピーク，L、ルイス，C、ケイブ，P らは、それぞれ、日本の小学校・幼稚園などにおける長期間にわたる参与観察を通して比較研究[14]を行っているが、かれらは、具体的な教育実践をその背景となる教育文化とくに教育価値観と結びつけながら考察を行っている。

また、TIMSS のビデオ研究でも教育文化への言及がある。TIMSS 研究チームは、録画された授業ビデオを分析することによって、授業の最中に教室の外部者によって授業がどの程度中断しているかを比較考察した。それによると、アメリカの数学の授業のうち45パーセントの授業で、事務員や訪問者が教室に入ってくるなどして授業が中断されていた[15]。アメリカでは、授業が中断されるのがあたりまえ[16]になっていた。それに対し、日本の数学授業では中断が0パーセントすなわち皆無であった。同研究チームは、日本にはこのような教育文化の支えがあるので、子どもは集中して学ぶことができるとしている。

また、同じ TIMSS ビデオ研究であるが、アメリカの8年生の数学の授業では教師が細切れの質問を連発して、ほとんどのコミュニケーションが教師 - 生徒 - 教師の連鎖になっているのに対し、日本の中2の数学の授業展開では、教師が授業の初めに大きな質問を投げかけると生徒同士が活発に議論し、協働しながら学習をしていることを指摘している[17]。後者のような授業展開が可能となるのは、日本では小学校以来、学級会や班活動を通して生徒どうしによる集団活動の教育文化が根づいているからと言える。さらに、同じ TIMSS の研究成果として、日本の学校に根づいている教員の授業研究の文化の重要性が指摘され、こういった教育文化が授業の質を高めることにつながっているとされた。

教育文化は、以上のように教育の営みに対して非常に重要な役割を果たしており、教育研究の際、それを支える環境や文脈としての教育文化を分析することが不可欠であるとさえ言える。

それでは、比較教育研究にとって学習・教育文化はどのような意味を持つのであろうか。

比較教育学の研究者数が増加したこと、海外渡航が日常化したこと、インターネットにより海外の文献情報が入手しやすくなったことがあいまって、この半世紀の間の日本の比較教育研究の量的拡大や対象地域の多様化は目を見張るものがある。一方で、ある外国の細分化された教育情報が分析ないしは紹介されているものの比較分析がない論文や発表も増えており、比較教育学としてのアイデンティティが揺らいでいるのも現実である。このような状況に対し、石附実は、比較教育学の存在意義として、たとえ個々の細かな、あるいは部分的な課題や事項の究明であっても、常にその国・地域の教育の歴史的、社会的、文化的そのほかさまざまな要素から織りなされる基本的特徴つまり全体像の把握を志し、それらとの関係性の中から個々の事項を考察することが必要であると指摘している[18]。ここに教育文化に着目する意義がある。

たとえば、比較教育学の原点となった教育借用においては、ある国での成功事例をその背景にある教育文化の文脈と関連させた考察をせずに、そのまま別の国に移植しても成功することは少ない。たとえば、ある北欧のいじめ研究者が、校庭に線を引いて休み時間に子どもが遊ぶ区画を学年別に指定したり昼休みに教師が教室を巡回したりすると自国でいじめ件数が激変したので、日本でもぜひこの実践を導入すべきだと主張した著書[19]が日本で出版された。子ども集団や給食や休み時間をめぐる教育文化の差異、いじめそのものの文化差に対する考察が欠けていた例である。

併置比較においても、分析事象がそれぞれの国でどのような教育文化の文脈におかれているのかの分析を経なければ、有効な考察は行えない。たとえば、アメリカの幼稚園と日本の幼稚園の1日の長さを比較する場合、アメリカの幼稚園のほとんどが1年制で小学校に付設されていること、したがって小学校との連続性が高いこと、通学範囲が非常に広くスクールバスか保護者の自動車の送迎が普通で集団登下校の習慣がないこと、などの教育文化的背景を分析しなければ、アメリカの幼稚園児の幼稚園内での滞在時間の長さは説明できないし、誤った結論をも導きかねない。

また、関係比較のうち、教育情報の受容研究でも同様である。たとえば、明治初期の校舎の間取りはアメリカの校舎がモデルにされたが、アメリカの学校に必ずと言っていいほど設置されていたrecitation roomが日本には導入されなかった[20]。この受容過程における取捨選択は教育文化の分析がなければ説明できない[21]。

海外の現地校で学んだ生徒が帰国して日本の学校に入学した場合も、指導にあたる教員は、帰国生徒のいた国の教育文化の特質のみならず、日本の教育文化の特質を十分把握した上でないと、効果的な指導ができない。また、発展途上国において教育開発支援を行う場合も、現地での教育文化の特質を踏まえた援助をしなければ、持続的可能な支援とならない。

このように、安易な教育借用、表面的な併置比較や関係比較に陥ることなく、教育文化と関連づけながら、教育の全体像を意識しつつ考察を進めることが、比較教育学研究のディスプリンのひとつであると言える[22]。

第2節　「モノ」を分析する意義

前節で述べたように、文化は、社会を構成する人々によって習得され、共有され、伝達される行動様式、価値観、有形・無形の成果の総体である。そして、文化を担っている当事者にとっては、それらがあまりにも日常化され、自明視されているがゆえに、それが非常に重要で本質的であるにもかかわらず、当事者には十分に認識されない場合が少なくない。「習慣化による受信濾過」[23]の影響を受けてしまうからである。

「習慣化による受信濾過」は、日常生活でもよく起きている現象である。われわれは、自分が慣れていない騒音に対してはそれが気になって仕方がない。しかしながら、たとえば飛行場のように飛行機の離発着の騒音が激しい地区に住んでいる人が案外平気な顔をしていることが少なくない。騒音があまりにも日常化しすぎており、新たな刺激として認識されなくなっているのである。また、騒音をいったん濾過することによって、騒音に埋もれている情報に集中するといった適応を無意識のうちに行っているのである。同じようなことが嗅覚でも観察される。他人の家を訪問するとペットの臭いやカビの臭いに気づくことがある。しかし、その家に住んでいる人にとって、これらの臭いは日常化していて、臭いの存在すら気づかなくなる。これらは、「習慣化による受信濾過」である。

一方、比較教育学研究でよりどころとなる文献資料も「習慣化による受信濾過」の影響を受けている。われわれは、突発的な事件や事故が起こった時に、それを記録に残す。また、祭りに参加したり旅行したりして、日常とは異なった経験をした時も文章を書きたくなる。まさに特記するのである。逆に、毎日、日常的に起こることや恒常的に目にすることは、あまり文章には表さない。あたりまえすぎると記録に残さないのである。そのことに留意せずに、現地の人々が記録した文字文献だけに依存していると、表面的な特異事項に目を奪われ、より本質的な教育文化の存在を看過してしまうことになる。

歴史研究における文献史料も同様である。野家啓一が指摘するように、文献史料は言語によって記述されており、「ありのままの過去を再現する手段」[24]ではない。それは、すでに「解釈」の産物であり、

> われわれは、たとえ知覚の現場で直接的に体験したことですら、それを完璧に再現し記述することはできない。意識的であろうと、無意識的であろうと、われわれが言語によって記述を行うとき、そこには関心の遠近法が働いており、記録に値する有意味な情報の取捨選択がなされている[25]

のである。そしてこれが「習慣化による受信濾過」の影響を受けてしまう土壌となる。このことに気づかずに過去の文献史料を読むと、その当時の小さな変化に目を奪われ、本質的な実態を看過してしまうことになる。

それゆえ、比較教育研究においては、異文化を背負っている研究者が対象国（地域）に出向いて、参与観察をしたり、インタビューを行ったりしてデータを収集することが必要になってくる。また、現地の教育実践・実態の様子をビデオで撮影し、ビデオに映っている当事者とともにビデオを視聴しながら質疑を行うナラティブの手法も有効である。

スティグラー，J・Wらは、前節で触れたTIMMSビデオ研究の中で、複

数の文化背景を持つ研究者が比較分析をすることによって「自分自身の文化の中だけで観察していたならば、決して認知することがなかった事柄を発見することができた」[26]というエピソードを次のように紹介している。アメリカの数学の授業のビデオを同僚と視聴して分析していた時のことである。ビデオの中で教師は黒板の前に立ち、数学の例題の解き方を説明していた。ちょうどその時、教室内にあるスピーカから「連絡事項です。31系統のスクールバスを利用する生徒は全員聞いてください。本日は校舎の裏側に集合してください。校舎の表側ではありません。先生方は、このことをメモにとり、生徒に注意喚起するようにしてください」というアナウンスがあった。すると一緒にビデオを見ていた日本人スタッフが、ビデオプレーヤーのストップボタンを押して、「今のは、なにだったのですか」と聞いた。アメリカ人スタッフは、「なんでもないよ」と言ってプレイボタンを押した。すると、日本人スタッフは、「『なんでもない』とはどういうことですか」と食い下がった。アメリカ人スタッフは、それが単なる校内放送にすぎないと説明すると、日本人スタッフはますます信じられないという表情になった。このようなことが契機となり、アメリカの学校文化では、外部者による授業の中断が「あたりまえ」であること、日本の学校文化では、そういった中断がないことが「あたりまえ」であること、そして、それらの特徴にそれぞれの研究者が気づかないままにあったこと、などについて意見交換を行った。そして、この「あたりまえ」の中に潜んでいた文化差こそ意味があるのだという点で意見が一致し、外部者による授業の中断の発生頻度が新たな比較指標として加えられて分析が深化したのである[27]。

おそらく、アメリカ人の研究者だけで授業分析をしていたならば、外部者による授業の中断の現象は基礎資料として記録されなかったであろう。その後、そのような文献資料を日本人研究者が比較研究に利用したとしても、外部者による授業の中断の文化差は認知されないままであったであろう。ここに、「習慣化による受信濾過」と野家の言う「関心の遠近法」[28]が働くことによる文献資料の限界が指摘される。比較文化研究においてこの限界を克服するためには、野家の比喩を援用するならば、「近景」のみならず「遠景」も無意識のうちに記録されているビデオ資料が有効なのである。もちろん、異文化を背景に持つ研究者による参与観察は、ビデオ分析よりもさらに効果的である。

一方、比較教育文化史研究のように、過去にさかのぼって参与観察をしたりビデオ再生したりできない場合は、どのようにして、「習慣化による受信濾過」といった文献史料の限界を克服すればよいのであろうか。

その一助となるのが、モノ・コトなどの具体物を手がかりにした研究手法である。

モノとは、ノートや鉛筆などの学習具、黒板や掛図、OHPなどの教具、机や椅子、教室、校舎、運動場などやそれらの配置を表す平面図などであり、コトとは、時間割、学期などの時間的な区切りや、卒業式、運動会などの行事である。モノは三次元空間から見た教育であり、コトは時間軸から見た教育であるが、いずれも具体物や具体的な様式である。抽象的・選択的な文字史料には、文化のような本質的部分が欠落しやすいのであるが、こういった、具体物や具体的様式に着目することにより、繰り返し行われている教育の慣習の実態に迫ることができ、文化、教育文化の比較を行うことができる。また、絵画・写真や映像には、主たる情報を伝える近景の描写のほかに、リアリティを持たせたり装飾効果を持たせたりするために、遠景の描写が描かれているが、これらも文字資料を補う比較文化研究のデータとなる。

もちろん、図像による記録においても、記録者の「関心の遠近法」による「取捨選択」は免れない。しかし、文字化された史料がいわば「近景」中心で成立しているのに対して、図像には、「近景」のみならず、「遠景」も描き込まれることが多い。図像のリアリティを増加させるために、いわば本筋に直接関係のない描写もなされるのである。たとえば、コメニウスの『世界図絵』(1777年英訳版）の「学校」の項では、教師、生徒、教師用椅子(chair)、生徒用長椅子(form)、教師用机、生徒用机、チョークなどの絵が描かれている。同じ頁にこの絵を説明する文章が併記されており、文章中の「教師」などの単語に番号が振られている。図中にも番号が挿入されており、単語と絵を対応させることによって事物と単語を学ぶことができるように工夫されている[29]。図をよく見ると、「教師」など、文章中で記述があるものの絵（近景）のみならず、文章中に言及のない情報が図中に多く描かれていることに気づく。教師用机の上に置いてある箒状のムチなどがそれである[30]。これらは体罰の道具である。このことから、西洋では体罰が当然のこととして行われていたことが推察できる。図像史料からは、こういった「遠景」ないしは「背景」の中にも貴重な情報を読み取ることができ、それらを手がかりにしてその時代の教育実態に迫ることができるのである。

なお、教育史研究において図像を用いる研究は、最近でこそ認知されるようになったとはいえ、まだ主流の研究方法として定着したとは言いきれない。もっとも、学校建築を対象とした研究は一定の蓄積がある。たとえば、アメリカのバーナードは、同時代的な教育情報の収集と普及に関心が集中していたものの、1800 年代のイギリスとアメリカの学校の校舎の平面図を大量に記載することにより学校経営の在り方を論じている[31]。また、イングランドの学校建築の平面図を手がかりに教育史的考察を行ったのは、シーボンとロウが嚆矢であると言える。かれらは、教会の一部の施設としての教場が学校として独立していく様子や大量生産を志向する工場と学校建築の発展との類似性などを論証した[32]。また、近年では、宮本健市郎がアメリカの学校建築に着目して、進歩主義教育運動や子ども観の歴史的研究を行っている[33]。

また、日本教育史研究においては、石川謙がいちはやく教場の図面を利用した研究を行っている。石川は、「文字によって記された記録だけをたどって教育史を研究する研究法には、限界があり、危険をともなう」とし、これを補うために「出来るだけ実際に用いた校舎、教具、教科書、学校構造図、教場配置図などを実施に調査し、スライド又は写真に収めて、記録文献と対照する必要」があるとしている[34]。そして、実際に「一都・二府・三六県を探訪して、スライドや写真に撮影したのが、遺跡（学校の敷地、校舎、講堂、孔子廟、教官住宅など）・遺品（扁額、机などの教具、生徒の成績品）・文献・教科書・教官の肖像並びに筆跡墓碑など」3000 点以上であり、「他の文献その他から転写した城下町図・城郭図・学校の建物配置図・学校平面図・素読や会読輪講や試業などの座席図、試験場座席図など」も 300 点近く収集した[35]。石川はこのような研究方法を「文献による研究法と、いわば考古学的研究法を結び合わせる仕方」とし、「実物を註釈として文献を読み、文献を註釈として実物を読む」手続きであると説明している[36]。

また、「モノ」に着目することには、研究に具体性を持たせることができるという効果がある。

一般に、学問研究で得られる知見は抽象的語彙で表現される。しかし、具体的論証を欠いた研究はありえない。思弁的学問分野においてすら、その理論が摘要されるべき具体的な例証が求められる。具体的論証がなければ、理論と現実世界との乖離を見逃す隙を与え、いわゆる空理空論の暴走を許してしまう。一方、具体的事象は、理論証明の証拠として必須であるばかりではなく、読者に臨場感を与える手段でもある。読者は具体例を示されることによって、より現実感を伴って論者の理論展開に納得する。

自然科学であれば、実験や観察における測定や描写により具体性が提供される。また、社会科学にあっても、その対象が現在の事象であれば、参与観察や実態調査などにより、具体的情報を収集しそれを提示して論証に活かすことができる。一方、歴史研究にあってはその拠り所となるのが文献史料である。しかしながら、歴史上のある時点における膨大な量の情報のすべてを記述することは不可能であり、そこに抽象化のフィルターが作用する。その結果、文献史料の多くが抽象的な記述となり、それに依拠した分析も抽象的側面に留まってしまう傾向がある。また、その記述が「習慣化による受信濾過」の影響を受けてしまうことも看過できない。

一方、「モノ」による教育研究はそれを許さない。「モノ」を文献史料から読み取り、それを考察の礎とするためには、具体的な記述のある文献史料が必要となる。ここに教育史研究に新たな視野をもたらす可能性が生じる。

ここまで、比較教育研究や比較教育史研究において、「モノ」や図像に着目することの意義について述べてきた。そこで、以下では、これらの意義を本論文に即して説明してくことにする。

本論文では、第1章から第4章において、日本、アメリカ、イタリア、スロベニアの授業を見学し、かつそれらを録画したビデオを書字随伴型学習、書字随伴型授業の観点から分析した。文字文献資料ではなく、「モノ」の延長線上にある実際の教育実践現場を分析対象とした研究となっている。論者自身が一次資料としてビデオ資料を収集したのは、序章で述べたように、比較分析に必要な「レディーメードの形で簡単に」[37] 入手できる情報が存在しなかったのが一番の理由である。しかしながら、仮にレディーメードの形で存在していたとしても、それが、ビデオではなく文字による文献資料であったなら、「習慣化による受信濾過」によって、書字随伴型学習といった日本の教育文化の特質を分析することはできなかったであろう。その意味で、本研究が、「習慣化による受信濾過」による文字文献資料依存の限界を克服するために、「モノ」に着目した研究例と言えるのではないかと考えている。

また、本研究では、第 5 章、第 7 章において、日本と西洋の学習風景を描写している図像を数多く利用して考察を行った。「モノ」としての図像である。書字随伴型学習や書字随伴型授業といった概念は本研究独自の視点であるので、中近世や明治時代の文字文献史料がこれらの概念の視点から記録されている可能性は極めて低い。文字文献史料は、その史料を記述した人物が持ち得た問題意識、そして、その背景となる歴史文化的な価値体系に合致したものしか記録され得ないという宿命を持つからである。それを現代的な視点で分析し直そうとしても自ずと限界がある。しかしながら、図像による史料は違う。現在の分析枠組でもって過去の事象を分析する際に、図像としての史料は時間の隔たりを超えてさまざまな情報を提供してくれる。本研究はその可能性を提示する機能を果たしたのではないと考える。

また、第 7 章では、具体的な「モノ」である椅子や掛図に着目して書字随伴型学習が後退しかけた様子を考察した。また、第 8 章、第 9 章では、具体的な「モノ」である石盤に着目して書字随伴型学習が持続している様子を考察した。これらは三次元空間から見た教育の分析である。三次元空間に実存する椅子、掛図、石盤を対象とした、具体性に根ざす研究である。物理的な存在としての石盤は、西洋においても日本においてもまったく同一の物体である。しかしながら、それをどのような教育文化の文脈の中で、子どもたちがどのように使っていたかという観点から分析してみると、西洋における石盤と日本における石盤は、物理的な存在としての同一性とは対照的に、学習の道具として実際に果たした機能は大きく異なっていた。すなわち、西洋における石盤は幾何学や代数学を学ぶためのツールといった意味合いが強かったが、日本では、文字を書いて学ぶためのツールといった意味合いが強くなっていた。序章の第２節でも述べたように、比較教育学は、「同一性によって多様性を解釈し、また相違する他者のなかに相互の同一性を見るという同異の相互関係を明らかにすべき操作」[38]を行う研究である。石盤に着目した研究は、物理的存在としての石盤の中に同一性を見出し、石盤の学習場面における活用法の中に多様性を求めることによって、日本と西洋における教育文化の相違を考察しようとした研究と位置づけることができると考えられる。

ここまで本節では、文字文献資料・史料が受ける「習慣化による受信濾過」の影響を克服するための「モノ」に着目した研究として本研究を意義づけた。そこで次節では、教育文化の深層にある構造という概念について説明し、次々節ではその概念を使って本研究の意義づけを試みることにする。

第３節　より深層にある学習・教育文化の構造

本章の後半の目的は、「より深層にある学習・教育文化の構造」という概念を用いて、石盤が日本の教育の中で果たした教育文化的役割と、教育実践において書字随伴型学習の教育文化を踏まえることの重要性を述べることにある。

「より深層にある学習・教育文化の構造」という概念は、もともと、言語学者のチョムスキー，Ｎが *Aspects of the theory of syntax*[39] の中で変形生成文法の説明をする際に用いた「深層構造」「表層構造」という概念に着想を得ている。しかしながら、本研究の意味する「深層にある構造」は、チョムスキーの「深層構造」とは性質を異にする。そもそも、チョムスキー自身が使った「構造」という表現は、ソシュール，Ｆの構造言語学を踏まえ、それを乗り越える意図で使われている。また、チョムスキーとほぼ同時代に、社会人類学者のレヴィ＝ストロース，Ｃが構造言語学に着想を得て、構造主義の考え方を展開している。さらに、歴史学においては、それらを踏まえてアナール派の研究者が「深層」という概念を用いて歴史学の在り方を説明しようとしていた。

そこで、本節では、まずこれらの概念を簡単に整理し、その上で、本研究で用いる「より深層にある学習・教育文化の構造」の概念を提示することにする。

構造言語学の特徴は、それまでの言語学が規範的な文法の存在を前提にした上で、あるべき文法の体系を模索しようとしてきたのに対して、構造言語学では、あるがままの言語、とくに音声言語を忠実に記述することから文法を帰納的に構築していこうとしたことである。このことから構造言語学は記述言語学とも呼ばれる。もうひとつの特徴は、それまでの言語学が、語族や共通の祖語の存在を前提にしながら現在存在している言語が祖語から通時的にどのように分岐して発展してきたかを説明しようとしていたのに対して、構造言語学では、現在目の前にある言語をあるがままに分析しようとしたことである。

ソシュール，Fは、音声言語を構成する音素に着目し、音素といった要素それ自体には本質的な意味が内在しているわけではなく、要素と要素の関係、ほかの要素との対立的な差異、とくに二項対立によってのみ意味を持つという仮説を提示した。そのような構造を解明し記述していくことが目指されたのが構造言語学である。

構造言語学は、1920年代にブルームフィールド，Lによってアメリカで発展し、文化人類学的アプローチによるネイティブ・アメリカン言語の研究とあいまって、アメリカ構造主義言語学と呼ばれるようになった。

1950年代になると、統語法や意味論で限界を見せていた構造言語学を乗り越える理論として、チョムスキー，Nが生成文法理論を提唱した。チョムスキーは、意味解釈を決定する「深層構造」(deep structure)と音声解釈を決定する「表層構造」(surface structure)とを設定し、深層構造に「受動化変形」などの変形規則に基づいて形式的操作が繰り返し行われることによって表層構造が生成され、それが音声への出力となると説明し、その論証を試みた。また、生成文法理論では、英語、フランス語、日本語などの個々の個別言語の文法を個別文法と呼び、言語の違いに左右されない生得的な普遍文法が存在すると仮定する。そして、深層構造としての普遍文法が、個別言語特有の生成規則に従って展開した結果が表層構造における個別文法であると捉える。

ここで注意を喚起しておきたいのは、チョムスキーの「深層構造」概念における「構造」の意味である。チョムスキーは、構造主義言語学を否定することによって生成文法理論を提唱しており、「深層構造」の「構造」は、構造主義言語学が大切にしてきた構造の概念を意味しない。チョムスキーが句構造規則（phrase structure rules）を発展させて生成文法理論を提唱したことからも明らかなように、チョムスキーの使う structure は、「構造」というより、「構文」ないしは「文法」に近いのである[40]。

一方、構造言語学の意味する「構造」に注目したのが、社会人類学者のレヴィ＝ストロース，Cである。かれは、要素それ自体には本質的な意味が内在しているわけではなく、要素と要素の関係に意味が存在している[41]という構造の考え方に着目し、婚姻体系の中に「交換」の構造を見出し、文化の中に潜在している既定条件を明らかにした。また、何らかの構造にオペレータが作用した時、内部から全体の変換が起こり、しかも、変換された後の構造が前の構造と同型の関係を持って、全体の構造が変わらずに持続されているところに構造の特徴を見出した。

さて、歴史学では、フランスのアナール学派[42]も「深層」や「構造」という概念を用いている。これについては、二宮宏之がすでにアナール学派の特徴を概説[43]しているので、ここでは、それに依拠して「深層」の考え方を整理したい。

二宮によると、アナール学派の特徴は、「人間たちがその生の営みによって創りだした歴史世界を、その多様性においてまるごと捉えること」[44]にあるとし、アナール学派を「全体を見る眼」[45]を持つ歴史家と位置づけている。フェーヴル，Lやブロック，Mは、「経済・社会・文明といった歴史の諸局面は、表層においてはどうであれその深層においては、ひとつの同じ鼓動を打っている」[46]のであり、社会をその深層において捉え、諸要素の相互連関性を重視することが大切である[47]としている。

二宮は、このようにフェーヴルらが「深層構造把握」を志向していたと説明しているが[48]、1970年代後半のフランスの歴史学が、「歴史の深層へより深く沈潜していくことにより、変動よりは構造に注目しようとする傾向」にあるとした。これらの研究対象は社会の基層をなす民衆の、生活の日常態であり、意識の日常態であった。二宮は、マンドルー，Rの『民衆本の世界——17・18世紀フランスの民衆文化』[49]を例にとりあげ、マンドルーが、数百年にわたっても変化しない民衆の心性を明らかにしたことを紹介している。また、14世紀初めより18世紀までの4～500年の間のフランスを「変化の相よりは不変の相」において見ようとした、ル＝ロワ＝ラデュリー，Eの「変わらざる歴史」(L' histoire immobile)という表現が象徴的であるとしている[50]。

また、アナール学派のブローデル，Fは、「全体を見る眼」と同時に「長期波動」(la longue durée)において歴史を捉えるべきことを主張し、それを通じて深層歴史学への志向を明確にした[51]と二宮は説明する。このブローデルは、「長期波動——歴史と社会科学——」と題する論文を発表しており、「歴史の表面に現れる現象ではなしに、深部において長期にわたり持続している現象、或いは極めて緩慢にしか変化しない現象に注目」し、事件史や政治史などで扱う現象を「深層の構造のうちに位置づけ」ようとしている[52]。

ブローデルは、歴史的事象の時間性に注目し、それを「短期持続」「中期持続」「長期持続」の3つに区分した。そして、「短期持続」とは、一回限りの歴史的事実すなわち「事件」であり、「中期持続」とは、時々刻々動きながらも一定の周期を示す「複合状況」であり、「長期持続」とは、事件や複合状況の深部にあって、ほとんど動かない「構造」であるとした[53]。ここで注目したいのが、ブローデルが歴史的事象を短期的にめまぐるしく変化する「短期持続」に属する「事件」と、「容易に変化せず、時間によってすり減らされることが困難で、非常に長い間、時間によって運ばれていく現実」[54]とに相対的に区別して論じている点である。

また、ブローデル自身は、使い方が曖昧であったと認めているものの、「無意識、日常性、構造、深層」というキーワードを『物質文明・経済・資本主義、

15～18世紀』の第一巻「日常性の構造」で使っている[55]。彼は、「習慣（l'habitude）」、「慣習的行動（la routine）」[56]という表現も使っており、「日常性、生活の中でわれわれはそれに操られているのに、われわれはそれを知ることすらない」、「われわれのはっきりとした意識の外で起こっている。人間は腰の上まで日常性の中に浸かっているのだと私は思う」[57]とも述べている。

しかしながら、ブローデルは、レヴィ＝ストロースらの「構造主義」における「構造」とは、一線を画している旨も述べており[58]、際限なく究極的な法則性を求めることを目的とすることを拒否した。そのかわり、慣習的行動を規定する構造の存在を意識しつつも、「長期持続」「中期持続」「短期持続」のすべての層の歴史を分析しようとした。『地中海』[59]がその好例である。

以上が「深層」や「構造」などの概念の整理である。これらを踏まえ、以下では、「より深層にある学習・教育文化の構造」という概念を提示し、それによって本研究の知見を位置づけることにする。

まず、ここでいう「学習・教育文化」とは、本章第1節で述べたように、学習活動や教育活動の基盤となっている文化である。そして、この学習・教育文化は、第2節で述べたように、当事者にとっては、あまりにも日常的であり、あまりにもあたりまえすぎて、「習慣化による受信濾過」によって、その存在すら認識されないことが少なくないという性質を持つ。

しかしながら、当事者でない異文化に属する観察者なら、学習・教育文化の特徴を比較的容易に認識できる可能性が高い。直接観察可能な学習・教育文化の深部も慎重に、そして、科学的に観察することによって初めて認識できるような学習・教育文化が存在する。多くの場合、その学習・教育文化は寡黙ながら力強い影響力を持つ。ここで、前者を「表層にある学習・教育文化」、後者を「深層にある学習・教育文化」と呼ぶことにする。なお、「表層」と「深層」という表現を使っているが、両者の間に境目があることを想定していない。表層と深層は相対的なものであって、表層から深層への変化は連続的なものである。それゆえ、ある「深層」の学習・教育文化を分析すれば、さらにその深部にも学習・教育文化が見出せることがある。そこで、「深層にある学習・教育文化」は、常に「より深層にある学習・教育文化」と言ったようがよい。

「表層」と「より深層」の関係には、空間軸的展開と時間軸的展開が考えられる。

空間軸的展開としての「より深層にある学習・教育文化」の概念は、上述したチョムスキーの「深層構造」の概念からの援用である。チョムスキーは、もっとも深層に普遍文法が存在すると仮定し、個別言語間に存在する多様性は、深層構造としての普遍文法が個別言語特有の生成規則に従って展開した結果が表層構造における個別文法であると捉えることで説明できるとしている。学習・教育文化についても同様の枠組みで説明できる。現象面で分析すれば、国や地域によって、学習・教育文化は多様である。しかし、学習・教育文化を大きく捉えて人類に共通する普遍文化があると仮定すれば、個々の国の教育・文化の多様性は、深層にある普遍文化が、個々の国や地域特有の展開のしかたによって互いに差異を見せているのだと言える。そして、空間軸的展開に着目することにより、前者を「表層における学習・教育文化」、後者を「より深層における学習・教育文化」とすることができる。

本論文の序章の第2節で、今井重孝の論文[60]を引用しながら、比較教育学には、「一般化」を志向する「一般化型比較教育学」と「差異化」を志向する「差異化型比較教育学」のふたつの類型があることに触れた。今井によると、一般化志向の比較教育学は、個別事象の差異性を前提にしながら、「個別事象の比較による一般法則の発見」をするという要素と、「発見された一般法則の個別事象への適用」という要素のふたつを持ちながらも、「一般法則の確認に比重を置いている研究」である[61]。一方、差異化志向の比較教育学は、「出発点ないしは到達点のところに一般性志向が見られる」研究である。このことを、「表層にある学習・教育文化」と「より深層にある学習・教育文化」に当てはめると、「一般化型比較教育学」は、「より深層にある学習・教育文化」を追究する比較教育学研究であり、「差異化型比較教育学」が、「表層にある学習・教育文化」を追究する比較教育学研究となる。

一方、時間軸的展開としての「より深層にある学習・教育文化」の概念は、上述したブローデルの「長期持続」の概念からの援用である。ブローデルは、

「歴史の表面に現れる現象ではなしに、深部において長期にわたり持続している現象、或いは極めて緩慢にしか変化しない現象に注目」し、事件史や政治史などで扱う現象を「深層の構造のうちに位置づけ」ようとした[62]。この概念を学習・教育文化に援用すると、「表層にある学習・教育文化」は、中世、近世、近代、現在と時代とともにめまぐるしく変化していく学習・教育文化であり、「より深層にある学習・教育文化」は、長期にわたり持続している学習・教育文化、あるいは、極めて緩慢にしか変化しない学習・教育文化であると言える。

また、ブローデルが「長期持続」を、事件や複合状況の深部にあって、ほとんど動かない「構造」である[63]としたように、「より深層にある学習・教育文化」も「構造」として捉えたい。その「構造」の特徴は、レヴィ＝ストロースが指摘する特徴、すなわち、何らかの構造にオペレータが作用した時、内部から全体の変換が起こり、しかも、変換された後の構造が前の構造と同型の関係を持って、全体の構造が変わらずに持続されている特徴を持つものとして捉える。

なお、「より深層にある学習・教育文化の構造」を、単純に学習・教育文化の「深層構造」と呼びたいところである。しかし、そうすると、チョムスキーの「深層構造」との混乱が予想される。そこで、本論文では冗長であることを厭わずあえて「より深層にある学習・教育文化の構造」と表現することにする。

第４節　「より深層にある学習・教育文化の構造」概念による本研究の意義

前節では、「より深層にある学習・教育文化の構造」という概念を提示した。本節では、この概念を適用し、本研究の意義を説明することにする。

本研究の第Ⅰ部の第１章から第４章では、現在のアメリカ、イタリア、スロベニア、日本の数学の授業を定量的に分析することによって、日本の授業は、国際的に比較して、授業中に教師や生徒が書字を随伴しながら教えたり学んだりする場面が多くなっていることを明らかにした。そして、書字随伴型学習や書字随伴型授業が日本の学習・教育文化の特徴のひとつであると述べた。これは、アメリカなどの西洋と日本といった空間軸的展開における、「表層にある学習・教育文化」を比較考察したことになる。

そして、第Ⅱ部の5章と6章では、日本と西洋の授業文化の特徴の差異が生じた背景を、それぞれの社会における言語観、文字観、文字学習観、言語の特質から考察した。その結果、西洋では音声優位型の学習文化があるのに対して、日本では、書字随伴型学習や書字随伴型授業が学習・教育文化となっていることを示した。これは、それぞれの国における黒板の使用実態という表層に現れた事象をそれぞれの「より深層にある学習・教育文化」によって説明しようとしたことになる。

前節で触れたようにチョムスキーは、もっとも深層の位置に、あらゆる言語に共通する普遍文法を想定した。本研究では分析していないが、チョムスキーに倣い、より普遍的な学習・教育文化を挙げるとするならば、オング, W・Jが提起した「文字の文化」に根ざした学習・教育文化を挙げることができる。オングは、「一次的な声の文化 primary oral culture（つまり、まったく書くことを知らない文化）と、書くことによって深く影響されている文化とのあいだには、知識がどのように取り扱われ、またどのようなことばに表されているかという点で、ある基本的な違いがある」と指摘した[64]。そして、現在の文化を「文字をつかいこなせる能力と、そうした能力を中心に形成されている文化」とし、「文字の文化」と呼んだ[65]。オングの定義によると、現代においては、アメリカなどの西洋の文化にあっても、日本の文化にあっても、すでに共通して「文字の文化」に属している。このように、西洋の学習・教育文化や日本の学習・教育文化を大きく深度を深めて捉え直すと、西洋にも日本にも共通する学習・教育文化が横たわっていると言うことができる。そのような共通文化の中では、文字を使いこなす能力を身につけることが当然のように目指されており、文字をまったく使わない学習や教育はあり得ない。このように深い深度の深層において、学習・教育文化が普遍性を持っているのに対し、もっとも表層にある学習・教育文化では、本論文の第Ⅰ部で明らかにしたように、アメリカなどの西洋と日本とでは差異が認められた。それは、日本の学習・教育文化には、日本語の文字依存性が高いという、表層への展開に影響を与える要因があったからである。この展開要因により、深層にあった共通文化から、独自の展開が加えられてより表層にある学習・教育文化が形成されて、第5章で明らかにしたように、日本では文字や文字学習を尊重することが当然視された。また、その学習・教育文化がさらに、文字依存性が高いという展開要因によって、もっとも表層に表出したのが、第Ⅰ部で明らかにした日本の黒板の使用実態における学習・教育文化の特徴、すなわち書字随伴型学習および書字随伴型授業であると言える。

ここまでは、空間軸的展開の側面から、「より深層にある学習・教育文化」概念によって本論文を意義づけた。以下では、時間軸的展開の側面から、「より深層にある学習・教育文化」概念によって本論文を意義づけたい。

本論文第Ⅱ部の第5章で明らかにしたように、日本の近世における手習塾では、学習は書字随伴型学習で構成されていた。すなわち、文字を覚え、文字をきれいに書くことが学習内容であり、学習方法も文字を書きながら生活に必要な知識を学ぶことで成り立っていた。学習具といった「モノ」に着目すると、子どもたちが使っていたのは、毛筆、墨、半紙であった。ここで、毛筆、墨、半紙を使った手習塾の学習風景を、表層にある学習・教育文化と位置づける。そうすると、より深層にある学習・教育文化は、書字随伴型学習あるいは書字随伴型授業ということになる。

そして、第Ⅱ部の第7章で明らかにしたように、日本は明治初期に学校教育を近代化しようとし、西洋生まれの音声優位型の学習・教育文化に基づいた教育方法を導入しようとした。西洋生まれの教育方法とともに日本に導入された「モノ」は、鉛筆、西洋紙、机、椅子、掛図、黒板、チョーク、そして、石盤、石筆であった。そして、第7章で明らかにように、日本の学習・教育文化の特徴である書字随伴型学習が、この時期、一時後退しかけることになる。しかしながら、第8章で明らかにしたように石盤が書字随伴型学習を継続させる役割を果たす。石盤は、西洋ではどちらかというと算数や数学の学習具として使われることが多かった。しかし、日本では、物理的にはまったく同一の石盤という「モノ」を、西洋とは違った文脈で使いこなすことになる。つまり、石盤を文字随伴型学習の道具として使いこなしたのである。石盤はこのように、書字随伴型学習の学習・教育文化を引き継ぐ役割を果たすことになった。そして、明治の後半になると、児童でも購入しやすい安価な帳面が流通するようになり、書字随伴型学習を可能とする「モノ」は、石盤から練習帳にとってかわられる。

その後、現在の子どもの学習を支える「モノ」は大きく変貌している。たとえば、子どもたちが使っているのは鉛筆だけではなく、シャープペンシル、ボールペン、フェルトペン、マーカーなどであり、帳面も教科ごとにデザインされた市販の学習帳が使われている。子どもたちは、付箋紙、用紙鋏[66]、アンサーボード[67]なども日常的に使いこなしている。授業中に児童生徒がタブレットを使用することも珍しくなくなった。また、教師が使う道具も、黒い色をした黒板はすでに存在せず、すべて緑色の「黒板」となっている。さらに、白色の「黒板」であるホワイトボードや、コンピュータとも連動できる電子黒板も登場している。しかしながら、本論文の第I部で明らかにしたように、現在においても、書字随伴型学習や書字随伴型授業は依然として日本の学習・教育文化の特徴となっている。

以上、時間軸的側面から本論文で明らかになった表層の学習・教育文化と、より深層にある学習・教育文化をまとめてみた。時代が移り変わり、表層にある学習・教育文化や技術が大きく変化をとげたとしても、より深層にある書字随伴型学習、書字随伴型授業の学習・教育文化は、このように頑固なまでに永続的(persistent)に、打たれ強く生き残ってきた(resilient)。表層にある学習・教育文化としての実態史が、ブローデルの言う「短期振動」であるとすると、永続性や打たれ強さを持つ書字随伴型の学習・教育文化は「長期振動」と言うことができる。

また、より深層にある学習・教育文化である書字随伴型学習の文化は、石盤の使い方や黒板の使い方といった表層にある学習・教育文化に対して繰り返し、繰り返し、再帰的(recursive)に影響を与えてきたことに着目すると、これが「構造」としての特徴を持っていると言える。

前節で述べたように、レヴィ＝ストロースは、何らかの構造にオペレータが作用した時、内部から全体の変換が起こり、しかも、変換された後の構造が前の構造と同型の関係を持って、全体の構造が変わらずに持続されているところに構造の特徴を見出した。ここで、オペレータの作用として、西洋の教育方法の導入、石盤の導入、安価な帳面の流通などを当てはめ、書字随伴型学習を「より深層にある学習・教育文化の構造」とみなすと次のように考えられる。外部からのオペレータの作用によって、表層においては学習・教育事象の変化がめまぐるしいのであるが、深層においての変化は緩慢であり書字随伴型学習としての特質はほとんど変化することがなく、かつ、その深層の構造が表層に作用して表層の在り方に繰り返し変化をもたらし、結果として表層における書字随伴型学習の特徴も維持されてきたと言える。

本研究では、第Ⅰ部で数量的併置比較研究、第Ⅱ部で歴史的文化的併置比較研究、そして、「モノ」に着目した関係比較研究を行ってきた。それにより、書字随伴型学習や書字随伴型授業が日本において、「より深層にある学習・教育文化の構造」であることを示すことができた。また、石盤に着目することにより、教育文化のおいても、「短期振動」と「長期振動」が説明できることを示した。

おわりに

本章では、学習・教育文化を比較研究対象とする際の「教育文化」とは何かについて再検討を行い、その上で、学習・教育文化の比較研究において、石盤といった「モノ」着目する研究の意義について考察を行った。そして、新たに「より深層にある学習・教育文化の構造」という概念を関係比較研究に用いることを提案し、本研究の第Ⅰ部と第Ⅱ部で得られた知見を「より深層にある学習・教育文化の構造」という概念から意義づけた。

一方、現在の教育に目を転じれば、教育改革の周期がどんどん短縮され、新しい教育方法や教育技術が矢継ぎ早に教育現場に導入されている。しかしながら、もし、現在の改革が、日本の学習・教育文化である書字随伴型学習や書字随伴型授業の特徴を無視ないし軽視して進められるとすると、無用な混乱が予想される。文字依存性が強い日本語で行われる学習や授業に、外来の教育思想、教育方法、教育内容をそのまま借用して導入することは危険である。しかし、本論文で明らかにしたように、「より深層にある学習・教育文化の構造」は、遅かれ早かれ表層の学習・教育文化の混乱を是正する。一方、表層における変化が目まぐるしい現在の状況を鑑みれば、自然の浄化作用を待つのではなく、「より深層にある学習・教育文化の構造」に合致した表層の学習・教育文化の是正を意識的に行わなければならない。終章では、こういった問題意識を持ちながら、現在の教育改革の方向性を文字言語や音声言語の学習・教育文化の側面から分析し、書字随伴型学習や書字随伴型教育と整合性のある教育実践の在り方について論じることにする。

注

1　ウィリアムズ，R／若松繁信、長谷川光昭訳『文化と社会』ミネルヴァ書房、1968 年（原典：Williams, Raymond, *Culture and society, 1780-1950*, Chatto & Windus, 1958）。

2　ウィリアムズ，R／小池民男訳『文化とは』晶文社、1985 年（原典：Williams, Raymond, *Culture*, Collins, 1981）。

3　ウィリアムズ，R／椎名美智ほか訳『〔完訳〕キーワード辞典』平凡社、2011 年（初版は平凡社、2002 年。原典：Williams, Raymond, Keywords: *A Vocabulary of Culture and Society*, Croom Helm, 1976, revised in 1983）、138 頁。同上書の翻訳者によれば、本書は、「私たちが日常、無意識に使っているふつうの語なのだが、じつは、『とてもやっかいで』『難解で』『ややこしい』」という重要な英語 131 語を選び、それぞれを歴史意味論的に考察を加えている（椎名美智「訳者あとがき『キーワード辞典』とは何か――方法としての歴史意味論・社会批評としての文化史」、598 頁）。この書の中で取り上げられている語のひとつが「文化」である。ウィリアムズは「文化」の項に、日本語訳換算で 10 頁を割いて説明を行っているが、ラテン語、英語、フランス語、ドイツ語の中でどのような意味で「文化」が使われてきたかを網羅的に説明し、culture の「近代における発達の複雑さ」「現代用法の複雑さ」の背景を示している（同上書、138 〜 148 頁）。

4　Tylor, E.B., *Primitive culture : researches into the development of mythology, philosophy, religion, language, art, and custom,* vol. 1, Henry Holt, 1889（初版は 1871）, p.1.

5　石川実によると、文化を「高度な精神活動の所産」という意味で捉えるのはドイツ思想の影響である（石川実「序　生活文化のとらえ方」、石川実、井上忠司編『生活文化を学ぶ人のために』世界思想社、1998年、1～2頁）。

6　見田宗介、栗原彬、田中義久編『縮刷版　社会学事典』弘文堂、1994年、783頁。

7　石川実・井上忠司編著『生活文化を学ぶ人のために』世界思想社、1998年、5頁。

8　Sumner, William Graham, *Folkways, a study of the sociological importance of usages, manners, customs, mores, and morals*, Ginn & Co., 1911, C.1906, p.2.

9　Downs, James F., *Cultures in Crisis*, Glencoe Press, 1975, p.49.

10　デュルケーム，E／井伊玄太郎訳『社会分業論（上）』講談社学術文庫、1989年、140頁。（原著は Durkheim, Émile, *Da la division du travail social*, Félix Alcan, 1893.）

11　住谷一彦『マックス・ヴェーバー――現代への思想的視座』日本放送出版会、1970年、77頁。

12　ウェーバー，M／中山元訳『プロテスタンティズムの倫理と資本主義の精神』日経BP社、2010年、49頁、51頁など（原著は Weber, Max, *Die protestantische Ethik und der 'Geist' des Kapitalismus*, second edition, 1920 in Weber, Max, *Gesammlte Aufsätze zur Religionssoziologie I*, J.C.B. Mohr, 1920. 初版は1905年）。

13　佐藤秀夫『ノートや鉛筆が学校を変えた』平凡社、1988年、11頁。

14　Peak, Lois, *Learning to Go to School in Japan: The Transition from Home to Preschool Life*, University of California Press, 1991. : Lewis, Catherine C., *Educating hearts and minds: reflections on Japanese preschool and elementary education*, Cambridge University Press, 1995 : Cave, Peter, *Primary School in Japan: Self, Individuality and Learning in Elementary Education*, Routledge, 2007.

15　Stigler, J.W., Gonzales, P.A., Kawanka, T., Knoll, S., A. Serrano, *The TIMSS Videotape Classroom Study: Methods and Findings from an Exploratory Research Project on Eighth-Grade Mathematics Instruction in Germany, Japan, and the United States*, the National Center for Education Statistics U.S. Department of Education, 1999, p.73.

16　Stigler, James W. and Hiebert, James, *The teaching gap : best ideas from the world's teachers for improving education in the classroom*, Free Press, c1999, pp.55-56.

17　Stigler, J.W., Gonzales, P.A., Kawanka, T., Knoll, S., A. Serrano, Ibid., pp.134-135.

18　石附実「教育学研究における比較・国際教育学の役割」、日本比較教育学会『比較教育学研究』第25号、平成11（1999）年、24頁。

19　オルウェーズ，D／松井賚夫、角山剛、都築幸恵訳『いじめこうすれば防げる：ノルウェーにおける成功例』川島書店、1995年（原著は Olweus, Dan, *Bullying at School: What We Know and What We Can Do*, Blackwell Publishing, 1993）。

20　川口仁志「学制期における小学校建築基準の形成――第一大学区第一回教育会議「学校建築法ノ議」の成立について――」、比較教育風俗研究会『研究談叢比較

教育風俗』第11号、2010年、19～39頁。

21　添田晴雄、自由研究発表「暗誦（recitation）をめぐる日英米教育文化の比較考察――学校建築と教育・学習メディアとしての音声言語の視点から――」、日本比較教育学会第46回大会自由研究発表、神戸大学六甲台キャンパス、2010年6月27日。なお、この口頭発表の内容の論文化には着手できていない。今後の課題としたい。

22　教育文化の研究は一見魅力的ではあるが、課題も山積している。教育文化は、制度や思想に比べ、広がりが大きく、客観的記述や定量的測定が困難なことが多い。また、ある教育事象の背景にある教育文化の把握には、現地に赴き、時間をかけて対象を観察し、対象のみならず、その背景にある可能な限りの多様な事象に着目しなければならない。その際、せまく教育事象に限定するのではなく、文化一般、政治、経済に至るまで、できるだけ総括的に観察する必要がある。それには時間がかかるのみならず、幅広い教養と洞察が必要であり、現地の教育文化の特質を見抜くためには、日本の教育文化の特質の把握も必須となる。また、十分な研究蓄積が実現したとしても、ある教育事象と教育文化との関係を論じる際、厳密な意味での証明は困難であり、状況証拠的論証にならざるを得ないことが少なくない。安易な文化起因論にもなりやすく、たとえば、日本のいじめが悲惨で自殺者が出ているのは日本が島国で閉鎖的な国民性であるためだとか、日本には欧米と違って過度な受験圧力が存在しておりそのストレスが原因でいじめが発生するといった言説が研究者からも指摘されることがあった（添田晴雄「いじめ日本独特論再考」、大阪市立大学文学部『人文研究』第48巻第9分冊、1996年、135～147頁）。教育文化に言及して論証を行う場合は、その学問的客観性や論証可能性の限界を謙虚に意識しなければならない。しかし、学問的客観性などに劣るからといって教育文化を考察からまったく除外してしまっては、木を見て森を見ない皮相的な研究になってしまう。学問的客観性などの限界を意識しつつ、緊張関係を持ちながら教育文化を視野に入れて、教育事象の全体性の中に位置づけて考察することが、比較教育研究者の責務ではないかと思われる。

23　添田晴雄「『モノ』『コト』による比較教育史の可能性――学習具の歴史を事例に――」、教育史学会五〇周年記念出版編集委員会編『教育史研究の最前線』日本図書センター、2007年、276～283頁。

24　野家啓一『物語の哲学』岩波現代文庫、2005年（初出は「物語行為と歴史叙述」『評論空間』第2号、1991年）、122頁。

25　同上書、122頁。

26　Stigler, James W. and Hiebert, James, *The teaching gap : best ideas from the world's teachers for improving education in the classroom*, Free Press, c1999, p.55.

27　Stigler, James W. and Hiebert, James, Ibid, pp.55-56.

28　Ibid., p.122.

29　COMENII, JOH. AMOS *Orbis Sensualium Pictus*, translated into English by Charles Hoole, M. A., the twelfth edition, printed for S. Leacroft, London, 1777, p.122（著者蔵）

30　コメニウス，J. A.　／井ノ口淳三訳『世界図絵』（ミネルヴァ書房、1988年）には、1964年版の図版が用いられているが、その「学校」の項では、文章中にムチへの言及がある。

31　Barnard, Henry, *School architecture, or, Contributions to the improvement of school-houses in the United States,* 6th ed. New York, A.S. Barnes, 1860.　なお、原著者のバーナード自身によると、本書の原型は1838年まで遡れるが、同書の初版は、*School-house architecture*, Hartford, Tiffany & Burnham, 1842　である。書名が第6版と同じになったのは、第2版の *School architecture; or, Contributions to the improvement of school-houses in the United States*, 2d ed. ,New York, A. S. Barnes & co.,1848　である。

32　Seaborne, Malcolm, *The English school : its architecture and organization 1370-1870*, Routledge and Kegan Paul, London, 1971. Seaborne, Malcolm & Lowe, Roy, *The English school : its architecture and organization volume II 1870-1970*, Routledge and Kegan Paul, London, 1977.

33　宮本健市郎「アメリカ進歩主義教育運動における学校建築の機能転換――子ども中心の教育空間の試み（1）――」、関西学院大学教育学会『教育学論究』創刊号、2009年、149～158頁。宮本健市郎「アリス・バロウズの学校建築思想――子どもの経験の豊富化――子ども中心の教育空間の試み（2）――」、関西学院大学教育学会『教育学論究』（4）、2012年、89～99頁。宮本健市郎「エンゲルハートの学校建築思想――工場モデルから家庭モデルへ――子ども中心の教育空間の試み（3）――」、関西学院大学教育学会『教育学論究』（5）、2013年、139～151頁。本書の編集中に、さらに、宮本健市郎『空間と時間の教育史――アメリカの学校建築と授業時間割からみる――』東信堂、2018年が出版された。

34　石川謙『日本学校史の研究』小学館、1960年、540頁。なお、引用箇所は、石川自身が石川謙の未刊本『日本教育史に関する資料写真　目録』につけた序から引用したものである。

35　同上書、550頁。

36　同上書、540頁。

37　市川昭午「比較教育再考――日本的特質解明のための比較研究のすすめ――」、『日本比較教育学科紀要』第16号、1990年、8頁。

38　末木剛博、前掲書、207頁。

39　Chomsky, Noam, *Aspects of the theory of syntax*, M.I.T. Press, 1965.

40　ただし、レヴィ＝ストロース，Cは、生成言語学は、「実際上、構造言語学の一側面であり、一展開」であるとしている（レヴィ＝ストロース，C／大橋保夫編『クロード・レヴィ＝ストロース日本講演集　構造・神話・労働』みすず書房、1979年、38頁）。

41　同上書、37頁。

42　フランス現代歴史学の潮流のひとつで、「アナール」は学術誌『社会経済史年報 *Annales d'histoire économique et sociale*』にちなむ。

43　二宮宏之「全体を見る眼と歴史家たち」、『全体を見る眼と歴史家たち』木鐸社、1986年（初出は『ちくま』89号、1976年9月、筑摩書房）。

44　同上書、4頁。

45　同上書、3～15頁。

46　同上書、7頁。

47　同上書、7頁。

48　同上書、13頁。

49　マンドルー，ロベール／二宮宏之、長谷川輝夫訳『民衆本の世界――17・18世紀フランスの民衆文化』人文書院、1988年（原典：Mandrou, Robert, *De la culture populaire aux XVIIe et XVIIIe siècles : la Bibliothèque bleue de Troyes* ,Stock, Paris, 1975）。

50　二宮宏之、前掲書、14頁。

51　二宮宏之「歴史学と民族学の現在――歴史学はどこに行くか――〔解題〕」、『思想』No.630、岩波書店、1976年、1755～1757頁。

52　Braudel, Fernand, Histoire et sciences sociales, La longue durée, *Annales ESC*, 1958, nº4.（ルゴフ，ジャック／二宮宏之訳「歴史学と民族学の現在――歴史学はどこへ行くか――」、『思想』No.630、岩波書店、1976年、1755～1771頁、からの重引）。

53　ブローデル，フェルナン／金塚貞文訳『歴史入門』太田出版、1995年、17頁の注。

54　竹岡敬温「『アナール』学派と『新しい歴史』、竹岡敬温・川北稔編『社会史への途』有斐閣選書、1995年、26頁。

55　ブローデル、前掲書、17頁。

56　同上書、18頁。

57　同上書、18頁。

58　ブローデル，フェルナン／浜名優美訳『地中海Ⅴ〔出来事、政治、人間２〕』藤原書店、1995年、194頁。

59　同上書。

60　今井重孝「比較教育学方法論に関する一考察――『一般化』志向と『差異化』志向を軸として――」、『日本比較教育学会紀要』第16号、1990年、19～29頁。

61　同上書25～26頁。

62　Braudel, Fernand, Histoire et sciences sociales, La longue durée, *Annales ESC*, 1958, nº4.（ルゴフ，ジャック／二宮宏之訳「歴史学と民族学の現在――歴史学はどこへ行くか――」、『思想』No.630、岩波書店、1976年、1755〜1771頁、からの重引）。

63　ブローデル，前掲書17頁の訳注。

64　オング, W・J／桜井直文、林正寛、糟谷啓介訳『声の文化と文字の文化』藤原書店、1991年、5頁。原著は、Ong, Walter J. , *Orality and Literacy, The Technologizing of the Word*, Methuen & Co. Ltd., 1982。

65　同上書、6頁。

66　端にばね仕掛けのクリップを備えた硬い板状の文房具。クリップに紙類を挟みこんだ状態で、その紙に筆記するための下敷きとして使用されることから、クリップボードとも言う。総合的な学習の時間などで、インタビューを行ったり、見学や現地観察を行ったりする場合に子どもたちが使うので、教室内に人数分の用紙鋏が用意さていることが少なくない。

67　A3判程度の大きさの小型のホワイトボード。携帯しやすいように軽く作られている。A3判の白紙をラミネート加工した自作の簡易版のアンサーボードが使われることもある。

終　章

はじめに

終章では、まず、第1節で本論文全体を総括する。そして、それを踏まえて、第2節では、本論で得られた知見が、現在行われている教育実践にどのように活かされるかという可能性について論じる。また、おわりにでは、本論文の課題について述べる。

第1節　本論文の総括

本研究の目的は、第1に、比較教育学の方法論のうち、定量的な国際併置比較によって、文字言語・音声言語の側面から授業分析を行い、書字随伴型授業が日本の学習・教育文化の特徴であることを明らかにすることであった。そして、第2に、比較教育学の方法論のうち、定性的な歴史的文化的国際併置比較によって、文字言語・音声言語の学習・教育観を比較分析し、書字随伴型学習およびそれを支援する書字随伴型授業が日本の学習・教育文化の特徴であることを明らかにすることを目的とした。また、第3に、比較教育学の方法論のうち、関係比較の方法を用いることによって、石盤という「モノ」に着目して分析を行い、日本の明治以降の西洋からの大規模な教育借用にもかかわらず、日本の書字随伴型の学習・教育文化が根強く持続的に継承されたことを明らかにすることを目的としていた。さらに、第4に、これらの比較教育学的研究の考察結果を、「より深層にある学習・教育文化の構造」から捉え直すことによって、現在の教育実践の在り方を書字随伴型の教育学習文化の側面から考える基盤を提示することを目的としていた。

本論文の第Ⅰ部「文字言語・音声言語からみた授業分析併置比較研究」では、まず、第1章で、フランダースなどの相互作用分析カテゴリーを検討し、それが専ら音声言語を対象とした分析指標であり、授業中に行われる板書などの書字行為を測定できないことを指摘した上で、それに代わって、書字行為をもカテゴリー化できる指標、そして、発話と同時に行われる書字行為をもカテゴリー化できる指標を提案した。そして、その指標を実際に用い、TIMSSの授業ビデオに集録されている日米の数学授業を試行的に分析してみた。その結果、この指標を用いることによって、本研究が着目する書字随伴型授業の視点から、数量的な国際授業比較が充分可能であることが確認できた。

そこで、第2章では、第1章で開発した分析指標を用いて、アメリカ、イタリア、スロベニアの合計11の数学の授業を分析した。その結果、おおむね、どの授業でも、教師の発話率、生徒の発話率が高かった。そして、黒板利用率はあまり高くなかった。また、音声言語によるIREの連鎖となっている対話が多かった。教師の発問に対する生徒の発言は1語文のことも多いが、2語以上の単語を使った会話文になっていることも少なくなく、教師と生徒の自然な対話になっていた。また、イタリアの授業、そして一部のスロベニアの授業では、教師の発問に対して、複数の生徒が同時に発言したり、場合によっては教師の発話にかぶせるように同時に複数の生徒が発話したりすることが観察され、教室全体で音声言語を用いて発話することによって、みんなで思考を共振させながら学んでいた様子が確認できた。既習事項を生徒に思い出させる場面でも、教師はキーワードの単語の最初の子音を発音することによって、生徒の記憶の想起を促していた。スロベニアでは、ひとりの生徒によるミニスピーチが授業中に組み込まれていた。このように、アメリカ、イタリア、スロベニアの数学の授業は、音声優位型の授業となっていることが明らかになった。

第3章では、第1章で開発した分析指標を用い、日本の数学・算数の合計7つの授業を分析した。その結果、どの授業も、教師の黒板利用率が非常に高かった。また、話しながら黒板を利用する率や、児童生徒が発言している最中に黒板を利用する率も高くなっていた。授業のめあてや授業中にみんなで解いていく問題が板書されることも多く、児童生徒は板書されたことはすべてノートに書き写していた。また、教師が授業中に 1 分以上、黙々と板書をする場面も少なくなかった。教師が黙々と板書している時間は、児童生徒も黙々とノートに写す時間でもあった。さらに、既習事項を生徒に思い出させるために、教師が漢字を黒板に書いてヒントにしていたことは、スロベニアの授業と対照的であった。このように、日本の数学・算数の授業は、書字随伴型学習の特徴を持っていることが明らかになった。

第 4 章では、第 2 章と第 3 章で行ったアメリカ、イタリア、スロベニア、日本の数量的な分析結果を国ごとに総合することにより、国際比較を行った。その結果、日本の教師の発言率はほかの 3 国とあまり変わらなかったのに対し、児童生徒の発言率では、ほかの 3 国に比較して極端に低くなっていた。一方、教師の黒板利用率はほかの 3 国と比較して非常に高くなっており、また、教師発話時教師黒板利用率、児童生徒発話時教師黒板利用率もほかの国と比較して高くなっていた。以上より、日本の授業の特徴は、それが書字随伴型授業になっていることにあると結論づけられた。

ここまでが、定量的な国際併置比較による分析と考察である。

第Ⅱ部の第 5 章と第 6 章が、文献による定性的な歴史的文化的国際併置比較である。

第 5 章では、第Ⅰ部の数量的併置比較研究で明らかになった日本と西洋の学習・授業文化の特徴が、数百年単位で歴史を遡ってみても存在していたことを、江戸時代の手習塾の学習風景を描いた絵や西洋の 17 〜 19 世紀の授業風景を描写した絵を手がかりにして実証した。すなわち、江戸時代の手習塾の分析の結果、手習塾では文字を習得することが学習内容の中心であり、文字を書きながら学ぶという学習方法が中心で、書字随伴型学習の学習・教育文化が根づいていたことが明らかとなった。また、西洋の中世・近代の教室では、書字随伴型学習ではなく、音声優位の学習がより多く展開されていることが明らかとなった。このことは、第Ⅰ部の第 1 章から第 4 章で定量的に分析した結果と合致している。

そして、第6章では、第5章の実態分析を受けて、その背景にある文字教育観を考察した。すなわち、『和俗童子訓』を手がかりにして日本の教育文化において書字随伴型学習が重視されていたことを明らかにした。そして、その背景にある理由について、日本語の文字依存性という概念を用いて説明を試みた。また、それに対して西洋では、文字よりも音声に言語の本質があるという言語学者の指摘があったり、社会生活の中でも文字言語ではなく音声言語を重視する傾向にあったりしたことを示し、西洋では、書字随伴型学習があまり重視されてこなかったことを明らかにした。

ここまでが、定性的な歴史的文化的併置比較研究による分析と考察である。

第Ⅱ部の第7章から第9章が、文字言語・音声言語からみた西洋教育移入期の関係比較研究である。

まず、第7章では、明治初期の日本が学校教育を近代化しようとした時期に、急激な西洋化の過程を通して、日本の学習文化である書字随伴型学習が後退しかける様子とその理由を考察した。そして、西洋から音声言語優位を前提とする教育方法が日本に導入されたこと、それに伴うカリキュラムが制定されたこと、狭い教室の中で天板の高い机が数多く設置されたこと、子どもにとって文字を「書く」道具となるべきノートの価格が学習用としてはまだ高価すぎたことなどが背景となっていることを考察した。

第8章では、表面的には後退しかけたはずの書字随伴型学習の文化が、どのようにして日本の学習文化の根底に根強く生き続け、やがてそれが復権したのかを説明する鍵として、学習具である石盤に着目した。石盤は西洋で生まれ、明治初期の教育の近代化とともに日本にもたらされ、子どもたちが日常的にあたりまえのように使用する学習具として日本全国に広まった。物理的なモノとしては、西洋の石盤も日本の石盤も同一である。しかし、西洋では石盤はどちらかいうと数学の道具として使われていたが、日本では、石盤を書字随伴型学習の学習文化に整合するように使われた。児童生徒用の練習帳が普及するまでの約30年間、いわば、中継ぎ役として書字随伴型の学習・教育文化を支えたのが石盤であり、その結果として、日本の書字随伴型の学習・教育文化は、頑固なまでに永続的(persistent)に、打たれ強く生き残った

(resilient) ことを論じた。

第9章では、補論として、石盤と練習帳をとりあげて、これらが実際の学習場面でどのような使われ方をしたかを分析した。石盤と練習帳のどちらがすぐれているかといった議論もあったが、安価な練習帳が普及することにより、石盤は練習帳にとってかわられるようになったことを示した。

ここまでが、西洋教育移入期の関係比較研究による分析と考察である。

そして、第10章では、第Ⅰ部の定量的な国際併置比較を含め本論文で行った比較教育学的研究の考察結果を、「教育文化」、「モノ」、「より深層にある学習・教育文化の構造」といった概念から捉え直し位置づけた。

まず、「教育文化」についてである。比較教育学が存在意義を発揮できるのは、分析対象とする国・地域の教育の歴史的、社会的、文化的にさまざまな要素から織りなされる基本的特徴つまり全体像の把握を志し、それらとの関係性の中から個々の事項を考察する時である。教育借用においては、借用元と借用先の両者の学習・教育文化の分析およびそれに基づく借用情報のカスタマイズを欠いたまま、形式面だけを模倣すれば期待された成果を上げることができない。併置比較においても、分析事象がそれぞれの国でどのような教育文化の文脈におかれているのかを分析しなければ、誤った結論を導きかねない。また、関係比較においても、外来の教育情報の受容の程度や変容は、学習・教育文化の文脈で考える必要がある。本論文では、学習・教育文化を中心に論を展開してきたが、こういった知見が、比較教育学研究の全体性や関係性からの考察の基盤となるとした。

次に、「モノ」を分析することにより、海外教育情報の文献資料や歴史史料が内在する「習慣化による受信濾過」の影響を克服する可能性について述べた。そして、本論文が、授業の録画ビデオを分析対象としたこと、手習塾風景や西洋の中世の授業風景の絵を分析したこと、椅子や掛図に注目して分析したことは、すべて、「モノ」による教育比較であったことを示した。そして、とくに、「モノ」である石盤に着目し、石盤が西洋ではどちらかというと数学の道具として使われていたのに対し、日本では書字の道具として多用されたことを指摘し、そのことから、石盤の日本的な使用法が、日本の書字随伴型の学習・教育文化を持続させたことを論証した。

また､｢より深層にある学習・教育文化の構造｣という概念を提示し、それを空間軸的展開で捉えて、比較教育学の｢一般化型比較教育学｣と｢差異化型比較教育学｣の関係を説明し、かつ、本論文が後者に位置づけられることを指摘した。また､｢より深層にある学習・教育文化の構造｣を時間軸的展開で捉えて、毛筆、石盤、帳面、鉛筆、マーカー、付箋紙、アンサーボード、タブレット、電子黒板など、表層にある学習・教育文化は目まぐるしく変化しても、より深層にある学習・教育文化、すなわち、書字随伴型学習や書字随伴型授業は頑固なまでに永続的(persistent)に、打たれ強く生き残ってきた(resilient)し、構造として、表層の学習・教育文化に再帰的(recursive)に深い影響を与え続けてきたことを指摘した。さらに､｢表層｣と｢より深層にある学習・教育文化の構造｣という視点から本論文を次のように位置づけた。第1章から第4章の授業分析比較が、現在における｢表層｣の学習・教育文化の併置比較分析である。第5章が、近世あるいは中世における｢表層｣の学習・教育文化の併置比較分析である。そして、第6章の考察が、これらの｢表層｣の学習･文化の背景にある､｢より深層の学習･教育文化｣の併置比較考察である。さらに第7章から第9章は､この｢より深層にある学習･教育文化の構造｣を、石盤という｢モノ｣の分析により、具体的に関係比較考察したことになる。

このように、本研究では、比較教育学の方法論のうち、定量的な国際併置比較によって、文字言語・音声言語の側面から授業分析を行い、書字随伴型授業が日本の学習・教育文化の特徴であることを明らかにした。また、比較教育学の方法論のうち、定性的な歴史的文化的国際併置比較によって、文字言語・音声言語の学習・教育観を比較分析し、書字随伴型学習およびそれを支援する書字随伴型授業が日本の学習・教育文化の特徴であることを明らかにした。そして、比較教育学の方法論のうち、関係比較の方法を用いることによって、石盤という｢モノ｣に着目して分析を行い、明治以降の西洋教育の日本への大規模な借用にもかかわらず、書字随伴型の学習・教育文化が、根強く持続的に継承されたことを明らかにした。さらに、これらの比較教育学的研究の考察結果を、｢教育文化｣､｢モノ｣､｢より深層にある学習・教育文化の構造」から捉え直して位置づけた。

なお、次節では、本研究で明らかになった知見が、現在の教育実践の在り方を書字随伴型教育学習文化の側面から考える基盤を提示することを示す。

第2節　本論文の知見からの教育実践への示唆

現在の教育に目を転じれば、教育改革の周期がどんどん短縮され、新しい教育方法や教育技術が矢継ぎ早に教育現場に導入されている。しかしながら、もし、現在の改革が、日本の学習・教育文化である書字随伴型学習や書字随伴型授業の特徴を無視ないし軽視して進められるとすると、無用な混乱が予想される。本論文で明らかにしたように、明治初期における西洋生まれの教育情報の急激な借用は、さまざまな軋轢を生じさせた。借用元である西洋の音声優位型の学習・教育文化の中で発達した教育方法や教育用具を、借用先である日本の書字随伴型の学習・教育文化に、文化的な配慮をなさずに導入してしまった弊害である。

さて、「より深層にある学習・教育文化の構造」は、頑固なまでに永続的(persistent)に、打たれ強く生き残る(resilient)。そして、現在の授業分析による併置比較でも、日本の書字随伴型の学習・教育文化は、現在も顕在である。

「より深層にある学習・教育文化の構造」が、頑固なまでに永続的(persistent)に、打たれ強く生き残る(resilient)のは、「より深層にある学習・教育文化の構造」が、表層にある学習・教育文化の構造に、繰り返し、繰り返し、再帰的(recursive)に影響を与えるからである。その例が、石盤の日本的な使用法であり、この石盤の存在が、安価な学習帳の普及までの間、日本の書字随伴型の学習・教育文化を持続させたのである。

文字依存性が強い日本語で行われる学習や授業に、外来の教育思想、教育方法、教育内容をそのまま借用して導入することは危険である。しかし、本論文で明らかにしたように、遅かれ早かれ、「より深層にある学習・教育文化の構造」が表層の学習・教育文化の混乱を是正することが期待される。しかし、その自己再生作用は緩慢であるので、表層における変化が目まぐるしい現在の状況を鑑みれば、自然の浄化作用を待つのではなく、「より深層にある学習・教育文化の構造」に合致した表層の学習・教育文化の是正を意識的に行う必要があると考える。

また、一方、「より深層にある学習・教育文化の構造」は、守旧主義へのベクトルも持ち得る。つまり、新しく導入されたものをことごとく拒否することによって、既存の学習・教育文化を守ろうとするのである。しかし、それでは教育改革が頓挫し、いつまでたっても旧弊から脱出できなくなる。そこで、表層における学習・教育文化の急激な変化と、より深層にある学習・教育文化の衝突を回避するためには、表層における新しい学習・教育文化を全否定するのではなく、表層における新しい学習・教育文化を、より深層にある学習・教育文化に矛盾しないように部分的に改変していくことが必要である。モデルは明治初期の石盤の使用法の変容である。

これらのことを念頭におきながら、以下では、現在の教育改革の中における教育実践の在り方を考えたい。

2017、2018〔平成 29、30〕年に新しい学習指導要領が告示された。今回の改訂でもっとも注目されているのは、身につけるべき資質・能力を先に示してから各教科や領域などにおける学習内容が提示される構造になっている点である。それに付随して、「主体的・対話的で深い学び」を促す指導の在り方も明記された。先立つ 2015〔平成 27〕年 8 月 26 日に公表された中央教育審議会教育課程企画特別部会の「論点整理」には、「主体的・対話的で深い学び」を指す「アクティブ・ラーニング」を推進する上で重要な視点が 3 点挙げられているが、そのうちのひとつが「他者との協働や外界の情報との相互作用を通じて、自らの考えを広げ深める、対話的な学びの過程が実現できているかどうか」[1] である。この対話的な学びについて、同「論点整理」は次のように述べている。

> 身に付けた知識や技能を定着させるとともに、物事の多面的で深い理解に至るためには、多様な表現を通じて、教師と子供や、子供同士が<u>対話し</u>、それによって思考を広げ深めていくことが求められる。[2]（下線は引用者）

このようにアクティブ・ラーニングでは、教師のみならず、児童生徒が授業中に話しをすることが学習の大きな柱となっているのである。一方、「論点整理」が上記引用箇所に続けて、「こうした観点から、前回改訂における各教科等を貫く改善の視点である言語活動の充実も、引き続き重要である」[3]としているように、言語活動を重視する方針は今回急に浮上したのではない。

これらの傾向は、1989〔平成元〕年告示の学習指導要領の中にすでにその兆しが認められる。そして、1998〔平成10〕年告示の学習指導要領で、総合的な学習の時間が導入されたことを契機に拍車がかかった。総合的な学習の時間は、一言で言えば児童生徒に探究活動をさせる時間である。一方で、学習指導要領の総則の配慮事項で、総合的な学習の時間の学習活動を行うにあたって、社会体験などと並んで「発表や討論」を行うこと、そして、「グループ学習」を行うことが求められた。現状の総合的な学習の時間の中で児童生徒の探究がどれほど保障されているかについては疑義をはさまざるを得ないが、「発表や討論」や「グループ学習」については、総合的な学習の中で、ディスカッションや口頭発表をさせない実践はほぼないと言っていいほど定着していると言える。

また、2008、2009〔平成20、21〕年に告示された学習指導要領では、「言語活動の充実」として、すべての教科指導においてそれが目指されるようになった。次に挙げるのは、その中学校学習指導要領の、第1章　総則　「第1　教育課程編成の一般方針」の冒頭部分である。

> 学校の教育活動を進めるに当たっては、各学校において、生徒に生きる力をはぐくむことを目指し、創意工夫を生かした特色ある教育活動を展開する中で、基礎的・基本的な知識及び技能を確実に習得させ、これらを活用して課題を解決するために必要な思考力、判断力、表現力その他の能力をはぐくむとともに、主体的に学習に取り組む態度を養い、個性を生かす教育の充実に努めなければならない。その際、生徒の発達の段階を考慮して、生徒の言語活動を充実するとともに、家庭との連携を図りながら、生徒の学習習慣が確立するよう配慮しなければならない。[4]（下線は引用者）

また、中学校学習指導要領解説総則編では、「第５節　教育課程実施上の配慮事項」の筆頭項目として、「1　生徒の言語環境の整備と言語活動の充実」をとりあげ、

> 国語科の指導においてはもとより、その他の教科等においても、生徒による発表、討議、ノート記述、レポート作成などの言語活動を活発かつ適正に行わせ、豊かな言語能力を養っていくよう配慮していくことが大切である。[5]（下線は引用者）

としている。

告示の直前に公表された中央教育審議会の答申「幼稚園、小学校、中学校、高等学校及び特別支援学校の学習指導要領等の改善について」にも、「各教科等における言語活動の充実は、今回の学習指導要領の改訂において各教科等を貫く重要な改善の視点である」[6]と明記されており、重点的な取り組みが期待されている。国語科では、「小学校、中学校及び高等学校を通じて、言語の教育としての立場を一層重視し、国語に対する関心を高め、実生活で生きてはたらき、各教科等の学習の基本ともなる国語の能力を身に付けること」[7]が重視されているが、言語活動の充実は国語科における学習に留まっていない。各教科では、国語科で培った能力を基本に、たとえば、算数・数学、理科などでは、「比較や分類、関連付けといった考えるための技法、帰納的な考え方や演繹的な考え方などを活用して説明する」こと、家庭、技術・家庭、特別活動、総合的な学習の時間などでは、「体験したことや調べたことをまとめ、発表し合うこと」、道徳、特別活動などでは、「討論・討議などにより意見の異なる人を説得したり、協同的に議論して集団としての意見をまとめたりする」ことが重視されている[8]。

また、告示後には、『言語活動の充実に関する指導事例集～思考力、判断力、表現力等の育成に向けて～【小学校版】』（2011〔平成23〕年10月）、『言語活動の充実に関する指導事例集～思考力、判断力、表現力等の育成に向けて～【中学校版】』（2011〔平成23〕年5月）、『言語活動の充実に関する指導事例集～思考力、判断力、表現力等の育成に向けて～【高等学校版】』（2012〔平成24〕年6月）が、相次いで文部科学省から刊行され、思考力・判断力・表現力などをはぐ

くむ観点から、それぞれの教科などにおいて言語活動を充実する際の基本的な考え方が示され、すぐれた指導事例が多数紹介されている。

たとえば、中学校版には、生徒の発達の段階に配慮して、次のような点を重視すべきであるとしている。

・帰納・類推、演繹などの推論を用いて、説明し伝え合う活動を行う。
・日常生活の中で気付いた問題について、自分の意見をまとめ説得力ある発表をする。
・社会生活の中から話題を決め、それぞれの視点や考えを明らかにし、資料などを活用して話し合う。
・グループで協同的に問題を解決するため、学習の見通しを立てたり、調査や観察等の結果を分析し解釈したりする話合いを行う。
・新聞、読み物、統計その他の資料を基に、根拠に基づいて考えをまとめ報告書を作成する。
・実験や観察の結果、調査結果などを整理し重点化し、相手に分かりやすく、ポスターやプレゼンテーション資料などに表現する。
・テーマを決めて複数の本や資料などを読み、内容を比較したり、批判的にとらえたりするなど、知識や考えを深める。[9]（下線は引用者）

下線部のように、児童生徒が音声言語を用いて話し合う場面を積極的に授業の中に組み込んで行くことが推奨されている。

一方、音声言語による言語活動が、アクティブ・ラーニング、ディベート、ディスカッション、スピーチ、プレゼンテーション、といったカタカナで表現されることに象徴的なように、これらのモデルは外国に由来する。その多くはアメリカである。

ただし、アクティブ･ラーニング、ディベート、ディスカッション、スピーチ、プレゼンテーションに問題があるのではない。書字随伴型学習が疎外されることに問題があるのである。

そこで、より深層にある学習・教育文化の構造を表層に反映させる役割を、かつての石盤が果たしたように、書字随伴型学習を保障するようなツールや学び方を工夫し、文字を介したアクティブ・ラーニング、文字を介したディベート、文字を介したディスカッション、文字を介したスピーチ、文字を介したプレゼンテーションを児童生徒にさせる工夫をしていく必要がある。

そして、そのような工夫はすでに教育現場でなされている。

図11－1は、国立教育政策研究所が特別活動の指導法を一般の小学校教員に普及させるために発行したリーフレットの一部である[10]。このリーフレットでは、学級活動、児童会活動、クラブ活動、学校行事の4領域ある特別活動のうち、とくに、学級活動、そして、その中の話合い活動を中心に、その指導法がわかりやすく解説されている。「話合い」は文字通り解釈すると、

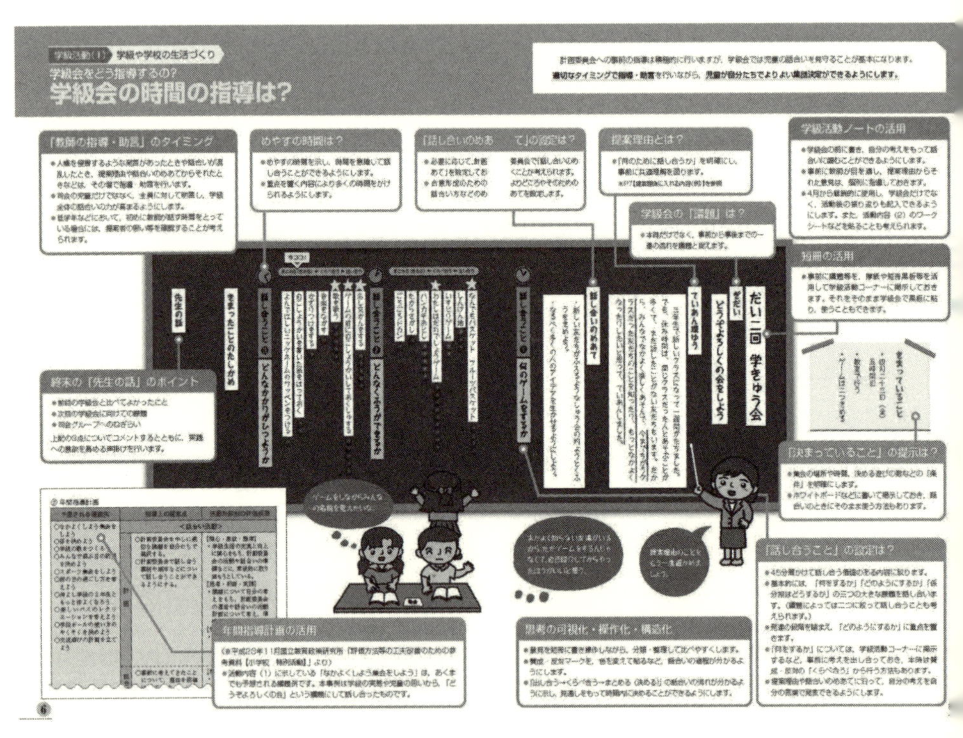

図11－1　板書例を使っての学級会の指導方法の説明

出典：文部科学省国立教育政策研究所教育課程研究センター編「楽しく豊かな学級・学校生活をつくる特別活動（小学校編）」（教員向けリーフレット）2013〔平成25〕年7月、6～7頁

音声による言語活動である。しかし、その指導法の解説文の中心に黒板が掲載されている。単に解説の便法のために黒板が用いられているのではない。実際の学級会では、児童の音声による話合いが行われることになる。しかし、その際に、音声言語だけではなく、文字言語を介したコミュニケーションをも児童にさせるようにという強いメッセージをこのリーフレットの解説方法から読み取ることができる。このように特別活動の話合いであっても、書字随伴型学習が尊重され、書字随伴型授業の例が黒板とともに解説されているのである。

また、**図 11 − 2** の写真は、ある大阪市立小学校の 6 年生の算数の授業である。題材は「比と比の値」であり、授業では、前時の復習の後、導入の活動がなされ、教師は、導入のエピソードに関連させて、児童に、「4：10 と 12：30 が等しい比かどうかを調べましょう」という課題を与えた。その際、教師は、調べ方はひとつではない旨を児童に伝え、児童にさまざまな方法を考えることを促した。そこで、まず、児童は個別に考え、それを自分のノートに書き込んだ。ここまでは書字随伴型学習である。次に、自分の考えをみんなの前で発表しあい、友達の考えと自分の調べ方のどこが同じでどこが違うのか、ある友達と別の友達の考え方のどこが同じでどこが違うのかを考える活動に入った。アクティブ・ラーニング的な展開である。その前に、教師は簡易型のアンサーボードを全児童に配布した。A3 判の白紙をラミネートした手作りの簡易版のアンサーボードである。児童はそのアンサーボードに自分の考えた調べ方を文章で書いた。そして、指名された児童が黒板の前に立ち、アンサーボードを黒板に貼った。そして、棒で自分のアンサーボードの字を指しながら、自分の考えた調べ方をみんなの前で発表した。図 11 − 2 はその時の写真である。すでに何人かが発表を終えており、そのアンサーボードが黒板上に残されている。

この授業では、児童は口頭で発表を行っている。それは、上述した言語活動である。しかし、ここで注目したいのが、口頭の発表の際に、音声言語だけではなく、文字言語も使っていることである。本論で明らかにしたように、日本語の文字依存性は強く、音声言語だけでは伝わらないことが少なくない。

図 11 − 2　文字を伴う口頭発表

とくに学校で使うような抽象的な概念の言葉は、同音異義語も多く、文字言語を参照しなければ伝わりにくいことがよくある。本論文の第Ⅰ部で見たように、日本の教師自身は黒板を多用することにより、文字言語を伴った口頭説明を日常的にしている。しかし、ともすると、なぜか、児童生徒が発表する際には、専ら音声言語だけで発表させていたことが多かった。アメリカ、イタリア、スロベニアの教室ならそれでもよいであろうが、日本語といった文字依存性の強い言語を使う日本の授業では、児童のコミュニケーションに支障が出る。本論文の第Ⅰ部の考察でも日本の児童生徒の発言率が低いことが明らかになったが、これまでは音声言語だけで発表させていたところに無理があったのかもしれない。

しかし、現在の教育改革では、頻繁に児童生徒に発表させることが奨励されている。これを本論文の知見に当てはめて考察すると次のようになる。児童生徒に口頭発表させるのは新しい、表層の学習・教育文化の変化である。これは、より深層にある学習・教育文化、すなわち書字随伴型の学習・教育文化とは調和しない。より深層にある学習・教育文化のベクトルが守旧主義に向かえば、児童に口頭発表をさせる教育方法が全否定される。しかし、表層の学習・教育文化と調和をとりながら、より深層にある学習・教育文化の構造による変換を行うにはどうすればよいか。その解が、文字を伴う口頭発表であり、アンサーボードを使う実践なのである。

次に取り上げる実践は中学校の事例である。ある大阪市立中学校では、アクティブ・ラーニング型授業を目指した実践研究を行った。単元は物語文の「少年の日の思い出」(ヘルマン・ヘッセ)であり、研究授業は、その第4次「視点を変えて物語を書き直し、批評しあう」の3時間目である。生徒は第1次から第3次の計6時間の中で、この作品を読み味わい、登場人物の物の見方や感じ方、心情の変化を読み取り、表現の特徴を見つけてその効果を考えている。第4次の第1時間目と第2時間目では、原作では省略されている場面の物語を登場人物の気持ちを想像しながら生徒ひとりひとりが創作して原稿を書いている。第4次の3時間目にあたる本時では、生徒がふたりずつのペアを組み、ペアの中で互いが書いた創作物語を交換して読んで、それにコメントをすることになっていた。生徒がペアの創作原稿を読んでいる最中に、教師は縦横約7センチメートルの正方形の青色と赤色の付箋紙をひとりひとりの生徒に配布した。そして、ペアの創作原稿のうち、よく書けていると思うところを青色の付箋紙の上に書き込み、こうした方がもっとよくなると思う点を赤色の付箋紙に書き込んで、創作原稿シートの所定場所に貼り付けるよう指示した。しばらくして、付箋紙のついた創作原稿シートを元の人に戻すように指示した。次に、教師は生徒に対して、「ペアの人が書いた付箋紙を読み、自分の創作原稿のこの部分が青色の付箋紙で賞賛されているなと思ったら、自分の原稿シートの該当部分に青色のペンで線を引いてください。そして、赤色の付箋紙で指摘されている改善点に該当する箇所だと思ったところに赤色のペンで線を引いてください」、という指示を出した。次に、前回とは違う人とペアを組み、同じ活動をするように指示をした。そして、ふたりからのコメントをもとに、自分の創作原稿を今後どのように改善すればいいかのメモを自分のシートに書くように指示した。次の時間は、その方針に基づき、「バージョンアップされた」創作原稿を書くことになっていた。これが1時間の授業の中身である。

生徒どうしが教え合い、学び合う点において、アクティブ・ラーニング型の授業になっている。しかし、ここで注目したいのが、プレゼンテーションやディスカッションといった音声言語だけの活動がほとんどないことである。ペアの人の創作原稿を読むこと、付箋紙にコメントを書くこと、付箋紙を読んで自分の原稿の該当箇所に線を引くこと、自分の創作原稿の「バージョンアップ」の方針をメモすること、これらはすべて書字随伴型学習である。

アクティブ・ラーニング型授業は、西洋の文脈で生まれた、音声言語優位型の学習・教育文化に合致する教育方法である。現在は、表層の学習・教育文化をアクティブ・ラーニングにすることが強く要請されている。音声言語のみによる口頭発表を生徒にさせると、日本の、より深い学習・教育文化との齟齬が生じる。その齟齬を解消するための解が、シートと付箋紙を使ったペア学習である。これが書字随伴型の学習・教育文化を保障するアクティブ・ラーニングの在り方のひとつであると言える。

かつて日本は、石盤の使い方を日本の学習・教育文化に適合するように改変して使った。それと同じように、アクティブ・ラーニングなどの、外来の教育方法を日本の学習・教育文化に適合するように改変して実践することが肝要であると考える。

おわりに

前節では、本論文で得た知見を現在の教育実践に活かす可能性について述べた。以下では、本論文の課題について付記しておきたい。

本論文に残された課題は 7 つある。

1 つめは、定量的併置比較の授業分析の指標についてである。本論文で使用した分析指標は、授業中における教師の書字活動を測定することを目的にして開発した。本論の考察でも明らかなように一定の役割を果たしている。しかしながら、生徒の書字活動については、確かに、生徒が指名されて黒板で文字を書いている場合は分析の対象となっているのであるが、個々の児童生徒が自分の席でノートに文字を書いている姿は、この指標では捕捉できない。つまり、現在の指標では、書字随伴型「授業」の特徴は数値化して分析することができるが、書字随伴型「学習」については、十分に分析できない。本論文では、指標による分析と並行して、ビデオを直接見ることにより、個々の児童生徒の書字活動も視野に入れて考察したが、それは数値化した分析ではない。今後、ビデオ撮影のアングルを工夫したり、数か所を同時に撮影する手法を考えたりするなどして、児童生徒がノートを書き込んでいる活動も数値化できる方法と指標を開発すれば、本論文が明らかにしようとした書字随伴型の学習・教育文化の特徴をさらに鮮明に捉えることができると考える。

2つめは、定量的併置比較の対象授業の教科である。本論文では、活動内容がほぼ万国共通である数学の授業のみを分析した。しかし、数学の授業では図やグラフなどを黒板に書くことが多い。それゆえ、黒板を使ったとしても、それを書「字」随伴とみなすかどうかは、実は、難しいところがある。本論文で触れたように、観察と録画自体は、国語の授業も行っている。しかも、イタリアやスロベニアの国語の授業では、音声優位型の特徴が際立っていることもわかっている。しかし、やはり本論文でも書いたように、イタリアの「文法」の授業をどう扱うか、スロベニアの共通語と地方語の問題をどう扱うのかの指針がまとまらず、今回の分析から除外した。今後は、これらの問題を整理して、国語の教科でも国際比較ができるようにしたい。そうすれば、純粋な意味での書「字」随伴の比較が可能になる。

3つめは、定性的な歴史的文化的国際併置比較の対象となる時代についてである。本論文では、日本の場合、近世、明治初期、そして現在を分析対象にしたが、明治期後半から昭和にかけての時代の書字随伴型授業や書字随伴型学習の実態の併置比較をまったく扱っていない。本論文では、より深層にある学習・教育文化の構造の時間軸展開に着目して、近世に存在していた書字随伴型の学習・教育文化が、明治初期に後退しかかり、それを石盤が支え、現在の書字随伴型授業につながっているという説明をしたが、明治期後期、大正、昭和の時期が空白になっている。それをつなげる作業を行えば、書字随伴型の学習・教育文化の長期波動の全貌が明らかになると考える。

4つめは、定性的な歴史的文化的国際併置比較のうち、書字随伴型学習と音読・訓読・黙読との関係、書字随伴型学習と身体メディア・出版メディアとの関係を考察できなかったことである。素読は音読であり音声言語による学習であり、形式は西洋のレシテーション（暗誦）と類似している。一方、「音読」には、訓読の対照語としての意味と、黙読の対照語としての意味がある。これらのことを交差させて整理できれば、近世の学習・教育文化を現在と連続して捉えることができるのではないかと考えている。

5つめは、西洋教育移入期の関係比較についてである。西洋の音声優位型の授業はレシテーション（recitation）である。しかも、イギリスやアメリカの学校建築の平面図には、recitation room の記載がある。この学校建築の中の recitation room の情報の一部は日本に到達していたのであるが、それが却下された形跡がある[11]。そのあたりに、西洋の recitation の文化と日本の書字随伴型の学習・教育文化の比較を論じる接点があると考えている。この課題については、その一部を 2010 年の日本比較教育学会の大会で発表しているが、その後、それを進展させることができなかった。それを結実させたいと思っている。なお、西洋における recitation の意味は時代とともに激変しており、かつ、現在でも、たとえば、大学の授業の一部が recitation と呼ばれることがある。そこで、recitation room の日本への受容過程を研究するためには、まずは、recitation の概念の歴史的変遷を整理しておく必要がある。

6つめは、「モノ」に着目した教育文化比較に関してである。論者はかつて「『モノ』『コト』による比較教育史の可能性――学習具の歴史を事例に」と題する論考を、教育史学会 50 周年記念出版編集委員会編『教育史研究の最前線』（日本図書センター、2007 年）に寄稿した。この著書は、「研究の課題や可能性を浮き彫り」（同上書、はしがき、ii）にすることが目指されていた。しかし、これまで論者自身が、この課題に対して自らの研究を世に問い、この「可能性」を示すといったことが実現できていない。本論文では石盤に着目して関係比較分析を行ったが、この部分の研究は、上記の論考執筆以前に原型ができていた。今後、自らが提案した課題に対して自分なりの解答を出したいと思っている。その意味で、上記の recitation room の関係比較を、平面図を手がかりにした教室の間取りという「モノ」に着目した研究として進めていきたい。

7つめは、比較教育学研究の在り方そのものについてである。序章で比較教育学研究の目指すべき方向性に触れた。一言で言えば、比較のある比較研究である。本論文で、その答えを出すことができたかと問われれば、答えに窮する。たしかに複数の国を扱い、比較を試みようとはした。しかし、それぞれの国の教育について、これまで地域研究として地道に蓄積されてきた知見を生かしきれたのか、そして、「全体性」「関係性」というふたつの側面を持つ「包括的把握」[12]にどれだけ迫れたのか、と自問自答すると赤面してしまう。そもそも一個人で4か国の比較をしようとしたのが無謀だったのかもしれない。このような研究は、共同研究として進めるべきだったのかもしれない。研究体制も含めて、文字どおり、今後の課題としたい。

このように、課題は山積している。今後継続して研究を進めていきたい。

注

1　中央教育審議会教育課程企画特別部会「論点整理」2015〔平成27〕年8月26日、18頁。
2　同上書、18頁。
3　同上書、18頁。
4　文部科学省『中学校学習指導要領』2008〔平成20〕年3月告示、2010〔平成22〕年11月一部改正、1頁。
5　文部科学省『中学校学習指導要領解説総則編』2008〔平成20〕年7月、64頁。
6　中央教育審議会「幼稚園、小学校、中学校、高等学校及び特別支援学校の学習指導要領等の改善について」2008〔平成20〕年1月17日、53頁。
7　同上書、74頁。
8　同上書、53～54頁。
9　文部科学省『言語活動の充実に関する指導事例集～思考力、判断力、表現力等の育成に向けて～【中学校版】』2011〔平成23〕年、10頁。
10　文部科学省国立教育政策研究所教育課程研究センター編「楽しく豊かな学級・学校生活をつくる特別活動（小学校編）」（教員向けリーフレット）、2013〔平成25〕年7月、6～7頁。
11　川口仁志「学制期における小学校建築基準の形成――第一大学区第一回教育会議「学校建築法ノ議」の成立について――」、比較教育風俗研究会『研究談叢比較教育風俗』第11号、2010年、19～39頁。

12　石附実「教育学研究における比較・国際教育学の役割」、日本比較教育学会『比較教育学研究』第 25 号、1999 年、24 頁。

文献一覧

【日本語】

相澤熙『日本教育百年史談』学芸図書、1952 年

東洋、柏木惠子、ヘス，R・D『母親の態度・行動と子どもの知的発達——日米比較研究』東京大学出版会、1981 年

東洋『日本人のしつけと教育——発達の日米比較にもとづいて』東京大学出版会、1994 年

天城勲編著『相互にみた日米教育の課題』第一法規、1987 年

アリエス，フィリップ／杉山光信、杉山恵美子訳『「子ども」の誕生——アンシァン・レジーム期の子供と家族生活——』みすず書房、1980 年（原典：Ariès, Philippe, *L'enfant et la vie familiale sous l'Ancien Régime,* 1960）

五十嵐顕他編『岩波教育小辞典』岩波書店、1982 年

石井研堂校訂『校訂漂流奇談全集』博文館、1900 年

石井研堂『明治事物起原』橋南堂、1908 年。

石井研堂『増補改訂明治事物起原』春陽堂、1944 年（『明治文化全集　別巻　明治事物起原』日本評論社、1969 年所収）

石井順治、稲垣忠彦、牛山栄世、河合隼雄、佐伯胖、佐藤学、竹内敏晴、谷川俊太郎、野村庄吾、前島正俊『授業の世界——アメリカの授業と比較して』（シリーズ授業別巻）岩波書店、1993 年

石井順治「日本文化と教育のかかわりを見つめた体験」、石井順治、稲垣忠彦、牛山栄世、河合隼雄、佐伯胖、佐藤学、竹内敏晴、谷川俊太郎、野村庄吾、前島正俊『授業の世界——アメリカの授業と比較して』シリーズ授業別巻、岩波書店、1993 年

石川謙『日本庶民教育史』刀江書院、1929 年

石川謙『日本学校史の研究』小学館、1960 年

石川謙「解説『和俗童子訓』」、貝原益軒著／石川謙校訂『養生訓・和俗童子訓』岩波文庫、1961 年、195 ～ 309 頁

石川実、井上忠司編『生活文化を学ぶ人のために』世界思想社、1998 年

石附実『近代日本の海外留学史』ミネルヴァ書房、1972 年

石附実「比較教育史」、「講座日本教育史」編集委員会『講座日本教育史　第五巻　研究動向と問題点／方法と課題』第一法規出版、1984年、269～287頁

石附実「比較教育学の新展開――その可能性と展望　教育学研究における比較・国際教育学の役割――」、『日本比較教育学会紀要』第25号、1999年、16～27頁

市川昭午『教育システムの日本的特質――外国人がみた日本の教育』教育開発研究所、1988年

市川昭午「比較教育再考――日本的特質解明のための比較研究のすすめ――」、『日本比較教育学科紀要』第16号、1990年、5～17頁

市川寛明、石山秀和『図説　江戸の学び』河出書房新社、2006年

稲垣忠彦『明治教授理論史研究――公教育教授定型の形成』評論社、1966年

稲垣忠彦「解説　総説」、仲新、稲垣忠彦、佐藤秀夫編『近代日本教科書教授法資料集成　第一巻　教授書1』東京書籍、1982年、721～740頁

今井重孝「比較教育学方法論に関する一考察――『一般化』志向と『差異化』志向を軸として――」、『日本比較教育学会紀要』第16号、1990年、20～24頁

入江宏「教育史用語を考える『寺子屋』と『手習塾』」、日本教育史研究会『日本教育史往来』103号、1996年8月31日、1～3頁

岩田一正「明治後期における少年の書字文化の展開――『少年世界』の投稿文を中心に――」、『教育学研究』第64巻第4号、1997年、417～426頁

ウィリアムズ，R／若松繁信、長谷川光昭訳『文化と社会』ミネルヴァ書房、1968年（原典：Williams, Raymond, *Culture and society*, 1780-1950, Chatto & Windus, 1958）

ウィリアムズ，R／小池民男訳『文化とは』晶文社、1985年（原典：Williams, Raymond, *Culture*, Collins, 1981）

ウィリアムズ，R／椎名美智ほか訳『〔完訳〕キーワード辞典』平凡社、2011年（初版は平凡社、2002年。原典：Williams, Raymond, *Keywords: A Vocabulary of Culture and Society*, Croom Helm, 1976, revised in 1983）

ウェーバー，M／中山元訳『プロテスタンティズムの倫理と資本主義の精神』日経BP社、2010年（原著：Weber, Max, Die protestantische Ethik und der 'Geist' des Kapitalismus, second edition, 1920 in Weber, Max, *Gesammelte Aufsätze zur Religionssoziologie I*, J.C.B. Mohr, 1920. 初版は1905年）

ヴォーゲル，エズラ・F.／広中 和歌子・木本 彰子訳『ジャパン・アズ・ナンバーワン――アメリカへの教訓』TBSブリタニカ、1979年（原典：Vogel, Ezra F., *Japan As Number One: Lessons for America*, Harvard University Press, 1979）

ウォーフ，ベンジャミン・リー「習慣的思考・行動と言語との関係」、キャロル，

ジョン・B 編／有馬道子訳『〔完訳〕言語・思考・実在』、南雲堂、1978 年（原典：Spier, Leslie (ed.), *Language, culture, and personality, essays in memory of Edward Sapir* (Menasha, Wis.: Sapir Memorial Publication Fund, 1941)

潮木守一・喜多村和之・市川昭午編『教育は「危機」か――日本とアメリカの対話』有信堂高文社、1987 年

有働玲子『話し言葉教育の実践に関する研究』風間書房、2011 年

馬越徹「『地域研究』と比較教育学―― 『地域（areas）』の教育的特質解明のための比較研究」『名古屋大学教育学部紀要』39(2)、21 ～ 29 頁

梅村佳代『近世民衆の手習いと往来物』梓出版社、2002 年

ウルセル，マッソン・／小林忠秀訳・末木剛博監修『比較哲学』法藏館、1997 年（原典：Oursel, P. Masson-, *La Philosophie Comparée*, Paris, Librairie Félix Alcan, 1923）

江森一郎「寺子屋では机をどう並べたか」、江森一郎『「勉強」時代の幕開け――子どもと教師の近世史』平凡社選書、1990 年、8 ～ 31 頁。初出は、『月刊百科』第 300 号、1987 年 10 月、平凡社

エンゲルジング，ロルフ／中川勇治訳『文盲と読書の社会史』、思索社、1985 年。原典は Engelsing, Rolf, *Analphabetentum und Lektüre, Zur Sozialgeschichte des Lesens in Deutschland zwischen feudaler und industrieller Gesellschaft*, J.B. Metzlersche Verlagsbuchhandlung und Carl Ernst Poeschel Verlag GmbH, Stuttgart,1973

大分県教育百年史編集事務局『大分県教育百年史　巻一』大分県教育委員会、1976 年

大黒静治「修正フランダース方式による教授行動の分析 (1) 教師と教育実習生の比較 (授業の分析と評価)」、『日本教育心理学会総会発表論文集』23 、1981 年、86 ～ 87 頁

大黒俊二『声と文字』ヨーロッパの中世 6、岩波書店、2010 年

大阪府教育委員会『大阪府教育百年史　第二巻　資料編（一）』大阪府教育委員会、1971 年

大阪府教育委員会『大阪府教育百年史　第三巻　資料編（二）』大阪府教育委員会、1972 年

大阪府教育委員会『大阪府教育百年史　第四巻』大阪府教育委員会、1971 年

大塚豊「方法としてのフィールド――比較教育学の方法論検討の一視点」、日本比較教育学会『比較教育学研究』16、2005 年、253 ～ 263 頁

大塚豊「比較教育学」、日本比較教育学会編『比較教育学事典』2012 年、322 頁

尾形裕康「西洋教育移入の方途」、野間教育研究所『野間教育研究所紀要』第 19 集、1961 年

小川佳万「日本の比較教育学の特徴――教育学との関連から――」、日本比較教育学会『比較教育学研究』50号、2015年、158～167頁

小倉金之助「黒板はどこから来たのか」、『小倉金之助著作集』第八巻、勁草書房、1975年

乙竹岩造『日本庶民教育史』目黒書店、1929年

オルウェーズ，ダン／松井賚夫、角山剛、都築幸恵訳『いじめこうすれば防げる：ノルウェーにおける成功例』川島書店、1995年（Olweus, Dan, *Bullying at School: What We Know and What We Can Do*, Blackwell Publishing, 1993）

オング，W・J／桜井直文、林正寛、糟谷啓介訳『声の文化と文字の文化』藤原書店、1991年（Ong, Walter J., *Orality and Literacy, The Technologizing of the Word*, Methuen & Co. Ltd., 1982）

開発社『教育時論』、333号、1894年7月

開発社『教育時論』、351号、1895年1月

開発社『教育時論』、352号、1895年1月

開発社『教育時論』、378号、1895年4月

開発社『教育時論』、509号、1899年6月

貝原益軒著／石川謙校訂『養生訓・和俗童子訓』岩波文庫、1961年

外務省『農務顛末　日本殖産事業概況取調』、1879年

加藤幸次『授業のパターン分析』明治図書、1977年

柏木敦『資料復刻　沿革史　更級郡荘内尋常小学校』兵庫県立大学政策科学研究所、2011年

樺島忠夫『日本の文字』岩波新書、1979〕年

カバリー，E・P／川﨑源訳『カバリー教育史』大和書房、1985年（原典：Cubberley, Ellwood P., *The History of Education*, 1920）

カミングス，ウィリアム・K.／友田泰正訳『ニッポンの学校：観察してわかったその優秀性』サイマル出版会, 1981年（原典：Cummings, William K., *Education and equality in Japan*, Princeton University Press, 1980）

唐澤富太郎『教育博物館　中』1977年、ぎょうせい

狩野鷹力『実用新教授法』金港堂明治34（1901）年

川井景一『横浜新誌』鈴木滝三郎出版、1877年

川口仁志「学制期における小学校建築基準の形成――第一大学区第一回教育会議「学校建築法ノ議」の成立について――」、比較教育風俗研究会『研究談叢比較教育風俗』第11号、2010年、19～39頁

神田修、山住正己編『史料日本の教育〈第3次改訂版〉』学陽書房、1986年

北豊吉『学校衛生概論』右文館、1921 年
城戸幡太郎『生活技術と教育文化』賢文堂、1939 年
木原健太郎、山本美都城共編『よい授業を創る授業分析法』明治図書出版、1979 年
金田一春彦『日本語　新版』(上下) 岩波新書、1988 年
公文教育研究会「子ども浮世絵ミュージアム」、http://www.kumon-ukiyoe.jp/index.php?main_page=product_info&products_id=54、2018 年 12 月 20 日最終閲覧
倉島敬治「相互作用分析」、『新教育の事典』平凡社、1979 年、527 頁。
研究社『新英和大辞典』第五版、研究社、2202 頁
国光社『女鑑』、196 号、1900 年 1 月
コメニウス，J. A. ／井ノ口淳三訳『世界図絵』ミネルヴァ書房、1988 年
桜井市立安倍小学校編『百年史』
佐々木吉三郎編『実業之日本社派遣渡米小学校長団視察報告』実業之日本社、1919 年
佐藤秀夫「一斉教授方法の成立」、『岩波講座　現代教育学』第 5 巻、岩波書店、1962 年
佐藤秀夫「総説　掛図の研究・序説」、佐藤秀夫・中村紀久二編『文部省掛図総覧一　単語図・博物図等』東京書籍、1986 年
佐藤秀夫『ノートや鉛筆が学校を変えた』平凡社、1988 年
佐藤秀夫「学事諮問会と『文部省示諭』(1882 年) に関する研究」、『教育の文化誌 3　史実の検証』阿吽社、2005 年。
佐藤秀夫「机と椅子の歴史」、『教育の文化誌 2』阿吽社、2005 年、165 頁。
『室内』編集部「日本の椅子 100 年史年表」、『室内』1975 年 6 月号 246 号、工作社、40 ～ 47 頁。
柴田武、山田進編『類語大辞典』講談社
渋谷英章「地域教育研究のフロンティア　地域教育研究の可能性――『地域教育事情』からの脱皮――」、日本比較教育学会『比較教育学研究』第 27 号、2001 年、16 ～ 28 頁
下野教育会編『栃木県教育概要』下野教育会、1911 年
週刊朝日編『値段史年表　明治・大正・昭和』朝日新聞社、1988 年
女学雑誌社『女学雑誌』476 号、1998 年 11 月
白井毅編『学級教授術』1887 年 (仲新、稲垣忠彦、佐藤秀夫編『近代日本教科書教授法資料集成　第一巻　教授法書 1』東京書籍、1982 年、所収)
末木剛博「解説　マッソン・ウルセル『比較哲学』について」、マッソン・ウルセ

ル／小林忠秀訳・末木剛博監修『比較哲学』法藏館、1997年、201〜230頁
杉村美佳『明治初期における一斉教授法受容過程の研究』風間書房、2010年
杉村美紀「補論　日本における比較教育学研究の方法論をめぐる議論——日本比較教育学会の研究動向を中心に——」、ブレイ，マーク他編『比較教育研究——何をどう比較するか——』上智大学出版、2011年、265〜267頁
杉本つとむ『杉本つとむ著作選集5　日本文字史の研究』八坂書房、1998年、31頁、17〜18頁、初出はとくに言及されていない）
杉本均「教育借用」、日本比較教育学会編『比較教育学事典』東信堂、2012年、121〜122頁
鈴木孝夫『閉ざされた言語・日本語の世界』新潮選書、1975年
住谷一彦『マックス・ヴェーバー——現代への思想的視座』日本放送出版会、1970年
総務省統計局「学校基本調査の年次統計総括表」、http://www.e-stat.go.jp/SG1/estat/List.do?bid=000001015843&cycode=0、2018年12月20日最終閲覧
添田晴雄「及川平治の『学習法』に関する一考察——F. マクマリーとの比較を手がかりに——」、大阪市立大学文学部教育学教室『教育学論集』第15号、大阪市立大学文学部教育学教室、1989年、23〜41頁
添田晴雄「及川平治におけるデューイ教育学の受容と展開に関する研究序論」、大阪市立大学大学院文学研究科『人文論叢』第17号、1989年、1〜18頁
添田晴雄「教育の近代化における学習メディアとしての言語に関する考察」、大阪市立大学文学部教育学教室『教育学論集』第16号、大阪市立大学文学部教育学教室、1990年、13〜25頁
添田晴雄「文字から見た学習文化の比較」、石附実編著『近代日本の学校文化誌』思文閣出版、1992年、115〜147頁（辻本雅史編著『身体・メディアと教育（論集現代日本の教育史7）』日本図書センター、2014年、109〜140頁、に再録）
添田晴雄「筆記具の変遷と学習」、石附実編著『近代日本の学校文化誌』思文閣出版、1992年、148〜195頁
添田晴雄「話すことの教育に求められた教育的意義(明治〜昭和初期)——会話読方から及川平治のディスカション論まで——」、大阪市立大学文学部『人文研究』第46巻第3分冊、1994年、15〜29頁
添田晴雄「教育の方法——言葉の問題の東西比較から——」、石附実編著『比較・国際教育学』東信堂、1996年、277〜297頁
添田晴雄「アメリカにおける授業コミュニケーション——イリノイ州の学校訪問を通して——」、1998年、大阪市立大学文学部『人文研究』第50巻第6分冊、

37 〜 57 頁
添田晴雄「国際研究における『比較』についての一考察――ビデオ『卓越性を追求して：TIMSS ビデオ授業研究』批評――」、大阪市立大学文学部『人文研究』第52巻第7分冊、2000年、81 〜 94 頁
添田晴雄「教授・学習メディアとしての板書等と音声言語使用からみた授業文化比較の試み――TIMSS 日米数学授業ビデオを手がかりに――」、大阪市立大学大学院文学研究科『人文研究』第55巻第3分冊、2004年、89 〜 111 頁
添田晴雄「『モノ』『コト』による比較教育史の可能性――学習具の歴史を事例に――」、教育史学会50周年記念出版編集委員会編『教育史研究の最前線』日本図書センター、2007年、276 〜 283 頁
添田晴雄「『比較教育風俗』再考」、比較教育風俗研究会『研究談叢比較教育風俗』第10号、2007年、1 〜 17 頁
添田晴雄「江戸時代の寺子屋教育」、大阪市立大学文学研究科「上方文化講座」企画委員会編『上方文化講座　菅原伝授手習鑑』和泉書院、2009年、125 〜 159 頁
添田晴雄「板書の使用からみた日米授業文化比較」、比較教育風俗研究会『研究談叢比較教育風俗』第11号、2010年、93 〜 107 頁
添田晴雄「深層構造としての教育文化」、比較教育風俗研究会『研究談叢比較教育風俗』第12号、2011年、1 〜 18 頁
添田晴雄「教育文化研究」、日本比較教育学会編『比較教育学事典』東信堂、2012年、131 〜 134 頁
添田晴雄「比較文化的研究」、日本比較教育学会編『比較教育学事典』東信堂、2012年、326 〜 327 頁
添田晴雄「文字を介した話会い活動の必要性と意義」、日本特別活動学会「日本特別活動学会会報」第67号、2014年、12 〜 13 頁
ソシュール，フェルディナン・ド／小林英夫訳『一般言語学講義』岩波書店、1972年（改版、初版は1940年、原典：Saussure, Ferdinand de, *Cours de linguistique générale*, publié par Charles Bally et Albert Sechehaye, 1949）
大日本教育会編『維新前東京市私立小学校教育法及維持法取調書』大日本教育会事務所、1892年
竹岡敬温「『アナール』学派と『新しい歴史』、竹岡敬温・川北稔編『社会史への途』有斐閣選書、1995年
武田勘治『近世日本学習方法の研究』講談社、1969年、18 〜 20 頁
武内博『近代西洋の光――来日西洋人と日本洋学者群像』日本古書通信社、2007年

田中春美他『言語学のすすめ』大修館書店、1978年
谷口健治「ドイツ手工業者の子ども時代」、谷川稔他著『規範としての文化』、1990年、平凡社
チェンバレン，Ｂ・Ｈ／高梨健吉訳『日本事物誌』２、東洋文庫（原典：Chamberlain, Basil Hall, *Things Japanese : being notes on various subjects connected with Japan, for the use of travellers and others*, K. Paul, Trench, Trübner & Co., Ltd. , London, 1891）
近田正博「比較教育学研究のジレンマと可能性――地域研究再考――」、日本比較教育学会『比較教育学研究』第27号、2001年、111～123頁
筑摩県師範学校編纂『上下小学授業法細記』筑摩県師範学校蔵、1874年（仲新、稲垣忠彦、佐藤秀夫編『近代日本教科書教授法資料集成　第一巻　教授法書１』東京書籍、1982年、所収）
チョムスキー，ノーム／安井稔訳『文法理論の諸相』研究社、1970年（原典：Chomsky, Noam, *Aspects of the theory of syntax*, M.I.T. Press, 1965）
辻新次「師範学校の創立」、茗渓会事務所『教育』第344号（東京高等師範学校創立40年記念号）1911年、28-29頁
辻本雅史『「学び」の復権――模倣と習熟』角川書店、1999年
辻本雅史『思想と教育のメディア史――近世日本の知の伝達』ぺりかん社、2011年
土屋礼子『大衆紙の源流――明治期小新聞の研究』世界思想社、2002年
恒吉僚子『子どもたちの三つの「危機」――国際比較から見る日本の模索』勁草書房、2008年
坪井玄道「創業時代の師範教育――体操伝習所の設置――」、国民教育奨励会編『教育五十年史』民友社、1922年、19頁（日本図書センター、複製版、1979年、所収）
手塚岸衛『自由教育真義』東京宝文館、1922年
デューク，ベンジャミン・Ｃ／國弘正雄、平野勇夫訳『ジャパニーズ・スクール』講談社、1986年（原典：Duke,Benjamin, *The Japanese School : Lessons for Industrial America*, Praeger, 1986）
デュルケーム，Ｅ／井伊玄太郎訳『社会分業論（上）』講談社学術文庫、1989年（原著はDurkheim, Émile, *Da la division du travail social*, Félix Alcan, 1893）
寺田勇吉「教育家の注目すべき事項」、開発社『教育時論』、352号、1895年1月
土井捷三「授業研究へのマイクロティーチングの手法の導入」、神戸大学教育学部『研究集録』第62集、1979年、167～182頁
トウェイン，マーク／鈴木幸夫訳『トム・ソーヤーの冒険』旺文社文庫、1969年（原典：Twain, Mark, *The Adventures of Tom Sawyer*, American Publishing Company, 1876

東京国立博物館、所蔵品詳細、http://www.tnm.jp/uploads/r_collection/LL_C0041916.jpg、2018年12月20日最終閲覧
徳冨健次郎（蘆花）『思い出の記』1901年（岩波文庫版、改定版1989年）
豊田久亀『明治期発問論の研究――授業成立の原点を探る』ミネルヴァ書房、1988年
仲新、稲垣忠彦、佐藤秀夫編『近代日本教科書教授法資料集成　第一巻　教授法書1』東京書籍、1982年
中内敏夫「『手学』からの離陸――書くことによる教育から読むことによる教育へ――」、中内敏夫『近代日本教育思想史』国土社、1973年、229～261頁
中内敏夫『教材と教具の理論』有斐閣、1978年
中勘助『銀の匙』岩波文庫、1935年。初稿は1913年
永嶺重敏「黙読の〈制度化〉――明治の公共空間と音読慣習」、『図書館界』第45巻第4号、1993年、352～368頁
中村哲也「近代日本における朗読法の思想と変遷――演劇史との関連において」、『東洋大学文学部紀要　教育学科・教職課程編』第16号、1990年、135～160頁
中村哲也「〈話しことば〉教育の系譜――『演説』とその民衆文化的基盤」、『東洋大学文学部紀要　教育学科・教職課程編』第18号、1992年、85～105頁
中村哲也「近代における〈話しことば〉の文化と教育」、日本教育学会『教育学研究』第60巻第2号、1993年、148～156頁
中野和光「教育方法における文字言語（literacy）と音声言語（orality）の問題に関する一考察」、『福岡教育大学紀要』第50号、第4分冊、2001年、31～38頁
奈良県桜井市立安倍小学校編『百年史』、1972年
成田和雄『ジョン万次郎――アメリカを発見した日本人』河出文庫、1990年
西之園晴夫『授業の過程　教育学大全集30』第一法規出版、1981年、116～117頁
西村大志『小学校で椅子に座ること――〈もの〉と〈身体〉からみる日本の近代化』日文研双書35、国際日本文化研究センター、2005年
西本喜久子『アメリカの話し言葉教育』溪水社、2005年
二宮宏之「歴史学と民族学の現在――歴史学はどこに行くか――〔解題〕」、『思想』No.630、岩波書店、1976年、1755～1757頁
二宮宏之「全体を見る眼と歴史家たち」、『全体を見る眼と歴史家たち』木鐸社、1986年（初出は『ちくま』89号、1976年9月、筑摩書房、2～7頁）
野家啓一『物語の哲学』岩波現代文庫、2005年（初出は「物語行為と歴史叙述」『評論

空間』第2号、1991年）
野口茂樹『通俗文具発達史』紙工界社、1934年
野地潤家『話ことば教育史研究』共文社、1980年
橋爪貞雄『危機に立つ国家――日本教育への挑戦』黎明書房、1984年
橋本美保『明治初期におけるアメリカ教育情報受容の研究』風間書房、1998年
畠山佳子「板書の構成と消去に焦点を当てた熟練教師による数学科授業の国際比較研究」、『数学教育論文発表会論文集』43(1)、2010年、415-420頁
服部美奈「地域研究」、日本比較教育学会『比較教育学事典』2012年、266頁
林三平「書評　尾形裕康『西洋教育移入の方途』」、日本教育学会『教育学研究』第28巻 第3号、227～228頁
林多一郎編述『小学教師必携補遺』栃木師範学校蔵版、1874年（仲新、稲垣忠彦、佐藤秀夫編『近代日本教科書教授法資料集成　第一巻　教授法書1』東京書籍、1982年、所収）
原田米蔵「私の明治史」、大分県教育百年史編集事務局『大分県教育百年史　巻一』大分県教育委員会、1976年
春山行夫執筆「せきばん　石盤」、『世界大百科事典』第17巻、平凡社、1981年版
土方幸勝編『師範学校小学教授法』1873年（国立国会図書館デジタルコレクション所収）
土方幸勝編『師範学校小学教授法附録』1874年（国立国会図書館デジタルコレクション所収）
平田宗史『エム・エム・スコットの研究』風間書房、1995年
平出鏗二郎、藤岡作太郎『日本風俗史』下巻、1895年
福岡教育大学板書プロジェクト編『板書技法と手書き文字文化』木耳社、2008年、119頁
福島県教育委員会『福嶋県教育史』、1934年
福澤諭吉『福澤文集』二編、巻一、1878年
フロイス，ルイス著、岡田章雄訳注『ヨーロッパ文化と日本文化』岩波文庫、1991年（原典：*Tratado em que se contem muito susintae abreviadamente algumas contradições e diferenças de custumes antre a gente de Europa e esta provincia de Japão*, 1585,〔erstmalige, kritische Ausgabe des eigenhändigen portugiesischen Frois-Textes von Josef Franz Schütte S. J. Tōkyō, 1955〕）
ブローデル，フェルナン／金塚貞文訳『歴史入門』太田出版、1995年
ブローデル，フェルナン／浜名優美訳『地中海Ⅴ　出来事、政治、人間2』藤原書店、1995年
ペイジ／伊沢修二訳『教授真法』上下、1875年（仲新、稲垣忠彦、佐藤秀夫編『近代

日本教科書教授法資料集成　第一巻　教授法書 1』東京書籍、1982 年、所収、原典：David Perkins Page, *Theory and Practice of Teaching*, 1847）
ボルスト，オットー／永野藤夫他訳『中世ヨーロッパ生活誌 2』、白水社、1985 年、原典は、Borst, Otto, *Alltagsleben im Mittelalter*, Insel Verlag, Frankfurt am Main, 1983 年
前田愛『近代読者の成立』岩波書店同時代ライブラリー、1993 年（初出は、有精堂、1973 年）
前田真証『話しことば教育実践学の構築』溪水社、2004 年
巻菱潭『小学掲図注解』1874〔明治 7〕年
槇山栄次『小学校に於ける教授の理論及実際』1903 年（仲新、稲垣忠彦、佐藤秀夫編『近代日本教科書教授法資料集成　第一巻　教授法書 1』東京書籍、1982 年、所収）
マクルーハン，マーシャル／森常治訳『グーテンベルクの銀河系――活字人間の形成――』みすず書房、1986 年（原典は、McLuhan, Marshall, *The Gutenberg galaxy : the making of typographic man*, University of Toronto Press, 1962）
増田信一『音声言語教育実践史研究』学芸図書、1994 年
団団社『団団珍聞』第 518 号、1885 年 11 月
マンドルー，ロベール／二宮宏之、長谷川輝夫訳『民衆本の世界――17・18 世紀フランスの民衆文化』人文書院、1988 年（原典：Mandrou, Robert, *De la culture populaire aux XVIIe et XVIIIe siècles : la Bibliothèque bleue de Troyes*, Stock, Paris, 1975）
見田宗介、栗原彬、田中義久編『縮刷版　社会学事典』弘文堂、1994 年
三橋功一「日本における授業研究の系譜図の概観」（平成 12 〜 14 年度科学研究費補助金基盤研究 (B)(1) 研究代表者松下佳代）研究成果報告書『日本における授業研究の方法論の体系化と系譜に関する開発研究』2003 年、9 〜 14 頁
宮城県教育委員会『宮城県教育百年史　第一巻　明治編』ぎょうせい、1976 年
宮澤康人「西洋の教育文化における音声言語と書記言語の葛藤――教育史認識の『メディア論的転回』によせて――」、辻本雅史編『知の伝達メディアの歴史研究――教育史像の再構築――』思文閣出版、2010 年、26 〜 53 頁。初出は、同名論文、『教育史フォーラム』1 号、2006 年 3 〜 19 頁
宮島達夫「黙読の一般化――言語生活史の対照」、『京都橘女子大学研究紀要』第 23 号、1996 年、1 〜 16 頁
宮本健市郎「アメリカ進歩主義教育運動における学校建築の機能転換――子ども中心の教育空間の試み (1)――」、関西学院大学教育学会『教育学論究』創刊号、2009 年、149 〜 158 頁
宮本健市郎「アリス・バロウズの学校建築思想――子どもの経験の豊富化――子ども中心の教育空間の試み (2)――」、関西学院大学教育学会『教育学論究』(4)、

2012年、89〜99頁
宮本健市郎「エンゲルハートの学校建築思想――工場モデルから家庭モデルへ――子ども中心の教育空間の試み(3)――」、関西学院大学教育学会『教育学論究』(5)、2013年、139〜151頁
宮本健市郎『空間と時間の教育史――アメリカ学校建築と授業時間割からみる――』東信堂、2018年
三好信浩『商売往来の世界――日本型「商人」の原像をさぐる――』日本放送出版協会、1977年
持留英世「授業分析の諸技法の検討」、『第14回国立教育工学センター発表論文集』、1979年
諸葛信澄『小学教師必携』烟雨楼蔵版、1873年(仲新、稲垣忠彦、佐藤秀夫編『近代日本教科書教授法資料集成　第一巻　教授法書1』東京書籍、1982年、所収)
モンゴメリ，L／村岡花子訳『赤毛のアン』新潮文庫、1954年初版、1987年改版、原典は、Montgomery, Lucy Maud, *Anne of Green Gables*, L.C. Page & Co, 1908
文部省内教育史編纂会編『明治以降教育制度発達史』第1巻、龍吟社、1938年
文部省『日本帝国文部省年報第三(明治八年)第1冊』、1875年
文部省『文部省示諭』1882年、国立教育研究所第一研究部教育史料調査室編『学事諮問会と文部省示諭教育史資料1』国立教育研究所、1979年、23〜24頁
文部科学省国立教育政策研究所教育課程研究センター編「楽しく豊かな学級・学校生活をつくる特別活動(小学校編)」(教員向けリーフレット)、2013年7月
柳沼重剛「音読と黙読――歴史上どこまで確認できるか」、『大妻女子大学紀要　社会情報系　社会情報学研究』1、1993年、1〜16頁
安直哉『聞くことと話すことの教育学――国語教育基礎論』東洋館出版社、1996年
安直哉『イギリス中等音声国語教育史研究』東洋館出版社、2005年
矢野裕俊「教室の道具立て」、石附実編著『近代日本の学校文化誌』思文閣出版、1992年、94〜100頁
山田俊治「音読と黙読の階層性――前田愛『音読から黙読へ　近代読者の成立』をめぐって」、『立教大学日本文学』第77巻、1996年、55〜77頁
山梨あや『近代日本における読書と社会教育――図書館を中心とした教育活動の成立と展開』法政大学出版局、2011年
山本武利『近代日本の新聞読者層』法政大学出版局、1981年
芳川脩平『日本庶物示教』同盟舍、1879年
吉田昇「黒板史攷」、『日本教育史学会紀要』第1巻、1945年

ルゴフ，ジャック／二宮宏之訳「歴史学と民族学の現在——歴史学はどこへ行くか——」、『思想』No.630、岩波書店、1976 年、1 〜 17 頁
ローレン，トーマス／友田泰正訳『日本の高校：成功と代償』サイマル出版会、1988 年（原典：Rohlen, Thomas P., *Japan's High Schools*, University of California Press, 1983）
ワイルダー，L ／こだままとこ・渡辺南都子訳『大草原の小さな家』講談社文庫、1988 年。原著は、Wilder, Laura Ingalls, *Little House in the Big Woods*, Harper & Brothers, 1932
ワイルダー，L ／こだままとこ・渡辺南都子訳『プラム川の土手で』講談社文庫、1988 年。原典は、Wilder, Laura Ingalls, *On the Banks of Plum Creek*, Harper & Brothers, 1937
若林徳三郎『小学教授　連語図解』、1875 年（国立教育政策研究所教育図書館蔵）
若林虎三郎・白井毅編纂『改正教授術』、1883 年（仲新、稲垣忠彦、佐藤秀夫編『近代日本教科書教授法資料集成　第一巻　教授法書 1 』東京書籍、1982 年、所収）
渡辺登（崋山）『一掃百態』山城屋佐兵衛等発行、1818 年の写本、1879（明治 12）年出版、図版は国立国会図書館デジタルコレクション、写本の原本は田原市博物館蔵

【英語等】

Ariès, Philippe, *L'enfant et la vie familiale sous l'Ancien Régime*, Plon, 1960
Ascham, Roger, *The Scholemaster*, printed by Iohn Daye, London, 1570
Barnard, Henry, *School architecture, or, Contributions to the improvement of school-houses in the United States*, 6th ed. New York, A.S. Barnes, 1860 (original: *School-house architecture*, Hartford, Tiffany & Burnham, 1842, *School architecture; or, Contributions to the improvement of school-houses in the United States*,2d ed. ,New York, A. S. Barnes & co.,1848
Bloomfield, Leonard, *Language*, London:George Allen & Unwin Ltd.,1933, revised 1935
Borst, Otto, *Alltagsleben im Mittelalter,* Insel Verlag, Frankfurt am Main, 1983
Braudel, Fernand, Histoire et sciences sociales, La longue durée, *Annales ESC*, 1958, nº4
Brinsley, John, *Ludus Literarius: or, the Grammar Schoole*,(reprinted, LIVERPOOL, THE UNIVERSITY PRESS, 1917)
Carroll, John B. (ed.). *Language, thought, and reality: selected writings of Benjamin Lee Whorf*(1966)
Cave, Peter, *Primary School in Japan: Self, Individuality and Learning in Elementary Education*, Routledge, 2007

Chamberlain, Basil Hall, *Things Japanese : being notes on various subjects connected with Japan, for the use of travellers and others*, K. Paul, Trench, Trübner & Co., Ltd. , London, 1891

Chomsky, Noam, *Aspects of the theory of syntax*, M.I.T. Press, 1965

COMENII, JOH. AMOS *Orbis Sensualium Pictus*, translated into English by Charles Hoole, M. A., the twelfth edition, printed for S. Leacroft, London, 1777（著者蔵）

Cubberley, Ellwood P., *The History of Education: Educational Practice and Progress Considered as a Phase of the Development and Spread of Western Civilization*, Houghton Mifflin, 1920

Cummings, William K., *Education and equality in Japan*, Princeton University Press, 1980

Dewey, John, How We Think[1909] in The Middle Works of John Dewey 1899-1924 Volume 6 [Southern Illinois University Press, 1978)

Dewey, John and Dewey, Evelyn, *Schools Of To-morrow*, E. P. Dutton & Company, 1915

Downs, James F., *Cultures in Crisis*, Glencoe Press, 1975

Duke,Benjamin, *The Japanese School : Lessons for Industrial America*, Praeger, 1986

Engelsing, Rolf, *Analphabetentum und Lektüre, Zur Sozialgeschichte des Lesens in Deutschland zwischen feudaler und industrieller Gesellschaft*, J.B. Metzlersche Verlagsbuchhandlung und Carl Ernst Poeschel Verlag GmbH, Stuttgart,1973

Flanders, Ned A.,The Problems of Observer Training and Reliability, in Edmund J. Amidon and John B. Hough ed., *Interaction Analysis: Theory, Research and Application*, Addison-Wesley Publishing Company, 1967, pp.158-166

Flanders, Ned A., *Analyzing Teaching Behavior*, Addison-Wesley Publishing Company, 1970

Hoetker, James and Ahlbrand, William P., Jr., The *Persistence of the Recitation*, American Educational Research Journal, Vol. 6, No. 2, March 1969, pp.145-167

Jespersen, Jens Otto Harry, *The Philosophy of Grammar,* London, 1924 -Reprint 1925, New York: Henry Holt and Company

Jullien, Marc-Antoine, *Esquisse d'un ouvrage sur l'éducation comparée,* 1817

Lancaster, Joseph, British S*ystem of Education: being a Complete Epitome of the Improvements and Inventions Practiced at the Royal Free Schools*, 1810, p.i, reprinted in Seven Panphlets, Joseph Lancaster, Thoemmes Press, 1995

Lewis, Catherine C., *Educating hearts and minds: reflections on Japanese preschool and elementary education*, Cambridge University Press, 1995

Lombardo, Linda, Oral T*esting: Assessing the Language Learner's Ability to Process Discourse*, 1985

Mandrou, Robert De La, *Culture Populaire aux 17e et 18e Siecles*, Edtions Stock, Paris, 1975

McLuhan, Marshall, *The Gutenberg galaxy : the making of typographic man*, University of Toronto Press, 1962

Monroe, Paul, *Cyclopedia of education*, The Macmillan Co., 1915

Montgomery, Lucy Maud, *Anne of Green Gables*, L.C. Page & Co, 1908

National Commission on Excellence in Education(The), *A Nation at Risk: The Imperative for Educational Reform --A Report to the Nation and the Secretary of Education United States Department of Education*, April 1983

Nystr, Martin and Gamoran, Adam, Student Engagement: When Recitation Becomes Conversation, Report, *National Center on Effective Secondary Schools*, Madison, 1990

Oursel, P. Masson-, *La Philosophie Comparée*, Paris, Librairie Félix Alcan, 1923

Oxford English Dictionary(The), 1933, p.177

Peak, Lois, *Learning to Go to School in Japan: The Transition from Home to Preschool Life*, University of California Press, 1991

Punch, or The London Charivari, May 18, 1872, p.210 (The Online Books Page, The Internet Archive, https://archive.org/stream/punch62a63lemouoft#page/210/mode/2up)

Rohlen, Thomas P., *Japan's High Schools*, University of California Press, 1983

Rouche, Michel, *HISTOIRE GÉNÉRLE de L'ENSEIGNEMENT et de L'ÉDUCATION en FRNCE I*, Nouvelle Librairie de France, 1981

Saussure, Ferdinand de, *Cours de linguistique générale*, publié par Charles Bally et Albert Sechehaye, 1949

Schiffler, Horst & Winkerler, Rolf, T*ausend Jahre Schule: Eine Kulturgeschichte des Lernens in Bildern*, Belser Verlag, 1985

Seaborne, Malcolm, *The English school : its architecture and organization 1370-1870*, Routledge and Kegan Paul, London, 1971

Seaborne, Malcolm & Lowe, Roy, *The English school : its architecture and organization volume II 1870-1970*, Routledge and Kegan Paul, London, 1977

Spier, Leslie (ed.), *Language, culture, and personality, essays in memory of Edward Sapir* (Menasha, Wis.: Sapir Memorial Publication Fund, 1941

Steedman, Hilary, 1974, The Italian Intermediate School: Knowledge and Control, *Comparative Education*, Vol. 10, o. 2, June 1974, pp. 137-145

Stigler, James. W., Gonzales, P.A., Kawanka, T., Knoll, S., A. Serrano, *The TIMSS Videotape Classroom Study: Methods and Findings from an Exploratory Research Project on Eighth-Grade Mathematics Instruction in Germany, Japan, and the United States*, the National Center for Education Statistics U.S. Department of Education, 1999

Stigler, James W. and Hiebert, James, T*he teaching gap : best ideas from the world's teachers for improving education in the classroom*, Free Press, c1999.

Stodolsky, Susan S., Ferguson, Teresa L. and Wimpelberg, Karen, The Recitation Persists, but

What Does It Look Like?, *Journal of Curriculum Studies*, v13 n2, April-June 1981, pp.121-130

Sumner, William Graham, *Folkways, a study of the sociological importance of usages, manners, customs, mores, and morals*, Ginn & Co., 1911, C.1906

Tylor, E.B., *Primitive culture: researches into the development of mythology, philosophy, religion, language, art, and custom*, vol. 1, Henry Holt, 1889（初版は 1871）

Vogel, Ezra F., *Japan As Number One: Lessons for America*, Harvard University Press, 1979

Watson, Foster, *THE ENGLISH GRAMMAR SCHOOL to 1660 Their Curriculum and Practice*, Cambridge, University Press, 1908

謝　辞

はじめに、本研究の授業分析のためにビデオ撮影をご快諾いただいた、アメリカ、イタリア、スロベニア、日本の児童生徒、保護者、教諭、校長、教頭、コーディネーターのみなさまに御礼申し上げます。本研究はみなさまのご理解とご協力がなければ成立しませんでした。ありがとうございました。

また、比較教育学研究の学究の道に導いていただいた故石附実先生に感謝いたします。本研究の柱である、文字言語・音声言語の比較教育文化史研究、および、石盤の文化誌研究は、博士課程在籍中のゼミで鍛えていただいた結果生まれた成果です。また、その後も、研究者として、大学人として歩むべき道を照らしていただきました。ありがとうございました。

辻本雅史先生には、ご著書に拙文を引用していただいたり、教育史学会編『教育史研究の最前線』への寄稿の機会を与えていただいたりし、ともすると途絶えがちであった小生の研究に、勇気と希望を与えていただきました。感謝しております。ありがとうございました。

本書は、大阪市立大学に提出した学位請求論文「文字言語・音声言語からみた学習・教育文化の比較研究」に加筆修正を行ったものです。論文作成にあたっては、大阪市立大学大学院文学研究科の小田中章浩研究科長（論文提出時）、柏木敦教室代表（論文提出時）をはじめとする上司や同僚の先生方からの、叱咤、激励、そして温かいご理解と支援をいただきました。おそらく、ここまで手厚い環境を与えられた研究者は他にいないと思われます。感謝してもしきれません。ありがとうございました。

教育学教室の大学院生、学部生のみなさんにも、いろいろな局面でご協力いただきました。ありがとうございました。

最後に、家族の理解と愛情に感謝いたします。ありがとうございました。

なお、本刊行物は、平成 30（2018）年度日本学術振興会科学研究費補助金研究成果公開促進費（学術出版）（JP18HP5218）の助成を受けたものです。

添田 晴雄

【初出論文一覧】

本書は、2017（平成29）年6月に大阪市立大学より博士（文学）の学位を授与された学位論文「文字言語・音声言語からみた学習・教育文化の比較研究」に、加筆および修正を行ったものである。なお、初出論文は以下のとおりであるが、学位論文執筆の際、大幅に加筆・修正を行っている。

第1章　第2節〜第5節

「教授・学習メディアとしての板書等と音声言語使用からみた授業文化比較の試み――TIMSS日米数学授業ビデオを手がかりに――」、大阪市立大学大学院文学研究科『人文研究』第55巻第3分冊、89〜111頁、2004（平成16）年

第5章　第1節、第3節

「江戸時代の寺子屋教育」、大阪市立大学文学研究科「上方文化講座」企画委員会編『上方文化講座　菅原伝授手習鑑』和泉書院、125〜159頁、2009（平成21）年

第5章　第4節、第6章　第1節〜第4節

「文字から見た学習文化の比較」、石附実編著『近代日本の学校文化誌』思文閣出版、115〜147頁、1992（平成4）年

第7章　第3節〜第4節、第8章、第9章

「筆記具の変遷と学習」、石附実編著『近代日本の学校文化誌』思文閣出版、148〜195頁、1992（平成4）年

第10章　第1節

「教育文化研究」、日本比較教育学会編『比較教育学事典』東信堂、131〜134頁、2012（平成24）年

第10章　第2節

「『モノ』『コト』による比較教育史の可能性――学習具の歴史を事例に――」、教育史学会50周年記念出版編集委員会編『教育史研究の最前線』日本図書センター、276〜283頁、2007（平成19）年

第10章　第3節

「深層構造としての教育文化」、比較教育風俗研究会『研究談叢比較教育風俗』第12号、1〜18頁、2011(平成23)年

【本研究に関連している科学研究費補助金による研究一覧】

・科学研究費補助金　総合研究(A)、1991〜1992年度、「『教育風俗』の比較文化的研究――日本の教育の特質を解明するために――」(研究代表者　石附実)、研究協力者、研究課題/領域番号 03301032

・科学研究費補助金　奨励研究(A)、1993年度、「教師の『話す』能力の育成と教員養成」(研究代表者　添田晴雄)、研究課題/領域番号 05851043

・科学研究費補助金　一般研究(C)、1994〜1995年度、「日米の教育の相互評価と自己評価に関する総括的研究」(研究代表者　矢野裕俊)、研究分担者、研究課題/領域番号 06610253

・科学研究費補助金　基盤研究((C)(1))、2001〜2002年度、「日本の教育における常識と非常識をめぐる比較文化的研究」(研究代表者　矢野裕俊)、研究分担者、研究課題/領域番号 13610312

・科学研究費補助金　基盤研究((C)(2))、2002〜2003年度、「学習教授メディアとしての文字言語・音声言語の機能についての実証的研究」(研究代表者　添田晴雄)、研究課題/領域番号 14510302

・科学研究費補助金　基盤研究((A)(2))、2003〜2005年度、「知の創造・活用を目指す体験的教育の開発に関する総合的国際的比較研究」(研究代表者　児玉隆夫、矢野裕俊)、研究分担者、研究課題/領域番号 15252012

・科学研究費補助金　基盤研究(B)、2005〜2007年度、「知の伝達メディアの歴史的研究――教育史認識のメディア論的転回に向けて――」(研究代表者　辻本雅史)、研究分担者、研究課題/領域番号 17330164

・科学研究費補助金　基盤研究(B)、2008〜2010年度、「深層構造としての教育文化解明のための比較教育文化(「モノ」「コト」)史研究」(研究

代表者　添田晴雄)、研究課題 / 領域番号 20330175

・科学研究費補助金　基盤研究 (C)、2011 〜 2013 年度、「学習教授メディアとしての文字言語・音声言語の実証的比較文化的研究」(研究代表者　添田晴雄)、研究課題 / 領域番号 23531130

・科学研究費補助金　基盤研究 (C)、2014 〜 2017 年度、「教授学習メディアとしての文字言語とノート使用における実証的比較文化的基礎研究」(研究代表者　添田晴雄) 研究課題 / 領域番号 26381138

・科学研究費補助金　基盤研究 (C)、2018 〜 2020 年度、「学級活動の中の「比べ合う」話合いの研究——文字を使って話し考える手法の追究」(研究代表者　添田晴雄) 研究課題 / 領域番号 18K02587

・科学研究費補助金　研究成果公開促進費　学術出版、2018 年度、「文字と音声の比較教育文化史研究」(応募者　添田晴雄) JP18HP5218

索　引

※人名は研究の対象となる人物に限定している。

【さ行】

【た行】

【な行】

【は行】

【ま行】

【や行・ら行・わ行】

著者紹介

添田　晴雄（そえだ　はるお）

1958〔昭和33〕年、神戸市生まれ。神戸大学教育学部卒業、神戸大学大学院教育学研究科修士課程修了、大阪市立大学大学院文学研究科後期博士課程単位修得退学。大阪市立大学文学部講師、助教授、米国イリノイ大学客員研究員、大阪市立大学大学院文学研究科助教授、准教授を経て、現在、教授。博士（文学）。専攻は比較教育学、特別活動論。著書は、杜成憲・添田晴雄編『城市中小学校課程開発的実践為課題——中日比較研究——』（華東師範大学出版社、2005〔平成17〕年）など。論文は、「いじめ問題と向き合う特別活動の責務と方略」（『日本特別活動学会紀要』第15号、11～16頁、2007〔平成19〕年）、「共生社会に生きる力を育む特別活動の推進」（『日本特別活動学会紀要』第20号、1～5頁、2012〔平成24〕年3月）、「『体罰』総論——比較研究のために——」（日本比較教育学会『比較教育学研究』第47号、13～25頁、2013〔平成25〕年）など。訳書は、ロイ・ロウ著／山﨑洋子・添田晴雄監訳『進歩主義教育の終焉——イングランドの教師はいかに授業づくりの自由を失ったか——』（知泉書館、2013〔平成25〕年）など。

A Comparative-Historical Study of Educational Culture on Writing and Speaking in Classrooms

文字と音声の比較教育文化史研究

2019年2月28日　　初　版第1刷発行　　〔検印省略〕

定価はカバーに表示してあります。

著者©添田晴雄／発行者 下田勝司　　印刷・製本／中央精版印刷

東京都文京区向丘1-20-6　　郵便振替 00110-6-37828

〒113-0023　TEL (03) 3818-5521　FAX (03) 3818-5514

発行所 株式会社 東信堂

Published by TOSHINDO PUBLISHING CO., LTD.

1-20-6, Mukougaoka, Bunkyo-ku, Tokyo, 113-0023, Japan

E-mail : tk203444@fsinet.or.jp　http://www.toshindo-pub.com

ISBN978-4-7989-1540-1 C3037

東信堂

東京帝国大学の真実—日本近代大学形成の検証と洞察	舘 昭	四六〇〇円
大学史をつくる—沿革史編纂必携	寺﨑昌男・別府昭郎・中野実 編著	五〇〇〇円
国立大学・法人化の行方—自立と格差のはざまで	天野郁夫	三六〇〇円
転換期を読み解く—潮木守一時評・書評集	潮木守一	二六〇〇円
大学再生への具体像〔第2版〕	潮木守一	二四〇〇円
フンボルト理念の終焉？—現代大学の新次元	潮木守一	二五〇〇円
新版 昭和教育史—天皇制と教育の史的展開	久保義三	一八〇〇〇円
近代日本の英語科教育史—職業系諸学校による英語教育の大衆化過程	江利川春雄	三八〇〇円
文字と音声の比較教育文化史研究	添田晴雄	四八〇〇円
空間と時間の教育史—アメリカの学校建築と授業時間割からみる	宮本健市郎	三九〇〇円
アメリカ進歩主義教授理論の形成過程—教育における個性尊重は何を意味してきたか	宮本健市郎	七〇〇〇円
大正新教育の受容史	橋本美保編著	三七〇〇円
大正新教育の思想—生命の躍動	橋本美保・田中智志 編著	四八〇〇円
人格形成概念の誕生—近代アメリカの教育概念史	田中智志	三六〇〇円
社会性概念の構築—アメリカ進歩主義教育の概念史	田中智志	三八〇〇円
グローバルな学びへ—協同と刷新の教育	田中智志編著	二〇〇〇円
学びを支える活動へ—存在論の深みから	田中智志編著	二〇〇〇円
アメリカ 間違いがまかり通っている時代—公立学校の企業型改革への批判と解決法	D・ラヴィッチ著 末藤美津子訳	三八〇〇円
教育による社会的正義の実現—アメリカの挑戦（1945-1980）	D・ラヴィッチ著 末藤美津子訳	五六〇〇円
学校改革抗争の100年—20世紀アメリカ教育史	D・ラヴィッチ著 末藤・宮本・佐藤訳	六四〇〇円
子どもが生きられる空間—生・経験・意味生成	高橋 勝	二四〇〇円
流動する生の自己生成—教育人間学の視界	高橋 勝	二四〇〇円
子ども・若者の自己形成空間—教育人間学の視線から	高橋勝編著	二七〇〇円
文化変容のなかの子ども—経験・他者・関係性	高橋 勝	二三〇〇円

〒113-0023　東京都文京区向丘 1-20-6　TEL 03-3818-5521　FAX03-3818-5514　振替 00110-6-37828
Email tk203444@fsinet.or.jp　URL:http://www.toshindo-pub.com/

※定価：表示価格（本体）＋税

東信堂

多様性と向きあうカナダの学校—移民社会が目指す教育	児玉奈々	二八〇〇円
カナダの女性政策と大学	犬塚典子	三九〇〇円
多様社会カナダの「国語」教育（カナダの教育3）	関口礼子・浪田克之介 編著	三八〇〇円
21世紀にはばたくカナダの教育（カナダの教育2）	小林順子他編著	二八〇〇円
ケベック州の教育（カナダの教育1）	小林順子	二〇〇〇円
トランスナショナル高等教育の国際比較—留学概念の転換	杉本均編著	三六〇〇円
チュートリアルの伝播と変容—イギリスからオーストラリアの大学へ	竹腰千絵	二八〇〇円
［新版］オーストラリア・ニュージーランドの教育—グローバル社会を生き抜く力の育成に向けて	青木麻衣子・佐藤博志 編著	二〇〇〇円
戦後オーストラリアの高等教育改革研究	杉本和弘	五八〇〇円
オーストラリアのグローバル教育の理論と実践—開発教育研究の継承と新たな展開	木村裕	三六〇〇円
オーストラリアの教員養成とグローバリズム—多様性と公平性の保証に向けて	本柳とみ子	三六〇〇円
オーストラリア学校経営改革の研究—自律的学校経営とアカウンタビリティ	佐藤博志	三八〇〇円
オーストラリアの言語教育政策—多文化主義における「多様性と」「統一性」の揺らぎと共存	青木麻衣子	三八〇〇円
英国の教育	日英教育学会編	三四〇〇円
イギリスの大学—対位線の転移による質的転換	秦由美子	五八〇〇円
イングランドのシティズンシップ教育政策の展開—カリキュラム改革にみる国民意識の形成に着目して	菊地かおり	三二〇〇円
統一ドイツ教育の多様性と質保証—日本への示唆	坂野慎二	二八〇〇円
ドイツ統一・EU統合とグローバリズム—教育の視点からみたその軌跡と課題	木戸裕	六〇〇〇円
教育における国家原理と市場原理—チリ現代教育史に関する研究	斉藤泰雄	三八〇〇円
中央アジアの教育とグローバリズム	嶺井明子・川野辺敏 編著	三二〇〇円
インドの無認可学校研究—公教育を支える「影の制度」	小原優貴	三二〇〇円
タイの人権教育政策の理論と実践—人権と伝統的多様な文化との関係	馬場智子	二八〇〇円
バングラデシュ農村の初等教育制度受容	日下部達哉	三六〇〇円
マレーシア青年期女性の進路形成	鴨川明子	四七〇〇円
東アジアにおける留学生移動のパラダイム転換—大学国際化と「英語プログラム」の日韓比較	嶋内佐絵	三六〇〇円

〒113-0023　東京都文京区向丘 1-20-6　TEL 03-3818-5521　FAX03-3818-5514　振替 00110-6-37828
Email tk203444@fsinet.or.jp　URL:http://www.toshindo-pub.com/

※定価：表示価格（本体）＋税

東信堂

- 大学教学マネジメントの自律的構築—主体的学びへの大学創造二〇年史　関西国際大学編　二八〇〇円
- 学修成果への挑戦—地方大学からの教育改革　濱名篤　二四〇〇円
- 転換期を読み解く—潮木守一時評・書評集　潮木守一　二六〇〇円
- 大学再生への具体像—大学とは何か【第二版】　潮木守一　二四〇〇円
- リベラル・アーツの源泉を訪ねて　絹川正吉　三二〇〇円
- 「大学の死」、そして復活　絹川正吉　二八〇〇円
- 大学教育の思想—学士課程教育のデザイン　絹川正吉　二八〇〇円
- 大学教育の在り方を問う　山田宣夫　二三〇〇円
- 北大 教養教育のすべて—エクセレンスの共有を目指して　小笠原正明・安藤厚・細川敏幸 編著　二四〇〇円
- 検証 国立大学法人化と大学の責任—その制定過程と大学自立への構想　田中弘允・佐藤博明・田原博人 著　三七〇〇円
- 国立大学職員の人事システム—管理職への昇進と能力開発　渡辺恵子　四二〇〇円
- 国立大学法人の形成　大﨑仁　二六〇〇円
- 国立大学・法人化の行方—自立と格差のはざまで　天野郁夫　三六〇〇円
- 教育と比較の眼　江原武一　二六〇〇円
- 大学は社会の希望か—大学改革の実態からその先を読む　江原武一　二〇〇〇円
- 転換期日本の大学改革—アメリカとの比較　江原武一　三六〇〇円
- 大学の管理運営改革—日本の行方と諸外国の動向　江原武一・杉本均 編著　三六〇〇円
- 大学経営・政策入門　東京大学 大学経営・政策コース編　二四〇〇円
- 大学経営とマネジメント　新藤豊久　二五〇〇円
- 大学戦略経営の核心　篠田道夫　三六〇〇円
- 戦略経営111大学事例集　篠田道夫　三六〇〇円
- 大学戦略経営論—中長期計画の実質化によるマネジメント改革　篠田道夫　三四〇〇円
- カレッジ(アン)バウンド—米国高等教育の現状と近未来のパノラマ　J・J・セリンゴ著　船守美穂訳　三四〇〇円
- 米国高等教育の拡大する個人寄付　福井文威　三六〇〇円
- 大学の財政と経営　丸山文裕　三二〇〇円
- 私立大学マネジメント　(社)私立大学連盟編　四七〇〇円
- 私立大学の経営と拡大・再編—一九八〇年代後半以降の動態　両角亜希子　四二〇〇円
- 学長奮闘記—学長変われば大学変えられる　岩田年浩　二〇〇〇円
- 大学のカリキュラムマネジメント　中留武昭　三二〇〇円

〒113-0023　東京都文京区向丘 1-20-6　TEL 03-3818-5521　FAX03-3818-5514　振替 00110-6-37828
Email tk203444@fsinet.or.jp　URL:http://www.toshindo-pub.com/

※定価：表示価格（本体）＋税